키로파에디아

# 키로파에디아
## 키루스의 교육

크세노폰 지음 | 이은종 옮김

주영사

| 일러두기 |

1. 키루스는 그리스어로 Κύρος로 표기되며 '퀴로스'로 발음된다. 그러나 이 책에서는 라틴어 발음인 '키루스'로 표기하였다. 참고로 영어로는 '사이루스'라고 발음한다.
2. 영어 원전에 나온 각주는 '原註'로, 번역자가 넣은 각주는 '역주'로 표기하였다.

| 역자서문 |

# 리더십의 정수를 배운다

이 책을 알게 된 것은 우연이었다. 경영학을 전공한 까닭에 나는 피터 드러커의 글을 좋아하는데, 리더십에 대해 설명하는 그의 책에서 《키로파에디아》를 "리더십을 체계적으로 다룬 최초이자 최고의 책"이라고 평가했기 때문이다.

도대체 얼마나 대단하기에 그렇게 칭찬할까 하는 의문이 들었다. 그래서 찾아 읽게 되었고, 뒤이어 번역까지 하게 되었다. 우연이 하나의 작품으로 태어난 것이다. 책은 드러커의 평가대로 리더십에 대해 생각할 거리를 풍부하게 담고 있었다. 책을 번역하면서 한동안 잊고 있었던 리더십에 대해 다시 생각하게 되었고, 예전에 몸담았던 조직과 그곳에서 만났던 사람들을 떠올리게 되었다. 아울러 페르시아와 그리스에 대해 새롭게 알게 되는 행복한 시간이었다.

## 《키로파에디아》의 명성

이 책의 제목은 '키로파에디아'(영어 Cyropaedia, 그리스어 Κύρου Παιδεία)

이고, 이것을 해석하면 '키루스의 교육'이다. 제목으로 봐서는 페르시아 제국을 건설한 키루스 대왕이 받은 교육을 기술한 내용으로 보인다. 하지만 모두 여덟 권으로 구성된 이 책에서 키루스 대왕의 교육은 제1권에만 나오고, 나머지 일곱 권은 키루스 대왕이 제국을 건설하는 내용이다. 따라서 키루스 대왕이 제국을 건설하게 된 원동력은 그가 어렸을 때 받은 교육 때문이라고 유추할 수 있다. 그러나 책의 내용을 들여다보면 다르게 해석할 수도 있다. 키루스 대왕은 외삼촌인 메디아 왕 키악사레스로부터 군사 지원을 요청받고 적은 숫자의 페르시아 군사를 이끌고 가 주변 국가를 하나씩 정복하면서 제국을 건설한다. 그 과정에서 그는 군사들을 훈련시켜 강한 군대로 만들고, 새롭게 정복한 나라의 군대를 설득해 자기편으로 끌어들이는 리더십을 발휘한다. 저자 크세노폰은 키루스 대왕을 빌려 리더십에 대한 그의 생각을 독자들에게 알려주는 것이므로, 이렇게 본다면 키루스의 교육(가르침)이라는 제목은 책의 내용과 맞는다고 할 수 있다.

크세노폰이 이 책을 쓰던 기원전 4세기, 페르시아는 광대한 제국을 경영하고 있었다. 그렇지만 페르시아의 출발은 보잘 것 없었다. 이란 고원에 있던 조그만 도시국가 페르시아는 키루스 대왕의 지배하에 대제국으로 성장한다. 그런 키루스 대왕은 페르시아와 적대 관계에 있던 그리스의 지도층에게도 관심의 대상이었을 것이다. 따라서 아테네 사람 크세노폰이 이 책을 쓰게 되었고, 로마 시대와 근대를 거쳐 오늘날까지 이어 오면서 2천년이 넘게 읽히는 고전이 되었다. 알렉산드로스 대왕, 키케로, 율리우스 카이사르가 이 책을 애독했고, 마키아벨리는 《군주론》에서 키루스 대왕을 이상적인 군주의 모습으로 묘사했다. 미국 독립선언서를 작성하고 훗날 미국 대통령이 된 토머스 제퍼슨도 이 책을 애독했으며, 현대에 들어와서는 정치철학자 레오 스트라우스가 크세노폰의 저작을 분석하면서 정치에 대한 그의 생각을 피력했다.

《키로파에디아》는 크세노폰의 저작 중에서 가장 길이가 긴 작품으로서 지배와 리더십에 대해 상세하게 다루고 있다. 이 때문에 서구에서는 리더가 될 사람은 한번쯤 읽어야 할 책으로 여겨지고 있다.

## 키루스 대왕은 누구인가

그렇다면 이 책의 주인공이자 페르시아 제국의 기틀을 세웠던 키루스 대왕은 누구인가? 대부분 잘 모른다. 키루스 대왕은 물론이거니와 페르시아에 대해서도 잘 모를 것이다. 보통 사람에게 페르시아 하면 떠오르는 이미지는 페르시아 양탄자와 털이 복슬복슬한 페르시안 고양이가 대표적일 것이다. 더구나 페르시아 제국의 후예라고 자처하는 이란마저도 페르시아라는 명칭을 쓰지 않으니 익숙하지 않은 것은 당연할지도 모른다. 따라서 이 책을 읽는 데 도움이 되기 위해 키루스 대왕과 페르시아의 역사에 대해 간략하게 소개한다.

페르시아의 중심이자 기원이 되는 곳은 이란 고원이다. 이란 고원은 높이가 해수면보다 평균 914~1,828미터 높고, 북쪽의 카스피 해에서 남쪽의 페르시아 만까지 약 965킬로미터에 걸쳐 뻗어 있는 고지대를 말한다. 이란 고원의 오른쪽에는 두 개의 거대한 소금 사막이 있고, 왼쪽에는 자그로스 산맥이 고원을 따라 남동쪽으로 비스듬하게 펼쳐져 있다. 이 산맥의 일부에는 만년설이 있어, 자연스럽게 경사면을 타고 흙이 흘러 내려 왼쪽에 있는 티그리스 강과 유프라테스 강에 충적토로 쌓였다. 충적토가 만든 비옥한 땅에는 사람이 모여 살았고, 인류 문명의 한 기원인 메소포타미아 문명이 탄생하게 되는 배경이 된다.

이곳에 정착한 사람들 중에서 최초로 두각을 나타낸 사람들은 엘람인이었다. 엘람인은 기원전 3천년 기에 이란 고원의 남부에 있는 파르스(Fars, 파르스[Pars] 또는 파르사[Parsa]라고도 한다.)와 근처의 페르시아 만과 접하는 저지대 지역, 그리고 수사라는 중요한 도시를 중심으로 살았다.

그러다 기원전 1천년 기 중반부터 인도-유럽 어족의 아리아인이 이란 고원으로 이주해 오기 시작했다. 이들은 이란 토착민은 아니고, 다뉴브 강 동쪽에서부터 우랄 산맥까지 뻗은 광활한 스텝 지역 어딘가에서 살던 사람들이었다. 참고로, 이주해 온 아리아인 중에서 서쪽에 정착한 아리아인은 유럽 아리아인의 조상으로, 남쪽에 정착한 아리아인은 인도와 이란 아리아인의 조상으로 보고 있다. 또 하나, '이란'이라는 이름은 후에 지명으로 밝혀졌는데, 이 말은 '아리야남(aryanam)'에서 유래했고 뜻은 '아리아인의 땅'이다.

이주해 온 아리아인 중에서 두 무리의 사람들이 이란 고원에 잘 정착했는데, 그중 하나는 이란 고원 북서쪽에 있는 엑바타나(현재는 하마단)라는 도시를 중심으로 정착한 마다인(메디아인)과 엘람인이 살던 남부의 파르스를 차지한 파르수아인(페르시아인)이었다. 페르시아라는 이름은 '파르스'라는 지역 이름에서 유래한 것이다.

이 두 나라 중에서 먼저 두각을 나타낸 곳은 메디아였다. 기원전 625년에 메디아 왕 키악사레스 2세는 그동안 메디아를 위협했던 아시리아를 이기고 마침내 메디아 제국을 시작한다. 자신감을 얻은 키악세라스 2세는 기원전 614년경에 바빌로니아의 왕 나보폴라사르와 동맹을 맺어 아시리아를 대적한다. 원래 바빌로니아는 아시리아의 지배를 받던 곳으로, 바빌로니아의 반역과 아시리아의 진압이 반복되던 역사를 갖고 있었다. 그렇게 정치적 긴장이 계속되다 기원전 626년, 마침내 칼데아인 나보폴라사르가 반역에 성공하여 칼데아인의 바빌로니아 왕국을 건설한다.

메디아와 바빌로니아의 동맹은 성공을 거두어 기원전 612년에 아시리아의 수도 니네베를 함락시킨다. 그 후 아시리아는 이집트와 동맹을 맺어 바빌로니아에 다시 대항, 기원전 605년에 유프라테스 강 상류에 있는 카르케미시에서 최후의 일전을 벌이지만, 바빌로니아에 패한다. 이로써 아시리아는 확실히 몰락하게 된다.

아시리아의 몰락 이후 근동 지역은 메디아와 바빌로니아, 리디아, 이집트라는 네 개의 큰 세력으로 질서가 재편된다.

이때까지만 해도 페르시아는 그다지 두각을 나타내지 못했다. 그러나 뛰어난 자질과 훌륭한 교육의 결과를 만들어진 키루스 2세가 이들을 모두 정복하고 거대한 페르시아 제국을 건설하게 된다(페르시아 제국을 세운 키루스 2세를 키루스 대왕이라고 부른다. 페르시아에는 할아버지의 이름을 손자가 사용하는 관습이 있어서 이름이 같은 경우가 많다).

키루스 2세는 기원전 559년에 40세의 나이로 페르시아의 왕이 된다. 그는 먼저 외할아버지 아스티아게스가 왕으로 있는 메디아와 3년에 걸친 전쟁 끝에 아스티아게스를 사로잡고 기원전 550년에 메디아의 수도 엑바타나를 정복한다. 뒤이어 기원전 545년에는 먼저 전쟁을 개시한 리디아와 맞붙어 리디아 왕 크로이소스를 사로잡고 수도 사르디스를 정복한다. 계속해서 기원전 539년에는 바빌로니아 왕 나보니두스를 극도로 싫어하는 바빌로니아 백성의 반역에 힘입어 수도 바빌론에 무혈입성 하게 된다. 이로써 네 개의 세력 가운데 이집트 하나만을 남겨 두고 키루스는 근동 지역에서 완전히 패권을 장악한다.

키루스의 정복 전쟁은 멈추지 않았다. 그는 아락세스 강 너머에 있는 마사게타이인을 정복하러 떠났으나, 그게 그의 마지막이었다. 키루스는 기원전 530

년 아락세스 강을 넘어 마사게타이인과 전투를 하다 그곳에서 전사한다. 키루스의 꿈은 그의 아들 캄비세스 2세에 의해 이루어진다. 캄비세스 2세는 이집트를 정복한다.

키루스는 광대한 제국을 건설했지만 정복한 나라들의 종교와 전통, 지배 계층을 인정하는 등 관용을 베푸는 지배를 하였다. 그는 제국을 여러 개의 구역으로 나누어 각 구역에 총독(사트라프)을 파견하여 관리하도록 했다. 총독이 맡은 주요 임무는 페르시아 왕에게 바칠 공물을 징수하고 페르시아가 군사 원정을 떠날 때 필요한 군사를 소집해서 보내는 것이었다. 그에 대한 대가로 정복한 나라의 백성은 상당한 자치권을 인정받았다. 그래서 페르시아 왕을 "왕 중 왕"이라고 불렀다.

실례로 바빌로니아의 우르에서 발견된 여러 문서에는 바빌로니아를 정복한 이후에도 키루스가 예전의 바빌로니아 행정 제도를 유지했다는 기록이 나온다. 외적에 의해 나라가 망했는데도 그곳에 살던 백성들은 예전과 같이 땅을 매매하고, 배를 빌리며, 대추야자나무숲과 금을 사고팔았다. 우리는 지금 상당히 안정된 사회에 살고 있어 전쟁에서 지면 어떤 일이 일어나는지 실감하지 못한다. 점령군으로 들어온 외국 군대는 기존의 소유권이나 거래를 얼마든지 무효로 만들어 버리고, 기존의 지배 계층을 전부 처형시킬 수도 있다. 그런 불안한 상황에서는 누구도 마음 편하게 거래를 하려고 하지 않을 것이다.

키루스는 또한 정복한 지역의 여러 민족에게 종교의 자유도 허락했다. 특히 아시리아에 의해 멸망당해 바빌론으로 끌려온 유대인들을 풀어 주어 그들의 고향인 팔레스타인 지방으로 돌아가게 만든 일은 구약 성서에 기록되어 있다. 구약 성서에는 그를 "고레스 왕"으로 기록하고 있다.

**페르시아의 역사**

키루스가 기초를 세운 페르시아 제국은 그의 아들 캄비세스 2세가 이집트를 정복함으로써 완성된다. 키루스의 페르시아를 아케메네스 왕조(기원전 559~기원전 330년)라고 부르는데, 그 이유는 다리우스 1세의 비시툰 비문(碑文)과 헤로도토스의 《역사》에서 모두 아케메네스를 키루스의 선조로 언급하고 있기 때문이다(12페이지 계보도 참조).

아케메네스 왕조는 마케도니아 출신 풍운아 알렉산드로스에 의해 기원전 330년에 다리우스 3세를 끝으로 멸망당한다. 알렉산드로스 대왕은 그리스 문화 신봉자였다. 따라서 아케메네스 왕조를 무너뜨린 뒤, 키루스 대왕이 파르스에 세운 수도 파사르가다에를 철저히 파괴한다. 그러나 그가 7년 뒤인 기원전 323년에 갑작스럽게 죽자, 알렉산드로스 대왕 밑에 있던 장군 셀레우코스가 아케메네스 왕조를 이었다. 이를 두고 셀레우코스 왕조(기원전 312~기원전 281년)라고 한다. 하지만 셀레우코스는 알렉산드로스처럼 직접 군대를 지휘해서 승리한 것이 아니었기 때문에 지지 기반이 약했고, 따라서 그리스 문화를 주축으로 하고 여기에 페르시아 문화를 접목한 범(凡)헬레니즘을 발전시킨다. 이때부터 헬레니즘이 페르시아에 본격적으로 이식된다. (고대 그리스인은 그리스를 헬라스[Hellas], 자신들을 헬레네[Hellene]라고 불렀다. 따라서 헬레니즘[Hellenism]이라는 말은 그리스인의 문화를 가리킨다. 헬라스는 또한 한자음을 차용해 희랍(希臘)이라고도 부른다. 그리스, 헬라스, 희랍이 모두 같은 말이다.)

그러다 카스피 해 남동쪽에서 들어온 파르티아인이 셀레우코스 왕조에 반기를 들고 파르티아 왕조(기원전 247년~기원후 224년)를 세운다. 파르티아인은 자신들을 아케메네스 왕조의 후예라고 자처했다. 이들은 아케메네스 왕조와 같이 다른 문화에도 관용을 베풀었다. 파르티아 왕조는 500년 동안 광대

## 아케메네스 왕조 계보도

본문의 이해를 위해 아케메네스 왕조의 계보를 일부 표시했다.

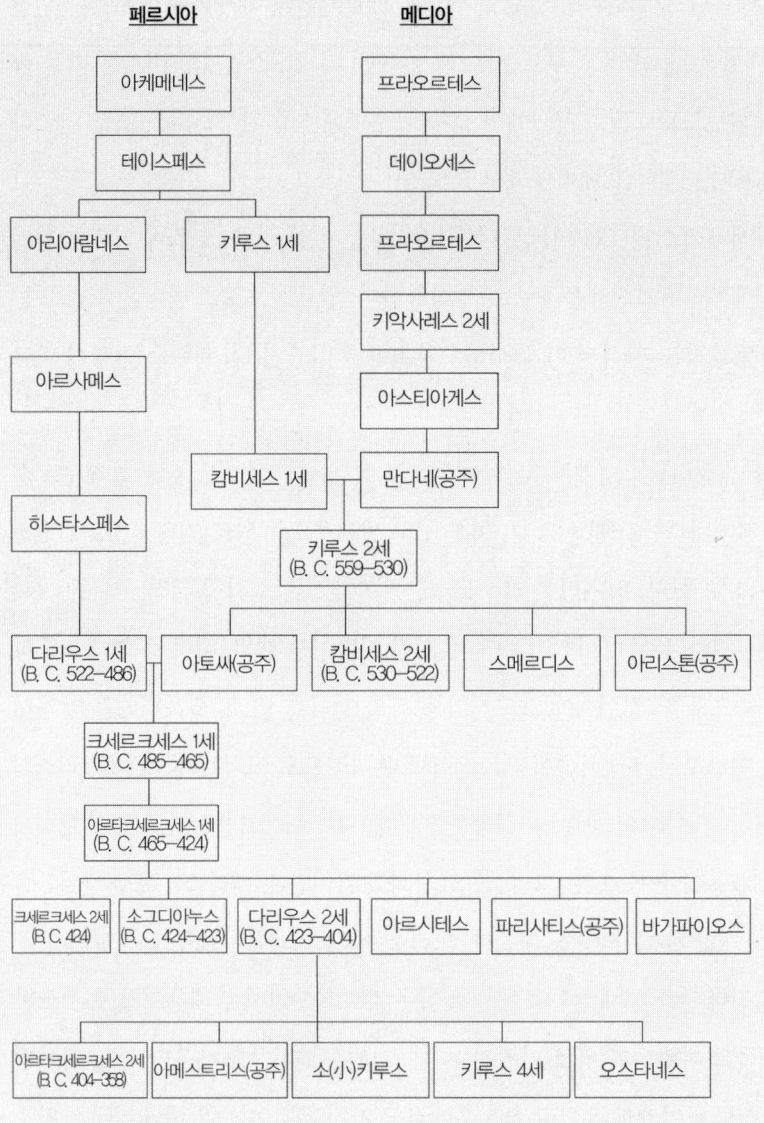

아케메네스 왕조는 기원전 330년에 다리우스 3세를 끝으로 역사속으로 사라진다.

한 제국을 지배한다.

그 후 진정한 아케메네스 왕조의 후예들이 아케메네스 왕조의 기원인 파르스에서 등장한다. 그들은 아르다시르 1세의 선조인 사산의 이름을 따서 사산 왕조(기원후 224년~651년)를 세운다. 사산 왕조는 파르티아 왕조와는 달리 페르시아 관료제의 정점이라고 할 수 있는 강력한 중앙집권 정부를 운영했다. 또한 예술과 과학을 장려해, 페르시아 문화는 실크로드를 통해 당나라와 한반도까지 전파되었다. 우리나라 통일신라 고분에서 출토된 유리 공예품은 사산 왕조 시대의 것으로 추정하고 있다.

페르시아 제국은 지리적 위치 때문에 왼쪽에는 그리스와 로마, 오른쪽에는 중앙아시아의 유목민과 긴장 관계를 형성할 수밖에 없었다. 로마 제국(비잔틴 제국)과의 잦은 전쟁으로 쇠락해 가던 사산 왕조는 기원후 642년 니네베에서 아랍 군대에 패하고, 야즈데게르드 3세를 마지막으로 기원후 651년에 멸망한다. 이로써 페르시아 제국은 역사에서 영원히 사라졌다. 그 후로 오늘날까지 페르시아의 후예를 자처하는 이란과 인근 지역은 이슬람 문명권으로 이어 오고 있다.

### 저자 크세노폰에 대하여

크세노폰은 기원전 4세기의 저술가이자 사상가이다. 그는 일생 동안 모두 37권의 작품을 남겼는데, 그 작품들은 크세노폰의 사상뿐 아니라 당시의 시대상황을 알 수 있는 중요한 자료가 되고 있다. 크세노폰은 작품에서 자신의 경험을 토대로 생각을 전개했는데, 그의 다양한 경험으로 인해 작품의 주제가 역사에서부터 문학, 경제, 경영, 승마, 사냥에 이르기까지 다양하다. 이런 특징으로 인해 그의 작품은 독특한 위치를 차지하지만, 한편으로는 자신

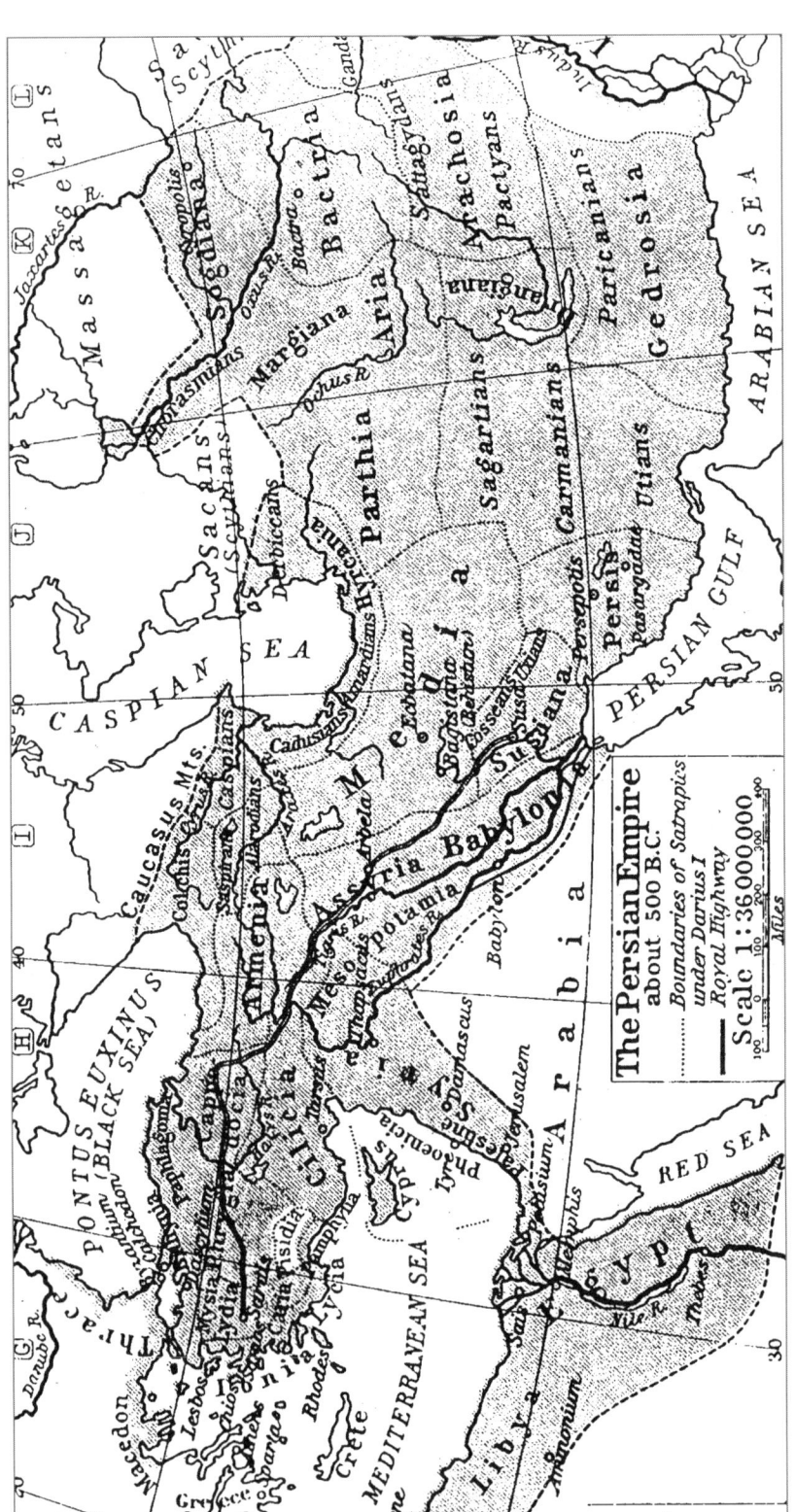

기원전 6세기 페르시아 제국, 윌리엄 R. 셰퍼드(William R. Shepherd)의 *Historical Atlas*(London: University of London Press, 1930)에서 인용

의 생각을 피력하기 위해 경험의 순서를 바꾸고 사실을 왜곡했다는 의혹을 받기도 한다.

| 작품명 | 한글 작품명 | 권수 | 내용 |
|---|---|---|---|
| Anabasis | 아나바시스 | 7 | 페르시아 원정기 |
| Hellenica | 헬레니카 | 7 | 그리스 역사 |
| Memorabilia | 회상 | 4 | 소크라테스를 회상함 |
| Oeconomicus | 오이코노미쿠스 | 1 | 가정과 농지의 관리 |
| Symposium | 향연 | 1 | 소크라테스와 제자들이 술을 마시면서 놀았을 때의 일을 기록 |
| Defence of Socrates | 변명 | 1 | 소크라테스를 옹호함 |
| Hiero | 히에론 | 1 | 시라쿠사의 참주 히에론과 시인 시모니데스의 대화 |
| Cyropaedia | 키로파에디아 | 8 | 키루스 대왕의 전기 |
| Agesilaus | 아게실라오스 | 1 | 스파르타 왕 아게실라오스 2세의 전기 |
| Respublica Lacedae-moniorum | 라케다이몬의 구성 | 1 | 스파르타의 법과 관습 |
| Poroi | 포로이 | 1 | 아테네 경제의 개혁 |
| On Horsemanship | 기마술 | 1 | 말을 관리하는 법 |
| Hipparchicus | 기병대 사령관 | 1 | 기병대의 관리 |
| Cyneгеticus | 사냥술 | 1 | 사냥개를 데리고 사냥하는 법 |
| Respublica Atheniensium | 아테네의 구성 | 1 | 아테네의 법과 관습 |
| | 합계 | 37 | |

## 기원전 431년~기원전 401년

그의 출생연도는 불분명하다. 단지 그의 자서전적 작품이라고 할 수 있는 《아나바시스》에서, 스파르타인이 보기에 그가 너무 젊어 부대의 지휘권을 맡기기 꺼렸던 장면이 나오고(3.1.25), 그와 같이 원정에 나섰던 친구 프로크세노스가 원정 중에 죽었을 때 나이가 서른 살쯤이었다고 나오므로(2.6.20), 《아나바시스》의 배경이 되는 시기가 기원전 401년이니까 그가 기원전 431년경에 태어났다고 추측할 수 있다.

크세노폰은 아테네에서 태어나 소크라테스의 제자가 되어 교육을 받았다. 플라톤과는 동문수학한 사이였다. 소크라테스의 가르침은 그의 지적 영역에 큰 영향을 미쳤는데, 대화법과 질문하는 법, 정의를 내리는 법, 분류하는 법, 그리고 공동체의 리더가 될 사람은 어떤 윤리적 덕목을 지녀야 하는지에 대해 영향을 받은 것으로 보인다. 그의 작품에는 소크라테스와 그의 가르침을 떠올릴 수 있는 부분이 많다.

### 기원전 401년~기원전 394년

성인이 되었을 때, 그는 사상을 확립하고 작품을 쓰게 되는 계기가 되는 커다란 경험을 하게 된다.

기원전 401년, 페르시아 제국의 소아시아 지역을 관할하던 소키루스는 그의 형인 아르타크세르크세스 2세 페르시아 대왕을 끌어내고 자신이 왕이 되기 위해 반란을 일으킨다(키루스 대왕과 구별하기 위해서 "소[小]키루스"라고 부른다. 영어로는 Cyrus the Younger라고 한다. 12페이지 계보도 참조). 그는 유능한 그리스인 장군들을 통해 11,000명이 넘는 그리스인 용병을 모집한다. 숫자가 1만 명이므로, 이들 그리스인 용병을 두고 "만인대(萬人隊)"라고 부른다. 소키루스는 사르디스를 출발하여 페르시아 내륙으로 진군하는데, 이때 크세노폰이 만인대에 참가한다. 이때의 경험을 책으로 낸 것이 바로 《아나바시스》이다. 크세노폰이 만인대에 참가하게 된 동기는 반란이 성공하면 명성과 큰 돈을 벌 수 있다고 생각했기 때문으로 추측된다(《아나바시스》 6.4.8). 《아나바시스》에도 소키루스가 그리스인 용병들에게 반란이 성공하면 금관을 하나씩 주겠다고 말하는 내용이 나온다(1.7.7). 크세노폰은 처음에 만인대에 용병 자격으로 참가하지 않았다. 그는 친구 프로크세노스를 따라갔을 뿐이다(3.1.4). 그렇지만 소키루스는 크세노폰을 받아들였다. 그는 크세노폰을 작가이자 종군기자이자 리더십을 가르치는 철학자로 보았던 것 같다. 소키루스의 입장에서도 그리 나쁘지 않은 선택이었을 것이다. 만약 반란이 성공하면 그에 대한 찬사가 그리스에도 전파될 것이니까. 철학자와 왕이 서로 밀접한 관계를 맺는 것은 당시의 전통이었다. 플라톤은 시라쿠사의 참주(僭主)들에게 리더십에 대해 조언했고, 아리스토텔레스의 조카 칼리스테네스는 알렉산드로스 대왕을 따르며 조언했다. 따라서 왕에게 도덕과 실제 문제에서 어떻게 해야 할지를 조언하는 철학자의 존재는 자연스러웠다. 크세노폰의 입장에서 소키루스의 원정은 하나의 기회였을 것이다.

 그러나 소키루스의 반란은 실패로 끝난다. 그는 그의 형에게 붙잡혀 목이 잘려 죽는다. 설상가상으로 만인대를 이끌던 그리스인 장군들도 붙잡혀 죽게 된다. 크세노폰은 고립무원의 상황에 빠졌지만 스파르타군이 합류하기까지 근 2년을 악착같이 버텨서 그리스인이 살고 있는 흑해 연안에 도착한다. 이때 크세노폰도 만인대의 후퇴를 지휘하는 지휘부에 참여하게 된다. 크세노폰은 이 원정에서 페르시아인과 친해졌을 것이다. 그는 소키루스와 이름이 같은 키루스 대왕에 대해 많이 들었을 것이다. 이때의 경험이 《키로파에디아》를 쓰는 데 도움이 되었음은 쉽게 짐작할 수 있다.

 소키루스의 원정에서 살아남은 그리스인 만인대는 기원전 399년 소아시아에 있는 그리스인을 해방시키겠다는 명분으로 페르시아에 선전포고를 한

스파르타군에 합류한다. 크세노폰은 기원전 394년에 스파르타 왕 아게실라오스와 함께 페르시아에서 아테네로 돌아오는데, 원정에서 돌아온 얼마 뒤에 자신의 고국 아테네에서 추방당한다.

크세노폰은 《아나바시스》에서 자신이 추방되었다는 말은 하고 있지만, 왜 추방되었는지에 대해서는 말하지 않고 있다. 추방된 이유에 대한 설은 크게 두 가지가 있다. 첫째는 펠로폰네소스 전쟁(기원전 431년~기원전 404년)에서 페르시아가 당시 아테네의 적이던 스파르타를 도왔는데, 크세노폰이 예전의 적에게 붙었기 때문에 미움을 사서 그랬다는 것이다. 다른 하나는 페르시아에서 돌아온 기원전 394년에 일어난 코린트 전쟁에서 스파르타 왕 아게실라오스가 지휘하는 편에 서서 아테네에 대적했기 때문이라는 것이다.

### 기원전 394년~기원전 362년

아테네에서 추방된 크세노폰은 아게실라오스의 배려로 올림피아 근처에 있는 스킬루스에 정착한다. 그는 자신의 거처 부근에 땅을 사서 아르테미스 여신을 위한 신전을 세워 지역 주민과 함께 제사를 드렸다. 그곳에서 그는 단지 조용히 지내는 것이 아니라, 지역 주민을 조직하고 사냥 대회를 여는 등 상당한 리더십을 발휘하며 살았다. 그는 그곳에서 기원전 362년까지 살았다.

### 기원전 362년~기원전 354년

크세노폰의 말년은 행복했던 것 같다. 그가 말년에 어디 있었는지에 대해서는 몇 가지 설이 있다. 스파르타가 기원전 371년에 레욱트라에서 테베에 패배한 뒤 혼란을 피해 코린트로 옮겨 그곳에서 죽었다는 설과 고국인 아테네로 돌아왔다는 설이 있다. 그가 말년에 어디 있었던 간에 그는 《아게실라오스》,

《키로파에디아》, 《헬레니카》, 《포로이》를 쓸 정도로 여유로웠던 것만은 분명하다. 그는 기원전 354년경에 죽었다.

## 《키로파에디아》가 전하는 메시지

《키로파에디아》는 어떤 책일까. 우선 이 책은 역사서가 아니다. 그렇게 말할 수 있는 근거는, 고대 그리스의 역사서 중에 가장 신뢰할 만하다고 평가를 받는 헤로도토스의 《역사》와 일치하지 않기 때문이다. 《키로파에디아》에서는 키루스가 외삼촌이자 훗날 메디아의 왕이 된 키악사레스의 딸과 결혼하면서 메디아 제국을 평화롭게 물려받는 것으로 나오지만, 《역사》에서는 키루스가 외할아버지인 메디아 왕 아스티아게스와 3년간의 전쟁 끝에 정복한 것으로 나온다. 게다가 키악사레스는 오직 크세노폰의 이야기에만 나오는 허구의 인물로 여겨지고 있다. 그리고 《키로파에디아》에서는 키루스가 이집트까지 정복했다고 나오지만, 《역사》에서는 그의 아들 캄비세스 2세가 정복한 것으로 나온다. 또한 《키로파에디아》에서는 키루스가 평안히 누워 죽었다고 나오지만, 《역사》에서는 마사게타이인과 전투를 하다 죽은 것으로 나온다.

이 책은 정치철학서도 아니다. 1권에서는 여러 정치 체제에 대해 말하면서 어떤 체제든 계속해서 유지하기가 어렵다고 말한다. 이어서 사람은 본성적으로 복종하려고 하지 않기 때문에 지배라는 것은 어려운 일이라고 설명한다. 그러나 정치철학적 설명은 1권의 서두에 아주 조금 나오며, 어떤 체제가 좋은지 주장과 근거를 제시하지 않은 채 곧바로 키루스 대왕에 대한 이야기로 넘어간다.

《키로파에디아》는 사실을 바탕으로 쓰인 역사소설이라고 성격을 규정할 수 있다. 사실과 완전하게 일치하지 않기 때문에 소설이라고 할 수 있지만, 그렇다고 인물과 배경 등 책의 모든 것을 머릿속에서 그려 낸 허구의 산물은 아니라는 점에서 공상소설과 구별된다. 크세노폰은 분명 헤로도토스의 《역사》를 접할 수 있는 시기를 살았다. 그가 《역사》를 읽었다면 페르시아에 대해 이미 알고 있었을 것이다. 만약 몰랐다 하더라도 크세노폰은 소키루스의 원정에서 페르시아인을 통해 키루스 대왕에 대해 알았을 것이다. 그렇다면 크세노폰은 역사적 사실을 알고 있으면서도 자신의 의도에 맞게 비틀었다고 할 수 있다. 그것도 아니라면 크세노폰이 맞고 헤로도토스가 틀리다고 할 수도 있다. 헤로도토스의 《역사》가 좀 더 믿을 만한 역사서라고 인정받고 있지만, 여전히 헤로도토스를 믿을 수 없는 이야기꾼이라는 시각도 존재하기 때문이다. 기원전 500년대에 있었던 일이니 사실 여부를 확인하는 것은 어려운 일이며, 고고학자나 역사가가 아닌 보통 사람에게는 어쩌면 무의미할지도 모른다.

그렇다면 우리는 논리적 귀결로서 크세노폰이 무슨 목적으로 《키로파에디아》를 저술했는지 궁금해진다. 작가는 항상 자신의 글을 읽을 독자와 전달하고자 하는 메시지를 머릿속에 두고 글을 쓴다.

크세노폰은 《키로파에디아》에서 저술의 목적을 간략하게 말하고 있다.

> 우리는 키루스가 이런 모든 칭송을 받을 만한 사람이라고 믿기에 그의 혈통이 어떠하며, 어떤 자질을 갖고 태어났으며, 어떤 교육을 받아 그렇게 탁월한 지배자가 되었는지를 조사했다. 따라서 우리는 그에 대해 발견했거나 알고 있는 것들을 지금부터 펼쳐 보이려고 한다. (1.1.6)

크세노폰이 저술의 목적을 이렇게 간략하게 말하고 있기 때문에 역설적으로 후대의 사람들이 그 목적을 두고 다양한 해석을 하게 되는 계기가 되었다. 저술의 목적이 무엇이냐에 관한 논문이 여럿 있지만, 그중에서 내가 보기에 가장 그럴듯한 해석은 피에르 칼리에(Pierre Carlier)라는 사람이 내놓은 것이다. 지금부터 말할 내용은 피에르 칼리에의 해석이다.

크세노폰은 키루스 대왕을 칭송하면서 리더십이란 이렇게 발휘하는 것이라는 메시지를 전달한다. 그렇다면 키루스 대왕과 같은 위대한 리더를 보고 배우라는 '교훈'이 크세노폰이 《키로파에디아》에서 말하고자 하는 유일한 것일까? 그런데 키루스 대왕이 누구던가? 당시의 그리스 독자들에게는 이미 죽은 사람이지만, 키루스 대왕의 후손인 페르시아는 여전히 그리스의 적이 아니던가? 적국의 선조를 본받으라고 글을 썼다고 하기에는 어딘지 맞지 않아 보인다.

《키로파에디아》가 쓰이던 기원전 4세기 그리스에서는 페르시아를 정복하자는 분위기가 팽배했다. 스파르타의 왕 아게실라오스는 카리아(기원전 365년)와 이집트(기원전 361년)에서 페르시아와 다시 격돌했다. 아테네에서는 웅변가 이소크라테스가 페르시아에 대해 범(凡)그리스적 전쟁을 멈추지 말아야 한다고 선동했다. 《키로파에디아》도 이런 사회분위기와 무관하지 않다.

크세노폰은 키루스 대왕의 성공을 슈퍼맨이 초능력을 발휘해서 이룬 것이 아니라 충분히 합리적으로 설명될 수 있는 것으로 보았다. 그래서 키루스의 성공을 그의 혈통과 자질, 그리고 그가 받은 교육 때문이라고 말하고 있는 것이다.

크세노폰은 젊은 키루스를 통해 아테네의 어느 재능 있는 젊은 귀족을 머릿속에 그렸을 것이다. 《키로파에디아》는 1권에 키루스를 교육시키고, 2~7권에 키루스가 탁월한 전략을 발휘해 적을 하나둘씩 정복해 나가는 내용이 나온다. 크세노폰은 아테네의 젊은 귀족이 키루스 대왕처럼 교육을 잘 받고, 키루스 대왕이 했던 것처럼 전략을 잘 세워 지휘하면, 키루스 대왕이 적은 무리의 군사를 가지고도 대제국을 건설했듯이, 조그만 아테네도 그런 대제국이 될 수 있다고 《키로파에디아》에서 주장하고 있는 것이다. 크세노폰의 《키로파에디아》에는 선동의 목적이 있다는 것을 부정할 수 없다.

여기까지만 본다면 그리스인 독자들은 그의 주장을 어쩌면 열렬히 받아들였을 것이다. 그렇지만 한편으로 그리스인 독자들은 그의 책을 보면서 불편한 감정을 피할 수 없었을 것이다. 왜냐하면 크세노폰이 주장하는 그런 대제국의 건설과 유지에는 일사불란한 체제가 필요하고, 이는 곧 키루스 대왕이라는 절대 군주가 반드시 필요하다는 말이 되기 때문이다.

책에는 제국을 건설하는 과정에서 키루스 대왕에게 절대 복종하던 페르시아 군사들이 나온다. 제국을 건설한 뒤에는 그 제국을 운영하기 위해 환관으로 구성된 경호대를 만드는 장면도 나온다. 게다가 반란을 미리 막기 위해 "왕의 눈과 귀"라고 부르는 여러 정보원을 제국 곳곳에 심어 밀고하게 만드는 제도도 나온다.

> 그래서 "왕은 눈과 귀가 많다."라는 말이 사람들 사이에 있었고, 사람들은 어디를 가든 마치 키루스가 듣고 있는 것처럼 여겨 왕을 깎아내리는 말을 하기를 두려워했다. 마찬가지로 마치 키루스가 옆에 있는 것처럼 그에게 위해를 가하는 어떤 짓도 하기를 두려워했다. 따라서 아무도 다른 사람에게 키루스를 깎아내리는 말을 하려 하지 않았고, 대신 왕의 '눈'과 '귀'가 주위에 많이 있는 것처럼 여겨 항상 조심했다.(8.2.12)

민주정을 신봉하던 그리스인 독자들은 그런 모습들을 보면서 마음이 편했을까? 8권 8장을 보면 불편한 감정은 더욱 심해질 수 있다. 그 장을 크세노폰이 직접 썼는가, 그리고 언제 썼는가는 학자들 사이에 논란이 있다. 하지만 문체와 전하고자 하는 메시지가 이전과 다르지 않은 것을 볼 때 크세노폰의 저작이 확실해 보인다.

8권 8장에는 키루스 대왕 사후에 타락한 페르시아의 모습이 나온다. 그들은 겉으로 키루스 대왕이 강조한 금욕과 훈련의 전통을 따르지만, 실제로는 그렇지 않다는 것을 보여 준다. 정의를 실천하지 않고, 방탕하며, 부정을 스스럼없이 저지른다. 그리스인 독자들은 마치 영원할 것 같았던 키루스 대왕의 체제가 그의 사후에 급속히 타락한 것을 보고 놀랐을 것이다. 8장에서 크세노폰은 이런 말을 하고 싶었을 것이다. "리더가 올바로 서면 따르는 사람도 올바르지만, 리더가 타락하면 따르는 사람도 타락한다. 그리고 그 리더가 통제받지 않는 절대 권력일 경우 타락의 정도는 훨씬 심해진다." 오늘날의 독자들은 8장을 보면서 몽테스키외의 유명한 구절을 떠올릴지도 모른다. "모든 권력은 부패하기 마련이고 절대 권력은 절대 부패한다."

크세노폰은 대제국이 되면 생기는 아이러니를 페르시아를 통해 보여 주면서 마지막으로 그리스인 독자들에게 이런 말을 던지려고 했던 것은 아니었을까? "이래도 페르시아와 같은 절대 군주정을 하고 싶습니까?"

**리더십이란 무엇인가**

어떤 책이 2천년을 넘게 이어 오고 있다면 그 책에는 뭔가가 있다. 우리는 그런 책을 고전이라고 부른다. 고전이 그렇게 질긴 생명력을 이어 오는 이유는 무엇일까? 그 이유는 책의 내용에서 찾을 수 있다. 모든 제품에는 유효기간이 있듯이 책에도 유효기간이 있다. 시대에 맞지 않는 책은 책으로서의 가치가 없다. 그런 책은 더 이상 읽히지 않는다. 예를 들어 윈도우즈 95를 설명하는 컴퓨터 책은 윈도우즈 8이 나오는 시대에는 희귀품이나 기념품의 가치는 있을지언정 더 이상 유용하지 않다.

오랫동안 생명력을 이어 오는 책은 주로 사람에 대해 다룬다. 삼국지, 성서, 논어 등은 모두 사람에 대해 이야기한다. 이것은 무엇을 뜻하는 것일까? 세월이 아무리 흘러도 사람의 본성은 변하지 않는다는 뜻일 것이다. 그것은 기술이 훨씬 발달하게 될 미래에도 변함없을 것이다. 꿈을 꾸고, 목적을 이루기 위해 다투고, 지배하려고 하고, 이해관계에 따라 이합집산 하는 인간의 본성은 변하지 않을 것이다. 사람들은 고전을 읽으면서 사람의 마음에 대해 다시 생각한다. 그리고 그곳에서 교훈을 얻으려고 한다.

《키로파에디아》에는 리더십과 지배에 대한 교훈이 많이 들어 있다. 이 책을 번역한 번역자로서 유용한 교훈을 두 개만 고르라는 혜택이 주어진다면, 나는 다음의 두 가지를 언급하고 싶다.

첫째, 리더는 따르는 사람을 책임져야 한다.

리더에 대한 정의는 리더십에 대한 책만큼이나 다양하다. 어쩌면 '1+1=2'라는 수학이 아니라 정의를 내리는 사람의 생각이기 때문에 듣기 좋은 말만 만들어 내기도 한다. 그렇지만 리더십에 대한 그 어떤 정의에도 불구하고 변치 않는 사실은 '따르는 사람이 있어야 리더가 된다.'는 것이다. 따르는 사람이 없으면 자신이 아무리 리더라고 떠들어 봐야 무의미한 소리일 뿐이다.

사람이 어떤 동기로 리더를 따르는지는 개인마다 다르다. 어떤 이는 리더의 숭고한 정신을 믿고 따르고, 어떤 이는 리더가 잘되면 자신에게 한몫 생길 것이라고 생각해서 따르기도 한다. 《키로파에디아》에서도 키루스 대왕을 따르기로 결심한 사람들의 동기가 다양하다는 것을 확인할 수 있다.

리더는 목표하는 바를 혼자서 이룰 수 없기 때문에 자신을 따라와서 같이 하자고 설득한다. 절실하기 때문에 따라오라고 설득하지만, 그 제안을 받는 사람의 입장에서도 절실하기는 마찬가지이다. 이 사람을 따라가면 목숨을 건질 수 있을까, 내가 성공할 수 있을까, 내 경력에 도움이 될까 등 여러 고민을 하게 된다. 제안을 받고서 몇날 며칠을 고민할지도 모른다. 그러므로 따르는 사람의 입장을 고려하지 않고 따라오라고 제안하는 것은 무책임한 처사이며, 자신이 어떻게 될지도 모르면서 무작정 따라가는 것은 무지한 행동이다.

리더가 따르는 사람을 책임진다는 것은 구체적으로 무엇을 말하는 것일까? 이 사람을 따라가면 목숨은 건질 수 있다는 상황은 전투와 같은 극한 상황이 아니면 쉽게 일어나지 않을 것이다. 직장 생활과 같이 보통의 상황에서는 이 사람을 따라가면 내가 돈과 지위에서 나아질 수 있을까 하는 생각이 일반적일 것이다.

얼마 되지 않은 삶을 살면서 여러 조직과 사람을 보아 왔다. 그 과정에서 확신하게 되었던 것은 활동에 필요한 자금을 끌어 오는 것이 리더의 가장 큰 책임이라는 것이다. 새로운 비즈니스나 프로젝트를 시작할 때 리더가 사람을 모으면서 항상 강조하는 것이 '비전'이었다. 비전은 매력적으로 보인다. 그래서 초기에는 활력이 넘친다. 그러나 월급도 받지 못할 정도로 자금 사정이 어렵다면 그 비전도 퇴색하기 마련이며, 나중에는 좋았던 기억이 서로에 대한 적의로 변한다.

월급은 걱정하지 않을 정도로 규모가 큰 회사일 경우에는 인력과 예산의 확보가 앞서 말한 월급과 같은 역할을 할 것이다. 신입사원이 들어왔을 때 서로 자기 부서로 데려가려고 치열하게 경쟁하는 관리자들이 이상할 것이 하나도 없다. 대기업에서는 인력과 예산의 확보가 관리자를 따르는 부하 직원에게 큰 영향을 미치기 때문이다. 그것도 제대로 확보하지 못해 다른 부서에 이리저리 치인다면 관리자를 어떻게 믿고 따르겠는가?

키루스가 원정을 떠날 때 아버지가 특별히 강조해서 가르쳤던 것도 바로 이것이었다.

> 그러므로 키악사레스와 같이 너도 네가 필요한 것이 절대로 떨어지지 않도록 항상 주의를 기울어야 하며, 마찬가지로 필요한 것을 얻으려는 노력을 습관처럼 해야 한다. 그리고 무엇보다 이것을 기억해라. 모자랄 때가 되어서야 비로소 보급품을 구하려는 노력을 절대로 하지 마라. 가장 풍족할 때에 부족할 때를 대비해 수단을 마련해 놓아야 한다. 그렇게 하는 것이 가장 수월하다. 왜냐하면 네가 부족해 보이지 않을 때 구하는 사람에게서 더 많이 얻을 수 있다. 게다가 너는 이렇게 함으로써 군사들로부터 비난을 받지 않게 되고, 나아가 그들은 원하는 것을 갖게 됨으로써 너를 더 잘 따르게 될 것이다.(1.6.10)

둘째, 항상 좋은 리더는 없다는 점이다.

리더에 대한 선입견 중의 하나는 리더는 자애로워야 한다는 것이다. 성군(聖君)과 같은 이미지를 항상 동경하는데, 나는 이러한 이미지는 비현실적이라고 생각한다. 무슨 말인가 하면, 리더는 따르는 사람이 자신을 두려워할 줄 알게 만들어야 한다. 리더는 따르는 사람을 하나로 모아 목표를 이루게 해야 하는 임무를 띠고 있는데, 사람을 따르게 만드는 도구의 하나로 두려움을 사용한다. 즉, 복종하는 사람에게는 혜택을 주지만 복종하지 않을 때는 피해도 줄 수 있다는 의식을 심어 줄 수 있어야 리더로서 효과를 발휘한다.

우리는 소통이 지고지순의 가치가 되는 양 하는 시대를 살고 있어, 정당한 권위를 존중하고 두려워하려고 말을 하면 고리타분한 사람 취급을 받는다. 하지만 그 어떤 가치를 표방하는 권력일지라도 모든 권력에는 두려워하게 만드는 요소가 존재한다. 그렇지 않으면 권력으로서 존립하기 힘들기 때문이다. 이런 속성을 모르고 함부로 굴다가 피해를 당하면 그때 가서 그럴 줄 몰랐다느니, 사람이 변했다느니 하며 한탄한다. 키루스의 지배 원리도 여기서 벗어나지 않는다.

> 키루스는 이들 나라를 지배했다. 그들은 키루스와 다른 언어를 쓰고 나라도 서로 달랐지만, 키루스는 두려움을 심어 주어 광활한 지역을 다스릴 수 있었다. 그는 모든 사람을 공포로 굴복시켰으며, 아무도 그에게 대적하려고 하지 않았다. 동시에 그는 사람들의 마음속에 그를 기쁘게 하려는 욕망을 생생하게 불러일으켜 언제나 그가 원하는 대로 이끌 수 있었다. (1.1.5)

따르는 사람에게 리더는 모순적인 인물로 비칠 수도 있다. 예를 들어, 합의를 도출하기 위해 회의를 하지만 결정은 이미 리더의 마음속에 정해져 있다. 회의는 요식 행위일 뿐이다. 게다가 키루스가 무엇을 제안할 때면 그의 심복 크리산타스가 옆에서 전적으로 동의하는 발언을 하여 지원한다.

"이 문제를 토론에 부치는 것이 무슨 소용이 있습니까?" 크리산타스가 말했다. "왜 당신께서는 이렇게 하겠다 저렇게 하겠다고 그냥 포고하지 않으십니까? 사냥 대회를 할 때는 그렇게 상을 주겠다고 포고하지 않으셨나요?"(2.2.19)

리더는 또한 목적을 이루기 위해 따르는 사람에게 가혹한 일도 시킬 수 있다. 책에 보면 아시리아 군대와 마지막 전투를 벌일 때 후퇴하지 못하도록 최후방에 부대를 따로 두어 후퇴하려고 하는 페르시아 군사들을 칼로 위협하는 장면이 나온다.

> 페르시아 군대의 최후방은 궁수나 창병이 후퇴하는 것을 용납하지 않고 오히려 칼을 빼어 들어 겨누며 적을 향해 쉬지 말고 쏘고 던지라고 위협했다. 그리하여 참혹한 살육이 벌어졌다. 무기들이 서로 부딪치는 소리, 화살과 창이 나는 소리, 도와 달라고 절규하는 비명소리, 힘을 내라고 독려하는 고함소리, 신을 애타게 찾는 소리 등이 범벅이 되어 지옥이나 다름없었다.(7.1.34~35)

이렇듯 리더는 따르는 사람을 챙기는 사려 깊은 사람이지만, 따르는 사람에게 궂은일도 시킬 줄 알아야 하는 냉혈한이기도 하다. 이런 리더를 굳이 따라야 하는가?

다행히도 우리 같은 보통 사람에게는 따르지 않아도 되는 선택권이 있다. 리더를 반드시 따라야만 하는 의무가 있는 곳은 군대와 같은 특수한 경우뿐이다. 자신이 생각하는 리더가 아니라면 그를 떠나면 된다. 그렇게 해도 감옥에 가지 않는다. 물론 그에 따른 손해가 뒤따를 수 있다. 그 손해는 때론 매우 크고, 그래서 결정하기 정말 쉽지 않겠지만, 그래도 선택할 수 있는 권리가 있다. 세상에 공짜는 없으며, 선택에 따른 책임은 누구도 대신 지지 않는다.

이쯤 되면 리더가 되고 싶지 않을지도 모르겠다. 사실 가능하다면 리더가 되지 않는 게 좋다. 시간이 흐르더라도 계속해서 팔로어로 남으면 좋겠는데, 현실은 그렇지 못하다. 때가 되면 당연히 리더의 위치에 올라야만 할 때도 있다. 살아남기 위해서, 또는 그렇게 하는 것이 보기 좋으니까. 나이가 되면 자리에 집착하는 것도 다 그런 이유이다. 그때를 위해서라도 리더십에 대해 알아 두는 게 필요하지 않을까 한다.

### 책의 구성과 번역 원전

이 책은 현대의 책과는 달리 표기가 독특하다. 여덟 권으로 구성된 이 책은 원래 각 권에 제목이 없었다. 후대의 번역자들이 제목을 붙인 것이다. 그리고 각 권은 장과 절로 나뉜다. 이런 식의 표기는 현대의 독자들에게 낯설지만, 어디에 있는지 찾기 쉽기 때문에 오히려 편하기도 하다. 그래서 책의 내용을 구체적으로 지적할 때 (권.장.절)로 표기한다. 예를 들어 (2.2.19)로 표시된 곳은 2권 2장 19절을 가리킨다.

한글로 번역하는 데 사용한 영어 원전은 월터 밀러(Walter Miller)의 *The Education of Cyrus*(Cambridge: Harvard University Press, 1914)이며, 보다 의미가 명확한 경우에는 H. G. 다킨스(Dakyns)의 *The Education of Cyrus*(London: Everyman's Library, 1914)의 부분을 번역하였다.

**참고문헌**

국립중앙박물관 편저.《황금의 제국 페르시아》. 서울: 국립중앙박물관, 2008.

안나 반잔.《페르시아 : 고대 문명의 역사와 보물》송대범 번역. 서울: 생각의나무, 2008.

유흥태.《고대 페르시아의 역사 : 아케메니드 페르시아 · 파르티아 왕조 · 사산조 페르시아》. 파주: 살림출판사, 2008.

유흥태.《이란의 역사 : 이슬람의 유입에서 이슬람 혁명까지》. 파주: 살림출판사, 2008.

유흥태.《페르시아의 종교 : 조로아스터교 · 미트라교 · 마니교 · 마즈닥교》. 파주: 살림출판사, 2010.

크세노폰.《페르시아 원정기 : 아나바시스》천병희 번역. 고양: 숲, 2011.

키토, H. D. F.《고대 그리스, 그리스인들》박재욱 번역. 서울: 갈라파고스, 2008.

헤로도토스.《역사》박광순 번역. 서울: 범우사, 1993.

Dakyns, H. G, trans. *The works of Xenophon*, Vol. 1. London: Macmillan and co., 1890.

Drucker, Peter. F. *The Practice of Management*. New York: HarperBusiness, 1986.

Gray, Vivienne. J, gen. ed. *Xenophon*. New York: Oxford University Press, 2010: *The Idea of Imperial Monarchy in Xenophon's Cyropaedia*, by Pierre Carlier.

Mallowan, Max. "Cyrus the Great (558-5(29) B.C.)", *Journal of the British*

*Institute of Persian Studies*, Vol. 10. 1972, 1-17.

Nardo, Don. *The Persian Empire*. San Diego, CA: Lucent Books, 1998.

Olmstead, A. T. *History of the Persian Empire, Achaemenid period*. Chicago: University of Chicago Press, 1948.

Sacks, David. *A Dictionary of the Ancient Greek World*. New York: Oxford University Press, 1995.

Sarkhosh Curtis, Vesta and Stewart, Sarah, ed. *The Birth of the Persian Empire*, Vol. 1. London: I. B. Tauris, 2005.

| 차례 |

역자서문 · 5

**제1권** 키루스의 소년 시절 · 35
**제2권** 군대의 재탄생 · 95
**제3권** 아르메니아 정복 · 137
**제4권** 아시리아군과의 전투 · 181
**제5권** 새로운 조력자들 · 229
**제6권** 결전을 준비하며 · 285
**제7권** 운명의 날 · 325
**제8권** 제국의 경영 · 373

부록 : 키루스 대왕의 유적 · 445
색인 · 449

**제1권**

# 키루스의 소년 시절

# 제1장

(1) 우리는 공화정이 다른 형태의 정부를 원하는 사람들에 의해 얼마나 자주 전복되는지를 보았다. 군주정이나 과두정이 사람들에 의해 얼마나 자주 무너지는지도 보았다. 절대 권력을 추구하던 개인이 순식간에 몰락하고, 짧은 기간이나마 그 권력을 유지하면 우리는 그를 놀라운 눈으로 바라보면서 똑똑하거나 운이 좋은 사람으로 여겼다. 우리는 또한 보곤 한다. 심지어 집에서도 어떤 사람은 많든 적든 간에 하인을 거느리고 있는데, 이름만 주인일 뿐 실제로는 주인 행세를 하지 못하고 있다. 이것을 보면서 우리는 생각한다.

(2) 생각은 다른 데로 이어진다. 소치기는 그가 거느리는 소의 지배자이고, 마부는 말의 지배자, 가축지기라고 부르는 사람은 그가 키우는 가축의 지배자이다. 가축은 가축지기에게 복종하며 인간이 그의 지배자에게 복종하는 것보다 훨씬 더 기꺼이 한다. 가축은 가축지기가 가리키는 곳이면 어디든 가고, 그가 인도하는 풀밭에서 풀을 먹으며, 그가 가지 말라고 하는 곳은 가지 않는다. 그리고 가축지기에게 자신의 몸에서 나는 수익을 누리도록 허락한다. 우리는 가축이 무리를 지어 가축지기에게 대항해 음모를 꾸미거나, 자신

의 몸에서 나는 수익을 가축지기가 누리는 특권을 거부하거나 누리지 못하도록 반항하는 것을 보지 못했다. 동시에 가축은 가축지기가 아닌 사람의 말은 듣지 않는다. 하지만 인간은 어떤 사람이 자신을 지배하려고 하면 즉시 대항하여 음모를 꾸민다.

(3) 그러므로 이 비유를 통해 우리는 같은 인간보다 다른 피조물을 지배하는 것이 더 쉽다고 결론을 내릴 수 있다. 하지만 수많은 사람과 도시, 나라를 복속시킨 키루스라는 한 페르시아인을 곰곰이 생각해 보면, 만약 영리한 방법을 사용한다면 인간을 지배하는 것이 불가능하거나 어려운 일이 아닐 수 있다고 생각을 고쳐먹게 된다. 사람들은 모든 일에서 키루스에게 자발적으로 복종했다. 어떤 이들은 키루스가 있는 곳에서 며칠이 걸리는 거리에, 다른 이들은 몇 달씩이나 걸리는 거리에 떨어져 살았다. 그들은 키루스를 본 적이 없으며, 그들 중 일부는 앞으로도 보지 못하리라는 것을 잘 알고 있었다. 그럼에도 그들은 키루스의 백성이 되기를 기꺼이 원했다.

(4) 이 모든 것은 놀랄 일이 아니다. 키루스는 두 부류의 왕들, 즉 아버지로부터 왕위를 물려받거나 스스로의 노력으로 왕이 된 사람들과 매우 달랐다. 예를 들어 스키타이 왕은 백성이 많았지만 지배력을 자신의 영토 밖까지 뻗히지는 못했다. 그는 자신의 백성을 다스릴 수만 있다면 그것으로 만족할 사람이었다. 트라키아 왕, 일리리아 왕 등 우리가 듣는 다른 나라의 왕들도 마찬가지였다. 적어도 유럽에 있는 나라는 오늘날까지 자유롭고 서로 독립되어 있다고 알려져 있다. 키루스는 아시아에\* 있는 나라들이 정확히 유럽과 같은 방

---

\* 고대 그리스인에게 아시아는 소아시아를 가리켰다. 소(小)아시아는 지금의 터키 서쪽 지역을 말한다. 오늘날 아시아라고 하면 한중일 중심의 동아시아를 가리키는 것이 일반적이므로 혼돈을 피하기 위해 소아시아라고 부른다. 영어로는 Asia Minor로 부른다. - 역주

식으로 독립되어 있다는 사실을 발견하고, 페르시아의 적은 무리에서 시작해 메디아인의 완전한 동의를 받아 메디아의 지도자가 되었고, 마찬가지로 히르카니아의 지도자가 되었다. 그 뒤 그는 시리아, 아시리아, 아라비아, 카파도키아, 두 개의 프리지아, 리디아, 카리아, 페니키아, 바빌로니아를 정복했다. 그는 또한 박트리아, 인도, 킬리키아를 지배했다. 게다가 그는 사키아, 파플라고니아, 마가디아, 그리고 이름도 모르는 수많은 나라의 왕이었다. 그는 아시아에 있는 그리스인을 지배했으며, 바다를 타고 내려가 키프로스와 이집트를 그의 제국에 복속시켰다.

(5) 키루스는 이들 나라를 지배했다. 그들은 키루스와 다른 언어를 쓰고 나라도 서로 달랐지만, 키루스는 두려움을 심어 주어 광활한 지역을 다스릴 수 있었다. 그는 모든 사람을 공포로 굴복시켰으며, 아무도 그에게 대적하려고 하지 않았다. 동시에 그는 사람들의 마음속에 그를 기쁘게 하려는 욕망을 생생하게 불러일으켜 언제나 그가 원하는 대로 이끌 수 있었다. 그가 복속시킨 부족이 너무 많았기 때문에 동서남북 어느 방향으로 여행을 시작하더라도 그들 모두를 돌아보기란 어려웠다.

(6) 우리는 키루스가 이런 모든 칭송을 받을 만한 사람이라고 믿기에 그의 혈통이 어떠하며, 어떤 자질을 갖고 태어났으며, 어떤 교육을 받아 그렇게 탁월한 지배자가 되었는지를 조사했다. 따라서 우리는 그에 대해 발견했거나 알고 있는 것들을 지금부터 펼쳐 보이려고 한다.

# 제2장

(1) 키루스의 아버지는 페르시아 왕 캄비세스라고 알려져 있다. 캄비세스는 페리시디아인의 혈통에 속하며, 페리시디아라는 이름은 그리스 신화에 나오는 영웅 페르세우스에서 유래했다. 키루스의 어머니는 만다네라는 데에 의견의 일치를 보인다. 만다네는 메디아 왕 아스티아게스의 딸이었다. 오늘날까지도 야만족들은* 그들의 노래와 이야기 속에서 키루스가 가장 잘생겼고,

---

* 고대 그리스인은 자신들 외의 민족을 "바르바로이(barbaroi)"라고 불렀다. 영어 barbarian은 여기에서 유래되었다. '야만족'으로 번역되는 이 말에는 원래 경멸의 뜻이 없었다. 다른 민족이 하는 말이 그리스인의 귀에 "바르바르"라고 들렸기 때문에 그렇게 불렀을 뿐이다. 그런데 페르시아 대왕 다리우스 1세의 침입으로 시작된 페르시아 전쟁(기원전 492년~기원전 479년)을 계기로 경멸의 뜻이 들어가게 된다. 그리스인은 이 전쟁에서 승리하면서 유럽인으로서의 정체성을 확립하게 되고, 동시에 페르시아인을 경멸하고 열등하게 바라보는 시각을 갖게 된다. 여기에는 최초의 역사가라고 할 수 있는 헤로도토스도 일조했다. 그는 《역사》에서 페르시아인을 두개골이 약한 열등한 인종으로 묘사하고, 페르시아 군대의 숫자를 인위적으로 부풀리는 등 왜곡된 시각을 심어 주었다. 이소크라테스와 아리스토텔레스 같은 그리스인 웅변가와 사상가의 선동도 한몫했다. 이들은 페르시아인을 가정집 노예나 어울리는(이소크라테스) 태어날 때부터 노예인 인종으로(아리스토텔레스) 비하했다. 이런 사악하고 열등한 페르시아인을 정복하자는 이들의 선동은 결국 그리스 문화 신봉자 알렉산드로스에 의해 결실을 맺었고, 그의 뒤를 잇는 로마 제국으로 계승된다.

가장 관대했으며, 배우려는 의지가 가장 높았고, 가장 야심찼으며, 칭송을 받기 위해 모든 노고를 견디고 모든 위험을 감수했다고 말한다.

(2) 그런 것들은 그가 부모로부터 받은 신체적·정신적 자질로 여겨졌다. 하지만 그는 페르시아 법에 따라 교육을 받았다. 페르시아 법의 특징은 공공의 복리를 중시하는 데에 있다. 물론 다른 나라의 법도 공공의 복리를 다루지만 법의 출발점으로 삼지는 않는다. 대부분의 나라에서는 모든 사람이 자신이 원하는 대로 아이를 교육할 수 있으며, 어른들은 그들이 좋을 대로 산다. 그들은 도둑질이나 강도짓을 하지 말며, 남의 집에 침입하지 말며, 때릴 권리가 없는 사람을 때리지 말며, 간통하지 말며, 관리에게 복종할 것 등을 법으로 요구받는다. 만약 어떤 사람이 이 법을 어기면 그는 처벌을 받는다. (3) 그러나 페르시아 법은 부적절하거나 부도덕한 그 어떤 것을 처음부터 갈망하지 않는 사람이 되는 데에 주의를 기울인다. 페르시아에는 왕궁과 정부 건물이 모여 있는 "자유 광장"이라는 곳이 있다. 상인들은 이곳에 들어올 수 없다. 그들은 도시의 다른 곳에 가서 장사를 해야 한다. 소리를 지르며 무례한 언동으로 소란을 피워 교양 있는 사람들의 질서 정연한 삶이 침해를 받을 수 있기 때문이다. (4) 정부 건물로 둘러싸인 광장은 네 개의 구역으로 나뉘어 있다. 각각 소년, 청년, 장년, 군대의 의무를 마친 원로를 위한 구역이다. 그리고 정해진 각 구역에 매일 나오도록 법으로 정해져 있다. 소년들과 청년들, 장년들은 새벽

---

이러한 시각은 오늘날까지 뿌리 깊게 남아 있다. 지중해를 경계로 서쪽에 있는 서양(Western)은 덕스럽고 우월하며, 동쪽에 있는 동양(Eastern)은 사악하고 열등하다는 시각은 19세기 제국주의 시대를 거치면서 고대 그리스 시대에는 인식하지 못했던 중국 문명권까지 동양으로 묶는 것으로 발전했다. 이러한 편견을 에드워드 사이드(Edward Said)는 1978년에 '오리엔탈리즘(Orientalism)'이라는 용어로 정의했다.
오늘날 영화와 소설에서 나오는 서구우월주의는 고대 그리스까지 기원을 두는 굉장히 뿌리 깊은 것이다. - 역주

에 나와야 한다. 그러나 원로들은 각자 편한 시간에 나올 수 있지만 특별한 날에는 반드시 나와야 한다. 청년들은 가벼운 무장을 하고 정부 건물 주위에서 잠을 자야 한다. 청년들 중에 결혼을 한 사람은 그렇게 하지 않아도 된다. 기혼자는 사전에 특별히 명령을 받지 않는 이상 그렇게 해야 할 의무는 없지만 너무 자주 빠지면 보기 흉하다고 여겨진다.

(5) 각 구역에는 12명의 관리가 있는데, 이는 페르시아가 12개 부족으로 이루어졌기 때문이다. 소년들을 돌보기 위해 원로들 중에서 소년을 최고의 남자로 만들 만한 사람들을 뽑는다. 그리고 청년들을 돌보기 위해 장년들 중에서 청년을 최고로 키울 만한 사람들을 뽑는다. 장년들은 자신들 중에서 최고 권력체*의 명령과 요구사항을 가장 잘 이행할 만한 사람들을 뽑는다. 원로들은 자신들에게 주어진 역할을 잘 수행하는지를 감독할 우두머리들을 뽑는다. 이제 각 연령대의 사람들에게 어떤 임무가 주어지는지를 살펴볼 것이다. 이것을 보면 페르시아인이 최고가 되기 위해 어떤 수고를 하는지 보다 잘 이해될 것이다.

(6) 소년들은 학교에 가서 정의를 배운다. 소년들도 정의를 배우기 위해 학교에 간다고 말한다. 마치 그리스의 소년들이 읽고 쓰는 것을 배우기 위해 학교에 간다고 말하는 것과 같다. 관리들은 학생들이 가지고 오는 사건들을 판결하는 데 하루의 많은 시간을 소비한다. 왜냐하면 소년들은 어른들과 마찬가지로 다른 사람의 도둑질, 강도질, 폭행, 사기, 비방, 그리고 저절로 드러나는 범죄들을 고발하기 좋아하기 때문이다. 관리들은 이런 범죄 중에 하나라도 발견하면 소년들을 처벌한다. (7) 또한 소년들이 다른 사람을 잘못 고발했을 때도 처벌한다. 그들은 법에 호소할 정도의 위법은 아니지만 서로를 매

---

* 왕의 주재로 열리는 원로회의를 말한다. - 原註

우 미워하게 만드는 배은망덕에 대해서도 재판에 부친다. 만약 어떤 소년이 호의를 갚을 수 있는 위치에 있지만 그렇게 하지 않았을 때는 강하게 처벌한다. 왜냐하면 그들은 은혜를 모르는 것이야 말로 신과 부모, 나라, 친구에 대한 의무를 소홀히 하는 것이라고 여기기 때문이다. 우리가 알듯이 은혜를 모르는 것은 부끄러움을 모르는 것과 궤를 같이하고 나아가 모든 도덕적 잘못으로 이어진다.

(8) 교사들은 소년들에게 자기 절제를 가르친다. 소년들은 그들의 원로들이 날마다 절제하며 사는 것을 보면서 절제하는 법을 훨씬 잘 배운다. 원로들이 관리들에게 절대적으로 복종하는 것을 보는 것 또한 소년들의 교육에 도움이 된다. 관리들이 가라고 할 때까지 원로들이 식사 자리를 지키는 것을 보는 것도 도움이 된다. 같은 목적에서 소년들은 어머니가 아니라 교사들과 함께 식사를 하며, 때론 관리들과 하기도 한다. 소년들은 먹을 빵과 양념을 집에서 가져오며, 목이 마르면 강에서 물을 한 컵 떠서 해갈한다. 이 외에 그들은 창을 던지고 활을 쏘는 법을 배운다.\*

이것이 소년들이 16~17살이 될 때까지 하는 일이다. 이 과정을 마치면 소년들은 청년반으로 올라간다.

---

\* 페르시아의 교육을 설명한 이 부분은 마치 스파르타의 교육을 떠올리게 한다. 이것은 어쩌면 크세노폰의 경험에서 나온 것일 수 있다. 크세노폰은 아테네 출신으로 소아시아 원정에서 스파르타 군사들과 지내면서 그들의 교육에 대해 들었을 것이다. 그때의 경험이 여기에 반영되었다고 추측할 수 있다.
그렇지만 여기에 나온 페르시아의 교육과 스파르타의 교육은 차이점이 있다. 페르시아의 교육은 원칙적으로 모든 계층의 사람에게 열려 있었다. 그러나 스파르타는 그렇지 않았다. 또한 페르시아에서는 정의를 유난히 강조했다고 나오나, 스파르타에서는 강한 전사로 키우기 위해 소년들에게 도둑질도 가르쳤다. 그리고 가장 중요하게도 키루스는 아버지가 왕이었어도 다른 소년들과 똑같이 교육과 훈련을 받으며 성장했다. 하지만 스파르타에서 왕위 계승자는 그런 교육과 훈련에서 면제되었다. - 역주

(9) 청년들이 하는 일은 다음과 같다. 소년반에서 올라온 뒤 10년 동안은 앞에서 말한 바와 같이 정부 건물 주위에서 밤을 보낸다. 이 일을 하면서 그들은 도시를 지키고 스스로 절제하는 힘을 키운다. 왜냐하면 인생에서 이때가 가장 관심을 가지고 지켜봐야 할 때이기 때문이다. 낮에는 당국이 시키는 일이 있으면 그 지시에 따른다. 필요할 때면 그들은 언제나 정부 건물에 머문다. 왕이 사냥을 나갈 때면 왕은 요새에 있는 인원의 절반을 데리고 가며, 이 일은 한 달에 여러 번 생긴다. 사냥을 나가는 사람은 반드시 활과 화살, 화살통, 군도\* 나 미늘창\*\*을 칼집과 함께 가지고 가야 한다. 가벼운 방패와 두 개의 창도 가져간다. 하나는 사냥감에게 던지기 위해서이고, 다른 하나는 사냥감과 맞닥뜨렸을 때 쓰기 위해서다. (10) 사냥에 드는 경비는 국고에서 충당한다. 왕은 전쟁 시에 지휘관이기 때문에, 그는 직접 사냥에 참가하거나 다른 사람이 사냥하는 것을 지켜본다. 국가가 사냥 비용을 부담하는 것은 이 훈련이 전쟁을 위한 최고의 준비라고 여기기 때문이다. 청년들은 사냥하는 동안 아침 일찍 일어나고, 더위와 추위를 견디며, 먼 거리를 걷고 달리는 훈련을 한다. 그들은 야수를 만나면 활을 쏘고 창을 던진다. 야수가 공격하려고 나타나면 용기를 내야 한다. 가까이 다가오는 동물은 반드시 쓰러뜨려야 한다. 덤비려고 위협하는 동물은 막아야 한다. 사냥에서 요구되는 자질 중에 쓸모없는 것은 없다.

(11) 청년들은 사냥을 나갈 때 점심을 싸 가지고 온다. 그 양은 소년들이 먹

---

\* 원문은 sabre이다. '사브르'라고 부르는 칼로써 주로 군대에서 사용하였기에 군도(軍刀)라고 한다. - 역주
\*\* 동방(Orient)의 미늘창(bill)은 곡선 모양의 날이 달린 도구나 무기였다. 이것은 군도보다 작으며 중남미 원주민이 쓰는 날이 넓은 칼(machete)과 매우 흡사하다. - 原註

는 것보다 많지만 내용은 같다.* 그들은 사냥감을 쫓느라 바쁠 때는 점심을 먹을 생각을 하지 않는다. 만약 어떤 이유로 사냥을 오래 해야 하거나 추격을 계속해야 할 경우, 그들은 점심을 저녁 삼아 먹은 뒤 다음날 아침까지 계속해서 사냥을 한다. 이틀을 하루로 계산해 하루치 식량만 먹는 것이다. 이것은 청년들을 단련시켰고, 전쟁 시에도 필요하면 그렇게 할 수 있었다. 청년들은 사냥에서 잡은 짐승을 가졌으며, 만약 사냥에 실패하면 빵과 양념을 먹었다. 만약 어떤 청년이 잘 먹지 않는다거나, 빵과 양념만을 갖고 있거나, 물만 마시는 것을 좋아하지 않는다면, 그에게 보리빵과 밀가루빵이 얼마나 꿀맛 같은지, 갈증 날 때 마시는 물이 얼마나 달콤한지를 기억하게 만들었다.

(12) 사냥을 가지 않고 집에 남은 청년들은 활과 창을 쏘며 소년 시절에 배운 기술을 연습하면서 시간을 보낸다. 그들은 서로 끊임없이 솜씨를 겨룬다. 또한 국가에서 주최하는 경연 대회가 있는데, 이 대회에는 상이 주어진다. 어떤 청년반이 아무리 기술이 뛰어나고 늠름하고 용감하고 훈련이 잘 되어 있다 할지라도, 칭찬과 존경은 그 청년반을 현재 맡고 있는 최고 관리와 소년이었을 때 그들을 지도했던 교사에게 돌아간다. 또한 사냥을 가지 않고 남아 있는 청년들은 당국이 필요한 일에 동원한다. 요새를 지키거나, 동물을 사로잡거나, 도망간 강도를 잡거나, 힘과 신속함이 요구되는 일에 동원된다.

이것이 청년들의 업무였다. 청년들이 10년 동안 주어진 업무를 마치면 장년반으로 올라간다. (13) 그리고 올라간 뒤에는 이어서 25년 동안 다음과 같은 업무를 수행한다. 우선 청년들과 마찬가지로 장년들도 당국의 지시를 따

---

* 고대 그리스인은 하루에 두 끼만 먹었다. 첫 번째는 정오 무렵에, 두 번째는 해가 질 무렵이었다. - 原註. 이곳을 비롯하여 《키로파에디아》에는 그리스를 떠오르게 하는 부분이 많다. - 역주

랐다. 만약 공공의 복리를 위해 해야 할 일이 있는데, 여전히 강한 신체와 온전한 정신을 갖춘 사람이 필요하다면 그들은 당국의 지시를 따랐다. 그러나 군사 원정을 나가야 할 때면 장년들은 교육을 다 받았기에 활과 화살, 창을 더 이상 들지 않고 대신 "근접전을 위한 무기"인 흉갑(胸甲)을 입고, 왼팔에는 둥근 방패(페르시아 그림에서 볼 수 있는)를 들고, 오른손에는 군도나 미늘창을 들었다. 그리고 장년들 중에서 행정관과 교사를 뽑았다.

장년이 25년 동안의 업무를 마치면 50세를 약간 넘는 나이가 된다. 그렇게 되면 그들은 "원로"의 지위에 오르며, 그렇게 불릴 만한 자격이 된다.

(14) 원로들은 더 이상 군사 원정을 떠나지 않아도 되며, 고국에 남아 모든 공적·사적 사건을 재판한다. 원로들은 중요한 사건으로 기소된 사람을 재판하고, 모든 관리를 뽑는다. 만약 청년이나 장년 중에 어떤 사람이 법으로 정한 의무를 다하지 않을 때 그가 속한 반의 관리나 누구든 하고 싶은 사람은 불만을 제기할 수 있다. 그럴 경우 그는 재판에 회부되었고, 원로들은 사건 당사자의 의견을 들은 뒤 죄가 인정되는 사람에게 판결을 내렸다. 유죄 판결을 받은 사람은 시민권을 박탈당했고 남은 인생을 시민권 없이 살아야 했다.

(15) 이제 페르시아의 정책이 어떻게 구성되었는지 완전히 알게 되었다. 나는 여기서 잠깐 멈추려고 한다. 이제까지 했던 말을 고려해 볼 때, 나는 다음과 같이 간략하게 말할 수 있다. 페르시아인은 12만 명의 남자로 이루어져 있다.\* 모든 남자는 관직을 얻고 명예로운 지위를 차지하는 데에서 배제되지 않도록 법으로 정해져 있다. 모든 페르시아인은 아이를 정의를 가르치는 공립학교에 보낸다. 하지만 여전히 그렇게 할 수 있는 사람은 일하지 않고도 아

---

\* 이 숫자는 "동료(peer)"로 부르는 귀족 계급만을 포함한 것으로서 페르시아 전체 인구를 가리키는 것은 아니다. - 原註

이를 키울 수 있는 위치에 있는 사람들이다. 그럴 형편이 되지 못하는 사람은 보내지 않는다. 그리고 교사에 의해 교육받은 소년들만 청년반으로 올라가는 것이 허락되며, 훈련 과정을 마치지 못한 소년은 올라갈 수 없다. 그리고 청년들 중에서 법으로 요구되는 과정을 마친 사람만이 장년반으로 올라가는 것이 허락되며 관직과 좋은 자리를 차지할 수 있다. 훈련 과정을 마치지 못한 청년은 장년반으로 올라갈 수 없다. 마찬가지로 나무랄 데 없이 장년 과정을 마친 사람은 원로반의 멤버가 된다. 우리가 보듯이 원로들은 모든 명예를 누린다. 페르시아인은 이와 같은 정책을 준수함으로써 그들의 시민이 최고가 될 수 있다고 생각한다.

(16) 오늘날까지도 페르시아인은 검소하게 식사를 하고 운동으로 소화를 완전히 시킨다는 증거가 남아 있다. 여전히 페르시아에서는 침을 뱉고 코를 푸는 것을 예의에 어긋나는 행동으로 간주한다. 소변을 보거나 그와 같은 종류의 일을 보기 위해 도중에 자리를 뜨는 것도 예의에 어긋나는 것으로 여긴다. 식사를 검소하게 하고 힘든 일을 통해 몸 안에 있는 수분을 날려 버린다면 이런 일은 일어나지 않는다. 그렇게 하지 않았기에 다른 식으로 발산하는 것이다.

지금까지 우리는 페르시아인에 대해 이야기했다. 이제 우리가 이야기를 시작한 목적을 완성해야겠다. 지금부터 우리는 키루스의 소년 시절부터 시작하여 그의 일대기를 이야기할 것이다.

## 제3장

(1) 키루스는 열두 살 또는 그보다 약간 넘어서까지 그런 교육을 받았다. 그는 업무를 빨리 익히고 모든 일을 철저하고 남자답게 처리하는 데 있어 다른 소년보다 월등했다. 아스티아게스가 그의 딸과 손자를 보고 싶어서 사람을 보낸 것도 바로 이 무렵이었다. 아스티아게스는 키루스가 소년들 중에서 아주 드물게 잘생겼다는 말을 때때로 듣곤 했다. 따라서 만다네는 아들 키루스를 데리고 아버지를 방문했다.

(2) 키루스는 메디아에 도착하자마자 외할아버지 아스티아게스를 금방 알아봤다. 키루스는 천성적으로 사랑이 많은 소년이라서 할아버지를 보자마자 마치 오랫동안 같이 살아 정이 깊이 들었던 사람을 만난 것처럼 와락 키스를 했다. 키루스는 할아버지가 눈 밑을 화장하고, 얼굴에 연지를 발랐으며, 가발을 쓰고 나온 것을 보았다. 메디아 사람들은 보통 자신들을 그렇게 꾸몄다. 그들은 자주색 튜닉\*을 입고, 망토를 두르며, 목에는 목걸이를 걸고, 팔에는 팔찌를 찼다. 하지만 페르시아 사람들은 오늘날까지도 평범한 옷차림에 검소한

---

\* 무릎까지 내려오는 통으로 된 옷 - 역주

생활을 한다. 따라서 키루스는 할아버지의 장식을 발견하고는 그를 빤히 쳐다보면서 이렇게 말했다. "엄마. 할아버지 정말 멋져요!" 그러자 어머니가 키루스에게 물었다. "너는 네 아버지와 할아버지 중에서 누가 더 멋지다고 생각하니?" 키루스가 즉시 답했다. "엄마. 페르시아에서는 아버지가 가장 멋지고요, 메디아에서는 여기 계신 할아버지가 가장 멋져요. 할아버지보다 멋진 사람을 길이나 궁전에서 본 적이 없어요."

(3) 그러자 외할아버지가 키루스에게 키스하며 아름다운 옷을 선물했다. 그리고 왕의 호의를 나타내는 징표로서 키루스에게 목걸이와 팔찌를 주어 장식했다. 그리고 외할아버지가 어디를 갈 때면, 키루스는 금으로 장식한 고삐를 한 말을 타고 마치 아주 익숙한 일인 것처럼 할아버지 옆을 따라갔다. 키루스는 아름답고 튀는 것을 좋아하는 소년이었기 때문에 옷을 좋아했고, 말 타는 것을 배우기를 매우 즐겼다. 왜냐하면 페르시아는 산이 많은 나라이기 때문에 말을 기르고 타는 것이 매우 어려운 일이었다. 심지어 말을 구경하기도 힘들었다.

(4) 다시 하던 이야기로 돌아와, 아스티아게스가 그의 딸과 키루스와 함께 저녁 식사를 할 때였다. 아스티아게스는 키루스 앞에 맛있는 반찬과 온갖 종류의 소스와 고기를 내놓았다. 그는 키루스가 맛있는 음식을 많이 즐겨 집을 그리워하는 마음을 조금이라도 덜었으면 하는 바람이었다. 하지만 키루스는 음식을 보고서 이렇게 말했다. "할아버지께서는 여기 있는 음식을 모두 한 번씩 맛보려고 손을 뻗는 것 때문에 식사가 힘드시겠어요."

"왜 그렇게 생각하니?" 아스티아게스가 말했다. "너는 여기 차려진 식사가 페르시아에서 먹던 것보다 낫다고 생각하지 않니?"

"아니요, 할아버지." 키루스가 답했다. "우리나라에서 배부르게 하는 방법은 간단하고 빨라요. 빵과 고기만 먹으면 되거든요. 하지만 할아버지 나라 사람들은 배를 부르게 한다는 목적은 우리와 같지만, 거기에 도달하는 길이 구불구불하고 높낮이가 심한 미로와 같아 배부르는 데 시간이 오래 걸리죠.

(5) "애야." 아스티아게스가 말했다. "우리는 그 미로 속에서 헤매는 것을 막지 않는다. 너 역시 막지 않고." 그리고 그는 덧붙였다. "너도 맛을 보면 맛있는 음식을 먹는 것이 즐겁다는 것을 알게 될 것이야."

"그런데 할아버지, 할아버지는 이 음식들을 싫어하시는 것 같아요." 키루스가 말했다.

"왜 그렇게 생각하니, 애야?" 아스티아게스가 물었다.

"왜냐하면 할아버지는 빵을 집을 때는 손을 닦지 않지만 다른 음식을 집고 나서는 즉시 냅킨으로 손을 닦지요. 마치 음식 때문에 손이 더러워지는 것을 무척 불쾌해하시는 것 같아요." 키루스가 답했다.

(6) "그만했으면 됐다, 애야." 아스티아게스가 말했다. "네가 정 그렇게 생각한다면 고기나 좀 마음껏 먹으렴. 그래야 집으로 돌아갈 때 건강한 청년이 될 수 있단다." 그렇게 말하고는 키루스 앞에 들에서 잡은 짐승과 집에서 기른 짐승의 고기를 듬뿍 내려놓았다.

키루스는 자기 앞에 놓인 많은 고기를 보고 말했다. "할아버지. 정말 이 모든 고기를 저한테 주시는 거예요? 제가 원하는 대로 처리해도 되는 거죠?"

"제우스신에 맹세코 그렇다." 아스티아게스가 말했다.

(7) 그러자 키루스는 고기를 얼마 집더니 아스티아게스의 시종들에게 나누어 주기 시작했다. "이건 너한테 주는 거야. 내게 말 타는 법을 가르쳐 주느라 정말 수고했다. 나에게 창 던지는 법을 가르쳐 주었으니 너에게도 줘야지. 할아버지를 잘 보좌한 너도 받을 자격이 있어. 너는 내 어머니를 공경하

니까 너도 받아야 해." 키루스는 그런 식으로 받은 고기를 모두 시종들에게 나누어 주었다.

(8) 그러자 아스티아게스가 말했다. "그런데 너는 내가 가장 아끼는 사카스에게는 왜 아무 것도 주지 않는 거니?" 사카스는 아스티아게스를 보좌하면서 만약 어떤 사람이 용건이 있어 아스티아게스를 만나러 오면 그를 아스티아게스에게 안내하거나, 만약 만나기 적절한 상황이 아니면 그를 돌려보내는 일을 맡은 잘생긴 시종이었다.

키루스는 어린 소년들이 하는 것처럼 부끄러워하지 않고 씩씩하게 물었다. "할아버지는 왜 그렇게 사카스를 아끼세요?"

아스티아게스가 익살스럽게 대답했다. "너는 그가 얼마나 훌륭하고 우아하게 술을 따르는지 보지 못했니?" 왕의 술을 담당하는 시종들은 그들의 업무를 우아한 자태로 수행한다. 그들은 술을 컵에 말끔하게 따른 뒤 테이블에 올려놓는다. 컵을 놓는 법도 남다르다. 세 손가락으로 컵을 쥔 다음 가장 마시기 편한 쪽에 갖다 놓는다.

(9) 키루스가 말했다. "그럼 할아버지, 사카스에게 컵 하나를 저에게 가져오라고 해 주세요. 저도 할아버지께 우아하게 술을 따라 드려 예쁨을 받고 싶어요."

아스티아게스는 사카스에게 그렇게 하라고 시켰다. 키루스는 컵을 잘 헹군 뒤 술을 따라 할아버지에게 드렸다. 사카스가 하던 것을 자주 보았기에 똑같이 따라할 수 있었다. 할아버지와 어머니는 키루스를 보고 웃으며 흡족해했다. 키루스 또한 웃으면서 할아버지에게 달려가 키스를 했다. 그러고는 사카스를 향해 말했다. "야, 사카스. 넌 이제 끝났어. 내가 너보다 술 따르는 일을 더 잘하거든. 내가 너를 그 자리에서 쫓아낼 거야. 게다가 나는 술을 마시지 않아."

원래 왕의 술을 담당하는 시종은 왕께 술을 올릴 때 먼저 국자로 술을 조금 떠서 왼손에 따른 뒤 그것을 마셔 보았다. 술에 독이 들어 있는지 확인하기 위해서였다.

(10) 그러자 아스티아게스가 조롱하듯 물었다. "키루스. 너는 사카스가 하는 것은 모두 따라하면서 왜 술을 마셔 보는 일은 하지 않니?"

키루스가 답했다. "제우스신에 맹세코 저는 술에 독이 들어 있을까 걱정했어요. 그럴 만한 이유가 있었어요. 예전에 할아버지께서 친구들과 생일잔치를 할 때 저는 사카스가 술에 독을 넣었다고 확신해요."

아스티아게스가 물었다. "얘야. 너는 그걸 어떻게 발견했니?"

키루스가 답했다. "제우스신에 맹세코 저는 할아버지께서 몸과 정신이 혼들리는 것을 보았어요. 왜냐하면 할아버지께서는 우리에게 결코 허락하지 않을 일들을 계속해서 하셨거든요. 예를 들어, 할아버지는 계속해서 소리를 지르셨어요. 동시에 다른 사람이 하는 말을 전혀 듣지 못하셨어요. 그리고 우스꽝스러운 태도로 계속 노래를 부르셨죠. 할아버지께서는 어떻게 부르는지 듣지 못하시면서 스스로 멋지게 불렀다고 생각하셨어요. 한편 거기에 참석한 사람들은 할아버지께서 그곳에 계시는데도 계속해서 자신이 위대하다고 떠들었죠. 할아버지께서 춤을 추려고 일어나셨더라면 음악에 맞춰 춤을 추는 것은 고사하고 제대로 서 계시지도 못했을 거예요. 할아버지께서는 본인이 이 나라의 왕이라는 것을, 신하들은 할아버지께서 그들의 주인이라는 것을 잊어버렸죠. 저는 그때 비로소 이해했습니다. 할아버지께서는 본인이 자랑스럽게 여기시는 '누구나 자유롭게 말할 권리'를 몸소 실천하셨다고요. 도무지 아무도 침묵하지 않았어요."

(11) 아스티아게스가 말했다. "애야. 네 아버지는 취하도록 술 마시지 않니?"

키루스가 답했다. "제우스신에 맹세코 제 아버지는 그렇지 않습니다."

"어떻게 그렇게 절제할 수 있지?"

"아버지께서는 갈증을 풀 때만 술을 마시지 그 이상으로 마셔 몸을 해롭게 하지는 않으세요. 왜냐하면 아버지에게는 사카스 같은 시종이 없거든요."

이때 키루스의 어머니가 물었다. "키루스. 너는 왜 그렇게 사카스를 싫어하니?"

키루스가 답했다. "제우스신에 맹세코 저는 그를 좋아하지 않습니다. 왜냐하면 제가 할아버지를 보고 싶어 달려갈 때, 이 야비한 악당이 저를 자주 막거든요. 할아버지께 한 가지 부탁할게요. 할아버지. 딱 삼일만 그를 지배할 수 있게 해 주세요."

아스티아게스가 물었다. "그를 어떻게 다스릴 것이냐?"

키루스가 답했다. "저는 그가 평소에 하던 것처럼 그를 문에 세워 둘 거예요. 하지만 그가 점심을 먹으려고 올 때, 저는 그에게 '너는 점심을 먹을 수 없어. 점심은 다른 사람과 면담 중이야.'라고 말할 거예요. 그가 저녁을 먹으려고 올 때는 '너는 저녁을 먹을 수 없어. 저녁은 지금 목욕 중이야.'라고 말하겠어요. 그가 배가 너무 고파 음식을 먹고 싶어 안달이 날 때, 저는 이렇게 말할 거예요. '지금 음식은 숙녀분과 대화 중이야.' 저는 그가 고통을 느낄 때까지 계속할 거예요. 그가 저를 할아버지께 가지 못하게 하는 고통을 주었듯이요."

(12) 키루스는 그렇게 저녁 식탁에서 모두를 즐겁게 해 주었다. 그리고 낮에 할아버지나 외삼촌이 무언가를 필요로 하는 것을 볼 때면 그 누구보다 앞서 필요한 것을 갖다 주곤 했다. 키루스는 그들에게 무언가를 해 주는 것을 매우 기뻐했다.

(13) 예정된 때가 되자 만다네는 남편이 있는 페르시아로 돌아갈 준비를 했다. 아스티아게스는 손자를 두고 가라고 부탁했다. 만다네는 아버지가 원하는 것은 무엇이든 해 드리고 싶었지만, 아들이 원치 않는데 두고 가기는 어려울 거라고 생각했다.

(14) 그때 아스티아게스가 키루스에 물었다. "애야. 만약 네가 할아버지와 함께 머문다면 우선 사카스에게 나를 만나려고 오는 너를 막지 말라고 하겠다. 네가 나를 보고 싶다면 언제든지 올 수 있도록 하겠다. 그리고 네가 자주 올수록 더 기쁘게 맞으마. 또한 내 말들과 그 외 네가 원하는 것은 무엇이든 쓸 수 있도록 하겠다. 그리고 네가 페르시아로 돌아갈 때 원하는 것은 무엇이든 가져가도록 하겠다. 그 외 저녁 식사 때는 네가 옳다고 생각하는 절제를 실천할 수 있도록 하겠다. 그리고 공원에 있는 모든 동물을 너에게 선물로 주고 그 외 다른 동물도 구해 주겠다. 네가 말을 탈 수 있게 되면, 너는 어른들이 하는 것처럼 그 동물들을 활과 창으로 사냥하거나 죽일 수 있도록 하겠다. 또한 너의 놀이친구가 될 만한 소년들을 찾아 주겠다. 그 외 네가 원하는 것이 있다면 무엇이든 내게 말만 하렴. 뭐든 구해 주마."

(15) 아스티아게스가 이렇게 말하자, 어머니가 키루스에게 여기에 남을지 아니면 집으로 돌아갈지를 물었다. 키루스는 남겠다고 즉시 답했다. 어머니가 이곳에 왜 남으려고 하는지 재차 묻자 키루스는 다음과 같이 답했다. "왜냐하면 고국에서 저는 제 또래의 소년 중에서 창던지기와 활쏘기를 가장 잘한다는 명성이 자자하죠. 하지만 이곳에서 저는 제 또래보다 말타기를 못해요. 이것은 저를 정말 화나게 하죠. 제가 이곳에 남아 말타기를 배운다면 제가 페르시아로 돌아갔을 때 저는 발로만 훈련했던 소년들보다 훨씬 낫게 되고, 메디아로 다시 오게 된다면 훌륭한 기사로서 할아버지를 도와드릴 수 있

게 되죠."

(16) 그러자 어머니가 말했다. "얘야. 그렇지만 네 선생들은 페르시아에 있는데 이곳에서 어떻게 정의를 배울 수 있겠니?"

키루스가 답했다. "저는 이미 정의를 완전히 알고 있습니다."

어머니가 다시 물었다. "어떻게 그렇게 생각하니?"

키루스가 답했다. "제 선생님은 제가 정의를 완전히 알고 있다고 판단해 다른 사람을 재판하도록 저를 임명했습니다. 그런데 어떤 사건에서 저는 올바르게 판결을 내리지 못해 선생님께 매를 맞았습니다. (17) 그 사건은 이랬어요. 어떤 몸집이 큰 소년이 작은 튜닉을 입고 있었는데, 몸집이 작은 소년이 큰 튜닉을 입고 있는 것을 발견했죠. 그래서 그의 튜닉을 빼앗아 자기가 입고 자기의 튜닉을 그에게 입혔습니다. 그래서 저는 그 사건을 재판할 때 두 사람 모두 자기에게 맞는 튜닉을 입게 되었으므로 모두에게 좋다고 판결했습니다. 그런데 선생님은 판결을 보고 저를 매질하셨어요. 그러면서 말씀하셨죠. 네가 만약 그 옷이 누구에게 어울리는지를 판단한다면 그렇게 하는 것이 맞다. 하지만 네 의무는 그것이 누구의 튜닉이어야 하는지를 판단하는 것이라고 하셨죠. 선생님께서는 제가 그 튜닉이 누구의 것이 되어야 옳은지를 숙고해야 했다고 하셨습니다. 즉, 튜닉을 힘으로 빼앗은 사람이 가지는 것이 옳은지, 아니면 그것을 만들거나 샀던 사람이 가지는 것이 옳은지를 판단해야 했다는 것이죠. 선생님께서는 법에 근거하는 것이 옳고 법에 근거하지 않은 것은 옳지 않기 때문에 판결을 내리는 사람은 언제나 법에 근거해야 한다고 요구하셨어요. 어머니. 이것이 제가 정의에 대해 정통하게 된 방법이에요." 그리고 키루스는 덧붙였다. "만약 제가 배움이 더 필요하다면 할아버지께서 저에게 가르쳐 주실 거예요."

(18) 그러자 어머니가 말했다. "애야. 할아버지 나라의 법정은 페르시아와 같은 정의의 원칙을 인정하지 않는단다. 왜냐하면 할아버지께서는 자신을 메디아에 있는 모든 것의 주인으로 만드셨지. 하지만 페르시아에서는 권리의 평등을 정의라고 생각한단다. 네 아버지는 국가에서 명령하는 것을 가장 먼저 실천하고 법으로 공표된 것을 수용하시지. 네 아버지가 따르는 기준은 자신의 의지가 아니라 법이란다. 그러므로 네가 이곳에서 왕정이 아니라 폭정의 원칙을 배워 가지고 온다면 너는 반드시 죽을 만큼 매를 맞게 된다는 것을 명심해라. 그 폭정의 원칙 중 하나는 어떤 한 사람이 나머지 모든 사람보다 더 많이 가지는 것이 옳다는 생각이란다."

그러자 키루스가 말했다. "할아버지께서는 사람들에게 많이 갖기보다 적게 갖도록 가르치는 데 빈틈이 없으시죠." 그는 계속 말했다. "할아버지가 모든 메디아 사람에게 자신보다 적게 가지라고 가르치는 것을 어머니도 보셨잖아요. 그러니 할아버지께서 저나 할아버지 밑에 있는 그 어떤 사람을 더 많이 갖도록 가르칠 것이라고 걱정하실 필요는 전혀 없으세요."

# 제4장

(1) 키루스는 이렇게 종종 수다를 떨었다. 결국 그의 어머니는 페르시아로 돌아갔고 키루스는 메디아에 남아 자랐다. 그는 같은 또래의 소년들과 금방 친해졌다. 키루스가 친구들의 집에 놀러가서, 그가 친구들을 얼마나 좋아하는지를 보여 주자, 아버지들도 그를 좋아하게 되었다. 그래서 왕의 호의를 바랄 때면, 그들은 자식들을 시켜 키루스에게 부탁하도록 했다. 키루스는 마음이 착하고 인기를 바랐기 때문에 친구들의 부탁을 들어주도록 모든 노력을 다했다. (2) 그리고 아스티아게스는 키루스의 부탁을 거절할 수 없었다. 그러는 것이 당연했다. 왜냐하면 할아버지가 병에 들었을 때 그는 할아버지 곁을 절대 떠나지 않았고, 할아버지가 돌아가실까 걱정하는 마음을 분명히 보여 주었다. 그리고 밤이라 할지라도 아스티아게스가 원하는 것이 있으면 키루스는 그것을 누구보다 먼저 알아챘다. 그는 할아버지를 기쁘게 하는 일이라면 무엇이든 그 누구보다 신속하게 하였다. 그렇게 키루스는 아스티아게스의 마음을 완벽하게 얻었다.

(3) 키루스는 어쩌면 너무 말이 많았다. 그 이유는 그가 받은 교육 때문이

었다. 그는 교사로부터 그가 왜 그렇게 판결을 내렸는지 이유를 설명하라는 훈련을 받았다. 남이 내린 판결의 이유도 찾아보라는 훈련도 받았다. 또 다른 이유로 그는 원래 호기심이 많았다. 그는 왜 그럴까 하는 질문을 자신에게 습관적으로 물었다. 그리고 그렇게 마음이 예리했기 때문에 남들이 그에게 질문을 하면 즉시 답을 하였다. 이런 모든 이유 때문에 그는 말이 많았던 것이다. 그러나 그는 남에게 불쾌감을 주지 않았다. 소년이 어른 크기만큼 신체가 자랐다 할지라도 몸에서 나는 소년의 티를 숨길 수 없는 것처럼, 사람들은 키루스가 떠드는 말 속에서 건방진 느낌이 아니라 순수하고 따뜻한 마음을 느꼈다. 사람들은 그의 수다를 피하거나 막기보다 즐거운 마음으로 끝까지 들었다.

(4) 하지만 키가 크고 세월이 흐르면서 청년의 시기가 되자 그는 말수가 줄었고 목소리의 톤도 낮아졌다. 원로를 만날 때면 수줍은 나머지 얼굴색이 붉게 변하기도 했다. 그는 더 이상 예전에 하던 대로 당돌하게 하지 않고 마치 애완견처럼 조심스럽게 사람들의 이야기에 끼어들었다. 그는 한층 더 조용했지만 사교에서 여전히 매력을 풍겼다. 친구들은 여전히 그를 좋아했다. 왜냐하면 그는 자신이 잘하는 분야에서는 친구들과 기술을 겨루지 않았다. 대신 자신이 못하다고 생각하는 분야를 골라 자기가 그들보다 잘한다고 말하면서 시합을 제안했다. 실제로 그는 말을 잘 타지 못하면서도 말을 타고서 창이나 활을 쏘는 시합을 하자고 먼저 제안했다. 그리고 졌을 때는 껄껄 웃었다.

(5) 키루스는 졌다고 해서 움츠러들거나 시합을 거절하지 않았다. 오히려 다음에는 더 잘해야겠다고 다짐했다. 그는 금세 친구들처럼 말을 빨리 탈 수 있게 되었으며, 스포츠를 좋아했기 때문에 그들을 능가했다. 키루스는 머지않아 공원에 있는 동물을 사냥해서 모두 없애 버리게 되었다. 아스티아게스

는 더 이상 키루스를 위해 동물을 마련할 수 없었다. 사냥을 계속하고 싶지만 아스티아게스가 더 이상 동물을 마련해 줄 수 없다는 것을 알게 되자, 그는 할아버지에게 말했다. "할아버지. 왜 저에게 동물을 마련해 주느라 수고하세요? 저를 외삼촌과 함께 사냥을 보내면 만나는 사냥감이 곧 저를 위해 준비한 동물이 되는데요." (6) 키루스는 너무나 사냥을 하고 싶었지만 소년이었을 때처럼 할아버지를 조르지 않고 보다 내성적인 방법으로 접근했다. 바로 사카스가 예전에 쓰던 방법이었다. 키루스는 할아버지에게 가는 것을 막던 사카스를 나쁘게 생각했었는데, 이제는 키루스 스스로 사카스가 되려고 했다. 그는 사카스에게 언제 할아버지를 만나기 적당한 때인지 알려 달라고 부탁했다. 사카스는 이제 키루스를 진심으로 좋아했다.

(7) 아스티아게스는 키루스가 너무나 야생동물을 사냥하기 원한다는 것을 알게 되자 그의 아들과 함께 사냥을 가도록 허락했으며, 몇몇 나이든 수행원들을 붙여 키루스를 보살피도록 지시했다. 위험한 곳을 피하고, 만약 짐승이 나타나면 키루스를 보호하기 위해서였다. 따라서 키루스는 누가 자신을 보살피며, 어떤 짐승은 접근해서는 안 되며, 어떤 짐승은 두려워하지 말고 추격해도 되는지 알고 싶어 했다. 수행원들은 곰, 멧돼지, 사자, 표범은 가까이 다가가면 사람을 죽이며, 사슴, 가젤, 산양, 산당나귀는 사람을 해치지 않는다고 말해 주었다. 또한 짐승 못지않게 위험한 곳을 조심하라고 말했다. 왜냐하면 말을 타고 사냥감을 쫓다가 절벽에서 떨어지는 사람이 많기 때문이었다.

(8) 키루스는 이 모든 가르침을 진지하게 들었다. 그러나 양이 모습을 나타내자 지금까지 들었던 것을 모두 잊고서 쫓기 시작했다. 그는 사슴이 도망가는 방향만을 보고 달렸다. 그러나 달리던 말의 발이 어긋나 무릎을 꿇고 땅바닥에 꼬꾸라지자 하마터면 말 머리 위로 날아가 버릴 뻔 했다. 그는 안장을

붙잡고 떨어지지 않도록 힘들게 버티다가 가까스로 다시 말에 올랐다. 드디어 평지에 도착했을 때 키루스는 창을 던져 사슴을 쓰러뜨렸다. 크고 좋은 사냥감이었다. 키루스는 무척 기뻤다. 하지만 그를 따라오던 수행원들은 키루스를 꾸짖었다. 그들은 얼마나 위험했는지를 말하고는, 이 사실을 아스티아게스에게 보고하겠다고 했다. 말에서 내려 바닥에 서 있던 키루스는 부끄러워 고개를 숙인 채 슬픈 듯이 듣고 있었다. 그러나 사냥감을 보았다는 소리가 들리자 무언가에 홀린 것처럼 즉시 말에 올랐다. 키루스는 자신을 향해 곧장 달려오는 곰 한 마리를 보았다. 그는 그 곰을 향해 달렸고 눈 사이를 잘 겨냥해 창을 던졌다. 곰은 창을 맞고 풀썩 주저앉았다.

(9) 그러나 이번에는 외삼촌이 키루스를 비난했다. 그가 얼마나 무모했는지 직접 보았기 때문이다. 그러나 외삼촌의 꾸지람에도 불구하고 키루스는 사냥으로 잡은 짐승을 가져가 할아버지에게 선물로 드리게 해 달라고 부탁했다. 이에 외삼촌이 답했다. "그러나 아버지께서 네가 사냥감을 추격했다는 사실을 알게 되면 너뿐 아니라 그렇게 하도록 놔둔 나 또한 야단치실 것이다."

키루스가 답했다. "제가 짐승을 드릴 때 할아버지께서 저를 매질하시기 원하신다면 그대로 하도록 놔두세요. 그리고 외삼촌도 원하신다면 저를 어떤 식으로든 처벌하셔도 됩니다. 대신 제가 이 짐승을 할아버지께 드릴 수 있게만 해 주세요."

결국 키악사레스* 가 마지못해 말했다. "네가 원하는 대로 하렴. 이제 보니 네가 마치 우리의 왕인 것 같구나."

(10) 키루스는 짐승을 가져가 할아버지께 드리며 자신이 직접 사냥에서 잡

---

* 메디아 왕 아스티아게스의 아들이자 키루스의 외삼촌이다. 《키로파에디아》에 나오는 키악사레스는 허구의 인물로 여겨지고 있다. - 역주

았다고 말했다. 사냥에서 썼던 창은 보여 드리지는 않았지만 피를 닦지 않은 채로 할아버지가 볼 만한 곳에 세워 두었다. 그러자 아스티아게스가 말했다. "잘했다, 애야. 네가 주는 선물을 기쁘게 받으마. 하지만 이것들이 네 목숨을 위험에 빠뜨리면서까지 손에 넣어야 할 만큼 필요한 물건은 아니다."

키루스가 말했다. "잘 알겠습니다, 할아버지. 만약 그것들이 필요하지 않으시면 저에게 주시겠어요. 제 친구들에게 나누어 주고 싶어요."

아스티아게스가 말했다. "그래, 애야. 여기 있는 짐승뿐 아니라 사냥에서 잡은 다른 짐승도 필요하다면 원하는 만큼 가져가 주고 싶은 사람에게 주렴."

(11) 키루스는 짐승들을 받아 친구들에게 나누어 주면서 말했다. "얼마나 하찮은 짓을 하였던가. 우리는 공원에 있는 동물들을 사냥하는 데 익숙했다. 나에게 그건 묶여 있는 짐승을 사냥하는 것 같았다. 왜냐하면 동물들은 좁은 공간에 갇혀 있었고, 게다가 야위고 초라했다. 동물 중 일부는 절뚝거리거나 불구였다. 그러나 산과 평야에 있는 동물들을 보라. 얼마나 크고 멋지게 생겼던가! 사슴은 마치 날개를 단 것처럼 하늘을 향해 뛰어오르고, 곰은 용감한 군인이 전쟁에서 하는 것처럼 사람을 보자마자 달려든다. 그들은 몸집이 크기 때문에 놓치기란 불가능하다. 나는 그것들이 비록 죽은 몸이라 할지라도 동물원에 있는 살아 있는 것들보다 멋져 보였다. 너희 아버지들도 너희들을 사냥하러 보내지 않니?"

"네 할아버지가 그렇게 해도 된다고 허락할 때만 보내시지." 그들은 그렇게 말했다.

(12) "그런데 할아버지께 말할 수 있는 사람을 어떻게 찾지?" 키루스가 말했다.

"너 말고 허락을 수월하게 받아 낼 수 있는 사람이 누가 있겠니?" 친구들이 말했다.

"제우스신에 맹세코 나는 아니야. 나는 내가 어떤 사람이 되었는지 나도 모르겠어. 왜냐하면 예전에 했던 것처럼 할아버지께 말을 걸 수 없거든. 심지어 그를 더 쳐다볼 수도 없어. 이런 식이 계속된다면 나도 내가 바보나 얼간이가 되지 않을까 걱정이 돼." 키루스가 말했다.

"그거 나쁜 소식이구나." 친구들이 말했다. "우리가 필요할 때 네가 우리를 위해 할 수 없다면 우리는 그것을 할 수 있는 다른 사람에게 말해야겠지."

(13) 이 말을 듣자 키루스는 화가 나서 아무 말도 하지 않고 가 버렸다. 그리고 다시 용기를 내서 어떻게 하면 할아버지를 귀찮게 하지 않고 자신과 친구들이 원하는 바를 할아버지께 아뢰어 허락을 받아 낼 수 있을지 계획을 세운 다음 할아버지를 찾아갔다. 그는 다음과 같은 말로 이야기를 시작했다. "할아버지. 만약 할아버지의 하인 하나가 도망을 갔는데 붙잡혔습니다. 할아버지께서는 그를 어떻게 하실 건가요?"

"그의 발에 쇠고랑을 채워 일을 시키는 것 외에 방법이 있겠니?" 아스티아게스가 말했다.

"그런데 만약 하인이 마음을 고쳐먹고 스스로 돌아오면 어떻게 하실 건가요?" 키루스가 말했다.

"다시는 그런 짓을 하지 못하도록 매질을 한 다음 예전처럼 다뤄야겠지." 아스티아게스가 말했다.

"그렇다면 할아버지, 바로 지금이 저를 매질하실 때입니다. 왜냐하면 저는 지금 친구들과 함께 할아버지에게서 도망쳐 밖으로 사냥하러 가려고 계획하고 있거든요." 키루스가 말했다.

"내게 미리 말을 하다니 참 잘했구나. 지금부터 너는 궁전 밖으로 나가는 것을 금지한다. 기껏 작은 고기 조각 때문에 내 귀한 손자를 잃고 싶지 않구나."

(14) 키루스는 이 말을 듣고 복종하여 집에 머물렀다. 그는 의기소침한 채로 아무 말도 하지 않고 방 안에 있기만 했다. 아스티아게스는 키루스가 매우 낙담해 있는 것을 보고는 마음을 바꾸어 그를 기쁘게 하기 위해 그를 데리고 사냥을 갔다. 키루스의 친구들도 함께 데리고 갔다. 많은 숫자의 보병과 기병도 함께 갔다. 아스티아게스는 사냥감을 말타기가 가능한 평지로 몰았다. 드디어 멋진 사냥이 시작되었다. 그는 키루스가 사냥감을 잡을 때까지 아무도 창을 던져서는 안 된다고 명령을 내렸다. 하지만 키루스는 이것을 받아들일 수 없어 아스티아게스에게 말했다. "만약 할아버지께서 제가 사냥을 즐기기 원하신다면 제 친구들에게도 사냥감을 쫓는 것을 허락해 주세요. 우리는 각자 최선을 다해 자신이 남보다 낫다는 것을 보여 주기를 원합니다."

(15) 이 말을 듣고 아스티아게스는 허락했다. 그는 자리에 앉아 소년들이 야수를 쫓아 창을 던지기 위해 서로 열심히 경쟁하는 모습을 지켜보았다. 그는 키루스가 너무 즐거운 나머지 크게 떠드는 것을 보고 기뻐했다. 키루스는 사냥개처럼 그에게 가까이 오는 짐승을 보고 소리를 질렀으며, 친구들의 이름을 부르면서 어떻게 하라고 지시하기도 했다. 아스티아게스는 키루스를 보면서 크게 웃으며 즐거워했고, 다른 소년이 손자보다 잘하더라도 시기하지 않고 칭찬했다. 아스티아게스는 짐승을 많이 잡아 가지고 돌아왔다. 그는 사냥이 너무 즐거웠기 때문에 그 뒤로 사냥을 나갈 때면 가능하면 키루스를 항상 데리고 갔다. 아스티아게스는 수행원을 많이 데리고 갔지만 키루스를 위해서도 소년들을 데리고 갔다.

이렇게 키루스는 다른 사람과 행복을 나누면서, 다른 사람이 행복해지도록 도우면서, 어떤 이에게도 슬픔을 주지 않으면서 어린 시절을 보냈다.

(16) 키루스가 열다섯 또는 열여섯 살이 되던 해였다. 아시리아* 왕의 아들이 곧 결혼할 참이었는데 결혼을 축하하기 위해 친히 사냥을 떠나기를 원했다. 그는 아시리아와 메디아의 국경에는 전쟁 때문에 사냥을 하지 않아 사냥감이 매우 많다는 소식을 듣고 그곳으로 가기를 원했다. 그는 안전을 위해 대규모의 기병과 방패보병을 데리고 갔다. 사냥에서 그들의 임무는 덤불 속에 숨어 있는 사냥감을 찾아내어 말을 타기에 적합한 평지로 내보내는 것이었다. 전초 기지와 요새가 있는 국경에 도착하자, 그는 저녁을 먹고 다음날 아침 일찍 사냥을 하기로 계획했다.

(17) 저녁이 되자 국경 요새를 보충하기 위한 기병 부대와 보병 부대가 도시로부터 도착했다. 아시리아 왕자는 자신이 가용할 수 있는 군사의 수가 많다고 생각했다. 요새가 두 개나 있었고, 그가 직접 데려온 기병과 보병도 있기 때문이었다. 따라서 그는 메디아 국경을 급습하는 것이 최선이라고 결정

---

* 역자서문에서도 말했듯이 아시리아는 기원전 612년에 메디아와 바빌로니아 동맹에 의해 멸망한다. 그런데 여기서 다시 아시리아가 나오니 의아해할지도 모른다.
원래 바빌로니아는 아시리아의 지배를 받던 곳으로, 바빌로니아의 반역과 아시리아의 진압이 반복되던 역사를 갖고 있었다. 그렇게 정치적 긴장이 계속되다 기원전 626년, 마침내 칼데아인 나보폴라사르가 반역에 성공하여 칼데아인의 바빌로니아 왕국을 건설한다. 칼데아인이 메디아와 동맹을 맺고 아시리아를 멸망시켜 새로운 바빌로니아를 만들었기 때문에 이를 칼데아 왕국으로 부르기도 한다.
아시리아가 멸망했다 하더라도 고대 그리스인은 바빌로니아를 넓은 의미의 아시리아로 생각했던 것 같다. 헤로도토스의 《역사》에서도 여전히 바빌로니아를 아시리아로 지칭하고 있다. 또한 바빌로니아의 마지막 왕 나보니두스는 칼데아인이 아니라 아시리아인이라는 설도 있다.
참고로, 기원전 2천년 기에 메소포타미아 지역에서 부흥했던 바빌로니아 왕국과 구별하기 위해 이때 세워진 바빌로니아 왕국을 신(新)바빌로니아 왕국이라고 부른다. 구(舊)바빌로니아 왕국은 6번째 왕 함무라비가 다스리던 때에 가장 번성했으며, 함무라비 법전으로도 유명하다. 신바빌로니아 왕국은 세계 7대 불가사의 중 하나로 꼽는 바빌로니아의 공중정원으로 유명하다. - 역주

했다. 그렇게 하면 사냥의 공적이 훨씬 빛날 것이며, 잡게 되는 '동물'도 엄청나게 많아질 것이라고 생각한 것이다. 그는 아침 일찍 일어나 보병들을 이끌고 국경으로 갔다.

그들은 사냥을 시작했다. (18) 적이 국경에서 활동하고 있다는 소식은 즉시 아스티아게스의 귀에 들어갔다. 그는 자신을 경호하는 군사들과 함께 국경으로 떠났고, 그의 아들도 즉시 동원할 수 있는 기병들을 이끌고 아버지와 함께 갔다. 그러고는 다른 모든 곳에 증원군을 데리고 자신들을 뒤따라오라고 지시를 내렸다. 국경에 도착했을 때, 그들은 수많은 아시리아 보병과 기병이 늘어서 있는 것을 보고 그곳에서 멈춰 섰다.

키루스는 나머지 군사들이 전속력으로 국경으로 가는 것을 보고 그도 역시 처음으로 갑옷을 입고 출발했다. 이것은 두 번 다시 오지 않을 기회로 보였다. 그는 무기를 쓰고 싶어 안달이 났다. 할아버지가 그를 위해 마련해 준 갑옷은 아름다웠으며 몸에 꼭 맞았다. 키루스는 이 모든 것을 챙겨 말에 올랐다. 키루스가 국경에 도착하자 아스티아게스는 도대체 누가 그를 이곳에 보냈는지 궁금했지만, 이내 키루스에게 자기 옆으로 오라고 지시했다.

(19) 자신들을 향해 늘어서 있는 아시리아 기병들을 보면서 키루스가 물었다. "할아버지. 말 위에 앉아서 우리를 노려보고 있는 자들이 적인가요?"

"그렇다." 아스티아게스가 말했다.

"그럼 저기 말을 타고 달리고 있는 자들 또한 적인가요?" 키루스가 다시 물었다.

"역시 그렇다."

"그렇다면 할아버지, 제우스신에 맹세코 왜 저 보잘 것 없는 당나귀에 올라탄 저 형편없는 놈들을 그냥 놔두시는 거죠. 즉시 본때를 보여 줍시다." 키

제1권 키루스의 소년 시절

루스가 말했다.

"얘야. 너는 저 빽빽이 늘어서 있는 기병들이 보이지 않니? 만약 우리가 응징하러 달려간다면 그들은 뒤이어 우리의 가운데를 끊을 것이다. 더구나 우리의 본대는 아직 도착하지 않았다." 왕이 답했다.

"하지만 만약 우리가 이곳에 멈춰 서 증원군이 오기를 기다린다면 적은 두려워서 움직이지 않겠지만, 만약 우리가 지금 즉시 적을 응징한다면 그들은 약탈을 멈출 것입니다."

(20) 아스티아게스는 키루스의 제안이 뭔가 있어 보였다. 그리고 이 소년이 언제 이렇게 영민하고 생각이 넓었는지 의아해했다. 그는 아들에게 한 분대의 기병을 이끌고 가서 영토를 유린하는 적을 응징하라고 명령했다. "만약 적이 너를 향해 반격하려는 자세를 취하면 내가 즉시 움직여 그들의 주의를 우리 쪽으로 돌릴 것이다."

그러자 키악사레스는 가장 힘이 센 말과 군사를 이끌고 맨 앞에 서서 달렸다. 그들이 달리는 것을 보자 키루스가 쏜살같이 튀어나갔다. 이내 키루스가 맨 앞에 서고 키악사레스가 뒤를 따르는 모양새가 되었다. 나머지 군사들도 가까이서 뒤따랐다. 그들이 가까이 다가오자 약탈자들은 약탈물을 두고 도망가기 시작했다. (21) 키루스와 군사들은 도망가는 약탈자들의 중간을 자르려고 노력했다. 그들은 사로잡은 적을 즉시 죽였다. 키루스는 진격을 계속해 이미 도망에 성공한 적을 한층 더 밀어붙였다. 그들은 포기하지 않고 뒤쫓아 몇몇 적을 포로로 잡았다.

좋은 혈통을 타고 났지만 훈련되지 않은 사냥개는 곰을 보면 앞뒤 가리지 않고 돌진한다. 키루스가 그런 격이었다. 그는 따라잡은 적을 모조리 쓰러뜨릴 생각 외에는 아무 것도 생각하지 않았다.

하지만 적은 동료들이 심하게 당하는 것을 보고 대열을 앞으로 움직였다. 그들은 자신들이 앞으로 나가는 것을 보면 메디아가 추격을 멈출 것이라고 희망했다. (22) 하지만 키루스는 멈추지 않았다. 전투를 좋아하는 이 소년은 그의 외삼촌을 부르면서 계속해서 적을 밀어붙이자고 독려했다. 키악사레스도 뒤따르기를 멈추지 않았다. 아마 아버지 앞에서 창피를 당하지 않으려는 마음도 한몫 했을 것이다. 뒤따르던 군사들도 마찬가지였다. 용감하지 않은 군사라 할지라도 적을 추격하는 상황에서는 사기가 한층 높아진다.

그러나 아스티아게스는, 적이 무분별하게 추격하는 그들에게 맞서려고 대열을 이루어 앞으로 나가는 것을 보고 아들과 키루스에게 무슨 일이 생기는 것은 아닐까 하며 걱정했다. 싸우려고 잘 준비되어 있는 적과 마주치면 혼란에 빠질 가능성도 있었다. 아스티아게스는 적을 향해 즉시 진격했다.

(23) 이번에는 적이 메디아인이 오는 것을 보고 진격을 멈추었다. 그들은 창을 거누었고 활을 당겼다. 그들은 키루스의 군사들이 자신들의 화살 사정권 안으로 들어와서 멈추기를 기대했다. 이것은 그들이 자주 쓰던 수법이었다. 그들은 적을 가까운 거리로 유인한 다음 활과 창을 던지는 근접전을 밤이 올 때까지 했다. 그러나 그들은 동료들이 자신들을 향해 전속력으로 달려오는 것을 보았다. 키루스와 군사들은 그들의 뒤를 바싹 뒤따르며 압박했다. 더구나 아스티아게스와 그의 기병들은 이미 화살의 사정권 안에 들어왔다. 메디아는 아시리아의 대열을 부수었다. 아시리아는 전력을 다해 도망가기 시작했고, 메디아는 그들의 뒤를 쫓았다.

메디아 군사들은 아시리아 군사들을 많이 사로잡았으며, 따라잡은 아시리아 군사는 사람이나 말을 가릴 것 없이 모조리 죽였다. 말에서 떨어진 적도 죽였다. 메디아는 아시리아 보병을 발견하고서야 비로소 추격을 멈추었다. 그들은 많은 숫자의 보병이 매복해 있지는 않을까 걱정해 멈췄다.

(24) 아스티아게스는 기병대가 거둔 승리에 크게 기뻐하며 본국으로 돌아갔다. 하지만 키루스를 보고는 아무 말도 하지 않았다. 그의 손자가 이번 승리에 큰 공헌을 했다는 것을 인정하지만 너무나 무모했다는 것을 알기 때문이었다. 아무런 말을 하지 않은 또 다른 이유도 있었다. 본국으로 돌아오는 길에 키루스는 혼자 말을 타고 돌아다니며 적의 시체를 보면서 히죽히죽 웃어 댔다. 그걸 보고 아스티아게스는 몇몇 사람에게 키루스를 붙잡아 자기 옆에 데리고 오라고 지시했다. 물론 데리고 오는 데도 애를 먹었다. 겨우 도착했을 때 키루스는 자신을 호위하는 군사들을 멀찍이 앞에 두고 그 뒤를 따랐다. 왜냐하면 히죽히죽 좋아하는 모습을 보고 할아버지가 화가 났다는 것을 알기 때문이었다.

(25) 키루스는 메디아에서 그렇게 살았다. 키루스는 사람들의 이야기와 노래 속에 오르내렸고, 아스티아게스는 예전에도 키루스를 좋아했지만 이번에는 그를 더욱 칭찬했다. 키루스의 아버지 캄비세스도 이 사실을 알고 기뻐했다. 그러나 키루스가 이미 남자의 몫을 하고 있다는 것을 알고는 페르시아에서 정규 교육을 마칠 목적으로 그를 집으로 불러들였다. 키루스 또한 돌아가기를 원했다. 그의 아버지가 불쾌해하거나 국가가 그를 비난할 여지를 주고 싶지 않아서였다. 아스티아게스도 그를 집으로 보내는 것이 편하다고 생각했다.

아스티아게스는 키루스가 집으로 돌아가는 것을 허락했고, 그가 갖기를 원하는 말을 주었을 뿐 아니라 그 외 다른 것도 많이 주었다. 그는 손자가 친구에게는 도움을 주고 적에게는 피해를 주는 남자가 되기를 진심으로 바라는 마음에서 그 모든 것을 주었다. 그리고 아스티아게스뿐만 아니라 어른이나 아이 가릴 것 없이 모두 키루스를 배웅했다. 울지 않고서 뒤돌아서는 사람은 없었다. (26) 키루스 또한 눈물을 흘리면서 떠났다. 그는 할아버지로부터 받은 많은 선물을 친구들에게 나누어 주었다. 마지막으로는 그가 갖고 있던 메디아 예복을 그가 가장 아끼는 한 친구에게 주었다. 그러나 키루스에게 선물을 받은 사람들은 그 선물을 다시 아스티아게스에게 돌려주었고, 아스티아게스는 받은 선물을 다시 키루스에게 주었다. 키루스는 선물을 다시 할아버지께 보내며 이렇게 말했다. "할아버지. 제가 다시 할아버지께 왔을 때 부끄럽지 않은 사람이 되기를 원하시면 이 선물들을 그 사람들이 가질 수 있도록 허락해 주세요." 아스티아게스는 키루스가 말하는 대로 했다.

(27) 이제 우리는 감상적인 이야기를 하려고 한다. 키루스가 떠날 때 친척들은 페르시아 풍습대로 입술에 키스를 한 뒤 서로 작별인사를 했다. 이 풍습은 살아 있어 오늘날까지도 페르시아 사람들은 이렇게 한다. 어떤 귀한 신분의 메디아 신사가 키루스의 용모에 흠뻑 빠졌었는데, 키루스의 친척들이 그에게 키스를 하는 것을 보고는 뒤로 물러섰다. 친척들이 모두 돌아가자 그가 키루스에게 와서 말했다. "키루스. 나는 당신이 알아보지 못하는 유일한 친척인가요?"

"뭐라고요. 당신 말은 당신이 나의 친척이라는 건가요?" 키루스가 말했다.

"분명 그렇습니다." 그가 말했다.

"그렇군요. 왜 당신이 나를 그렇게 쳐다보았는지 이제야 이해가 가는군요. 나는 당신이 예전에도 그랬다는 것을 기억합니다." 키루스가 말했다.

"그래요. 나는 항상 당신께 가고 싶었지만 신들에게 맹세코 제가 부끄러움을 많이 타거든요." 그가 말했다.

"당신이 친척이었다면 그렇게 할 필요가 없었는데." 키루스가 말했다. 그 사람은 그 말을 듣자마자 키루스에게 달려가 키스를 했다.

(28) 키스를 마치자 그 메디아 사람이 물었다. "정말로 페르시아에서는 친척끼리 키스하는 것이 풍습인가요?"

"그렇습니다." 키루스가 말했다. "헤어질 때나 서로 다시 만났을 때 이렇게 하죠."

키루스는 그에게 작별키스를 다시 하고는 길을 떠났다. 그러나 멀리 가기 전에 그 메디아 사람이 초조한 얼굴로 말을 타고 다시 왔다. 그를 보자 키루스가 물었다.

"아니, 어떻게. 혹시 저에게 하지 못한 말이 있나요?"

"제우스신에 맹세코 아닙니다. 저는 헤어진 뒤 다시 왔습니다." 그가 말했다.

"사촌이여. 우리는 방금 전에 헤어졌잖습니까?" 키루스가 말했다.

"방금 전이라니요! 키루스여. 나는 눈을 깜빡이는 시간도 영원같이 느껴집니다. 왜냐하면 그 시간 동안이라도 나는 너무나 잘생긴 당신을 보지 못하기 때문입니다."

그 말을 듣고 키루스는 눈물을 흘릴 정도로 웃었다. 그리고 돌려보내며 위로했다. 머지않아 다시 올 것이며 자신을 곧 보게 될 것이라고. 눈을 깜빡일 필요도 없이 마음껏 보게 될 것이라고.

# 제5장

(1) 키루스는 페르시아로 돌아와서 소년반을 일 년 더 보냈다. 처음에 소년들은 그가 메디아에서 화려하게 사는 법을 배워 가지고 왔다며 그를 놀리고 싶어 했다. 하지만 소년들은 키루스가 그들이 먹는 것보다 적은 양념으로 먹고, 축하 연회에서도 남보다 더 달라고 하지 않고 오히려 자기의 몫을 친구들에게 아낌없이 나누어 주는 것을 보았다. 게다가 그는 다른 것에서도 소년들을 능가했다. 그러자 소년들은 다시 그를 존중하기 시작했다.

키루스는 소년반을 마치고 청년반으로 올라갔다. 뒤이어 그곳에서도 자신의 업무를 수행하고 인내심을 보이며 원로들을 존경하고 관리들에게 복종하는 데에 최고라는 명성을 얻었다.

(2) 그사이에 메디아의 아스티아게스가 죽었다. 그리고 아스티아게스의 아들이자 키루스의 외삼촌인 키악사레스가 메디아의 왕위를 물려받았다.

그때 아시리아의 왕이 매우 큰 나라였던 시리아를 정복했다. 그는 아라비아, 히르카니아를 복속했으며, 박트리아를 포위 공격했다. 그는 메디아가 인근에서 가장 강력한 나라이기 때문에 메디아를 정복하면 주변에 있는 다른 나라는 쉽게 정복할 수 있다고 생각했다. (3) 그래서 자기의 지배하에 있는 모든 나라들과 리디아, 카파도키아, 프리지아, 파플라고니아, 인도, 카리아, 킬리키아에 페르시아와 메디아에 대해 어느 정도 잘못된 정보를 흘렸다. 즉, 메디아와 페르시아는 위대하고 강한 나라들이고, 그들은 결혼과 기타 공통의 이익으로 연결되어 있어, 먼저 공격해서 무너뜨리지 않으면 그들이 개별 나라들을 하나씩 공격해서 정복할 것이라고 말했다. 그래서 그들 중 일부는 동맹에 가담했다. 어떤 나라는 아시리아가 한 말을 그대로 믿어서 가담했고, 다른 나라는 거액의 돈과 선물을 뇌물로 받아서 가담했다.

(4) 키악사레스는 이들이 자신을 치기 위해 전쟁을 공모한다는 소식을 들었다. 그는 지체 없이 맞서 싸울 준비를 했다. 또한 페르시아 의회와 그의 매형인 페르시아 왕 캄비세스에게 사람을 보냈다. 키루스에게도 페르시아 의회가 군대를 파병하기로 결정하면 그 군대의 사령관이 되어 와 달라고 부탁했다. 이 무렵 키루스가 10년에 걸친 청년반을 마치고 장년반에 들어갔기 때문이다.

(5) 따라서 키루스는 그 요청을 수락했다. 그리고 의회의 원로들도 그를 메디아 원정군의 사령관으로 임명했다. 나아가 원로들은 키루스에게 그를 보좌할 200명의 동료 귀족을 뽑을 권한을 주었고, 200명의 동료 귀족에게도 역시 동료 귀족 중에서 각자 자신을 보좌할 4명을 뽑을 권한을 주었다. 이렇게 하니 키루스와 함께 떠날 동료 귀족의 숫자는 1천명이 되었다. 이어서 1천명의 귀족에게 각자 페르시아 평민 중에서 10명의 방패보병(防牌步兵)과 10명의 투석병, 10명의 궁수를 뽑도록 했다. 이렇게 하니 원정군의 숫자는 동료 귀족 1

---

* 이들은 교육과 정치, 힘 있고 명예로운 관직에서 동등한 권리를 누렸기 때문에 "동료들(peers)" 또는 "명예를 동등하게 누리는 자들(equals-in-honour)"이라고 불렀다. - 原註

천 명을 제외하고도 방패보병 1만 명, 투석병 1만 명, 궁수 1만 명이 되었다. 이 군대를 키루스가 지휘하게 되었다.

(6) 그가 원정군 사령관으로 임명된 뒤에 가장 먼저 한 일은 신들에게 제사를 드리는 것이었다. 마침내 상서로운 징조가 나오자 그는 200명의 동료 귀족을 뽑았으며, 이어서 200명의 동료 귀족은 각자 4명의 동료 귀족을 뽑았다. 키루스는 원정군에 참여할 동료 귀족을 모두 뽑은 뒤에 그들을 불러 놓고 다음과 같이 연설하였다.

(7) "친구들이여. 나는 여러분을 처음 보고 가치를 알아봐서 뽑은 것이 아닙니다. 여러분을 어려서부터 지켜보았기 때문에 뽑았습니다. 여러분은 국가가 옳다고 여기는 것을 열심을 다해 따랐으며, 국가가 옳지 않다고 여기는 것은 모두 삼갔습니다. 나는 여러분이 내가 왜 이 자리를 수락하는 데 주저하지 않았으며, 내가 왜 여러분을 나와 함께 원정을 떠날 사람으로 뽑았는지 알아주었으면 합니다.

(8) 나는 우리의 조상이 우리와 마찬가지로 훌륭한 사람들이라고 생각합니다. 그들은 덕스러운 일을 실천하면서 살았습니다. 그러나 나는 그들이 그렇게 수고해서 얻은 것 중에서 페르시아인의 복지나 그들 자신을 위한 것은 찾을 수 없었습니다. (9) 나는 덕이란 선한 것을 목적으로 삼는 사람에 의해 실천될 수 있고, 그렇게 할 때 나쁜 것을 목적으로 삼았을 때보다 더 많은 것을 얻을 수 있다고 생각합니다. 나는 사람이 결코 누리지 못할 즐거움을 위해 현재의 즐거움을 삼간다고 생각하지 않습니다. 오히려 앞으로 누리게 될 즐거움이 지금보다 몇 배나 클 것을 기대하기에 스스로 삼갑니다. 훌륭한 웅변가가 되기를 바라는 사람은 웅장하게 연설하는 것을 계속 해야 하기 때문에 웅변술을 열심히 공부하는 것이 아니라, 사람들을 설득하고 위대한 일을 이루려

는 희망에서 공부합니다. 전술을 연구하느라 수고하는 사람은 앞으로도 계속 싸워야 하기 때문에 하는 것이 아니라, 전술의 달인이 되면 엄청난 부와 행복, 그리고 자신과 조국의 명예를 얻을 수 있다고 생각하기에 합니다.

(10) 사람이 이 모든 수고를 하면서도 늙고 약해질 때까지 내버려 둔다면, 나에게는 그것이 훌륭한 농부가 되기 위해 밭을 갈고 씨를 뿌렸는데 추수철이 왔는데도 곡식을 거두지 않고 다시 땅에 떨어지도록 내버려 두는 것과 같아 보입니다. 마찬가지로 어떤 선수가 경기에서 우승하기 위해 오랫동안 훈련을 하고 몸을 만들어 왔는데, 막상 경기가 열렸을 때 참가하기를 거절한다면 본인도 자신이 바보라고 생각할 것입니다. (11) 친구들이여. 우리는 이런 실수를 하지 맙시다. 우리는 선하고 명예로운 것들을 실천해 왔습니다. 적에게 맞서 우리가 그들을 상대하기에 충분할 정도로 훈련해 왔다는 것을 보여줍시다. 말을 타면서 창을 던지고 활을 쏘는 데 능숙할지라도, 고통을 견디는 데 부족하다면 그 사람은 아직 용감한 전사가 아닙니다. 그 사람은 고통을 견디는 데 있어 초보입니다. 계속 깨어 있어야 하는데 그렇지 못하다면 그 역시 용감한 전사가 아닙니다. 그는 잠 앞에서 초보입니다. 만약 어떤 사람이 이런 자질을 갖고 있지만 동료를 어떻게 대하고 적을 어떻게 다룰지 배우지 못했다면 그는 용감한 전사가 아닙니다. 그러나 적 또한 가장 중요한 이 교육을 받지 못했다는 점은 명백합니다.

(12) 여러분은 밤을 낮처럼 이용할 수 있습니다. 여러분은 고통을 행복으로 인도하는 안내자로 여깁니다. 배고픔을 양념으로 여깁니다. 사자보다 더 기꺼이 갈증을 견딜 수 있습니다. 무엇보다 여러분의 영혼 속에는 다른 모든 것보다 더 귀하고 전쟁에 가장 적합한 것이 들어 있습니다. 여러분은 칭찬받는 것을 무엇보다 즐깁니다. 바로 칭찬을 사랑하는 것이 모든 종류의 고통과

위험을 즐겁게 견디는 이유가 됩니다.

(13) 내가 만약 여러분에 대해 사실과 다르게 믿으며 이렇게 말한다면 나는 스스로를 완전히 속이는 것입니다. 지금까지 말한 자질이 여러분에게 없다면 그로 인해 발생하는 손해는 고스란히 나에게 옵니다. 그러나 나는 확신합니다. 나의 경험, 나를 향한 여러분의 선한 의지, 우리에 대한 적의 무지에 비추어 볼 때, 성공을 바라는 것이 결코 나를 속이는 일이 아니라는 것을 말입니다. 그러니 부담을 갖지 말고 갑시다. 우리는 남의 소유를 부당하게 뺏으려고 간다는 의혹조차 받지 않습니다. 왜냐하면 알다시피 적이 우리를 향해 오고 있고, 침략자들은 사악하며, 우리의 친구들은 우리에게 도와 달라고 부탁했습니다. 그렇다면 우리 스스로를 방어하는 것보다 정당한 일이 어디 있으며, 친구를 돕는 것보다 더 명예로운 일이 어디 있습니까?

(14) 게다가 나는 다음 것으로 인해 더욱 확신합니다. 나는 이 원정에 착수할 때 신들을 결코 소홀히 하지 않았습니다. 여러분도 충분히 알다시피 나는 큰일이나 작은 일이나 항상 신들의 허락을 받고 시작하려고 노력했습니다."

키루스는 다음과 같이 말하며 연설을 마쳤다. "이 외에 무엇이 더 필요합니까? 이제 여러분의 부하를 뽑아 필요한 준비를 한 뒤 메디아로 가십시오. 나는 먼저 내 아버지께 갔다 와서 여러분 앞에 서서 갈 것입니다. 아버지께 가서 적의 계획이 무엇이며, 나는 무슨 준비를 해야 하는지, 신의 도움을 받아 어떻게 하면 전쟁에서 승리할 수 있는지 많이 배워 가지고 오겠습니다."

그들은 키루스가 말한 대로 각자에게 주어진 준비를 하였다.

# 제6장

(1) 키루스는 집으로 가서 조상 대대로 섬기던 헤스티아, 제우스, 그리고 다른 신들에게 제사를 드린 다음 원정을 출발했다. 그의 아버지도 가는 길을 배웅하며 함께 갔다. 그들이 집을 떠날 때 길조를 알리는 천둥과 번개가 쳤고, 이 징조가 나타나자 그들은 더 이상의 길조를 기다리지 않고 가던 길을 계속 갔다. 그들은 아무도 위대한 신의 징표를 무효로 만들 수 없다고 확신했다. (2) 길을 가면서 아버지는 키루스에게 다음과 같이 말했다.

"아들아. 제사와 하늘에서 내리는 징표를 볼 때 신들이 너에게 호의와 복을 베푸는 것이 분명하구나. 너는 이것을 알아야 한다. 왜냐하면 나는 네가 징표를 해석하는 사람을 통해서가 아니라 너 스스로 보고 들음으로써 신들의 뜻을 이해할 수 있도록 이 기술을 가르쳤다. 나는 네가 예언하는 사람들이 너를 속이기로 작정하고 하는 말에 휘둘리지 않고, 나아가 그들이 없는 상황에 처하더라도 신들의 계시가 무엇인지 의심하지 않고 너의 예언하는 기술로 신들의 뜻을 이해하고 그들에게 복종하기를 바랐다."

(3) "예, 아버지." 키루스가 말했다. "아버지께서 가르치신 대로 저는 신들

은 우리에게 복을 주시고 우리를 기꺼이 지도하신다는 것을 항상 유념하고 있습니다. 저는 아버지께서 예전에 사람은 신들과 함께 할 때 더 강해지며, 사람과 마찬가지로 어려울 때만 찾아와서 아부하는 것이 아니라 그가 아주 번창할 때도 신들을 가장 귀하게 여길 때 더 강해진다고 하신 말씀을 기억하고 있습니다. 아버지께서는 또한 친구에 대해서도 항상 이와 같은 식으로 대해야 한다고 말씀하셨습니다."

(4) "잘했다, 아들아." 아버지가 말했다. "바로 그 점 때문에 너는 신들에게 기도하러 갈 때 훨씬 마음이 편하며 네가 기도하면 얻을 것이라고 더 확신하잖니? 바로 신들이 너를 외면하지 않을 것이라고 의식하기 때문이다."

"그렇습니다, 아버지." 그가 말했다. "저는 신들이 마치 친구처럼 느껴집니다."

(5) "분명 그렇지." 아버지가 말했다. "너는 이전에 우리가 함께 결론을 내렸던 일을 기억하느냐? 신은 응답하신다는 것을 아는 사람은 그것을 모르는 사람보다 더 많이 응답을 받지. 게으른 사람보다 부지런한 사람이 더 많은 것을 성취하지. 무관심한 사람보다 매사에 주의를 기울이는 사람이 더 안전한 법이지. 마찬가지 이치다. 자신이 마땅히 해야 할 일을 하는 사람이 신들에게 그에 상응하는 복을 내려 달라고 구할 권리가 있는 것이다."

(6) "제우스신에 맹세코 그렇습니다." 키루스가 말했다. "저는 아버지께서 하신 말씀을 확실히 기억합니다. 아버지의 생각에 전적으로 동의했기 때문에 생생히 기억하고 있습니다. 아버지께서는 말을 탈 줄 모르는 사람은 기병 전투에서 승리할 수 있도록 신들에게 구할 권리가 없다는 말씀을 항상 하셨습니다. 활을 쏠 줄 모르는 사람이 탁월한 궁수가 되게 해 달라고 구할 권리가 없으며, 배를 조종할 줄 모르는 사람이 키를 잡아 배를 구하게 해 달라고 구할

권리가 없으며, 씨를 뿌리지 않은 사람이 곡식을 거두게 해 달라고 구할 권리가 없고, 전쟁을 대비하지 않은 사람이 보호를 구할 권리가 없다고 하셨습니다. 왜냐하면 이것은 모두 신의 섭리에 반하기 때문이라고 하셨습니다. 아버지께서는 또 말씀하셨습니다. 인간의 법에 반하는 것을 구하는 사람이 인간에 의해 좌절되듯이, 옳지 않은 것을 신에게 구하는 사람은 신의 도움을 받아 성공할 수 없다고요."

(7) "그러나 아들아, 너는 우리가 예전에 사람은 자신이 훌륭하고 고귀하다는 것을 증명할 뿐 아니라, 자신의 가족이 좋은 삶을 누리도록 최선을 다해 부양하는 것이 사람의 가장 위대하고 가치 있는 일이라고 함께 논의했던 일을 잊었느냐? 이것이 위대한 일이라면, 사람이 생활에 필요한 모든 것을 풍부하게 갖고 마땅히 되어야 할 사람이 되도록 지배하는 법을 아는 것도 위대한 일이다. 그래야만 우리가 칭송을 받을 가치가 있다."

(8) "제우스신에 맹세코 아버지, 저는 그 말씀 또한 기억합니다." 키루스가 말했다. "아버지의 말씀이 옳습니다. 잘 지배하는 것은 정말로 어려웠습니다. 그리고 지금도 지배의 문제와 그 원리는 어렵다고 생각합니다. 저는 다른 나라에 있는 사람들을 봅니다. 그럴만한 인격이 안 되는데도 불구하고 계속해서 지배하는 지배자를 보면 우리가 그의 백성 중에서 그에게 반역할 사람을 얻게 될 것이라고 생각합니다. 우리가 그런 지배자를 조금이라도 존경하여 그들과 싸우려고 하지 않는다면 그것이 저에게 엄청난 수치라고 생각합니다." 그는 계속해서 말했다. "우리의 동맹국에 대해 말하자면, 저는 메디아 사람들이 지배자는 피지배자보다 더 화려한 음식을 먹어야 하고, 더 많은 돈을 가져야 하며, 더 많이 자며, 더 화려하게 살아야 하는 등 삶의 모든 면에서 앞서야 한다고 생각하는 것 같습니다." 그는 덧붙였다. "하지만 저는 지배자는 피지배자

보다 자기 탐닉이 아니라 선견지명을 가지고 고통을 기꺼이 감내하는 것에서 앞서야 한다고 생각합니다."

(9) 그러자 아버지가 말했다. "그러나 아들아, 우리가 맞서 싸워야 할 대상은 사람이 아니라 실제적인 사실인 경우가 있다. 그리고 고충 없이 이것을 이겨 내기란 정말 쉽지 않지. 예를 들어, 너는 네 군대가 보급을 받지 못한다면 너의 권위는 금방 땅에 떨어진다는 것을 분명 알지 않느냐?"

"그렇습니다, 아버지." 키루스가 말했다. "하지만 키악사레스 외삼촌이 우리가 필요한 보급품은 아무리 많을지라도 전부 제공한다고 말했습니다."

"아들아. 너는 키악사레스가 주는 보급품을 믿고 네 군대를 이끌고 원정을 떠난다는 말이냐?" 아버지가 말했다.

"그렇습니다." 키루스가 말했다.

"그럼 너는 그가 보급품을 얼마나 갖고 있는지 아느냐?" 아버지가 물었다.

"제우스신에 맹세코 저는 그것에 대해 전혀 모릅니다." 키루스가 말했다.

"너는 그럼에도 불구하고 그런 불확실성에 의존하려고 하느냐? 너는 네 군대에 필요한 것이 많다는 것과 키악사레스 또한 다른 쓸 곳이 많다는 것을 알지 못하느냐?"

"알고 있습니다, 아버지." 키루스가 말했다.

"그렇다면 만약 그의 보급품이 부족하거나, 그가 너를 속여 원정에 끌어들였다면 너는 네 군대를 어떻게 먹여 살릴 것이냐?"

"어떻게 해야 할지 잘 모릅니다, 아버지." 키루스가 말했다. "만약 아버지께서 제 힘으로 보급품을 조달할 수 있는 방법을 아신다면 우리가 아직 이곳에 있을 때 알려 주십시오." 키루스가 말했다.

(10) "아들아. 네가 어디서 그 방법을 찾을 수 있을지 나에게 묻지 마라."

아버지가 말했다. "군대를 지휘하는 너보다 보급품을 얻을 수 있는 방법을 더 잘 찾을 수 있는 사람이 어디 있겠느냐? 지금 네가 이끌고 가는 보병 부대는 교체가 불가능하다. 그리고 그 숫자는 분명 다른 군대보다 몇 배는 많을 것이다. 너는 또한 너를 지원하는 세계 최고의 메디아 기병 부대도 갖게 될 것이다. 그렇다면 주위의 어느 나라가 너를 돕기를 거절하겠느냐? 자기에게 잘해 주기를 바라는 마음과 자기에게 피해를 주지 않을까 하는 두려움에서 그렇게 하지 않겠느냐? 그러므로 키악사레스와 같이 너도 네가 필요한 것이 절대로 떨어지지 않도록 항상 주의를 기울여야 하며, 마찬가지로 필요한 것을 얻으려는 노력을 습관처럼 해야 한다. 그리고 무엇보다 이것을 기억해라. 모자랄 때가 되어서야 비로소 보급품을 구하려는 노력을 절대로 하지 마라. 가장 풍족할 때에 부족할 때를 대비해 수단을 마련해 놓아야 한다. 그렇게 하는 것이 가장 수월하다. 왜냐하면 네가 부족해 보이지 않을 때 구하는 사람에게서 더 많이 얻을 수 있다. 게다가 너는 이렇게 함으로써 군사들로부터 비난을 받지 않게 되고, 나아가 그들은 원하는 것을 갖게 됨으로써 너를 더 잘 따르게 될 것이다. 그리고 이것을 명심해라. 네가 남들에게 호의도 피해도 줄 수 있는 위치에 있다는 것을 충분히 보여 줄 때 네가 하는 말이 더 힘을 갖게 된다는 것을 말이다."

(11) "알겠습니다, 아버지." 키루스가 말했다. "아버지 말씀은 모두 맞습니다. 다른 이유에 비추어 봐도 그렇습니다. 또한 이번 원정 협약에 따라 군사들이 받게 될 것을 가지고는 그들 중 누구도 저에게 고마워하지 않으리라는 것도 아버지의 말씀이 옳은 이유이기도 합니다. 그들은 키악사레스가 연합군에게 제시한 조건을 알거든요. 하지만 그들이 협약한 것 외에 추가로 무언가를 받게 된다면 그것을 보상으로 여길 것입니다. 그렇다면 그들은 주는 사람에

게 고마워하겠죠. 어떤 사람이 군대를 거느리고 있다고 합시다. 그는 친구들에게 잘해 주고 그에 대한 보답으로 친구들로부터 도움을 받아 적을 징벌하려고 합니다. 그런데 그가 마땅히 주어야 할 보급을 주지 않는다면, 그것은 어떤 사람이 땅과 거기서 일할 농부를 가지고 있지만 땅을 그냥 놀려 아무것도 수확하지 못하는 것처럼 불명예스러운 일이 아니겠습니까?" 그는 덧붙였다. "저는 어떠한 일이 있어도 제 군사들에게 필요한 것을 공급하는 일에 실패하지 않겠습니다. 우리에게 호의적인 곳이나 적대적인 곳을 가리지 않고 반드시 성공하겠습니다. 아버지께서는 그것을 확신하셔도 좋습니다."

(12) "알았다, 애야." 아버지가 말했다. "너는 우리가 서로 동의했고, 결코 소홀히 하지 않겠다고 약속했던 다른 요점들도 기억하느냐?"

"그렇습니다." 키루스가 말했다. "저는 저를 장군이 되도록 가르쳤다고 주장하는 사람에게 보답하려고 아버지께 돈을 받으러 갔던 때를 기억합니다. 아버지께서는 저에게 돈을 주시면서 이렇게 물으셨죠. '좋다. 돈을 주려는 그 사람이 너에게 장군이 해야 할 임무의 하나로서 국내 경제에 대해 가르쳤느냐? 군사들은 먹여 살려야 한다는 점에서 하인들과 하나도 다를 바가 없다.' 제가 그에 대해서는 어떤 가르침도 받은 적이 없다고 대답하자 아버지께서는 그 사람이 저에게 건강이나 체력에 대해 가르쳤냐고 물으셨죠. 아버지께서는 장군은 군사 작전의 지휘뿐 아니라 그 문제들도 반드시 고려해야 한다고 말씀하셨습니다.

(13) 제가 '그것도 배운 적이 없습니다.'라고 말하자 아버지께서는 그 사람이 전쟁을 경영하는 데 가장 도움이 될 만한 어떤 기술을 가르쳐 주었는지 다시 한 번 물으셨죠. 이번에도 '아무 가르침도 받지 못했습니다.'라고 말하자, 아버지께서는 세상 모든 일은 열정과 용기가 모든 차이를 만든다고 말씀하시

고는, 계속해서 그 사람이 군사들에게 열정을 불어넣을 수 있는 어떤 훈련을 시킨 적이 있느냐고 물으셨습니다. 역시 이전과 마찬가지로 고개를 흔들면서 아니라고 답을 하자, 아버지께서는 그 사람이 군대로부터 복종을 가장 잘 이끌어 낼 수 있는 어떤 교훈을 가르쳐 주었는지 다시 물으셨습니다. (14) 이것 또한 수업에서 전혀 논의되지 않은 것 같았습니다. 그러자 아버지께서는 장군이 되도록 가르쳤다고 주장하는 그자가 도대체 무엇을 너에게 가르쳤느냐고 마지막으로 물으셨죠. 아버지의 물음에 저는 '전술입니다.'라고 답을 했습니다. 그러자 아버지께서는 크게 웃으시면서 계속 말씀하셨습니다. 그리고 조목조목 설명하시면서, 군대가 보급을 받지 못하고 군사들이 건강을 유지할 수 없다면, 그리고 전쟁을 경영하고 군사들로부터 복종을 이끌어 낼 수 있도록 고안된 지식이 없다면 전술이 무슨 소용이 있겠느냐고 저에게 물으셨습니다. 아버지께서는 전술이란 장군에게 필요한 아주 작은 부분이라고 명확히 설명하셨죠. 그래서 저는 아버지께 그것들을 가르쳐 달라고 부탁했습니다. 그러자 아버지께서는 군사학의 거장이라고 정평이 나 있는 사람들을 찾아가 그들과 이야기하면서 부족한 부분을 어떻게 채울 수 있는지 방법을 찾으라고 지시하셨습니다. (15) 그래서 저는 각 분야에 명성이 있는 사람들을 찾아갔습니다. 그리고 보급과 관련하여 저는 키악사레스로부터 필요할 때면 즉각 충분한 보급을 제공하겠다고 확답을 받았으며, 건강과 관련해서는 건강을 중시하는 나라들이 의료단을 만들고 장군들도 군사들의 건강을 위해 그들을 데리고 전쟁에 나간다는 것을 보고 들었기 때문에, 저는 원정군 사령관으로 임명되었을 때 이것을 즉시 생각했습니다." 그는 덧붙였다. "아버지께서는 제가 저명한 의사들과 함께 하는 것을 발견하실 것입니다."

키루스가 아버지께 이렇게 대답하자 아버지가 말했다. (16) "그렇구나, 아들아. 수리공들이 찢어진 갑옷을 수리하듯이, 우리가 병들었을 때 치료하는 의사들이 바로 이 사람들이구나. 그러나 건강을 유지해야 하는 네 책임은 그 것보다 더 크다. 너는 네 군대가 병이 아예 안 들게 해야 한다."

"아버지. 그렇게 하기 위해서는 제가 무엇을 해야 합니까?" 키루스가 말했다.

"첫째로, 네가 어떤 지역에 오랫동안 머문다면 가장 청결한 곳에 네 진영을 정하는 일에 결코 소홀해서는 안 된다. 네가 적절한 주의를 기울인다면 그곳을 찾는 데 실패하지 않을 것이다. 사람들은 청결한 곳과 불결한 곳에 대해 끊임없이 이야기하지. 그리고 그곳에 사는 주민들의 몸과 얼굴 상태를 보고 그곳이 청결한 곳인지 아닌지 분명하게 알 수 있다. 둘째로, 청결한 곳에 진영을 잡는 것만으로 충분하지 않다. 너는 네 몸 상태를 건강하게 유지할 수 있도록 어떤 조치를 취할 것인지 나에게 말해 보렴."

(17) "첫째, 제우스신에 맹세코 저는 과식하지 않겠습니다. 왜냐하면 과식은 몸에 부담을 주기 때문입니다. 둘째로, 먹은 음식을 운동을 통해 철저히 소화하겠습니다. 운동을 하면 건강을 오래 유지할 수 있고 체력을 얻을 수 있기 때문입니다."

"아들아. 그것은 다른 사람을 돌볼 때도 써야만 하는 방법이다." 아버지가 말했다.

"알겠습니다, 아버지." 키루스가 아버지에게 말했다. "그런데 군사들이 운동할 시간이 있을까요?"

"제우스신에 맹세코 군사들은 운동할 수 있을 뿐 아니라 반드시 해야 한다." 아버지가 말했다. "군대가 제 임무를 다하려면 적에 대해서는 악하고 자신에 대해서는 선한 일을 하는 노력을 결코 멈추지 않는 것이 반드시 필요하다. 게으름뱅이가 한 명일지라도 막상 부양하려면 부담이 되는 줄을 알지 않느냐. 하물며 게으른 한 가정을 부양하는 것은 얼마나 큰 짐일꼬. 하지만 게으른 한 군대를 부양하는 것은 가장 무거운 짐이다. 군대에는 먹여야 할 입이 매우 많으며 원정을 떠날 때 가지고 가는 식량은 엄청나게 한정되어 있다. 군사들은 무엇이든 가장 게걸스럽게 먹어치운다. 따라서 군대는 절대로 놀려서는 안 된다."

(18) "저도 그렇게 생각합니다, 아버지." 키루스가 말했다. "게으른 농부가 쓸모가 없듯이 게으른 장군은 전혀 쓸모가 없습니다."

"열정적인 장군이란, 어떤 신이 그를 가로막지 않는 이상, 군사들에게 필요한 물품을 충분히 공급하고 그들이 최선의 몸 상태를 유지할 수 있게 하는 사람이라고 나는 단언할 수 있다." 아버지가 말했다.

"그렇습니다." 키루스가 말했다. "저는 군사들이 실력을 겨룰 수 있는 경연대회를 개최해, 거기서 가장 잘하는 자에게 상을 베풀면, 필요할 때 즉시 활용할 수 있는 모든 준비를 갖출 수 있다고 생각합니다."

"그렇다, 아들아." 아버지가 말했다. "그렇게 한다면 너는 네 군사들이 잘 훈련된 무용단의 무용수처럼 활약하는 것을 보게 될 것이다."

(19) "다음으로 저는 군사들에게 열정을 불어넣는 것이 희망을 품게 하는 것보다 훨씬 효과적이라고 봅니다." 키루스가 말했다.

"그렇다, 아들아." 아버지가 말했다. "그것은 마치 사냥꾼이 사냥감을 발견하면 사냥개를 부르는 것과 같다. 처음에는 개들이 그에게 복종하는 것을 보게 되지. 하지만 그가 사냥개를 자주 속인다면 야수가 나타나서 사냥꾼이 부를지라도 복종하지 않을 것이다. 사람의 희망도 이와 같다. 만약 어떤 사람이 다른 사람에게 좋은 일이 일어날 것이라는 희망을 자주 품게 한다면, 설령 그것이 근거 있는 희망이라 할지라도 신뢰를 얻지 못한다. 그러므로 아들아, 너는 네가 완벽하게 확신하지 않는 것을 말하는 것을 삼가야 한다. 대신 어떤 사람을 너의 대변인으로 삼는다면 네가 하고자 하는 말을 할 수 있다. 너는 가장 큰 위기가 닥쳤을 때 쓰도록 다른 사람에게 희망을 불어넣는 말을 삼가 네 말에 대한 신뢰를 소중히 간직하도록 하여라."

"제우스신에 맹세코 잘 알겠습니다." 키루스가 말했다. "저는 아버지 말씀이 옳다고 생각하며, 아버지의 생각을 존중합니다. (20) 그런데 아버지, 저는 군사들을 계속 복종하게 만드는 데에 능숙하지 않습니다. 왜냐하면 저는 아주 어렸을 때부터 복종하라고 교육받았기 때문입니다. 아버지의 말에 복종하라고 가르침을 받았습니다. 아버지께서는 제가 선생님에게도 복종해야 한다고 가르치셨습니다. 선생님 또한 같은 식으로 가르치셨죠. 우리가 소년반에 있을 때 관리들은 그 점을 특별히 강조했습니다. 그리고 대부분의 법은 지배하고 지배받는 이 두 가지를 다른 어떤 것보다 강조해서 가르칩니다. 지금 와서 생각해 보면, 사람을 복종하게 만드는 가장 큰 동기는 복종하는 자에게는 명예를 주고 그렇지 않는 자에게는 처벌과 불명예를 주는 것이라고 생각합니다."

(21) "아들아. 그것은 강제적인 복종에 이르는 길이다. 그러나 복종에 이르는 더 빠르고 좋은 길이 있지. 즉, 자발적인 복종을 이끌어 내는 방법이다. 사람은 복종하는 것이 자신에게 이익이 된다고 믿을 때 즐거운 마음으로 복종한다. 너는 다른 많은 경우, 특히 병들었을 때를 생각해 보면 그것을 이해할 것이다. 환자는 병들었을 때 그의 병을 치료해 줄 의사의 말을 얼마나 기꺼이 듣는지 너도 알지 않느냐. 승객들이 선장의 말을 얼마나 기쁘게 들으며, 여행자가 자신보다 길을 더 잘 안다고 생각하는 사람과 떨어지기를 얼마나 싫어하

는지 너도 알 것이다. 그러나 복종하면 오히려 자신에게 문제가 생길 것이라고 생각한다면 사람은 처벌이나 선물을 받더라도 복종하지 않을 것이다. 왜냐하면 자기에게 문제가 생길 것을 각오하면서까지 선물을 받으려고 하는 사람은 없기 때문이다."

(22) "아버지. 아버지 말씀은 복종을 얻는 가장 좋은 방법은 지배자가 피지배자보다 더 지혜롭다고 인정받는 것이라는 건가요?"

"그렇다. 그게 정확히 내가 뜻하는 바다." 아버지가 말했다.

"그렇다면 아버지, 어떻게 하면 지혜롭다는 명성을 가장 빨리 얻을 수 있지요?"

"빠른 길은 없다, 아들아." 아버지가 말했다. "너는 네가 지혜롭다고 인정받기를 원하는 분야에서 정말로 지혜로워야 할 뿐이다. 너는 구체적인 사례를 살펴볼 때 내 말이 사실이라는 것을 알게 될 것이다. 예를 들어, 네가 좋은 농부로 인정받고 싶은데 실제로는 그렇지 않다고 하자. 마찬가지로 좋은 기수, 의사, 플루트 연주자, 그 외 원하는 사람으로 인정받고 싶은데 그렇지 않다고 하자. 그때 너는 너의 주장을 계속할 여러 가지 꼼수를 생각해 낼 것이다. 그리고 명성을 얻기 위해 많은 사람을 강요하고, 그 지위에 어울리는 여러 가지 좋은 장비를 갖춘다 하더라도 곧 네가 사기를 치고 있다고 탄로 날 것이다. 머지않아 네 기술을 남들 앞에서 선보일 때 너는 들통날 것이고 사기꾼이라는 낙인이 찍힐 것이다."

(23) "그렇다면 어떻게 하면 무엇이 유용할지 미리 내다보아 알 수 있을 정도로 지혜로워질 수 있습니까?"

"아들아. 그것은 마치 네가 전술을 배우듯이 배울 수 있는 모든 것을 배움으로써 가능하다." 아버지가 말했다. "그러나 사람의 노력으로 배울 수 없는 것이나 인간의 지혜로는 내다볼 수 없는 것은 예언하는 기술을 통해 신들로부터 얻을 수 있다. 그리하여 너는 네가 남들보다 지혜롭다는 것을 스스로 보여라. 만약 어떻게 하면 가장 잘할 수 있는지 아는 것이 있다면 그것이 그렇게 이루어지도록 전력을 다하여라. 그러면 네가 남들보다 지혜롭다고 증명하게 될 것이다. 해야 할 일을 소홀히 하지 않고 최선을 다하는 것이야 말로 지혜로운 사람의 표시이기 때문이다."

(24) "알겠습니다. 그리고 피지배자로부터 사랑을 받는 법이 저에게는 가장 중요한 질문 중의 하나입니다. 아버지께서는 이렇게 가르치셨죠. 친구에게 사랑받기를 원한다면 그들에게 은혜를 베풀어야 한다고 말이죠."

"그렇다, 아들아." 아버지가 말했다. "그러나 네가 원한다고 해서 항상 남들에게 은혜를 베풀 수는 없다. 언제나 그런 위치에 있을 수는 없지. 따라서 그건 매우 어려운 문제다. 대신 너는 그들에게 좋은 일이 생기면 그들과 함께 기뻐하고, 나쁜 일이 생기면 그들과 함께 슬퍼해라. 그들이 고통받고 있으면 도우려고 노력하고, 그들에게 안 좋은 일이 닥치지는 않을지 항상 염려해야 하며, 실제로 닥치지 않도록 노력해야 한다. 이런 식으로 너는 그들과 동행해야 한다. (25) 군사 작전도 마찬가지다. 장군은 여름에는 더위를, 겨울에는 추위를 부하들보다 더 잘 견뎌야 한다. 어려운 상황을 지나고 있다면, 그는 난관을 부하들보다 더 잘 견뎌야 한다. 이렇게 함으로써 그는 부하들로부터 사랑을 받을 수 있다."

"아버지 말씀은 장군은 모든 면에서 부하들보다 더 인내해야 한다는 말인가요?" 키루스가 물었다.

"그렇다. 그게 바로 내가 뜻하는 바다." 아버지가 말했다. "그러나 아들아, 두려워하지 마라. 같은 고통이라 할지라도 장군과 군사가 느끼는 정도는 다르다. 비록 그들의 몸은 같을지라도 장군에게 주어지는 존경과 군사들의 주목을 피할 수 없다는 의식 때문에 장군에게는 부담이 가볍게 다가온다."

(26) "그런데 아버지. 군사들이 보급을 받고, 고통을 잘 견딜 줄 알며, 전쟁 기술을 연마하고, 자신이 용감하다는 것을 증명하려는 야망에 불타 있으며, 반항하기보다 적극 복종하려고 한다면, 그런 상황이라면 지체 없이 적을 치려고 하는 생각이 지혜롭다고 생각하지 않으세요?" 키루스가 물었다.

"제우스신에 맹세코 그렇게 해서 이득을 얻을 수 있다고 예상된다면 그렇게 할 것이다." 아버지가 말했다. "하지만 그렇지 않다면, 나는 내가 우월하고 내 군대가 강하다는 것을 알수록 방어에 집중하겠다. 마치 가장 귀한 보물을 가장 안전한 곳에 보관하는 것과 같은 이치이다."

(27) "아버지. 적을 능가할 수 있는 가장 좋은 방법이 무엇일까요?"

"제우스신에 맹세코 아들아, 그건 쉽거나 단순한 문제가 아니다." 아버지가 말했다. "그러나 너에게 말하마. 그렇게 하기를 원하는 사람은 흉계를 꾸미고 교활하며, 잔꾀를 부리고 기만하며, 도둑과 강도가 되며, 모든 점에서 적을 속여야 한다."

"오, 아버지. 도대체 제가 어떤 사람이 되어야 한다고 말씀하시는 건가요?" 키루스가 웃으면서 말했다.

"아들아. 동시에 그 사람은 세상에서 가장 정의롭고 법을 잘 지키는 사람일 것이다." 아버지가 말했다.

(28) "아버지. 그런데 왜 아버지께서는 우리가 소년과 청년 시절에 배웠던 것과 정반대되는 것을 가르치시나요?"

"제우스신에 맹세코 우리는 너희가 친구와 동료 시민에 대해서는 그렇게 하라고 가르쳤다. 그러나 너희는 적을 죽여야 할지도 모른다. 너는 너희 모두가 이런 악한 것들을 배웠다는 것을 알지 못하느냐?" 아버지가 말했다.

"아니오, 아버지. 우리는 결단코 악한 것들을 배우지 않았습니다." 키루스가 말했다.

"너는 활을 쏘고 창을 던지는 법을 왜 배웠느냐? 야생곰을 그물과 함정으로, 사슴을 덫과 올가미로 유인하는 법을 왜 배웠느냐? 사자와 곰, 표범을 만나면 너희에게 있는 장점을 가지고 정면으로 맞서 싸우기보다 왜 피하였느냐? 너는 이 모든 것이 악하고, 상대를 속이며, 꼼수를 부리고, 부당한 이득을 취하는 것인 줄을 왜 알지 못하느냐?" 아버지가 말했다.

(29) "제우스신에 맹세코 야생 동물에 대해서는 그렇습니다. 그러나 제가 사람을 한 번이라도 속이려고 마음먹었다면 신께서 저에게 매질을 하셨을 것입니다." 키루스가 말했다.

"그렇다. 나도 그렇게 생각한다." 아버지가 말했다. "우리는 너희가 사람을 향해 활을 쏘고 창을 던지는 것을 허락하지 않았다. 우리는 너희가 표적을 보고 활을 쏘도록 가르쳤다. 그것은 너희가 친구들을 해치기 위해서가 아니라 전쟁이 일어나면 적을 잘 조준할 수 있도록 하기 위해서였다. 우리는 또한 사람이 아니라 동물을 속이도록 가르쳤다. 역시 그렇게 함으로써 너희가 친구들에게 피해를 주기 위해서가 아니라 전쟁이 일어나면 이런 기술을 쓰지 못하는 일이 발생하지 않도록 하기 위해서였다."

(30) "잘 알겠습니다, 아버지." 키루스가 말했다. "사람을 선하게도 악하게도 대하는 방법을 아는 것이 정말로 중요하다면 우리도 그 두 가지 방법을 모두 배워야만 합니다."

(31) "그러나 아들아." 아버지가 말했다. "우리의 조상 때에 네가 주장하는 식으로 소년들에게 정의를 가르쳤던 한 선생이 있었다고 한다. 거짓말하

고 거짓말하지 마라, 속이고 속이지 마라, 비방하고 비방하지 마라, 부당한 이득을 취하고 취하지 말라고 가르쳤지. 그는 친구에게 해야 할 것과 적에게 해야 할 것을 구별했다. 게다가 그는 선한 목적이라면 친구를 속이는 것도 친구의 소유를 훔치는 것도 옳다고 가르쳤다. (32) 이런 교훈을 가르치면서 그는 소년들에게 서로에 대해 그 교훈을 실천해 보라고 훈련을 시키기도 했다. 마치 그리스에서는 레슬링을 할 때 소년들에게 속임수를 가르치고 상대방에 대해 속임수를 쓸 수 있도록 훈련시키는 것처럼 말이다. 그렇게 교육한 결과 어떤 사람들은 남을 속이고 부당한 이득을 취하는 데, 어쩌면 탐욕을 부리는 데도 전문가가 되었는데, 그 사람들은 친구들에게서 부당을 이득을 취하는 것조차 삼가지 못하게 되어 버렸다. (33) 그 결과로 우리에게는 하나의 불문율이 생겨 오늘날까지 이어 오고 있다. 하인들에게 가르치듯이 우리 아이들에게도 가르치라. 즉, 진실을 말하고 남을 속이지 마라. 부당한 이득을 취하지 마라. 만약 소년들이 이 법에 어긋나는 행동을 한다면, 그들이 바른 습관을 몸에 익혀 더욱 세련된 사회 구성원이 되기 위한 목적에서 그들을 처벌하도록 법으로 요구된다. (34) 그러나 소년들이 너처럼 성장했을 때는, 그들에게 적에 대해서 합당한 것을 가르치는 것도 필요하다고 생각했다. 왜냐하면 너희는 서로를 존중하도록 교육받으며 자랐기 때문에 이제 와서 탈선하여 미개인처럼 타락할 것 같지는 않다고 생각하기 때문이다. 같은 맥락에서 우리는 어린 소년들 앞에서는 성(性)에 대해 이야기하지 않았다. 왜냐하면 자제하지 않으면 어린 소년들의 욕망을 부추길 수 있고, 소년들은 그것에 과도하게 탐닉하는 경향이 있기 때문이다."

(35) "제우스신에 맹세코 사실입니다." 키루스가 말했다. "그러나 저는 다른 사람을 속이는 기술을 배우기에는 늦었다고 생각합니다. 그러니 아버지께

서 저에게 가르쳐 주세요. 어떻게 하면 적을 속일 수 있습니까?"

"네 힘이 미치는 범위 내에서 질서 있는 네 군사들이 무질서한 적을 사로잡을 방법을 고안해라. 무장한 네 군사들이 비무장한 적을 덮칠 수 있도록, 잠들어 있는 적이 놀라 깨어날 수 있도록, 장소의 이점을 살려 불리한 위치에 있는 적을 사로잡을 수 있도록, 적은 너희를 보지 못하지만 너희는 그들을 볼 수 있을 때 그들을 제압할 방법을 생각해 내라." 아버지가 말했다.

(36) "그런데 아버지, 제가 어떻게 하면 그런 실수를 하는 적을 사로잡을 수 있지요?" 키루스가 물었다.

"아들아." 아버지가 말했다. "너희나 적이나 그런 수많은 기회를 반드시 제공하기 마련이다. 예를 들어 너희도 식사를 하지만 적도 하고, 너희도 잠을 자지만 적도 자며, 아침 일찍 일어나 거의 같은 시간에 용변을 보며, 어떤 길이든 주어진 길을 이용해야만 한다. 너희는 이 모든 것을 관찰하여 너희가 약한 부분을 각별히 주의하며 적의 가장 약한 곳을 발견하면 그곳을 집중해서 공격해야 한다."

(37) "단지 이런 식으로 해서 적을 속이는 것이 가능할까요? 아니면 다른 방법도 있나요?" 키루스가 물었다.

"물론이지, 아들아. 다른 방법도 수없이 많다." 아버지가 말했다. "그런 간단한 상황에서는 어떤 장군일지라도 무엇을 해야 할지 알기 때문에 경계를 게을리 하지 않는다. 그러나 진짜로 적을 속일 줄 아는 장군은 적을 과신하게 만들지. 그들은 과신한 나머지 경계를 풀고 무질서하게 우리를 추격한다. 우리는 의도적으로 도망치면서 적을 불리한 곳으로 불러들인 다음 뒤돌아서서 그들에게 반격한다." (38) "그러나 아들아." 아버지는 계속 말했다. "네가 이 모든 것을 알고자 한다면 너는 다른 사람에게서 배운 것을 활용할 뿐 아니라 적에게 쓸 전략을 스스로 고안할 줄도 알아야 한다. 마치 연주자가 다른 사람의 곡을 연주할 뿐 아니라 새로운 곡도 만들려고 노력하듯이 말이다. 그리고 새로 만든 곡이 관객의 찬사를 받는다면 새로운 전략으로 거둔 승리는 더 큰 찬사를 받게 된다. 왜냐하면 그 전략이 적을 보다 성공적으로 속였기 때문이지."

(39) "그리고 아들아." 아버지는 계속해서 말했다. "만약 네가 조그마한 사냥을 할 때 썼던 책략을 적을 다루는 데 그대로 쓰기만 해도 너는 적을 속이는 기술을 크게 늘일 수 있다고 생각하지 않니? 너는 추운 겨울에 일찍 일어나 동이 트기 전에 새를 잡으러 나갔다. 아직 새들이 활동하기 전에 너는 덫을 놓았고, 어지럽게 널려 있던 땅을 말끔히 청소한 다음 미끼가 되도록 훈련시킨 새를 그곳에 놓았다. 그리고 너는 새들이 볼 수 없는 곳에 누워 새들을 지켜보았다. 그런 다음 새들이 도망가기 전에 그물을 당겼다.

(40) 너는 또한 산토끼를 잡기도 했다. 산토끼는 저녁에 풀을 뜯고 낮에는 숨어 있지. 너는 냄새를 맡아 산토끼를 찾아내는 개들을 길렀다. 산토끼는 빨리 달리기 때문에, 발견되었을 때 도망가는 산토끼를 추격하도록 개들을 훈련시켰지. 그리고 비록 산토끼를 놓쳤다 하더라도 너는 도주로를 찾아 숨어 있는 곳을 발견하곤 했다. 숨어 있는 산토끼를 사로잡기 위해 너는 그물을 쉽게 보이지 않도록 넓게 펼쳐 놓곤 했지. 산토끼는 허둥지둥 도망치다 그물 속에 뛰어들어 꼼짝 못하게 되었다. 그리고 산토끼가 도망가지 못하도록 너는 곳곳에 사람을 배치하여 잘 주시하게 한 다음 가까운 곳에서 산토끼를 덮쳤지. 너는 뒤에서 소리를 질러 산토끼를 혼비백산하게 만들어 사로잡았다. 앞에서는 네가 지시한 사람들이 덤불 속에 조용히 몸을 감추고 숨어 있었지.

(41) 내가 앞에서 말한 대로, 네가 그 책략들을 사람에게도 사용한다면 세상의 어떤 군대도 너를 당해 내지 못할 것이라고 생각한다. 물론 내가 착각할

수도 있다. 그러나 서로를 훤히 볼 수 있는 확 트인 평지에서 양쪽 군대가 대형을 짜서 벌이는 전쟁에서도 그 책략을 사용할 필요가 있다. 어쩌면 그렇게 하는 게 당연할지 모른다. 그때도 네가 오랫동안 배웠던 책략은 매우 유용하다. 내 말은, 네 군사들이 신체적으로 잘 훈련되어 있고, 용기가 넘치며, 전쟁 기술을 잘 연마했다면 그 책략이 유용하다는 뜻이다. (42) 너는 또한 이것을 잘 기억해라. 너에게 복종하기를 기대하는 사람들은 네가 그들을 생각해 주기를 바란다는 것이다. 따라서 절대로 무관심하지 마라. 밤에는 낮이 되면 군사들이 무엇을 해야 할지를 생각하고, 낮에는 밤에 어떻게 배치를 하면 최선일지를 생각해야 한다. (43) 그러나 어떤 전투 대형을 취해야 할지, 낮과 밤에는 군대를 어떻게 이끌며, 대형을 가늘게 세로로 이끌지 넓게 가로로 이끌지, 산과 평지에서는 어떻게 지휘하며, 어떻게 천막을 치며, 낮과 밤에는 어떻게 보초를 세우고, 어떻게 적을 향해 행진하고 후퇴하며, 너에게 적대적인 도시는 어떻게 통과하며, 요새를 어떻게 공격하고 후퇴하며, 협곡이나 강은 어떻게 건너며, 기병이나 창병, 궁수로부터 너 자신을 어떻게 보호하며, 만약 네가 세로로 줄을 지어 이동하는데 적이 갑자기 나타나면 어떻게 대형을 만들어 대적할지, 네가 밀집대형을 이루어 전진하는데 적이 다른 곳에서 나타나면 어떻게 대형을 만들어 맞설지 등 이 모든 것은 내가 다 가르쳐 줄 수 없다. 나는 네가 무엇이든 잘 알고 있다고 정평이 나 있는 사람이 있으면 그를 찾아가 정보를 얻는 데 소홀하지 않을 뿐 아니라 그로부터 가르침을 받았다고 들었다. 그 지식을 상황에 맞게 적용한다면 너에게 도움이 될 것이다."

(44) "아들아. 너는 나에게서 이 교훈을 배워라." 아버지가 말했다. "이것이 가장 중요한 것이다. 너는 예감이나 징조에 반하여 너나 너의 군대를 위험에 빠뜨리는 행동을 절대로 하지 마라. 그리고 사람은 추측에 근거하여 어떻게

할지를 선택하며, 그 선택이 성공을 가져올지 여부는 조금도 알지 못한다는 사실을 유념해라. (45) 너는 역사로부터 이 교훈을 유추할 수 있다. 세상에서 가장 지혜롭다고 하는 사람이 나라를 설득해 전쟁을 시작했건만 도리어 공격했던 그 나라에 의해 멸망당한 사례가 얼마나 많더냐. 위대하다고 칭송을 받던 개인과 국가가 바로 그렇게 떠받들던 사람들에 의해 얼마나 큰 고통을 당하더냐. 상대방을 친구로 대하고 그들과 호의를 주고받던 사람들이 어느 날 그들이 친구가 아닌 노예로 대하기를 좋아하기 때문에 그들로부터 버림을 받는 일이 많다. 또한 자신의 정당한 몫을 즐기며 사는 데 만족하지 못하고 모든 것의 주인이 되고자 하는 욕망 때문에 가지고 있던 것마저 잃어버리는 경우도 많다. 더 많이 얻고자 하는 갈망 때문에 파멸하는 사람이 얼마나 많더냐. (46) 이렇듯 인간의 지혜는 무엇이 최선의 선택인지 알지 못한다. 무엇이 나올지 모르면서 뽑는 제비와 다를 바 없지. 그러나 내 아들아. 영원한 신들은 모든 것을 안다. 무슨 일이 일어났고, 지금 무슨 일이 일어나고 있으며, 현재 또는 과거의 결과로 앞으로 무슨 일이 일어날지를 알지. 따라서 사람이 신들에게 문의한다면, 신들은 그들이 호의를 가지고 있는 사람에게 무엇을 해야 하고 무엇을 하지 말아야 할지를 알려 준다. 신들이 모든 사람에게 조언을 주지 않는다 할지라도 전혀 놀랄 일은 아니다. 왜냐하면 신들은 하고 싶지 않은데도 인간에게 관심을 가져야 할 의무가 없기 때문이다."

제2권

# 군대의 재탄생

# 제1장

(1) 대화를 나누는 사이 어느새 그들은 국경에 도착했다. 그때 독수리 한 마리가 오른쪽에서 나타나 그들 앞으로 지나갔다. 두 사람은 페르시아를 돌보는 신들과 영웅들에게 그들의 앞길에 복을 내려 달라고 함께 기도한 다음 국경을 넘었다. 그리고 국경을 넘은 뒤, 그들은 메디아를 지키는 수호신들에게 복을 달라고 다시 한 번 기도를 올렸다. 두 사람은 이 의식을 함께 치른 뒤 여느 때처럼 서로 포옹을 한 뒤 각자 길을 떠났다. 아버지는 페르시아로 돌아갔으며, 키루스는 외삼촌 키악사레스가 있는 메디아로 갔다.

(2) 키루스가 메디아에 도착하자 두 사람은 여느 때처럼 서로 포옹을 했다. 그리고 키악사레스는 키루스에게 얼마나 많은 군사를 데리고 왔는지 물었다.

"예전에 외삼촌께 용병으로 왔던 것과 같은 3만 명입니다." 그가 대답했다. "그리고 한 번도 페르시아를 떠난 적이 없는 동료 귀족들도 오고 있습니다."

"그 사람들은 얼마나 되느냐?" 키악사레스가 물었다.

(3) "들으시면 기뻐하실 만한 숫자는 아닙니다." 키루스가 말했다. "하지

만 적은 숫자로도 많은 수의 페르시아 군사들을 쉽게 통제할 수 있다는 것을 알아주셨으면 합니다." 그는 덧붙였다. "그런데 외삼촌께서는 저희가 정말로 필요하신 건가요? 아니면 적들은 실제로 오지 않고 단지 거짓 위협만 하는 건가요?"

"제우스신에 맹세코 그들은 지금 오고 있다. 그것도 엄청난 숫자로 말이다." 키악사레스가 말했다.

(4) "그것을 어떻게 확신하시죠?"

"왜냐하면 거기서 도망쳐 나온 사람들이 그렇게 말하고 있거든. 어떤 사람은 이렇게 말하고, 어떤 사람은 저렇게 말하지만, 그들이 쳐들어오고 있다는 말은 한결같다." 키악사레스가 말했다.

"그럼 우리는 그들과 정말로 싸워야 하는 건가요?"

"그래야만 할 것 같다." 그가 말했다.

"그렇다면 외삼촌께서 알고 계시는 것을 저에게 말씀해 주세요. 우리 쪽으로 오고 있는 적의 전력이 얼마나 되며, 아울러 우리 쪽 전력은 얼마나 되는지요. 양쪽에 대한 정보를 충분히 알아야 어떻게 하면 가장 잘 싸울 수 있을지 계획을 세울 수 있습니다." 키루스가 말했다.

"그렇다면 잘 들어라." (5) 키악사레스가 말했다. "리디아 왕 크로이소스가 1만 마리의 말과 궁수와 경장보병(輕裝步兵)을 합쳐 4만 명이 넘는 군사를 이끌고 오고 있다. 프리지아 왕 아르타카마스는 8천 마리의 말과 최소 4만 명의 창병과 경장보병을, 카파도키아 왕 아리바에우스는 6천 마리의 말과 최소 3만 명의 궁수와 경장보병을 이끌고 오고 있다. 아라비아 왕 아라그두스는 1만 명의 기병과 약 100대의 전차, 그리고 엄청난 숫자의 투석병을 데리고 오고 있다. 아시아에 사는 그리스인이 이들에게 가담했는지는 아직 확실치 않다.

그러나 가바에두스가 헬레스폰트에 있는 프리지아 파견대를 이끌고 카이스트루페디움에 도착했다고 하는데, 그 숫자가 말 6천 마리와 경장보병 1만 명이라고 한다. 카리아와 킬리키아, 파플라고니아는 원정에 참여하도록 제안을 받았지만 거절했다고 한다. 하지만 아시리아는 바빌론과 아시리아 전역에서 최소 2만 마리의 말을 동원한 것으로 보이며, 전차는 200대가 넘고 보병 역시 엄청날 것으로 확신한다. 그들은 우리나라를 침략할 때마다 그런 거대한 병력을 동원하곤 했다."

(6) "그렇다면 적은 말이 6만 마리, 경장보병과 궁수가 20만 명이 넘는 대군이라는 말이군요." 키루스가 말했다. "그렇다면 우리 편은 얼마나 됩니까?"

"메디아에서 1만 마리가 넘는 말과 6만 명 정도의 경장보병과 궁수, 그리고 이웃나라인 아르메니아에서 4천 마리의 말과 2만 명의 보병을 동원할 수 있다." 키악사레스가 말했다.

"결국 우리는 숫자에서 기병은 적의 사분의 일, 보병은 적의 반밖에 안 되는군요." 키루스가 말했다.

(7) "그렇다면 너도 말해 보렴." 키악사레스가 말했다. "너는 네가 데리고 온 페르시아 군사의 숫자가 적다고 생각하지 않니?"

"물론 그렇습니다." 키루스가 말했다. "하지만 군사가 더 필요할지 아닐지는 나중에 생각해 보겠습니다." 그는 계속 말했다. "이제 우리와 적이 각자 어떤 방법으로 싸울지 알려 주십시오."

"같은 방법으로 싸우겠지. 저쪽이나 우리나 모두 궁수와 창병을 가지고 있으니까." 키악사레스가 말했다.

"적들의 무기가 그렇다면 우리는 먼 거리에서 싸워야 해요." 키루스가 말했다.

(8) "그래야 할 거야." 키악사레스가 말했다.

"그럴 경우에는 숫자가 많은 쪽이 이길 것입니다. 왜냐하면 많은 쪽이 적은 쪽을 더 빨리 죽이거나 다치게 하거든요."

"그렇다면 키루스, 페르시아에 사람을 보내 만약 메디아에 무슨 일이 생기면 그 여파가 페르시아까지 미치니까 군사를 더 보내 달라고 요청하면 좋지 않을까?"

"페르시아인이 전부 온다고 해도 적보다 많지 않습니다." 키루스가 말했다.

(9) "그럼 무슨 좋은 방법이 있니?"

"제가 외삼촌이라면 저는 이곳에 온 페르시아 군사들이 앞으로 오게 될 동료 귀족이 쓰는 것과 같은 무기를 쓸 수 있도록 무기를 되도록 많이 만들 것입니다. 즉, 가슴을 보호하는 흉갑, 왼팔에 드는 방패, 오른손에는 미늘창이나 군도를 그들에게 줄 것입니다. 외삼촌께서 이 무기들을 우리에게 주신다면, 적과 근접전을 벌일 때 우리를 매우 안전하게 만들어 주고, 적에게는 굳건히 서서 싸우기보다 도망가는 것이 낫다는 것을 확인시켜 줄 것입니다. 우리가 그들을 치면 대형에서 이탈한 도망병은 외삼촌과 기병대 쪽으로 가게 될 것입니다. 그러면 외삼촌께서는 그들이 대형을 정비하거나 도망가지 못하도록 처리하시면 됩니다."

(10) 키루스는 이렇게 말했다. 키악사레스는 키루스가 핵심을 말한다고 생각했다. 그래서 더 이상 페르시아에 증원군을 요청하자는 말을 하지 않고, 키루스가 제안한 대로 무기를 만들기 시작했다. 그리고 페르시아로부터 동료 귀족들이 도착했을 때 무기는 거의 완성되었다.

(11) 키루스는 동료 귀족들을 모아 놓고 다음과 같이 말했다고 한다. "친구들이여, 여러분이 이렇게 무장을 하고 적과 백병전을 하려는 의지가 충만한

것을 보지만 여러분을 따르는 페르시아 병사들은 적과 되도록 멀리 떨어져 싸울 수밖에 없는 무장을 하고 있는 것을 보았을 때, 나는 여러분과 여러분을 보좌하는 병사들이 적기 때문에 많은 수의 적과 맞닥뜨렸을 때 여러분이 피해를 입지 않을까 걱정했습니다. 그런데 이제 여러분은 체력에서 나무랄 데 없는 사람들을 데리고 있습니다. 그들은 우리와 같은 무기를 가질 것입니다. 하지만 그들을 용감한 전사로 만드는 것은 우리의 일입니다. 왜냐하면 장교는 자신이 용감하다는 것을 보일 뿐 아니라 부하들이 용감해지도록 돌보는 것도 임무이기 때문입니다."

(12) 키루스가 이렇게 말하자 동료 귀족들은 모두 기뻐했다. 왜냐하면 자신들을 보좌할 병사들을 더 많이 데리고 전투에 나갈 것이기 때문이었다. (13) 그때 동료 귀족 중의 한 사람이 다음과 같이 말했다. "우리와 함께 싸울 병사들이 자신들의 무기를 갖게 되는 마당에 제가 키루스에게 우리를 위해 병사들에게 한 말씀 해 줄 것을 부탁한다면 어쩌면 이상하게 들릴 것입니다. 그러나 저는 용기를 내서 부탁하려고 합니다. 왜냐하면 사람이 좋은 일과 나쁜 일을 모두 할 수 있는 강력한 힘이 있을 때, 그의 말은 듣는 사람의 마음 가장 깊은 곳으로 내려가기 때문입니다. 그리고 그런 힘 있는 사람이 선물을 줄 때는 그와 같은 계급에 있는 사람에게는 그다지 가치 없는 것일지라도 받는 사람은 더욱 귀하게 생각합니다. 이제 우리 페르시아 병사들은 우리가 아니라 키루스에 의해 더 높여졌다는 사실을 매우 기쁘게 생각할 것입니다. 그리고 그들이 우리 동료 귀족과 자리를 함께 할 때 자신들의 명예를 보다 더 안전하게 여길 것입니다. 왜냐하면 그 명예는 우리가 아니라 장군이자 왕자인 키루스에 의해 주어졌기 때문입니다. 그러나 우리의 협동은 모자라지 않습니다. 오히려 우리는 모든 면에서 병사들의 마음을 강철같이 만들어야 합니다. 왜냐하면 그들

이 강해질수록 우리에게 더 큰 이득이 되기 때문입니다."

(14) 따라서 키루스는 무기를 가져와 볼 수 있도록 모두 펼쳐 놓았다. 그리고 모든 페르시아 병사들을 불러 놓고 다음과 같이 말했다. (15) "페르시아 동료 시민 여러분. 여러분은 우리와 같은 땅에서 태어나 자랐습니다. 여러분의 신체 조건은 우리보다 조금도 뒤지지 않습니다. 그리고 여러분은 용기에서 우리보다 조금도 뒤떨어지지 않습니다. 그럼에도 불구하고 여러분은 우리나라에서 우리와 같은 특권을 누리지 못했습니다. 왜냐하면 여러분은 스스로의 생계를 책임져야 했기 때문입니다. 그러나 신들의 도움으로 나는 여러분이 생활에 필요한 물품을 받도록 할 것이며, 여러분이 원한다면 우리와 같은 무기를 받으며 우리가 겪는 것과 같은 위험을 겪도록 할 것입니다. 그리고 우리의 원정에 어떤 정당한 성공이 주어지면 우리와 같은 몫을 받게 할 것입니다.*

(16) 여러분은 예전에 활을 쏘고 창을 던지는 훈련을 받았습니다. 그것은 우리도 마찬가지입니다. 만약 여러분이 활과 창을 다루는 기술이 우리와 같지 않다 해도 그것은 전혀 놀랄 일이 아닙니다. 왜냐하면 여러분은 우리처럼 그 기술을 훈련할 만한 여유가 없었기 때문입니다. 그러나 여러분이 앞에 놓인 무기를 가진다면 우리는 여러분에 대해 어떤 우위도 갖지 못합니다. 어떤 경우든 모든 페르시아 병사는 우리가 항상 갖고 다니듯이 가슴에는 흉갑을

---

* "경영학을 만든 사람"이라고 불리는 피터 드러커가 《키로파에디아》를 격찬했던 이유 중 하나로 키루스가 실시한 성인교육 때문이 아닐까 하고 추측해 본다. 페르시아에서는 누구나 교육을 받을 수 있는 형식적 평등이 보장되었으나, 실제로는 돈이 있는 사람만 학교에 보낼 수 있는 실질적 불평등이 존재했다. 그러나 키루스의 군대는 교육을 받을 기회가 없었던 성인에게 교육의 기회를 제공하고, 공적에 따른 보상으로 부자가 될 수 있는 기회까지 제공하여 실질적 불평등을 해소하는 길을 열어 주었다. 이것이 키루스의 군대를 강한 군대로 만든 원동력이었다. 피터 드러커는 직무 교육을 통해 성과를 내는 직원이 되게 하는 경영자의 역할을 강조했다. - 역주

차고, 왼팔에는 방패를, 오른손에는 군도나 언월도를 들 것입니다. 우리는 우리를 적대하는 자들을 가까운 거리에서 거침없이 때려야 하며, 가까운 곳에서 때리기 때문에 목표를 맞추지 못할까 염려할 필요가 없습니다. (17) 이렇게 무장을 하고도 우리 사이에 서로 차이가 있다면, 그것은 용기가 없다는 것을 말하는 것이 아니고 무엇이겠습니까? 여러분은 우리처럼 용기를 품는 것이 정당합니다. 그리고 우리보다 승리를 더 갈망하는 것이 정당합니다. 승리는 모든 아름답고 귀한 것을 쟁취하고 보존하기 때문입니다. 여러분은 우리보다 더 큰 힘을 가지는 것이 적절합니다. 약한 자의 모든 소유를 강한 자에게 선물로 주기 때문입니다."

(18) 키루스는 다음과 같이 말을 맺었다. "여러분은 이 모든 것을 들었습니다. 이제 여러분 앞에 무기가 있습니다. 누구든 원하는 대로 가져가서 자신의 이름과 자신이 속한 중대의 중대장 이름을 새겨 넣으십시오. 그러나 용병의 지위에 만족하는 사람이 있으면 그대로 남을 수 있습니다."

(19) 키루스의 말을 들은 페르시아 병사들은 생각했다. 만약 고생을 같이 하고 보상도 같이 나누자는 키루스의 제안을 받아들이지 않는다면 평생 궁핍하게 살 것이다. 그래서 그들은 모두 무기를 집어 거기에 이름을 새겨 넣었다.

(20) 적이 오고 있지만 아직 도착하지 않았을 때, 키루스는 병사들이 강인한 체력을 갖추고, 전술을 습득하며, 전쟁에 필요한 용기를 가질 수 있도록 노력했다.

(21) 키루스는 우선 키악사레스로부터 보급 장교를 지원받아 그에게 병사들이 필요한 것은 무엇이든 원하는 대로 받을 수 있게 하라고 지시했다. 보급 장교가 그렇게 공급하자, 키루스는 병사들이 오직 전쟁 기술의 훈련에만 몰

두할 수 있도록 조치했다. 왜냐하면 그는 많은 것에 신경을 쓰지 않고 오직 한 가지에만 집중할 때 어떤 분야에서든지 최고가 되는 것을 목격했기 때문이다. 그래서 검과 방패, 흉갑을 쓰는 훈련만 시키고 화살이나 창을 쓰는 훈련은 시키지 않았다. 키루스는 병사들에게 그들은 적과 백병전을 해야 하며, 그렇지 않으면 연합군으로서 아무 쓸모가 없다는 확신을 심어 주었다. 그렇지만 그 확신은 자신을 보호해 주는 사람을 위해 싸우는 것이 곧 자신이 보호받는 길이라는 것을 아는 사람에게는 가혹한 것이었다.

(22) 여기에 덧붙여 키루스는, 사람은 서로 경쟁할 때 보다 열심히 훈련한다는 사실을 목격했다. 그래서 그는 중요한 훈련은 무엇이든 경쟁을 붙였다. 그는 다음과 같이 제안했다. 사병은 장교에게 복종하고 고난을 묵묵히 견디며, 위험을 감수하지만 훈련을 잘 받으며, 군인에게 요구되는 임무에 충실하며, 장비를 항상 말끔하게 유지하며, 모든 일에서 명예를 열망해야 한다. 하사는 좋은 사병처럼 본인도 그런 훌륭한 군인이 될 뿐 아니라 다섯 명으로 구성된 분대의 모범이 되어야 한다. 상사는 10명으로 이루어진 분대의 모범이 되고, 중위는 소대의 모범이 되어야 한다. 대위도 여기에서 예외가 될 수 없다. 그리고 대위는 자신의 지휘 하에 있는 장교들이 그들에게 주어진 업무를 완수하도록 명령을 내리는지 유심히 지켜보아야 한다.\*

---

\* 키루스는 군대를 다음과 같이 편성하였다. - 原註

| 단위 | 편성 | 장교 | 숫자 |
|---|---|---|---|
| 하사 분대(squad) | 5명의 사병 | 하사(corporal) | 5 |
| 상사 분대(squad) | 2개의 하사 분대 | 상사(sergeant) | 10 |
| 소대(platoon) | 5개의 상사 분대 | 중위(lieutenant) | 50 |
| 중대(company) | 2개의 소대 | 대위(captain) | 100 |
| 연대(regiment) | 10개의 중대 | 중령(colonel) | 1,000 |
| 여단(brigade) | 10개의 연대 | 장군(general) | 10,000 |

(23) 키루스는 또한 다음과 같은 보상을 제안했다. 자신의 중대를 최선의 상태로 유지하는 중대장은 연대장이 될 것이다. 자신의 소대를 최선의 상태로 유지하는 소대장은 중대장으로 진급할 것이다. 가장 우수한 상사는 소대장으로 진급하고, 가장 우수한 하사는 상사로 진급하며, 마지막으로 가장 우수한 사병은 하사로 진급할 것이다. 게다가 이렇게 진급한 모든 장교는 부하들에게 존경을 요구할 권리를 가질 뿐 아니라 자리에 합당한 대우도 받게 될 것이다. 그리고 높은 전공을 세운 사람은 큰 희망을 품을 자격을 갖게 될 것이다. (24) 이 외에 키루스는 만약 병사들이 장교에게 절대 복종하고 앞에서 언급한 임무를 수행하는 데 열성이라면 중대 전체, 소대 전체, 10명의 분대 전체, 5명의 분대 전체에 상을 주는 것도 제안했다. 부대에 상을 주는 것은 단체 차원의 보상으로 적절했다.

그렇게 경쟁을 지시하자 군대는 보상에 맞춰 훈련을 하기 시작했다.

(25) 그리고 키루스는 중대장 숫자만큼의 천막을 만들도록 지시했다. 천막의 크기는 중대가 모두 들어갈 만큼 커야 했다. 중대는 100명의 병사로 구성되었기에 한 천막에는 100명이 살았다. 키루스는 중대가 한 천막에서 살게 되면 다가오는 전쟁에서 다음과 같은 이점이 있을 거라고 생각했다. 병사들은 서로 똑같이 대우받는 것을 눈으로 보기 때문에 자신이 부당한 차별을 받는다는 핑계를 댈 수 없게 된다. 차별받고 있다는 생각은 적과 마주쳤을 때 굳이 용기를 내서 싸우지 않아도 된다는 마음을 먹게 되는 계기가 된다. 또한 병사들이 한 천막에서 같이 생활하게 되면 서로를 보다 잘 알게 된다고 생각했다. 서로를 잘 알게 되면 상대방을 배려하는 마음이 생겨날 가능성이 높은데, 그렇지 않으면 서로에게 무관심해진다고 생각했다.

(26) 또한 함께 생활하면 자신의 위치에 대해 완벽하게 알 수 있을 거라고

생각했다. 중대장은 중대가 한 줄로 행진할 때 완벽하게 명령을 내릴 수 있게 되고, 소대장은 소대를, 상사와 하사는 같은 식으로 분대를 지휘하게 된다. (27) 게다가 대형에서 자신의 위치를 완벽하게 아는 것은 부대가 혼란에 빠지는 것을 막아 주고, 만약 혼란에 빠졌다 하더라도 신속하게 질서를 되찾는 데 큰 도움이 된다고 생각했다. 마치 돌과 목재가 아무리 흐트러졌다 할지라도 어디에 들어가야 할지 표시가 되어 있다면 금방 결합할 수 있는 것처럼 말이다. (28) 마지막으로 그는 함께 식사를 하면 동지애가 높아져 서로를 버릴 가능성이 줄어들 거라고 생각했다. 왜냐하면 동물일지라도 서로 같이 먹으면서 길러졌다면 누군가가 그들을 떼어 놓으려고 할 때 서로를 애타게 찾는 것을 목격했기 때문이다.

(29) 키루스는 또한 군사들이 땀을 흘리지 않고는 절대로 점심이나 저녁을 먹지 못하게 했다. 그는 군사들을 데리고 사냥을 가서 땀을 흘리게 하거나 땀을 흘릴 수 있는 운동거리를 고안했다. 만약 그에게 어떤 일이 생기거나 참석해야 할 모임이 생겨 군사들을 직접 훈련시키지 못할 때는 군사들이 땀을 흘리지 않고서는 천막 안으로 들어오지 못하게 했다. 그는 이것이야말로 그들이 맛있게 식사를 하고 건강에 도움이 되며 역경을 견디는 데 도움이 된다고 생각했다. 그는 역경이 서로를 이성적으로 대하도록 만든다고 생각했다. 말이 함께 일할 때는 보다 조용해지듯이 말이다. 자신이 잘 훈련을 받았다고 생각하는 사람은 적 앞에서 보다 용감해진다.

(30) 키루스는 저녁 식사에 그가 초대한 사람을 모두 수용할 만큼 큰 천막을 하나 준비했다. 그는 보통 적정하다고 생각되는 숫자의 중대장들을 초대했다. 때로는 소대장과 상사, 하사들도 초대했고 경우에 따라서는 사병들도 초대했다. 5명의 분대와 10명의 분대, 소대, 중대를 한꺼번에 초대하기도 했

다. 또한 모든 병사가 하기를 바라는 일을 실천한 개별 병사들을 초대해 명예의 표시로 사용하기도 했다. 키루스가 저녁 식사에 초대한 병사들에게 내놓은 음식은 키루스가 먹는 것과 같았다.

(31) 키루스는 보급 장교도 모든 것을 똑같이 받도록 했다. 그는 군대의 창고를 채우는 사람도 전령이나 대사와 같은 대우를 해 주어야 한다고 생각했다. 그것은 합리적인 조치였다. 왜냐하면 보급 장교는 신뢰할 만해야 하며, 군대 업무에 익숙해야 하고, 똑똑할 뿐 아니라 열정이 넘쳐야 하고, 신속하고 단호하며, 한결같이 성실해야 한다고 생각했기 때문이다. 나아가 보급 장교는 가장 능률적이라고 여겨지는 사람의 자질을 갖추고 있어야 하며, 장군이 무엇을 요구하든 간에 그것을 완수하는 것이 자신의 임무라고 생각하는 훈련을 해야 한다고 생각했다.

# 제2장

(1) 키루스는 저녁 식사를 함께 할 때마다 항상 유쾌하고 선한 일을 격려하는 이야기를 꺼내도록 신경을 썼다. 한번은 다음과 같은 이야기로 시작했다.

"여러분. 여러분은 우리의 새로운 병사들이 우리가 받았던 것과 같은 교육을 받지 못했기에 우리보다 못하다고 생각합니까, 아니면 사교성에서나 적과 대면했을 때 우리와 차이가 없을 거라고 생각합니까? 여러분의 생각을 말해 보십시오."

(2) 히스타스파스가 대답했다. "글쎄요. 저는 그들이 적과 마주쳤을 때 어떻게 행동할지 아직 말하기 힘들다고 봅니다. 하지만 사교성에서 신들에게 맹세코 그들 중 일부는 아주 태도가 좋지 못합니다." 그는 그 이유를 설명했다. "며칠 전에 키악사레스가 각 중대에 한 사람 당 서너 조각 분량의 고기를 보내왔습니다. 처음에는 요리사가 저부터 고기를 돌렸습니다. 그런데 두 번째에도 저부터 고기를 돌리려고 하자 저는 반대 방향으로 돌리라고 요리사에게 지시했습니다. (3) 그때 원의 가운데에 있던 한 병사가 큰 소리로 말하더군요. '가운데부터 시작하지 않으면 제우스신에 맹세코 이건 정말 불공평합니다.' 그

소리를 들었을 때, 저는 누군가 덜 가진다고 생각하고 있다는 사실에 화가 나서 즉시 그 병사를 불러 제 옆에 앉혔습니다. 그는 제 말에 복종했고, 최소한 그것에는 훈련이 잘 되어 있는 것처럼 보였습니다. 하지만 고기가 돌아 우리에게 도착했을 때 가장 적은 분량만 남았습니다. 예상하셨듯이 우리가 가장 나중에 받았거든요. 그때 그 병사는 화가 나서 혼자 이렇게 말하더군요. '이전이 아니라 방금 전에서야 이곳으로 호출을 받다니 나도 참 운이 없다.' (4) 그래서 저는 말했습니다. '걱정 마라. 이번에는 너부터 고기를 돌릴 것이기 때문에 가장 큰 고기를 받을 것이다.' 그리고 요리사가 마지막 세 번째로 고기를 돌리기 시작했을 때, 그는 자신이 갖고 있던 고기가 너무 적다고 생각해 더 가질 요량으로 갖고 있던 고기를 뒤로 놓아두었습니다. 그 순간 요리사는 그 병사가 고기를 더 이상 먹을 생각이 없는 것으로 생각해 그가 집기 전에 지나가 버렸습니다. (5) 그 병사는 고기도 못 받았을뿐만 아니라 소스마저 없으니 정말 운이 없다고 생각했습니다. 그는 이 일로 화가 났고, 그가 당한 불행을 보고 다른 사람도 황당해했습니다. 저와 가장 가까운 곳에 있던 한 소대장은 이것을 보고 웃음을 터뜨리며 즐거운 나머지 박수까지 쳤습니다. 저도 나오는 웃음을 참을 수 없었지만 기침이 나오는 척을 했습니다. 키루스여. 이것이 제가 우리 병사 중 한 명이라고 내세우는 사람의 부류입니다."

예상할 수 있듯이 그 자리에 있던 동료 귀족들은 그 말을 듣고 모두 웃었다. (6) 그러자 다른 중대장이 말했다. "키루스여. 저 친구는 분명 아주 태도가 나쁜 병사를 만난 것 같습니다. 하지만 저는 당신께서 우리에게 어떻게 대형을 갖출지를 가르치시고, 우리에게 각자의 중대로 가서 배운 것을 가르치라고 명령하셨을 때, 저는 한 소대에 가서 그것을 훈련시켰습니다. 다른 중대장도 마찬가지였습니다. 저는 소대장에게 위치를 지정해 주고 그 뒤에 젊은 신병 한 명을 세웠습니다. 나머지 병사들도 제가 생각하기에 적합한 곳에 세웠습니다. 그리고 나서 저는 눈에 띄는 곳에 자리를 잡고 소대를 마주보았습니다. 그리고 적당한 때가 되자 소대에게 앞으로 가라고 명령했습니다. (7) 그러자 젊은 신병이 앞으로 나가더니 소대장 앞에서 전진했습니다. 그것을 보자 저는 말했죠. '제군, 지금 무엇을 하고 있나?' 그가 말했습니다. '중대장님께서 명령하신 대로 전진하고 있습니다.' 그러자 제가 말했습니다. '나는 제군 혼자가 아니라 소대 전체에게 전진하라고 명령했다.' 그는 제 말을 듣고는 뒤로 돌아서 동료 병사들에게 말했습니다. '중대장님께서 꾸짖는 말씀을 듣지 못했니? 중대장님께서는 우리 모두에게 전진하라고 명령하셨다.' 그러자 모든 병사가 소대장을 지나쳐 저에게 달려왔습니다. (8) 그때 소대장이 그들에게 모두 제자리로 돌아가라고 명령하자 그들은 화가 나서 서로 말했습니다. '젠장, 도대체 누구 말을 들어야 하는 거야? 한 사람은 우리 보고 전진하라고 하고, 한 사람은 뒤로 가라고 하니 말이야.' 저는 이 일을 온화하게 처리했습니다. 저는 그들에게 다시 제자리로 돌아가라고 명령한 뒤, 누구든 뒤에 있는 사람은 앞에 있는 사람이 떠나기 전까지 움직여서는 안 되며, 오직 앞줄에 있는 사람을 따라가는 것에 집중하라고 가르쳤습니다. (9) 그러나 그때 페르시아로 떠나는 어떤 사람이 와서 저에게 부칠 편지를 달라고 했을 때, 저는 소대장에게 그 편지를 가져오라고 시켰습니다. 왜냐하면 소대장은 그 편지가 어디에 있는지 알기 때문이었습니다. 소대장이 달려가자 젊은 신병도 흉갑과 검을 한 복장으로 소대장의 뒤를 따라 달렸고, 이어서 나머지 50명의 소대도 그 신병을 뒤따랐습니다. 그리고 그들은 편지를 들고 돌아왔습니다. 이것이 키루스의 명령을 완벽하게 수행하는 저희 중대의 모습입니다."

(10) 그들은 군대가 편지를 호송하는 이야기를 듣고 웃음을 터뜨렸다. 그

러자 키루스가 말했다. "오, 제우스신과 모든 신들이여!* 우리가 어떤 사람들을 우리의 군사로 얻었던가요. 그들은 친절에 쉽게 감명을 받기 때문에, 우리는 아주 적은 고기를 가지고도 그들을 우리의 견실한 친구로 만들 수 있습니다. 그들은 명령이 내려지기 전에도 복종할 정도로 복종적입니다. 저로서는 이보다 더 훌륭한 병사를 구할 수 있을지 모르겠습니다."

(11) 이렇게 키루스는 그의 병사들을 칭찬하며 웃었다. 그러나 아글라이타다스라는 이름의 중대장이 그 자리에 함께 있었는데, 그는 근엄한 성품의 소유자였다. 그는 다음과 같이 말했다. "키루스여. 당신께서는 이 사람들이 진실을 말하고 있다고 생각하는 것은 아니시죠?"

"글쎄, 그들이 거짓말을 해야 할 무슨 목적이 있겠는가?" 키루스가 대답했다.

"우리를 웃기려고 하는 것 외에 무슨 목적이 있겠습니까? 그들은 이 이야기를 함으로써 허풍을 떨려고 하는 것이겠지요." 다른 동료 귀족이 말했다.

(12) "조용히 하게나!" 키루스가 말했다. "이 사람들을 '허풍선이'라고 부르지 말게. 허풍선이라는 말은 본래보다 더 부유하거나 더 용감하게 보이려고 가장하는 사람에게 붙이는 것이라네. 마찬가지로 오직 무슨 이익을 얻거나 어떤 것을 얻기 위해 할 수 없는데도 불구하고 하겠다고 약속하는 사람에게 적용되는 말이지. 하지만 동료를 즐겁게 하기 위해 이야기를 지어내면서 그것

---

* 페르시아의 종교는 조로아스터교였다. 조로아스터교는 아케메네스 왕조 때부터 집중적으로 장려되었다. 실제로 페르세폴리스와 다리우스 대왕의 비시툰 비문에는 조로아스터교의 신 아후라 마즈다의 부조(浮彫)를 볼 수 있다. 키루스 대왕이 조로아스터교를 믿었는지는 확인되지 않고 있다. 설령 그가 믿었다고 할지라도, 그는 다른 종교에 관대했다. 포로로 끌려온 유대인을 풀어 주어 팔레스타인으로 돌려보낸 것도 그런 이유에서였다. 키루스 대왕은 여러 신을 믿었다고 보는 것이 합당하다. 저자 크세노폰은 이런 키루스 대왕의 신관(神觀)을 그리스 신에 갖다 붙여 제우스신이라고 말하고 있는 것이다. - 역주

이 무슨 이익을 얻거나 듣는 사람을 희생시키거나 다른 사람에게 피해를 주는 것이 아니라면, 이 사람들은 허풍선이가 아닌 재치가 있거나 남을 즐겁게 한다고 불러야 하지 않겠는가?"

(13) 이렇게 키루스는 웃음을 선사한 동료를 옹호했다. 그러자 자신의 소대 이야기를 꺼낸 중대장이 말했다. "아글라이타다스. 우리가 만약 감동적인 사건을 지어내는 시인이나 소설가처럼 그대를 울리려고 했다면 우리는 심하게 비난을 받아도 싸네. 하지만 그대는 우리가 그대를 즐겁게 하려고 했을 뿐 어떤 피해도 끼치려고 하지 않았다는 것을 알면서도 여전히 우리를 비난하고 있네."

(14) 아글라이타다스가 말했다. "아, 제우스신에 맹세코 정확히 그렇다네. 나는 친구를 울게 하는 것보다 웃게 하는 것이 더 도움이 되지 않는다고 생각하네. 그대가 사실을 똑바로 바라본다면 내가 진실을 말하는 것을 발견하게 될 걸세. 아버지는 아들을 울게 하여 아이가 자기 통제력을 기르도록 하고, 교사는 같은 방식으로 학생들에게 좋은 교훈을 심어 주며, 법 또한 시민들을 울게 하여 정의를 실천하도록 가르치지. 그러나 웃게 하는 사람이 우리의 몸에 좋은 영향을 끼치거나, 우리가 사적인 일이나 국가의 일을 경영하는 데에 우리의 마음을 보다 적합하게 만든다고 할 수 있겠나?"

(15) 그 말에 히스타스파스가 다음과 같이 답했다. "아글라이타다스. 만약 그대가 나를 배려한다면 그대는 이 매우 귀한 '상품'을 적에게 아낌없이 주어서 그들을 울게 만들 수 있지만, 여기 있는 우리와 그대 친구들에게는 웃음이라는 값싼 상품을 아낌없이 주어 기쁘게 해 주게나. 그리고 나는 그대가 웃음을 엄청나게 쌓아 놓았기 때문에 그럴 수 있을 것이라고 생각하네. 왜냐하면 그대는 자신을 위해 웃음을 쓰지 않았을 뿐 아니라 설령 할 수 있을지라도 그

대의 친구들이나 적에게도 쓰지 않았지. 따라서 우리에게 웃음을 주기 싫을 지라도 전혀 미안해할 필요가 없다네."

"뭐라고! 히스타스파스. 그대는 정말로 나를 웃게 만들 수 있다고 생각하나?" 아글라이타다스가 말했다.

다른 중대장이 말했다. "글쎄, 내가 한마디 하겠네. 만약 히스타스파스가 그대를 웃기려고 한다면 제우스신에 맹세코 그는 매우 어리석은 친구일세. 왜냐하면 나는 그대를 웃게 만드는 것보다 그대에게 깊은 감명을 주는 것이 더 쉬운 일이라고 믿기 때문이네."

(16) 동료들은 아글라이타다스의 성격을 알았기 때문에 이 말을 듣고 웃었다. 그리고 아글라이타다스도 이 농담을 듣고 미소를 지었다. 키루스는 그가 기분이 좋아진 것을 보고 말했다. "중대장. 만약 그대가 아글라이타다스를 웃도록 설득함으로써 우리의 가장 진지한 동료의 품성을 더럽힌다면 옳지 않은 일일세. 그건 그가 웃음을 적대시할 때도 마찬가지라네."

(17) 그것으로 그 주제는 일단락되었다. 그러자 이번에는 크리산타스가 다음과 같이 말했다. (18) "키루스여, 그리고 여기에 있는 동료들이여. 나는 우리와 같이 온 어떤 병사는 우리보다 우월하지만 어떤 이는 우리보다 못하는 것을 보았습니다. 이제 우리가 성공을 거둔다면 그들은 모두 똑같은 보상을 기대할 것입니다. 그러나 나는 이 세상의 무엇이든 간에 좋은 사람과 나쁜 사람이 균등한 몫을 받는 것보다 불공평한 것은 없다고 믿습니다."

"그렇다면 신들의 이름으로 친구들이여." 키루스가 이에 답했다. "이 문제를 토론에 부치는 것이 좋지 않을까요. 신이 우리의 고생에 대한 보상으로 우리에게 성공을 주신다면 그 성공을 모두에게 균등하게 나누어 주어야 할지, 아니면 각 병사의 노력을 고려하여 그에 합당한 만큼 더 주어야 할까요?"

(19) "이 문제를 토론에 부치는 것이 무슨 소용이 있습니까?" 크리산타스가 말했다. "왜 당신께서는 이렇게 하겠다 저렇게 하겠다고 그냥 포고하지 않으십니까? 사냥 대회를 할 때는 그렇게 상을 주겠다고 포고하지 않으셨나요?"

"제우스신에 맹세코 그랬다네." 키루스가 말했다. "하지만 이것은 같은 종류의 문제가 아니라네. 왜냐하면 전투에서 무언가를 쟁취한 병사들은 그 물건을 공동의 재산으로 여길 걸세. 그러나 그들은 군대의 명령권이 여전히 나에게 있다고 알고 있네. 따라서 내가 심판관을 임명한다고 해도 그들은 여전히 내 의도대로 판결될 것으로 생각할 걸세."

(20) "그렇다면 당신께서는 병사들이 전체 회의에서 모두가 균등한 보상을 받지 않고 최고의 병사가 명예와 선물을 차지하는 것이 좋다는 결의안을 받아들일 것이라고 생각하십니까?" 크리산타스가 말했다.

"그렇다네." 키루스가 말했다. "우리가 그 결의안을 추천하기 때문에, 그리고 가장 많이 고생을 하고 국가를 위해 가장 많이 헌신한 사람이 가장 높은 보상을 받아야 한다는 제안을 반대하는 것은 비열하기 때문에 받아들일 거라고 생각하네. 그리고 가장 사악한 자일지라도 선한 자에게 보다 많은 몫이 돌아가야 올바르다고 생각한다네."

(21) 이제 키루스는 동료 귀족을 위해서라도 그들이 이 결의안을 통과시켜 주기를 바랐다. 왜냐하면 공적으로 평가를 받고 그에 따라서 보상을 받는다면 그들에게 더 유리하다고 판단했기 때문이다. 그리고 키루스는 동료 귀족 또한 균등을 요구하는 평민 병사들의 요구에 이의를 품고 있으므로 지금 이 문제를 투표에 부치는 것이 적당하다고 생각했다. 따라서 중대장들은 모두 이 문제를 토론에 부치기로 동의했고 누구든 자신을 남자라고 생각하는 사람은 그것에 찬성해야 한다고 말했다.

(22) 그러나 중대장 한 사람이 웃으면서 말했다. "글쎄, 나는 귀족이든 평민이든 차별 없이 공적에 따라 나누자는 제안에 찬성하지 않을 한 평민 병사를 알고 있지."

그러자 다른 중대장이 그게 누구냐고 물었다. 그가 대답했다. "제우스신에 맹세코 그는 내 천막에 있는 병사일세. 그는 모든 일에서 가장 큰 몫을 얻기 위해 최선을 다하지."

"뭐라고! 힘든 일도 가장 큰 몫을 얻으려고 최선을 다한다고?" 다른 동료가 물었다.

"제우스신에 맹세코 아니라네." 그가 말했다. "전혀 아니야. 여기서 내 거짓말이 들통났군. 사실 그는 힘든 일에서는 누구보다 적은 몫을 얻으려고 하지."

(23) 키루스가 말했다. "친구들. 우리가 군대를 부지런하고 복종적으로 유지하려고 한다면 우리 동료가 말한 것과 같은 부류의 병사는 반드시 그 지위에서 제거되어야 합니다. 왜냐하면 나는 대다수의 병사들은 이끄는 곳으로 따라가는 사람들이라고 보기 때문입니다. 그리고 선하고 고귀한 사람은 선하고 고귀한 곳으로 인도하려고 노력하고, 나쁜 사람은 나쁜 곳으로 인도하려고 합니다. (24) 그리고 비열한 사람은 종종 고귀한 사람보다 더 많은 추종자를 얻습니다. 왜냐하면 악은 순간의 쾌락을 통해 사람들에게 호소하고, 많은 사람을 악의 시각을 갖게 만드는 보조 수단을 갖고 있지만, 덕은 사람을 단번에 유혹하는 재주가 전혀 없기 때문입니다. 마치 사람을 언덕으로 이끌고 오르는 것과 같습니다. 그것은 사람을 쉬운 내리막길로 부를 때와 비교해 보면 특히 사실이라는 것을 알 수 있습니다.

(25) 마찬가지로 어떤 사람이 게으름뱅이처럼 나태하다면 그를 데리고 있는 것만으로도 동료에게 피해를 준다고 믿습니다. 그러나 어떤 사람이 고통

을 가장 적게 감내하면서 어떤 이득이든 부끄러운 줄 모르고 탐낸다면 그 사람 또한 다른 사람을 악으로 인도할 것입니다. 왜냐하면 그는 사람들에게 악은 어떤 이득이든 얻을 수 있다는 것을 자주 보여 줄 테니까요. 따라서 우리는 그런 자들을 어떤 희생을 치르더라도 반드시 제거해야 합니다.

(26) 그렇다고 그 빈자리를 우리나라 사람으로만 채우려고 해서는 안 됩니다. 그것은 마치 여러분이 팀을 만들 때 고향에서 자란 말이 아니라 가장 잘 달리는 말을 찾으려고 하는 것처럼, 사람의 경우도 여러 곳에서 뽑아야 합니다. 누구든 여러분의 명예와 강점에 가장 잘 기여할 것으로 여겨지는 사람을 뽑아야 합니다. 나는 내 제안의 가치를 다음 사례를 통해 증명할 수 있습니다. 내가 확신하기에 느린 말이 끄는 전차는 결코 빨리 달릴 수 없습니다. 또한 적합하지 않는 말이 끄는 전차는 전투에서 쓸모가 없습니다. 마찬가지로 사악한 하인을 고용한다면 그 집은 잘 관리될 수 없으며, 무능한 하인이 관리하여 계속해서 혼란만 일으킨다면 그 집은 하인이 아예 없는 것보다 못합니다."

(27) "친구들이여. 이것 또한 기억하십시오." 키루스는 덧붙였다. "사악한 자들을 제거하면 그들이 사라지는 이익을 얻을 뿐 아니라, 남아 있는 자들 중에서 이미 악에 감염된 자들이 악으로부터 깨끗해지는 이익 또한 얻습니다. 동시에 악한 자들이 치욕을 당하는 것을 보면서 선한 자들이 더욱 덕을 지키려고 다짐하는 계기가 되기도 합니다."

(28) 그가 이렇게 결론을 내리자, 그의 모든 친구들은 키루스의 말이 사실이라고 동의했고, 그 원칙에 따라 행동하기 시작했다.

그런 뒤에 키루스는 다시 그들에게 익살을 부리기 시작했다. 왜냐하면 그는 한 소대장이 아주 털이 많고 못생긴 사람을 손님으로 데려와 식탁에 같이 있는 것을 목격했기 때문이다. 키루스는 소대장의 이름을 부르면서 이렇게 말했다. "삼바울라스. 그대 역시 그리스식을 택했구먼. 그대는 옆에 있는 젊은이가 아주 잘생겼기 때문에 그를 데리고 어디든 다니는 것인가?"

"제우스신에 맹세코 그렇습니다." 삼바울라스가 말했다. "저는 어디를 가든지 그와 함께 가며 그의 외모를 좋아합니다."

(29) 식탁에 있는 사람들이 이 말을 듣고 모두 그 남자를 쳐다보았다. 그들은 그의 얼굴이 엄청나게 못생긴 것을 보고는 웃음을 터뜨렸다. 그들 중 한 사람이 말했다. "신들의 이름에 맹세코 삼바울라스, 도대체 이 친구를 데리고 있는 것이 자네에게 무슨 이익이 있나?"

(30) "제우스신에 맹세코 친구들이여, 여러분에게 말하리라." 그가 대답했다. "낮이든 밤이든 내가 그를 부를 때면 그는 결코 '시간이 없습니다.'라고 변명하거나 내 부름에 늦게 대답하지 않고 항상 달려온다네. 그리고 내가 무엇을 시키든 간에 그가 땀을 흘리지 않고 하지 않는 것을 본 적이 없다네. 게다가 그는 분대원들에게 교훈이 아닌 어떤 사람이 되어야 하는지 직접 보여줌으로써 10명의 분대를 자신과 같이 만들었다네."

(31) 그의 말을 듣던 사람 중 한 사람이 말했다. "그가 그렇게 훌륭한 부하라 할지라도 그대는 친척에게 하는 것처럼 그에게 키스하지는 않지 않는가?"

그러자 그 못생긴 사람이 이렇게 대답했다. "제우스신에 맹세코 아닙니다. 그는 힘든 일을 좋아하지 않습니다. 만약 그가 저에게 키스하려고 한다면 그것은 그가 하는 모든 훈련보다 더 힘든 노력이 될 것입니다."

# 제3장

(1) 이렇게 저녁 식사 자리는 엄숙하면서도 즐거웠다. 그리고 마지막으로 세 번째 술을 올리고 신들에게 복을 내려 달라고 기도한 뒤 식사가 끝이 났다.* 그들은 모두 돌아가 잠을 잤다. 다음 날 아침에 키루스는 모든 병사를 불러 놓고 다음과 같이 연설했다.

(2) "친구들이여. 전투가 가까이 있고 적은 우리를 향해 오고 있습니다. 우리는 승리할 것으로 생각해야 하며 그것을 위해 노력해야만 합니다. 그리고 승리한다면 그 상은 명백합니다. 적과 적의 모든 소유는 우리 것이 될 것입니다. 그러나 반대로 우리가 패배한다면 이 경우에도 역시 패자의 모든 소유는 변함없이 승자의 것이 될 것입니다. (3) 따라서 전우로 맺어진 사람은 각자 최선을 다하지 않으면 아무것도 바라는 바가 실현되지 않으며, 해야 할 일을 소홀히 하지 않을 때 훌륭한 성과가 신속하게 나온다는 것을 명심해야 합니다.

---

* 크세노폰은 여기서 그리스의 풍습을 소개하고 있다. 페르시아인은 신에게 술을 올리지 않았다. 그리스인은 저녁 식사가 끝날 때 술을 세 번 올렸다. 첫 번째는 신들에게, 두 번째는 영웅들에게, 세 번째는 제우스나 헤르메스에게 올렸다. - 原註

하지만 누군가 대신 그 일을 하고 싸울 것이라고 생각하는 사람이 있다면 그는 비록 약골이라 할지라도 모든 괴로운 일이 홍수처럼 몰려올 것을 명심해야 합니다. 이것은 다른 사람도 마찬가지입니다. (4) 신은 그것에 대해 이와 같이 정하셨습니다. 자신의 유익을 위해 노력하지 않는 사람은 다른 사람을 그의 사령관으로 임명하였습니다. 그러므로 누구든 일어나서 이 질문에 대답해 보십시오. 만약 하려는 의지가 있고 가장 용감하게 실천하는 사람이 가장 큰 보상을 받는다면 우리 속에서 용기가 한층 더 높아질 것으로 생각하는지, 아니면 모두가 균등한 보상을 받기 때문에, 겁쟁이든 아니든 상관없다는 것을 알았을 때 용기가 한층 더 높아질 것인지 여러분의 생각을 말해 보십시오."

(5) 이 말을 듣고 동료 귀족 중의 한 사람인 크리산타스가 일어나 말했다. 그는 덩치가 크거나 힘이 세지는 않지만 이해력이 탁월한 사람이었다. "키루스여. 저는 당신께서 이 토론을 꺼낸 이유가 당신께서 악한 사람과 선한 사람이 동등한 몫을 가져야 한다고 생각해서가 아니라, 자신이 선하고 고귀한 일을 하지 않았음에도 불구하고 용기 있는 사람이 쟁취한 것을 균등히 나눠야 한다고 생각하는 사람이 단 한 명이라도 있지 않은지 확인하고 싶어서라고 생각합니다." (6) 그는 계속 말했다. "저는 발이 빠르거나 팔이 세지 않습니다. 그리고 제 신체의 힘으로 성취할 수 있는 것들을 생각해 볼 때 첫 번째나 두 번째가 될 것으로 보지 않습니다. 어쩌면 천 번째나 만 번째가 되지 않을까 합니다. 하지만 이 점은 확실합니다. 만약 우리의 힘센 병사가 자신의 힘을 아낌없이 쓴다면, 저 또한 제가 받아도 될 만큼의 몫을 받을 수 있습니다. 하지만 악한 사람이 아무것도 하지 않고 선하고 용감한 사람이 낙담한다면, 저는 제가 생각하는 것보다 더 많은 몫을 받지 않을까 두렵습니다. 그것은 축복이 아니라 저주입니다."

(7) 그렇게 크리산타스가 말했다. 그 뒤에 페라울라스가 일어나 말했다. 그는 페르시아 평민 출신으로 어떤 이유에서인지 몰라도 처음부터 키루스의 신임과 사랑을 받고 있었다. 게다가 그는 신체가 수려했고 성품은 신사와 같았다. 그는 다음과 같이 말했다.

(8) "키루스여, 그리고 이곳에 모인 모든 페르시아 병사들이여. 지금 우리는 공적의 경쟁이라는 동등한 토대 위에서 출발하고 있습니다. 왜냐하면 저는 우리가 같은 신체 훈련을 받고, 같은 양의 보급을 받으며, 동료애 속에서 같이 움직이고, 같은 상이 주어지는 것을 보기 때문입니다. 우리는 장교에게 똑같이 복종하며, 누구든 명령을 신속하게 따르는 사람은 키루스로부터 명예를 받는 것을 봅니다. 마찬가지로 적의 면전에서 용감하게 싸우는 것은 자신에게 기대되는 일이지 남에게 기대되는 일이 아닙니다. 이것은 우리 모두에게 똑같이 가장 고귀한 일입니다."

(9) 그는 계속 말했다. "우리는 싸우는 방법을 전수받아 왔습니다. 다른 피조물이 본능으로 싸우는 방법을 알듯이 우리 인간도 태어날 때부터 아는 것을 저는 보았습니다. 예를 들어, 황소는 뿔로 싸우는 법을 알고, 말은 말굽으로, 개는 이빨로, 멧돼지는 엄니로 싸우는 법을 압니다. 배우기 위해 학교나 선생을 찾아가지 않더라도 보호가 가장 필요한 상황에서 어떻게 자신을 보호해야 할지 모두 압니다.

(10) 저는 아주 어렸을 때부터 맞을 것으로 예상되는 곳을 어떻게 보호해야 할지 알았습니다. 그리고 누군가 저를 치려고 한다면 손을 내미는 것 외에 달리 할 것이 없었습니다. 그리고 이것은 그렇게 하라고 누구로부터 배우지도 않았습니다. 물론 손을 내밀었기 때문에 얻어맞기도 했지만요. 나아가 제가 소년이었을 때 저는 칼이 보일 때마다 항상 집어 들곤 했습니다. 물론 그렇

게 하라고 배우지 않았고, 심지어 어떻게 칼을 쥐는지도 배우지 못했지만 본능으로 그랬습니다. 제가 그럴 때마다 선생님들은 저를 말리셨습니다. (선생님들은 분명 저에게 그렇게 하지 말라고 가르치셨습니다.) 그것은 저의 부모님께서 하지 말라고 하시던, 본능에 이끌려 하던 다른 일과 같았습니다. 그리고 제우스신에 맹세코 저는 기회가 있을 때마다 칼로 모든 것을 베곤 하였습니다. 저는 결코 지겹지 않았습니다. 왜냐하면 그것은 걷고 달리는 것과 같이 본능적일뿐 아니라 자연스럽고 재미있었기 때문입니다."

(11) 그는 계속 말했다. "우리는 그와 같은 식으로 싸워야 합니다. 싸우는 방법이 주어져 있고, 기술보다는 용기가 더 요구되는 상황에서, 우리가 여기 있는 동료 귀족과 경쟁하는 것을 기뻐하지 않아야 할 이유가 있습니까? 뛰어난 자에게 주어지는 상은 똑같지만 경쟁에 참여하는 데 문제가 되는 이해관계는 그들과 같지 않습니다. 귀족들은 그들이 가장 행복하게 여기는 명예로운 삶이 위태로워질 위험이 있지만, 우리들이 잃을 것이라고는 명예롭지 못한 고통스러운 삶일 뿐이고, 그것은 우리의 가장 큰 짐입니다.

(12) 전우들이여. 키루스가 심판관이 된다는 사실은 우리가 귀족들과 경쟁을 하는 데에 가장 큰 용기를 줍니다. 왜냐하면 그는 편파적으로 판정을 내리지 않고, 신들에게 맹세코 진실로 그가 용감하다고 인정하는 사람만을 사랑할 것이기 때문입니다. 저는 그가 무엇이든 자신을 위해 보관하기보다 다른 사람에게 주기를 더 기뻐하는 것을 보았습니다. (13) 그리고 저는 여기 있는 귀족들이 배고픔과 갈증, 추위를 견디는 훈련을 받은 것을 자랑스럽게 여긴다는 말을 알고 있습니다. 하지만 그들은 우리가 더 훌륭한 선생에게서 훈련을 받은 것을 알지 못합니다. 그 훈련에서 궁핍보다 더 훌륭한 선생은 없으며, 우리는 그 훈련을 철저하게 받았습니다. (14) 귀족들은 무기를 들면서 힘

든 노역을 훈련했지만, 그들은 무기를 갖고 다니기 쉽도록 고안했습니다. 하지만 우리는 무거운 짐을 들고 걷거나 달려야 했으므로 무기를 드는 것은 짐이 아니라 날개를 다는 것 같이 느껴집니다."

(15) "그러므로 키루스여." 그는 계속 말했다. "저는 이 경쟁에 뛰어들 것을 알리며, 당신께서 제가 잘하든 못하든 간에 저의 공적에 따라 보상해 주실 것을 기대합니다. 그리고 나의 동료 병사 여러분, 나는 여러분도 이 경쟁에 신속하게 참여하기를 바랍니다. 왜냐하면 귀족이 평민과 벌이는 경쟁에 걸려들었기 때문입니다."

(16) 이렇게 페라울라스는 말했다. 그리고 귀족과 평민 계급의 다른 사람들도 많이 일어나 이 조치를 환영하는 발언을 했다. 그들은 각자 공적에 따라 보상을 받으며 키루스가 그 심판관이 되는 데에 동의했다. 이렇게 이 문제는 만족스럽게 해결되었다.

(17) 키루스가 한 중대 전체를 저녁 식사에 초대했을 때였다. 그는 그 중대가 인원을 반으로 나누어 서로 모의전투를 벌이는 것을 보았고 거기에 깊이 만족했기 때문에 그들을 초대했다. 중대는 모두 흉갑을 입고 왼팔에 방패를 들고 훈련했다. 그리고 한 쪽은 단단한 곤봉을 들었고, 다른 한 쪽은 딱딱하게 굳은 진흙 덩어리를 들었다.

(18) 중대원들이 장비를 모두 갖추고 자리를 잡자 중대장이 전투를 시작하라고 명령을 내렸다. 진흙을 들고 있던 병사들이 진흙을 던져 반대편에 있는 병사의 흉갑과 방패, 넓적다리와 정강이뼈를 때렸다. 그러나 양쪽이 서로 가까워지자 이제는 곤봉을 든 병사들이 상대편의 넓적다리와 팔, 정강이뼈를 때렸고, 진흙을 집으려고 몸을 구부리자 목과 등을 사정없이 내리쳤다. 마침내 곤봉을 든 병사들이 상대편을 때려눕히자 그들은 크게 웃으며 즐거워했

다. 그리고 서로 역할을 바꾸어 훈련했지만, 이번에도 역시 곤봉을 든 쪽이 진흙을 든 쪽을 이겼다.

(19) 키루스는 중대장의 재치와 병사들의 복종심을 높이 평가했다. 동시에 그들이 훈련을 즐기는 것을 보고 기뻐했다. 페르시아식으로 무장하고 싸웠던 쪽이 승리한 것도 그가 기뻐한 이유 중 하나였다. 키루스는 이에 기뻐하여 그들을 저녁 식사에 초대하였다. 그는 천막 안에서 붕대를 감고 있는 몇몇 병사를 보았다. 어떤 병사는 팔에, 다른 병사는 다리에 붕대를 감았다. 키루스가 왜 그렇게 되었는지 묻자 그들은 진흙 덩어리를 맞아서 그렇다고 답했다. (20) 키루스는 계속해서 어디서 그런 일이 일어났으며, 가까이 있을 때 그랬는지, 아니면 멀리 떨어져 있을 때 그랬는지 물었다. 그들은 멀리 떨어져 있을 때 그런 일이 일어났다고 말했다. 그러나 가까이 있을 때 몽둥이를 들었던 병사들은 훈련이 정말 재미있었다고 말했던 것에 비해, 몽둥이로 철저히 맞았던 병사들은 가까운 거리에서 그렇게 맞아 아주 기분이 나쁘다고 울먹였다. 동시에 그들은 팔과 목, 얼굴에 난 상처를 보여 주었다. 그리고 나서 병사들은 서로를 바라보며 껄껄 웃었다.

다음날 모든 평지에는 그들의 사례를 따라하는 병사들로 가득했고, 무엇보다 중요하게도 그들은 그 훈련을 매우 즐겼다.

(21) 한번은 한 중대장이 자신의 중대를 강 왼쪽에서 한 줄로 데리고 나와 그가 생각하기에 적당한 때가 되자 두 번째, 세 번째, 네 번째 소대를 각각 앞으로 나오라고 명령해 네 줄로 만들었다. 그렇게 하여 소대장이 맨 앞에 서는 두 번째 대형이 완성되자, 중대장은 다시 각 소대를 두 줄로 만드는 세 번째 대형으로 들어갔다. 그리하여 세 번째 대형에서는 상사가 앞으로 나오게 되었다. 그리고 다시 4개의 소대를 가로로 쭉 펼친 네 번째 대형을 만들라고 지시

했다. 네 번째 대형에서는 하사가 앞으로 나오게 되었다. 중대는 그 대형을 유지한 채 천막에 도착해서 첫 번째 소대부터 천막 안으로 들어가라고 지시했다. 이어서 두 번째 소대가 뒤따라 들어갔고, 세 번째, 네 번째 소대에도 각각 뒤따라 들어가라고 지시했다.* 중대장이 중대를 천막 안으로 모두 집어넣자 그는 들어온 순서대로 병사들을 식탁에 앉혔다. 키루스는 중대가 훈련을 충실히 이행하고 고통을 참는 것을 보고 기뻐하여 중대장을 포함한 중대 전체를 저녁 식사에 초대했다.

중대는 키루스의 천막 안에서 다시 대형을 정비해 16명을 한 줄로 하여 모두 6줄로 자리를 잡았다. 즉, 6개의 그룹이 한 줄로 나란히 앉아 식사를 했다.

---

* 군사들이 훈련한 대형은 다음과 같이 그려 볼 수 있다. - 역주

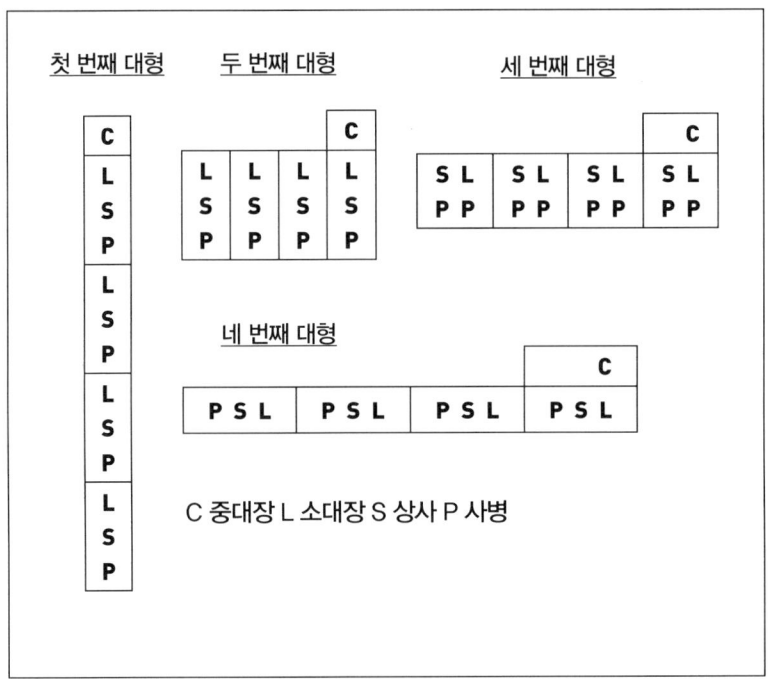

(22) 그곳에는 저녁 식사에 초대된 또 다른 중대장이 있었다. 그가 말했다. "키루스여. 당신께서는 우리 중대를 초대하지 않으시렵니까? 우리 중대도 식당에 갈 때 이 모든 것을 하며, 식사가 끝났을 때는 제일 뒤에 있는 소대부터 나갑니다. 이렇게 한 이유는 전투에서 앞에 있던 병사들을 뒤로 오게 할 목적에서입니다. 그 다음에는 뒤에서 두 번째 소대가 나가고, 이어서 세 번째, 네 번째 소대가 나갑니다. 이렇게 하면 병사들은 적으로부터 후퇴할 필요가 있을 때 어떻게 해야 할지 알게 될 것입니다. 그리고 연병장에서는 제가 앞에서 이끕니다. 중대가 동쪽으로 행진할 때는 첫 번째 소대가 맨 먼저 가고, 그 다음에는 두 번째, 세 번째, 네 번째 소대 순으로 제가 대형을 바꾸라고 할 때까지 전진합니다. 그리고 왼쪽으로 방향을 바꿔야 할 때는 제일 뒤에 있는 소대가 먼저 방향을 바꿉니다. 그때에도 병사들은 저의 명령을 기다리는데, 비록 제가 대형의 맨 뒤에 있더라도 그렇게 합니다. 그렇게 하는 이유는 병사들이 저를 따라가든 아니면 제가 뒤따라가든 간에 항상 저의 명령에 복종하는 습관을 들이기 위해서입니다."

(23) "그대는 항상 그렇게 하는가?" 키루스가 물었다.

"제우스신에 맹세코 저희는 식사하러 갈 때마다 항상 그렇게 합니다." 그가 대답했다.

"그렇다면 내가 그대를 초대해야겠군." 키루스가 말했다. "그대는 밤낮으로 오가면서 줄을 맞추는 훈련을 하고, 그 훈련을 통해 신체를 단련하는구먼. 그리고 그렇게 가르침으로써 그대의 마음을 단련하지. 그대는 이 모든 것을 매일 두 번씩 하므로 내가 그대에게 저녁 식사를 두 번 대접하는 것이 마땅하겠구먼."

(24) "제우스신에 맹세코 아닙니다." 그 중대장이 말했다. "저희에게 두 배 분

량의 음식을 주지 않으실 것이라면 결코 같은 날에 두 번 해서는 안 됩니다."

이렇게 그들은 저녁 식사를 마쳤다. 키루스는 약속한 대로 다음날 그 중대를 초대했고, 그 다음날에 다시 초대했다. 다른 중대도 그 소식을 듣고는 훗날 그 중대의 사례를 따랐다.

## 제4장

(1) 키루스가 그의 모든 군사가 무장을 하고 행진하는 것을 최종 점검할 때, 키악사레스가 보낸 심부름꾼이 와서 인도에서 사절단이 도착했다고 전했다. 심부름꾼이 말했다. "키악사레스 왕께서는 당신이 인도 대사를 만날 때 최대한 멋지고 훌륭하게 보이기를 원한다고 말씀하시면서 이 아름다운 옷 한 벌을 보내셨습니다."

(2) 키루스는 이 소식을 듣고서 맨 앞에 있는 중대장에게 대열의 선두가 되어 오른쪽에 위치한 뒤 중대를 한 줄로 펼치라고 지시했다. 키루스는 같은 명령을 두 번째 중대장과 나머지 대열에도 전달했다. 군사들은 그 명령에 복종하여 즉시 이행했다. 곧이어 맨 앞에 300명의 군사들이 한 줄로 나란히 펼쳐졌다. 한 중대의 숫자가 100명이니까 3개의 중대가 모여 첫 번째 대열을 이룬 것이다.

(3) 그렇게 모든 군사가 각자 자리를 잡자, 키루스는 군사들에게 빠른 걸음으로 자신을 따르라고 명령했다. 그러나 키악사레스가 있는 본부로 가는 길이 너무 좁아 모든 군사가 그 대열을 유지하기 힘들다는 것을 알게 되자, 첫 번째

연대는 자신을 따르고 두 번째 연대는 첫 번째 연대의 뒤에 서며, 나머지 연대도 같은 식으로 움직이라고 지시했다. 그는 쉬지 않고 군사들을 이끌었으며, 나머지 연대도 앞 연대를 따라갔다.

(4) 그는 또한 두 명의 조수를 길 입구로 보내, 만약 누구든 키루스의 지시를 이해하지 못하는 사람이 있다면 어떻게 해야 할지를 알려 주도록 했다. 드디어 키악사레스의 문 앞에 도착하자, 키루스는 첫 번째 중대장에게 키악사레스의 본부 앞에서 그의 중대를 12줄로 만들고 상사들을 각 줄의 맨 앞에 서도록 명령했다. 키루스는 그 중대장에게 나머지 중대장에게도 같은 명령을 전달하라고 지시했다. (5) 군사들이 키루스의 명령대로 이행하는 사이에 그는 전혀 화려하지 않은 페르시아 옷을 입고 키악사레스 앞에 나타났다. 키악사레스는 키루스가 신속하게 도착한 것이 기뻤지만 너무 평범한 것을 보고는 실망하여 그에게 말했다. "이게 뭔가, 키루스? 인도 사절단 앞에 이런 옷차림으로 오다니? 나는 그대가 최대한 장엄하게 나타나기를 바랐다네. 왜냐하면 내 누이의 아들이 모든 위엄을 갖추고 나타나는 것이 나에 대한 존경의 표시라고 보기 때문이라네."

(6) 키루스가 이에 대답했다. "제가 자주색 옷으로 치장하고 팔찌를 하고 목걸이를 하느라 한가하게 외삼촌의 명령을 이행하는 것보다, 크고 훌륭한 군대를 신속하게 이끌고 오는 것이 외삼촌께 더 존경을 표하는 것이 아니겠습니까. 저는 땀으로 저를 치장하고 외삼촌에 대한 존경의 표시로 서둘러 왔습니다. 저는 저처럼 외삼촌께 복종하는 제 군사들을 바칩니다."

키루스가 이렇게 말하자 키악사레스는 인도 사절단을 부르기를 잘했다고 생각했다. (7) 인도 사절단은 왕이 자신들을 보내 도대체 무슨 이유로 메디아와 아시리아가 서로 선전포고를 했는지 알아보라고 지시했다고 말했다.

그들은 말했다. "왕께서는 당신께 대답을 들은 뒤 아시리아 왕에게 가서 똑같은 질문을 하라고 하셨습니다. 그리고 최종적으로 왕께서는 사안의 잘잘못을 따진 뒤에 부당한 대우를 받은 편에 설 것이라고 양쪽 모두에게 알리라고 지시하셨습니다."

(8) "알겠소." 키악사레스가 이에 대답하였다. "우리는 아시리아에 대해 어떤 잘못을 한 기억이 없소이다. 그러나 그대들이 원한다면 지금 아시리아 왕에게 가서 물어보시오."

그 자리에 있던 키루스가 키악사레스에게 물었다. "제 생각을 저들에게 말해도 되겠습니까?" 키악사레스가 그러라고 허락했다.

"좋소, 여러분." 키루스가 말했다. "만약 아시리아 왕이 자신들이 우리에게서 부당한 대우를 받고 있다고 말한다면, 키악사레스 왕께서 반대하지 않으시면 인도 왕이 우리와 아시리아 사이에 중재자가 되어 달라는 제안을 하는 바이오."

인도 사절단은 이 말을 듣고 떠났다. (9) 그들이 떠났을 때 키루스는 키악사레스에게 다음과 같이 말했다.

"외삼촌. 저는 고국을 떠나올 때 나름 많은 돈을 가지고 왔지만 지금 남아 있는 거라고는 거의 없습니다. 저는 그 돈을 군사들을 위해 썼습니다. 외삼촌께서는 우리가 외삼촌께 도움을 받는데도 불구하고 제가 돈을 썼다는 것이 어쩌면 궁금하실지 모르겠습니다. 그러나 저는 군사들이 저를 기쁘게 할 때마다 그들을 보상하고 그들에게 오락을 베푸는 데 돈을 온전히 썼다는 사실을 외삼촌께서 알아주셨으면 합니다. (10) 어떤 일에서든지 유능한 조력자를 얻고자 한다면 억압과 강요가 아닌 좋은 말과 행동으로 꾀는 것이 즐거울 거라고 생각합니다. 그러나 전쟁에서 열정적인 부하를 얻고자 한다면 반드시 좋은 말과 행동으로 그들을 사로잡아야 합니다. 사령관을 시기하지 않으며, 사령관이 역경에 처해 있을 때 배신하지 않을 신뢰할 만한 군사로 만들기 위해서는 그들의 친구가 되어야지 적이 되어서는 안 됩니다. (11) 저는 이것을 미리 알았기 때문에 돈이 더 필요합니다. 그러나 모두가 외삼촌만을 바라보며 많은 돈을 기대하는 것은 제가 보기에도 불합리하다고 생각합니다. 그래서 저는 돈이 떨어지지 않도록 외삼촌과 함께 계획을 세워야 한다고 생각합니다. 왜냐하면 재정이 충분하면 필요할 때면 언제든 외삼촌에게 돈을 갖다 쓸 수 있게 되고, 특히 외삼촌께 이득이 되는 일에는 더욱 그럴 수 있기 때문입니다.

(12) 저는 언젠가 외삼촌께서 적이 우리를 향해 오는데도 아르메니아 왕이 우리에게 군대를 보내거나 마땅히 바쳐야 할 조공을 바치지 않는 것을 보고 그가 우리를 경멸한다고 말씀하셨던 것을 기억합니다."

"그렇다, 키루스." 키악사레스가 말했다. "그들은 바로 그렇게 하고 있다. 나는 그들에게 쳐들어가 충성을 강요해야 할지, 아니면 지금 그대로 놔둘지 고민하고 있다. 왜냐하면 그들이 적으로 돌변하거나 다른 나라까지 끌어들여 적이 될까 염려되거든."

(13) "그들은 방어가 튼튼한 곳에 살고 있습니까? 아니면 접근하기 쉬운 곳에 살고 있습니까?" 키루스가 물었다.

"내가 목격하기로 그들은 방어가 잘되어 있는 곳에 살고 있지는 않다. 하지만 그곳에는 우리가 손을 대면 숨을 수 있는 산들이 많다. 그들은 그곳으로 안전하게 피할 수 있고, 필요한 물품은 무엇이든 은밀하게 운반할 수 있지. 따라서 내 아버지께서 하셨던 것처럼 은밀하게 접근해서 사로잡아야 한다." 키악사레스가 말했다.

(14) "알겠습니다." 키루스가 대답했다. "만약 외삼촌께서 저에게 적당하

다고 생각되는 만큼의 기병을 주셔서 저를 그쪽으로 보내시면 신들의 도움으로 제가 아르메니아 왕이 군대와 조공을 바치도록 만들 수 있습니다. 게다가 그는 지금보다 더 좋은 친구가 될 수 있을 것으로 생각됩니다."

(15) "나도 그렇게 생각한다." 키악사레스가 말했다. "그들은 나보다 너 하고 더 빨리 친구가 될 것이다. 너는 아르메니아 왕의 몇몇 아들과 예전에 사냥을 같이 하던 사이라고 알고 있다. 그렇다면 그들은 너와 다시 사냥을 하려고 할 것이다. 만약 그들이 네 손에 넘어간다면 모든 것은 우리가 원하는 대로 이루어질 것이다."

"그렇다면 외삼촌, 외삼촌께서는 우리의 계획을 비밀로 하는 것이 좋다고 생각하시나요?" 키루스가 물었다.

"당연하지." 키악사레스가 말했다. "비밀로 한다면 그들은 우리에게 더 쉽게 넘어올 것이고, 만약 우리가 그들을 공격한다면 그들은 아무 준비도 하지 못한 채로 당할 테니까."

(16) "그렇다면 지금부터 제가 하는 말을 들으시고 제 계획이 어떤지 말씀해 주세요." 키루스가 말했다. "지금까지 저는 제 모든 군사와 함께 아르메니아 국경에서 자주 사냥을 했습니다. 때로는 여기에 있는 기병들도 조금 데려가기도 했죠."

"그렇다면 네가 다시 사냥을 해도 그들이 의심을 하지 않겠구나. 하지만 네 군사가 예전보다 많으면 그들은 즉시 의심할 것이다." 키악사레스가 말했다.

(17) "하지만 이쪽과 저쪽 모두가 믿을 만한 그럴듯한 구실을 만들면 됩니다. 제가 사냥 대회를 크게 여는데 외삼촌께 말을 빌려 달라 했다는 말이 그들의 귀에 들어가게 하면 되지요." 키루스가 말했다.

"매우 영리한 계책이구나." 키악사레스가 말했다. "그러나 나는 너에게 적당한 숫자 이상의 기병은 줄 수 없다. 왜냐하면 나는 아시리아 국경에 있는 요새들을 방문하려고 하거든. 이건 거짓말이 아니라 사실이야. 나는 거기로 가서 그곳을 최대한 보강할 것이다. 너는 먼저 네 군사들을 데리고 가서 이틀 동안 사냥을 하고 있으면, 그사이 내가 충분한 숫자의 기병과 보병을 소집하여 너에게 보낼 것이다. 그러면 너는 그 군사들을 데리고 즉시 아르메니아로 쳐들어갈 수 있을 것이다. 나는 나머지 군사들과 함께, 필요하다면 즉시 나타날 수 있도록 너와 멀리 떨어지지 않은 곳에 있을 것이다."

(18) 이렇게 말하고서 키악사레스는 즉시 보병과 기병을 요새로 보낼 준비를 했다. 보급품도 수없이 딸려 보냈다. 그러나 키루스는 원정을 위한 제사를 준비했고, 동시에 키악사레스를 찾아가 젊은 기병을 내어 달라고 요청했다. 키루스는 많은 숫자를 요구했지만 키악사레스는 많이 주지 않았다.

키악사레스가 기병과 보병을 이끌고 요새로 떠난 뒤에 아르메니아 정복을 위한 제사가 상서로운 징조를 보였다. 그는 사냥을 하려는 것처럼 꾸며서 길을 떠났다.

(19) 그들이 길을 갈 때 첫 번째 평지에서 산토끼 한 마리가 튀어나왔다. 그때 독수리 한 마리가 동쪽에서 날아오르더니 달리는 산토끼를 발견하고 급습하여 낚아챘다. 독수리는 너무 멀지 않은 거리의 언덕에 먹이를 내려놓고 마음껏 해치웠다. 키루스는 이것을 길조로 보고 매우 기뻐하여 전능한 제우스신에게 존경을 표시하면서 말했다. "제군들. 우리의 사냥은 성공할 것입니다."

(20) 그들이 국경에 도착하자 키루스는 예전에 하던 식으로 즉시 사냥을 시작했다. 보병과 기병은 키루스의 앞에서 한 줄로 펼쳐 전진하기 시작했는데, 그렇게 한 목적은 그들이 전진할 때 사냥감이 놀라 튀어나오도록 하기 위해서였다. 그러나 최고의 보병과 기병은 가운데에서 사냥감을 기다렸다 추격

하는 역할을 했다. 그들은 곰, 사슴, 영양, 야생 당나귀를 사냥했다. 이 지역에는 오늘날에도 야생 당나귀가 있다.

(21) 그들은 사냥을 멈추고 아르메니아 국경까지 가서 그곳에서 저녁 식사를 했다. 다음날에는 목표로 하는 산까지 간 다음에 그곳에서 다시 사냥을 했다. 그들은 그곳에서 사냥을 멈추고 저녁 식사를 했다. 그러나 키악사레스가 보낸 군사들이 오는 것을 보자, 키루스는 사람을 몰래 보내 약 11킬로미터 거리에서 멈춰 저녁 식사를 하라고 지시했다. 하지만 그들의 사령관에게는 저녁 식사가 끝나면 자기에게 오라고 명령했고, 키루스 역시 그의 중대장들을 소집했다. 그들이 모두 도착했을 때 키루스는 다음과 같이 연설했다.

(22) "친구들이여. 아르메니아 왕은 예전에 우리의 동맹이자 키악사레스 왕의 신하였습니다. 그런데 적이 우리를 향해 오자 그는 거만해져서 우리에게 군대와 조공을 보내지 않고 있습니다. 그러므로 이제 그는 우리가 붙잡아야 할 사냥감입니다. 여기 내가 생각하는 계획이 있습니다. 크리산타스. 그대는 필요한 만큼 휴식을 취하고 페르시아 군사 절반을 데리고 산길을 따라 올라가 산꼭대기를 점령하시오. 그곳은 아르메니아 왕이 위험에 처할 때마다 피하는 은신처요. 내가 안내인을 딸려 주겠소. (23) 그 산은 나무로 빽빽하다고 하니 그대가 눈에 띄지 않으리라고 예상하고 있소. 그래도 혹시 모르니까 그대의 군사 몇몇을 산적으로 변장해 먼저 보내시오. 만약 도중에 아르메니아인을 만나면 그들을 생포해 말을 퍼뜨리지 못하도록 막으시오. 설령 생포하지 못해도, 그들은 놀라 달아나는 바람에 부대의 전모를 알지 못할 것이고, 기껏해야 산적 무리에 대한 경계를 취할 것이오. (24) 그대의 임무는 이것이오. 아침이 되면 나는 나머지 절반의 군사를 이끌고 평지를 지나 곧장 아르메니아 수도로 쳐들어갈 것이오. 그들이 저항한다면 당연히 그들과 싸울 것이고, 그들이 도

망간다면 역시 그들을 쫓을 것이오. 만약 그들이 산으로 도망간다면 그들 중 누구도 도망가지 못하게 하는 것이 그대가 해야 할 일이오.

(25) 사냥할 때와 마찬가지로, 우리는 사냥감을 쫓고 그대는 덫을 놓고 기다린다는 것을 명심하시오. 또한 이것도 유념하시오. 도주로는 사냥감이 도망가기 전에 차단되어야 하고, 도주로의 입구에 있는 사람은 눈에 띄어서는 안 되오." (26) 키루스는 덧붙였다. "크리산타스. 이번에는 그대가 예전에 하던 대로 해서는 안 되오. 그대는 사냥에 너무 몰두하여 종종 밤을 새기도 했소. 그러나 이번에는 그대의 군사들을 충분히 쉴 수 있게 해야 하오. 그래야만 그들이 졸지 않을 것이오.

(27) 또 하나 기억할 것이 있소. 그대는 개인적으로 안내자 없이 산을 헤매고 다니며 사냥감이 도망가는 곳이면 어디든 따라가는 데에 익숙하오. 하지만 이제는 그런 위험하고 힘든 곳으로 가지 말고 안내자에게 가장 쉬운 길로 인도하라고 지시하시오. 그렇지 않으면 도착하기까지 너무 오래 걸릴 것이오. 군대에게는 가장 빠른 길이 가장 쉬운 길이오.

(28) 그리고 그대가 산에서 달리는 데 익숙하다고 해서 군사들도 달리도록 하지 마시오. 대신 약간 빠르게만 이끄시오. 그래야만 군사들이 쉽게 따라갈 것이오. (29) 그리고 가장 강하고 열정적인 군사 몇 명을 뒤로 보내 뒤따라오는 군사들을 격려하는 것도 때로는 유익하다오. 그들이 줄지어 가는 군사들 옆을 지날 때 그들이 뛰는 것을 보게 되면 모두가 자극을 받게 되지."

(30) 크리산타스는 키루스의 당부를 들으면서 한층 고양되었다. 그는 안내자를 데리고 돌아갔다. 그 뒤 그는 자신과 같이 갈 군사들에게 필요한 만큼 휴식을 취하도록 명령했다. 휴식을 취한 다음 그는 산을 향해 떠났다.

(31) 드디어 공격의 날이 왔다. 키루스는 먼저 아르메니아 왕에게 전령을

보내 다음과 같이 말하라고 지시했다. "너는 가서 '아르메니아 왕이여. 나 키루스는 그대가 하루빨리 조공과 군대를 바치기를 명령하는 바이다.'라고 전해라. 만약 그가 내가 어디 있는지 묻는다면 내가 국경에 있다고 해라. 만약 그가 내가 몸소 오느냐고 묻는다면 그건 모르겠다고 해라. 만약 그가 우리 군사가 몇 명이나 되는지 묻는다면 네가 오는 편에 사람을 딸려 보내 확인해 보라고 전해라."

(32) 키루스는 그렇게 지시하고 전령을 보냈다. 그는 아무 통보 없이 진격하는 것보다 그것이 더 호의적인 절차라고 생각했다. 그는 행진과 전투에 가장 적합한 대형을 만들어 군대를 움직이기 시작했다. 그는 군사들에게 아르메니아인을 만나면 아무도 괴롭히지 말고, 그들을 두렵게 하지 말고, 누구든 음식과 음료수를 팔려고 한다면 자유롭게 가져와 시장을 열어도 된다고 말하라고 명령했다.

제3권

아르메니아 정복

# 제1장

(1) 키루스는 그렇게 정복을 준비했다. 한편 아르메니아 왕은 키루스가 보낸 전령으로부터 소식을 듣고 깜짝 놀랐다. 그는 조공을 바치지 않고 군대도 보내지 않은 일이 잘못이라는 것을 알고 있었다. 무엇보다도 그는 자신의 궁전을 무력 저항을 하기에 충분할 정도로 보강하고 있다는 사실이 탄로 났다고 확신하고는 크게 두려워하였다.

(2) 이런 불안한 상황에서 그는 군대를 소집했고 동시에 자신의 어린 아들 사바리스와 부인, 며느리, 딸들을 산에 있는 은신처로 보냈다. 보석과 가구도 그들 편으로 딸려 보냈고 호위병도 붙였다. 동시에 정찰병을 보내 키루스가 무엇을 하고 있는지 살피도록 했다. 그리고 군사들에게 키루스가 쳐들어올 때 각자 어디서 싸워야 할지 위치를 정해 주었다. 키루스가 아주 가까이 있다는 소식은 여러 경로를 통해 속속 도착했다. (3) 그러자 아르메니아 왕은 더 이상 싸울 용기를 내지 못하고 도망가 버렸다. 왕이 도망가는 것을 보자 아르메니아인은 즉시 자신들의 소유를 챙겨 뿔뿔이 흩어졌다. 그들은 자신의 재산이라도 건지고 싶은 마음이었다.

도망가는 사람들로 평지가 가득한 것을 보게 되자, 키루스는 몰래 사람을 보내 누구든 도망가지 않고 남아 있으면 해치지 않을 것이지만 만약 도망가다 잡히면 적으로 간주할 것이라고 말했다. 그 결과 대다수의 사람이 남았고, 왕을 비롯한 몇몇 사람만 도망갔다.

(4) 한편 여자들을 호위하고 산으로 가던 아르메니아 군사들은 산에서 페르시아 군대를 만났다. 여자들은 공포에 떨어 울음을 터뜨렸고, 군사들은 여자들을 버리고 도망가려다 거의 모두 붙잡혔다. 결국 젊은 아르메니아 왕자와 부인들과 딸들이 사로잡혔다. 그들 편으로 딸려 보냈던 재물도 빼앗겼다.

상황이 어떻게 전개되는지 알게 된 아르메니아 왕은 어느 곳으로 방향을 틀어 어느 산으로 숨어야 할지 몰라 갈팡질팡했다. (5) 이것을 본 키루스는 아르메니아 왕이 있는 언덕을 포위해 버렸다. 그리고 크리산타스에게 명령해 산에서 내려와 자신과 합류하라고 했다. 이렇게 키루스의 군대가 모두 모였다.

그는 아르메니아 왕에게 전령을 보내 다음과 같이 질문했다. "아르메니아 왕이여. 그대는 그곳에 남아 허기와 갈증을 참으며 나와 싸우려는가 아니면 평지로 내려와서 나와 싸우려는가?"

이 질문을 받은 아르메니아 왕은 어느 쪽이든 싸우고 싶은 마음이 없다고 대답했다. (6) 키루스는 다시 사람을 보내 아르메니아 왕에게 물었다. "그렇다면 왜 거기에 앉아 내려오려고 하지 않는가?"

"왜냐하면 무엇을 해야 할지 모르기 때문이오." 그가 대답했다.

"무엇을 해야 할지 모르겠다니. 할 일은 간단하오. 내려와서 재판을 받으시오." 키루스가 말했다.

"그렇다면 누가 재판관이 될 것이오?" 그가 말했다.

"그는 다름 아닌 재판 없이도 그대를 마음대로 처분할 권한을 신으로부터 받은 사람이오."

 그 말을 듣자 아르메니아 왕은 사태의 심각성을 깨닫고 내려왔다. 키루스는 아르메니아 왕과 그의 모든 식솔을 가운데에 놓고, 그 주위를 빙 둘러 키루스 군대의 천막을 세웠다. 드디어 모든 키루스의 군사들이 한곳에 모였다.

 (7) 바로 이때 해외여행을 떠났던 아르메니아의 장남 티그라네스가 도착했다. 그는 예전에 키루스와 함께 사냥을 하던 친구였다. 티그라네스는 고국에서 무슨 일이 일어났는지를 듣고 곧바로 키루스에게 달려왔다. 그리고 아버지와 어머니, 형제자매, 그의 부인이 포로로 잡혀 있는 것을 보고는 울음을 터뜨렸다.

 (8) 그러나 키루스는 그를 보고도 생판 모르는 사람처럼 무뚝뚝하게 말했다. "그대는 그대 아버지의 재판에 맞춰 제때 도착했군."

 그리고 즉시 메디아와 페르시아 군대의 모든 장교들과 아르메니아 귀족들을 그곳에 불러 모았다. 마차에 있던 여자들도 보내지 않고 재판을 참관하도록 허락했다.

 (9) 모든 것이 정돈되자 키루스가 신문을 시작했다. "아르메니아 왕이여. 나는 그대에게 무엇보다도 이 재판에서 진실을 말할 것을 권고하는 바이다. 그대가 진실을 말하면 최소한 나의 극한 분노는 피할 수 있을 것이지만, 만약 거짓말 하다 들키면 어떤 자비도 받을 수 없음을 명심해야 할 것이다. 그리고 그대의 아들들과 부인들, 그리고 이곳에 있는 아르메니아 사람들은 그대가 한 일을 모두 알고 있다. 따라서 그들이 그대가 거짓말 하는 것을 듣게 된다면, 내가 진실을 알았을 때, 그대는 극형에 처해질 것이라고 생각할 것이다."

 "잘 알겠소, 키루스." 그가 말했다. "원하는 바를 물으시오. 진실을 말하리라. 진실을 말한 결과가 나오게 해 주시오."

(10) "그대는 내 외할아버지인 아스티아게스 왕과 전쟁을 한 적이 있는가?" 키루스가 물었다.

"그렇소." 그가 대답했다.

"그대가 아스티아게스 왕에게 정복되었을 때 당신은 조공을 바치고 그가 명령하는 곳이면 어디든 군대를 보내며 요새를 보유하지 않겠다고 서약했는가?" 키루스가 물었다.

"모두가 사실이오."

"그런데 그대는 왜 조공을 바치지도 군대를 보내지도 않으며 요새 또한 짓고 있는가?"

"자유를 원하기 때문에 그랬소. 그렇게 하는 것이 나 자신을 자유롭게 하며 내 자손들에게 자유를 물려주는 영광스러운 일이라고 생각했기 때문이오."

(11) "그대 말이 옳도다." 키루스가 말했다. "노예가 되지 않기 위해 싸우는 것은 고귀한 일이다. 그러나 누군가 전쟁에서 패해 정복되거나 그 외 다른 방법으로 노예의 신분으로 떨어졌는데, 만약 그가 주인에게서 벗어나려다 잡혔다면 그대는 그를 올바른 일을 한 정직한 사람으로 보상할 것인가 아니면 죄인으로 취급해 처벌할 것인가?"

"그를 처벌할 것이오. 나는 거짓말 하는 것이 용납되지 않기에 사실을 말하오." 아르메니아 왕이 말했다.

(12) "그럼 다음 질문에 각각 분명하게 답을 하라." 키루스가 말했다. "만약 당신 밑에 있는 어떤 장교가 잘못을 저질렀다면 당신은 그 장교를 계속 유임시킬 것인가 아니면 해임시킬 것인가?"

"나는 그를 해임시킬 것이오."

"만약 그 장교가 부자라면 그대는 그를 계속 부자로 놔둘 것인가 아니면 그를 거지로 만들 것인가?"

"그의 모든 소유를 몰수할 것이오." 그가 말했다.

"만약 그 장교가 적에게 투항하려고 한다면 그대는 어떻게 할 것인가?"

"그를 죽일 것이오." 그가 말했다. "내가 왜 진실 대신 거짓말을 해서 나를 죽게 만들겠소?"

(13) 이 말을 듣자 아르메니아 왕의 아들은 터번을 벗고 비탄에 젖어 옷을 찢었다. 여자들은 통곡을 하며 뺨 위로 눈물을 줄줄 흘렸다. 그들은 왕과 함께 자신들도 끝나는 줄 알고 매우 비통해했다. 그러나 키루스는 그들에게 조용히 하라고 지시하며 이렇게 말했다. "아르메니아 왕이여. 정의에 대한 그대의 생각을 아주 잘 알았다. 그렇다면 정의에 대한 그대의 생각에 맞추어 그대는 내가 무엇을 해 주기를 바라는가?"

아르메니아 왕은 키루스에게 자신을 죽여 달라고 해야 할지, 아니면 자신이 인정한 것과 반대되는 조치를 요구해야 할지 몰라 아무 말도 하지 못하였다. (14) 이때 그의 아들 티그라네스가 키루스에게 말했다. "키루스여. 제 아버지가 어찌해야 할지 몰라 하오니 제가 아버지를 대신하여 당신께 가장 좋은 방법을 제안해도 되겠습니까?"

키루스는 예전에 티그라네스와 사냥을 하러 다니던 시절에 티그라네스가 어떤 현자(賢者)를 항상 데리고 다녔던 사실을 기억했다. 티그라네스는 그 현자를 흠모했기 때문에 키루스는 그가 무슨 말을 할지 궁금했다. 그래서 키루스는 티그라네스에게 의견을 말해도 좋다고 허락했다.

(15) "만약 당신께서 제 아버지의 말과 행동에 찬성하신다면 저는 당신께 제 아버지를 따라하시기를 권해 드립니다. 그러나 당신께서 제 아버지가 완전히 틀렸다고 생각하시면 따라하지 마시기를 권해 드립니다." 티그라네스

가 말했다.

"알겠다. 내가 옳은 일을 해야 한다면 나는 분명 잘못한 사람을 따라하지 않을 것이다." 키루스가 말했다.

"맞습니다." 티그라네스가 말했다.

"그대가 잘못을 범한 자는 반드시 처벌받아야 하는 것이 맞다고 생각한다면 그대의 아버지는 처벌받아야만 한다."

"키루스여. 당신께서는 처벌을 내림으로써 당신께 이익이 되거나 해가 되는 경우가 발생한다면 어느 쪽이 낫다고 생각하십니까?"

"만약 해가 된다면 그것은 나에게 처벌을 내리는 꼴이 되겠지." 키루스가 말했다.

(16) "그렇다면 키루스여, 당신께서는 친구들을 살려 두는 것이 엄청난 이익이 될 때 그들을 죽인다면 스스로에게 큰 해를 입히는 것이 될 것입니다." 티그라네스가 말했다.

"그들이 잘못을 하다가 붙잡혔는데 어떻게 나에게 큰 이익이 될 수 있단 말인가?" 키루스가 말했다.

"그들이 분별력을 갖춘다면 될 수 있습니다. 왜냐하면 분별력이 없다면 다른 장점이 있다 하더라도 아무런 이익이 없기 때문입니다." 그는 계속해서 말했다. "만약 분별력이 부족하다면 아무리 힘이 세고 용감할지라도, 아무리 부유하고 권력이 있다 하더라도 무엇을 할 수 있겠습니까? 그러나 분별력을 갖춘다면 모든 친구가 유용하며 모든 하인이 훌륭합니다."

(17) "그렇다면 그대는 그대의 아버지가 예전에는 분별력이 없었는데 오늘 하루 만에 분별력이 있는 사람으로 바뀐다는 말인가?" 키루스가 물었다.

"예, 그렇습니다." 그가 대답했다.

"그대의 말은 분별력이라는 게 노력해서 얻어지는 것이 아니라 슬픔처럼 인간 본성의 조건이라는 뜻인가?* 나는 먼저 지혜로워지지 않는다면 무분별한 사람이 분별력 있는 사람으로 순식간에 바뀌지 않는다고 생각하네."

(18) "키루스여. 당신께서는 어떤 사람이 자신보다 힘센 사람에게 무분별하게 대들다가 패했을 때 즉시 힘센 사람 앞에서 무분별함이 치료되는 것을 보지 못하셨습니까?" 그는 계속 말했다. "또한 어떤 나라가 다른 나라와 한 순간의 의지로 전쟁을 벌였다가 패했을 때 전쟁을 계속하지 않고 승자에게 굴복하는 것을 보지 못하셨습니까?"

(19) "그대의 아버지가 분별력을 얻었다고 그대가 그렇게 확신하는 패배란 어떤 것을 가리키는가?" 키루스가 물었다.

"제우스신에 맹세코 아버지의 내면 깊숙이 인식하고 있는 패배입니다." 티그라네스가 말했다. "아버지는 한 번도 된 적이 없는 노예 상태를 겪고서 자유를 쟁취하기로 마음먹었습니다. 아버지는 이를 위해 필요한 비밀, 신속, 군대를 계획했지만 그중 하나도 효과를 거두지 못했습니다. 아버지는 당신을 속이려고 했지만, 실제로는 당신께서 아버지의 허를 찔렀고, 아버지는 눈과 귀가 먼 것처럼 어리둥절해졌습니다. 비밀이 필요했지만, 아버지가 맘에 두었던 은신처는 들통나 아버지를 잡는 덫으로 바뀌었습니다. 그리고 아버지는 당신께서 수 킬로미터 떨어져 있어 군대를 소집할 시간이 있다고 생각했지만, 당신께서는 아버지가 미처 손을 쓸 시간도 없이 신속하게 왔습니다."

(20) "그래, 그대는 그런 패배가 사람을 분별력 있게 만드는 데 충분하다고

---

* 크세노폰은 여기서 지혜와 미덕이란 슬픔이나 분노, 또는 다른 감정과 같은 기분에 의해서가 아니라 공부와 실천의 결과로 얻어지는 것이라는 소크라테스의 가르침을 키루스가 분명히 받아들이도록 만든다. - 原註

생각하는가? 내 말은 다른 사람이 월등하다는 것을 발견할 때 그렇게 되리라고 생각하는가 말이다." 키루스가 물었다.

"그렇습니다." 그가 답했다. "전투에서 패했을 때보다 훨씬 더합니다. 힘에 의해 정복당한 자는 신체를 단련하면 다시 전투를 할 수 있다고 종종 생각합니다. 도시도 마찬가지입니다. 점령당했을 때 새로운 동맹국을 얻으면 전쟁을 다시 할 수 있다고 생각합니다. 그러나 다른 사람이 자신보다 월등하다는 것을 인정한다면 강요하지 않아도 스스로 복종합니다."

(21) 그러자 키루스가 말했다. "그대는 도둑이 신실한 자를 인정하지 않고 사악한 자가 정직한 자를 인정하지 않는 것처럼 무례한 자가 분별 있는 자를 인정하지 않는 것을 모르는 것 같다. 그대는 그대의 아버지가 우리를 속였으며 우리와 맺은 약속을 지키지 않았다는 것을 알지 못하는가? 그대의 아버지는 아스티아게스 선왕과 맺은 약속이 여전히 유효하다는 것을 알고 있었다."

(22) "그렇습니다." 티그라네스가 말했다. "그러나 저는 지금의 제 아버지처럼 처벌받지 않고 단순히 월등한 자를 인정하는 것만으로 사람이 분별력을 갖출 수 있다고 말하는 것이 아닙니다."

"그대의 아버지는 아주 사소한 처벌도 받지 않았다. 그러나 그는 분명 최악의 해를 입게 될 것을 두려워하고 있다." 키루스가 말했다.

(23) "그렇지만 키루스여, 두려움만큼 사람의 마음을 신속하게 꺾을 수 있는 것이 있을까요?" 그가 말했다. "당신께서는 가장 강력한 교정 수단이라고 여겨지는 칼에 맞서고서도 다시 일어나 싸우려고 하는 사람을 보지 못하셨습니까? 그러나 누군가를 진정으로 두려워한다면, 그는 그 사람의 얼굴을 쳐다보려고도 하지 않고 오히려 그를 기쁘게 하려고 하지 않던가요?"

"그대의 말은 두려움이 실제 교정보다 더 무거운 처벌이라는 뜻인가?" 키루스가 물었다.

(24) "당신께서는 제 말이 사실이라는 것을 아십니다." 그가 말했다. "당신께서는 고국에서 쫓겨나게 될까 봐 두려워하는 사람들, 전쟁 전날 밤에 전쟁에서 패하게 될까 봐 두려워하는 사람들, 노예가 될까 봐 두려워하는 사람들이 먹지도 자지도 못하는 것을 아십니다. 반면에 이미 추방당하거나 패배하거나 노예가 된 사람들이 불행을 알지 못하는 사람들보다 때로는 더 잘 자고 잘 먹는 것을 아십니다. (25) 그리고 다음을 고려했을 때 두려움이 얼마나 무거운지를 분명히 알 수 있습니다. 자신이 포로가 되거나 죽게 될 것을 두려워하는 어떤 이들은 무서운 나머지 그런 경우가 닥치기도 전에 스스로 목숨을 끊기도 합니다. 절벽 아래로 떨어지거나 목을 매기도 하며 스스로 목을 베기도 합니다. 두려움만큼 사람의 영혼을 철저하게 무너뜨리는 것도 없습니다." 그는 덧붙였다. "당신께서는 제 아버지의 마음이 어떤 상태일 거라고 생각하십니까? 아버지는 자신뿐 아니라 저와 어머니, 자식들 때문에 두려워하고 있습니다."

(26) "그래? 하지만 나는 그가 지금 그런 심리상태일 거라고는 전혀 생각하지 않는다." 키루스가 말했다. "성공했을 때 거만하고 실패했을 때 비굴한 자는 다시 힘을 얻게 되면 더 거만해져서 더 큰 문제를 일으키지."

(27) "키루스여. 제우스신에 맹세코 맞습니다." 티그라네스가 말했다. "저희의 악행은 당신께서 그렇게 불신하시기에 충분할 정도의 원인을 제공했습니다. 그러나 당신께서는 우리나라에 요새를 새로 세우시고, 이미 있는 요새를 점령하시며, 다시 당신께 반항하지 않도록 보증하기 위해 필요한 것은 무엇이든 취하실 수 있습니다. 당신께서 그렇게 하신다 해도 저희는 학대받는다고 여기지 않습니다. 저희는 그런 비난을 받아야 한다는 것을 기억할 것입니다. 하지만 우리나라를 당신께 악행을 저지르지 않은 누군가에게 맡기고도

그들을 믿지 않는다면, 그들에게 호의를 베푼다 할지라도 그들은 당신을 친구로 여기지 않을 것입니다. 그리고 그들이 증오할까 염려하여 반역을 막을 조치를 취하지 않는다면, 당신께서는 그들을 분별력 있게 만들기 위해 저희에게 했던 것보다 더 많은 노력을 해야 할 것입니다."

(28) "신들에게 맹세코 그렇지 않다." 키루스가 말했다. "나는 오직 강요에 의해 나를 섬기는 신하를 쓰고 싶지는 않다. 그러나 나를 향한 선의와 우정을 의무로 여겨 나를 도우려는 신하가 있다면, 그가 잘못했을지라도 나를 싫어하면서 오직 강요에 의해 자신의 업무를 충실히 수행하는 신하보다 더 흡족해할 것이다."

이 말을 듣고 티그라네스가 대답했다. "저희 중에 그런 우정을 얻을 만한 사람이 있습니까?"

"그대가 지금 나에게 부탁하는 호의를 베푼다면 한 번도 나의 적이 되지 않았던 자들 중에서 찾을 수 있다고 생각한다." 키루스가 말했다.

(29) "그렇다면 키루스여, 가장 큰 호의를 베풀 대상에서 제 아버지만한 사람을 찾을 수 있겠습니까? 만약 당신께 아무 잘못도 하지 않은 사람에게 호의를 베푼다면 그가 당신께 무엇을 감사하겠습니까? 또한 부인이나 자녀를 잃을 이유가 없는 사람이 잃어도 될 만한 짓을 했다고 생각하는 사람보다 당신을 더 사랑하겠습니까? 그리고 당신께서는 저희보다 아르메니아 왕위를 잃은 것을 두고 더 비통해할 사람을 아십니까? 그렇다면 왕위를 잃어서 가장 슬퍼할 사람이 왕위를 받게 된다면 가장 기뻐할 자가 아니겠습니까?

(30) 그리고 당신께서 이 나라를 떠날 때 이곳을 최대한 조용하게 만들어 놓고 가고 싶으시다면, 새로운 정부에서 이 나라가 조용할지, 아니면 우리에게 계속 통치를 맡길 때 조용할지 생각해 보십시오. 당신께서 필요한 군사를

최대한 많이 끌어 모으기를 원하신다면, 그 일을 자주 했던 사람보다 더 훌륭하게 군대를 조직할 사람이 누구인지 생각해 보십시오. 또한 당신께서 돈이 필요하시면, 모든 조달처를 알고 있고 그것을 지휘할 수 있는 사람보다 더 돈을 잘 조달할 수 있는 사람이 누구라고 생각하십니까?" 그는 덧붙였다. "선한 키루스여. 우리를 버림으로써 당신께서 큰 피해를 입지 않기를 바라옵니다. 그 피해는 예전에 제 아버지가 당신께 끼쳤던 것보다 훨씬 클 것입니다."

티그라네스는 그렇게 말했다. (31) 키루스는 그 말을 듣고 기분이 좋아졌다. 왜냐하면 그가 키악사레스에게 약속했던 모든 것이 성취되고 있기 때문이었다. 키루스는 키악사레스에게 아르메니아를 예전보다 더 가까운 동맹국으로 만들어 놓겠다고 약속했었다.

따라서 그는 다음과 같이 말했다. "아르메니아 왕은 내 물음에 답을 하라. 만약 내가 이 문제에서 양보한다면 그대는 나에게 얼마나 많은 군대를 보낼 수 있으며 얼마나 많은 돈을 전쟁을 위해 바치겠는가?"

(32) "키루스여. 제가 가진 모든 군대를 보여 드리겠사오니 보시고 원하시는 만큼 데려가시고 나머지는 이 나라를 지키게 하여 주십시오. 이것이 제가 드릴 수 있는 가장 단순하고 온당한 답이옵니다. 마찬가지로 제가 가진 모든 돈을 보여 드리겠사오니 원하시는 만큼 가져가시고 남겨 주십시오." 아르메니아 왕이 답했다.

(33) "그렇다면 이리로 와서 그대가 가진 군사와 돈이 얼마나 되는지 나에게 말하라." 키루스가 말했다.

"알겠습니다." 아르메니아 왕이 답했다. "제가 가진 군사는 기병이 약 8천 명이고 보병은 약 4만 명 정도가 됩니다. 그리고 재산은 제 아버지가 물려주신 것을 포함해 현금으로 환산하면 3천 탈란톤* 이 넘습니다."

(34) 그러자 키루스가 지체 없이 말했다. "그대는 이웃 국가인 칼데아와 전쟁을 하고 있으니 그대 군사의 절반만 나에게 보내시오. 그리고 돈은 그대가 예전에 바쳤던 50탈란톤 대신에 그 두 배의 금액을 키악사레스 왕에게 바치시오. 왜냐하면 당신은 조공을 체납했기 때문이오. 그리고 나에게 개인적으로 100탈란톤을 빌려 주시오. 신께서 나를 번성하게 하시면 당신이 나에게 빌려 준 호의를 높이 쳐서 그보다 많이 돌려주거나 최소한 원금만은 갚도록 하겠소. 하지만 내가 돌려주지 못한다면 그건 내가 부정직해서가 아니라 갚을 능력이 안 되기 때문에 그런다고 생각하시오."

(35) "하늘에 맹세코 키루스여, 그런 말씀 마십시오." 아르메니아 왕이 말했다. "당신께서 그렇게 말씀하시면 우리가 낙담하옵니다. 하지만 당신께서 가져가시는 것이 이곳에 남겨 두는 것보다 많다는 것을 알아주십시오."

"잘 알겠다. 그대는 그대 부인을 되찾는 데 얼마를 낼 생각인가?" 키루스가 물었다.

"제가 할 수 있는 만큼의 금액을 낼 것입니다." 아르메니아 왕이 말했다.

"그럼 그대 자녀들을 되찾는 데는 얼마를 낼 생각인가?"

"역시 제가 할 수 있는 만큼의 금액을 내겠습니다." 그가 말했다.

"좋다. 그럼 그것은 그대가 가지고 있는 금액의 두 배가 되는구먼. (36) 그리고 티그라네스, 그대는 그대 부인을 되찾는 데 얼마를 낼 생각인가?" 키루스가 물었다.

---

\* 탈란톤(talanton)은 무게를 재는 단위이자 화폐 단위로써 시대와 지역에 따라 차이를 보인다. 이 책의 저자가 아테네인 크세노폰이니까, 아테네를 중심으로 하는 아티케 지방에서 쓰는 단위로 하면 1탈란톤은 약 26킬로그램이었다. 따라서 3천 탈란톤은 약 7만 8천 킬로그램의 은(銀)의 가치가 된다. - 역주

"키루스여. 제 부인을 노예에서 벗어나게 해 주시면 제 목숨을 바치겠습니다." 그가 답했다.

(37) "좋다. 그럼 네 부인을 데리고 가라. 그는 이제 네 것이다. 나는 그대가 우리에게서 도망치지 않았기에 그대의 부인을 한 번도 전쟁포로라고 생각한 적이 없다. 아르메니아 왕이여. 그대 역시 부인과 자녀를 아무 몸값도 낼 필요 없이 그냥 데리고 가시오. 그들이 그대에게 돌아갈 때 그들은 자유의 몸이 되었다는 것을 알게 될 것이오. 그리고 이리 와서 우리와 같이 저녁 식사를 합시다. 식사가 끝난 뒤에는 그대들이 가고 싶은 곳으로 가도 좋소." 그들은 그렇게 시간을 보냈다.

(38) 저녁 식사가 끝난 뒤 서로 헤어질 때 키루스가 물었다. "티그라네스. 나에게 말해 보게. 우리와 같이 사냥을 다니던 그 현자는 지금 어디에 있는가?* 그대는 그 사람을 매우 흠모했던 것 같던데."

"내 아버지가 죽였다네." 그가 답했다.

"아니 그가 무슨 잘못을 했는가?"

"아버지께서는 그가 나를 타락시켰다고 말씀하였다네. 그리고 키루스, 그는 너무나 고귀하고 선해서 죽는 순간에도 나를 불러 이렇게 말했다네. '티그라네스. 내가 죽는다고 해서 네 아버지께 분노하지 마라. 네 아버지는 악의가 있어 그런 것이 아니라 무지해서 그런 거다. 사람이 무지해서 잘못을 범할 때는 자기의 의지에 반해서 하는 거라고 나는 믿는다.'"

(39) "가엾은 사람 같으니라고!" 키루스는 이 말을 듣고 이렇게 외쳤다.

이때 아르메니아 왕이 끼어들었다. "자기 부인이 낯선 사람과 정을 통하는 것을 발견한 남편은 그 외부인이 자신의 부인을 바보로 만들었기 때문이 아

---

* 소크라테스를 말한다. - 原註

니라 자신을 부인과의 사랑에서 떼어 놓았기 때문에 죽이는 것입니다. 이것이 그 외부인을 적으로 취급하는 이유입니다. 마찬가지로 저는 제 아들이 저보다 그 현자를 높이 쳤기 때문에 그를 시기했던 것입니다."

(40) "아르메니아 왕이여. 그렇다면 신들에게 맹세코 그대의 죄는 인간적인 것 같구려. 티그라네스. 그대는 그대의 아버지를 반드시 용서해야만 하네."

그들은 화해했을 때 자연스럽게 하듯이 서로 우호적이고 친절한 대화를 나누었다. 그리고 나서 아르메니아 왕과 티그라네스는 각자의 부인들과 함께 마차를 타고 행복하게 떠났다.

(41) 그들은 집으로 돌아가면서 키루스의 지혜와 힘, 관대함, 멋진 외모, 위엄 있는 태도에 대해 이야기했다.

티그라네스가 부인에게 말했다. "나의 아르메니아 왕세자비여. 그대 또한 키루스가 잘생겼다고 생각하는지요?"

"제우스신에 맹세코 저는 그 사람을 처다보지 않았습니다." 그녀가 말했다.

"그럼 누구를 바라보았소?" 티그라네스가 물었다.

"제우스신에 맹세코 저를 노예에서 구해 내기 위해 목숨을 바치겠다고 말하는 사람을 보았습니다."

그리고 그런 일을 겪고 나면 예상할 수 있듯이, 두 사람은 돌아가서 함께 편히 쉬었다.

(42) 다음 날 아르메니아 왕이 키루스에게 선물과 그의 모든 군대를 보내왔다. 그는 군사들에게 삼 일 후에 떠날 것이라고 말했다. 그리고 키루스에게 그가 말한 금액의 두 배를 주었다. 그러나 키루스는 사전에 정한 금액만 받고 나머지는 돌려보냈다. 그리고 나서 아버지와 아들 중에 누가 군대를 지휘할

것인지를 물었다. 두 사람은 즉시 대답했다. 아버지는 "당신께서 명령하시는 대로 따르겠습니다."라고 답했고, 아들은 "키루스여. 제가 부대 짐꾼을 할지라도 저는 당신을 따라가며 결코 떨어지지 않겠습니다."라고 답했다.

(43) 그러자 키루스가 웃으면서 말했다. "만약 그대가 짐꾼으로 나를 따른다면 그대 부인에게는 뭐라고 말할 것인가?"

"제 부인은 그것을 들을 필요가 없습니다. 왜냐하면 저와 함께 떠날 것이기 때문입니다. 제가 어떤 자리에 있더라도 부인은 저를 보게 될 것입니다." 그가 말했다.

"그렇다면 지금이야말로 그대가 짐을 꾸릴 때이다." 키루스가 말했다.

"그렇습니다." 그가 말했다. "우리는 제 아버지께서 주신 모든 것으로 짐을 꾸려서 이곳에 올 것입니다."

군사들은 각자 물건을 받고서 잠을 잤다.

# 제2장

(1) 다음날 키루스는 티그라네스와 최고의 메디아 기병들, 그리고 그가 생각하기에 훌륭한 군사들을 이끌고 아르메니아 땅을 돌아보기 시작했다. 그는 요새를 세우기에 적합한 장소를 찾고 있었다. 키루스가 한 높은 곳에 도착했을 때, 그는 티그라네스에게 칼데아인이 어느 산에서 주로 내려와 아르메니아를 약탈하는지 알려 달라고 말했다. 이에 티그라네스는 몇몇 산들을 가리켰다. 그러자 키루스가 다시 물었다. "그렇다면 이 산들에는 지금 아무도 살고 있지 않는가?"

"그렇지는 않습니다." 티그라네스가 말했다. "그곳에는 정찰병이 상주하여 상황이 발생하면 나머지 군사들에게 신호를 보냅니다."

"신호를 받으면 그 다음에는 어떻게 하는가?" 키루스가 물었다.

"그들을 돕기 위해 산봉우리로 최대한 빨리 달려갑니다." 그가 말했다.

(2) 이것이 키루스가 들은 상황이었다. 그는 아르메니아의 많은 부분이 전쟁으로 버려지고 황폐해진 것을 목격하였다. 그리고 다시 부대로 돌아와서 저녁을 먹고 쉬었다.

(3) 다음날 티그라네스는 짐을 꾸려 출발할 채비를 했다. 그가 지휘하는 군대는 기병이 4천 명, 궁수가 1만 명, 그 외에도 많은 수의 경장보병이었다.

티그라네스가 군대를 이끌고 오고 있을 때 키루스는 제사를 드렸다. 그리고 제사가 상서로운 징조를 보이자 페르시아와 메디아 장교들을 모두 불러 놓고 다음과 같이 연설했다.

(4) "친구들이여. 우리는 칼데아인이 차지하고 있는 이 산들을 봅니다. 우리가 그곳을 빼앗아 꼭대기에 요새를 세운다면 아르메니아와 칼데아는 우리에 대해 신중하게 행동할 것입니다. 제사의 결과는 길조로 나타났습니다. 그러나 계획을 실행하기 위해서는 신속하면서도 열정이 넘쳐야 합니다. 왜냐하면 우리가 적이 미처 모이기 전에 산봉우리에 오른다면 우리는 전투를 하지 않고도 정상을 차지할 수 있고, 설령 적을 만나더라도 아주 적은 숫자이거나 강력하지 않을 것입니다.

(5) 그러므로 우리 앞에 놓인 임무는 속도를 높여 용감하게 산을 오르는 것입니다. 그렇게 하는 것이 쉽고 위험을 줄이는 길입니다. 그럼, 전투 준비!

너희 메디아군은 왼쪽에서 오르고, 너희 아르메니아군은 절반은 오른쪽에서 오르고 나머지 절반은 정면에서 앞서라. 그리고 너희 기병대는 뒤를 따르며 군사들을 독려해 계속 전진하게 하라. 그리고 누구든지 나약한 모습을 보이면 용납하지 마라."

(6) 키루스는 이렇게 명령을 내리고 군대를 한 줄로 세운 뒤 선두에 섰다. 칼데아인은 이들이 산꼭대기로 향하는 것을 알고 즉시 신호를 보내 서로 모이라고 말했고, 실제로 모이기 시작했다.

키루스는 명령을 내렸다. "동료 페르시아 군사들이여. 저들이 우리에게 서두르라고 신호를 보내는구나. 우리가 먼저 도착하면 저들의 노력은 아무 소용이 없을 것이다."

(7) 칼데아인은 가는 나뭇가지로 엮은 방패를 들었으며 창도 두 개씩 갖고 있었다. 그들은 그 지역에서 가장 호전적인 사람들이었다. 또한 그들을 원하는 사람이 있으면 누구든 가리지 않고 용병이 되었다. 왜냐하면 그들은 전쟁을 좋아하고 가난하기 때문이었다. 그들의 땅은 산악 지대여서 경작할 수 있는 곳이 아주 적었다.

(8) 그러나 키루스와 군사들이 산꼭대기에 거의 도착했을 때 키루스와 함께 전진하던 티그라네스가 말했다. "키루스여. 당신께서는 우리가 아주 짧은 시간밖에 싸우지 못한다는 것을 아시는지요? 제가 생각하기에 아르메니아 군사들은 적의 공격을 버티지 못할 것입니다."

키루스는 알고 있다고 답하고, 페르시아 군대에 만약 아르메니아 군대가 싸우는 것으로 가장해 적을 유인하면 필요한 때에 즉시 추격할 수 있도록 준비하라고 명령했다.

(9) 따라서 아르메니아인은 속임수에 들어갔다. 그들이 산꼭대기 가까이 이르자 칼데아인은 습관대로 전투 함성을 지르면서 그들을 향해 달려들었다. 그리고 아르메니아인은 습관대로 적들의 돌격을 막지 못했다. (10) 그러나 칼데아인은 아르메니아인을 뒤쫓을 때 그들 앞에 검을 든 사람들이 나타나는 것을 목격했다. 일부는 너무 가까이 다가간 나머지 순식간에 칼에 쓰러졌고, 나머지는 도망갔으며, 몇몇 사람은 포로로 붙잡혔다. 이윽고 산꼭대기가 즉시 장악되었다. 키루스와 그의 군사들은 산꼭대기에서 칼데아인이 자신들의 거주지를 버리고 도망가는 것을 바라보았다.

(11) 전투가 끝나고 군사들이 모두 모이자, 키루스는 그들에게 점심 식사를 하라고 지시했다. 그리고 그들이 밥을 먹을 때, 키루스는 정찰병이 자리를

잡고 감시하던 곳이 매우 튼튼하고 물도 잘 나온다는 사실을 발견했다. 그래서 키루스는 그곳에 즉시 요새를 세우기로 했다. 그는 티그라네스에게 그의 아버지 편으로 목수와 석수를 보내 달라고 지시했다. 전령이 아르메니아 왕을 데리러 가자 키루스는 그가 데리고 있는 사람들을 가지고 벽을 쌓기 시작했다.

(12) 이때 군사들이 포로들을 사슬로 감아 키루스에게 끌고 왔다. 그들 중 몇몇은 부상을 입기도 했다. 키루스는 포로들을 보자 즉시 사슬을 풀라고 명령했고, 의사를 보내 부상 입은 자들을 돌보도록 지시했다. 그리고 키루스는 칼데아인에게 자신은 그들을 파괴하거나 전쟁을 하기 위해서가 아니라 아르메니아인과 칼데아인 사이에 평화를 만들기 위해 이곳에 왔다고 말했다.

"너희는 이 산봉우리를 빼앗기기 전까지 평화를 전혀 바라지 않았다. 왜냐하면 아르메니아인의 재산을 약탈하면서 이곳에 살면 너희가 가진 모든 것이 안전했기 때문이다. 그러나 너희도 보다시피 이제 너희는 매우 곤란한 상황이다!

(13) 이제 나는 사로잡힌 너희를 풀어 집에 돌려보내려고 한다. 가서 너희 칼데아인과 협의를 해서 우리와 전쟁을 할지 아니면 우리의 친구가 될지를 결정해라. 만약 전쟁을 선택한다면 이곳에 다시는 무기 없이 오지 마라. 그게 현명한 처신일 것이다. 그러나 너희가 평화를 바란다면 무기 없이 오너라. 너희가 우리의 친구가 되려고 한다면 우리가 불평할 아무런 이유가 없다."

(14) 칼데아인은 키루스의 말을 듣고 그를 높이 칭찬했다. 그들은 키루스와 진심으로 악수한 뒤 집으로 향했다.

아르메니아 왕이 키루스의 부름을 받고 목수와 필요한 모든 것을 가지고 최대한 빨리 키루스에게 왔다. (15) 키루스를 보았을 때 그는 이렇게 말했다.

"키루스여. 미약한 인간이 미래는 거의 알지 못하면서 이루려는 것은 왜 그리 많은지요. 내가 자유를 얻으려고 몸부림쳤을 때 나는 예전보다 훨씬 더 비참한 노예가 되었습니다. 우리가 포로가 되었을 때 이젠 완전히 끝났다고 생각했지만 우리는 구제되었습니다. 이제 나는 우리에게 끊임없이 피해를 주던 자들이 내가 바라던 상태가 된 것을 목격합니다. (16) 키루스여. 내 말을 믿어 주시오. 만약 칼데아인을 이 산들에서 모두 몰아내 준다면 당신이 내게서 가져간 돈의 수배를 드리겠습니다. 당신이 우리에게서 돈을 가져갈 때 약속한 대가는 이미 충분히 받은 것이나 다름없습니다. 오히려 우리가 당신께 빚을 진 느낌입니다. 우리가 당신의 은혜를 갚지 않는다면 우리는 정말로 나쁜 사람들이며 매우 부끄러워해야 할 것입니다."

(17) 이렇게 아르메니아 왕은 말했다.

이제는 칼데아인이 돌아와서 키루스에게 평화를 요구했다. 키루스가 물었다. "칼데아인이여. 그대들이 평화를 원하는 이유는 우리가 산꼭대기를 차지했으니까 보다 안전하게 살려면 전쟁보다는 평화를 맺는 것이 유익하다고 생각하기 때문이 아닌가?"

칼데아인이 동의했다.

(18) "그렇다면 그대들이 평화를 제안함으로써 얻게 되는 또 다른 유익이 있는가?" 키루스가 물었다.

"우리는 보다 행복해질 것입니다." 그들이 대답했다.

"좋다. 너희는 땅이 척박하기 때문에 가난하다고 하는데, 너희가 생각하기에 가난한 이유가 또 있는가?" 키루스가 물었다.

그들은 다른 이유는 없다고 했다.

"좋다. 그렇다면 너희가 아르메니아 땅에서 원하는 대로 농사를 짓고, 그대가로 아르메니아에 있는 다른 소작인과 같은 수준의 소작료를 낼 수 있다면 그렇게 하겠는가?"

"그렇게 하겠습니다. 하지만 우리는 아르메니아인으로부터 괴롭힘을 당하지 않아야 합니다." 칼데아인이 말했다.

(19) "아르메니아 왕이여. 내게 말하라. 그대는 이들이 정상 수준의 소작료를 낸다면 놀고 있는 그대의 땅을 이들에게 빌려 줄 생각이 있는가?" 키루스가 말했다.

아르메니아 왕은 그렇게 된다면 자신의 수입이 엄청나게 늘어날 것이기 때문에 매우 좋은 일이라고 답했다.

(20) "그리고 칼데아인은 들어라. 너희에게는 훌륭한 산이 많다. 너희는 아르메니아 목동이 정당한 값을 낸다면 너희 목초지에서 아르메니아인이 가축을 치도록 허락할 생각이 있는가?"

칼데아인은 그렇게 하겠다고 답했다. 왜냐하면 그렇게 된다면 수고하지 않고도 큰 수입을 얻을 수 있기 때문이었다.

"아르메니아 왕이여. 그대는 칼데아인의 목초지를 임차함으로써 그들이 조그만 수입을 얻을 수 있게 하고, 대신 그대는 가축 방목을 통해 더 많은 수입을 올릴 생각이 있는가?" 키루스가 물었다.

"물론입니다. 그러나 그곳에서 우리 가축의 안전이 보장되어야만 합니다."

"좋다. 그렇다면 산꼭대기를 너희 군사들이 지킨다면 너희 가축이 안전할 수 있겠느냐?" 키루스가 말했다.

"그렇습니다." 아르메니아 왕이 말했다.

(21) 그러자 칼데아인이 말했다. "제우스신에 맹세코 그것은 안 됩니다. 만약 저들이 산꼭대기를 가진다면 우리는 저들 땅에서는 말할 것도 없고 심지

어 우리 땅에서도 안전하게 농사를 지을 수 없습니다."

"그렇다면 산꼭대기를 너희 군사들이 지킨다면 어떻겠느냐?" 키루스가 물었다.

"그렇다면 괜찮습니다." 그들이 대답했다.

그러자 이번에는 아르메니아인이 말했다. "제우스신에 맹세코 그렇게 되어서는 안 됩니다. 저들은 지금 군대를 보강했기 때문에 더욱 안 됩니다."

(22) "그럼 좋다." 키루스가 말했다. "나는 이곳을 너희 누구도 갖지 못하게 할 것이다. 그 대신 우리 수비대를 이곳에 둘 것이다. 그리고 너희 중 누가 잘못을 한다면 우리는 피해 입은 쪽에 설 것이다."

(23) 키루스의 제안을 듣자 그들은 서로 동의했고, 이런 식으로 해야만 평화가 정착될 수 있을 것이라고 말했다. 이 조건 하에서 그들은 확실히 우정을 나눌 수 있었다. 양쪽은 서로의 독립을 인정하고, 양쪽의 젊은이는 서로 결혼할 수 있는 권리를 갖게 되었다. 서로의 영토에서 경작지와 목초지를 쓸 수 있는 권리도 갖게 되었다. 그리고 어느 한 쪽이 다른 나라로부터 피해를 입게 되면 서로 힘을 합쳐 막을 수 있게 되었다.

(24) 이때 칼데아와 아르메니아 사이에 조약이 맺어졌고, 그 조약은 오늘날까지 유효하다. 조약이 맺어졌을 때 양쪽은 즉시 힘을 합쳐 열성적으로 요새를 짓기 시작했고 필요한 식량을 함께 채워 넣었다.

(25) 밤이 되자 키루스는 이제 친구가 된 양쪽을 저녁 식사에 초대해 함께 즐겼다. 저녁 식사의 분위기가 한창 무르익었을 때, 한 칼데아인이 일어나 대부분의 칼데아인은 이 조치가 바람직하다고 생각하지만 몇몇 칼데아인은 그렇지 않다고 말했다. 그 이유는 그들이 약탈로 생계를 유지하던 자들이어서 어떻게 농사를 지어야 할지 모르기 때문이었다. 그들은 용병으로 먹고사는 데

익숙했다. 그들은 인도 왕(그들은 인도 왕이 매우 부자이기 때문에 후한 봉급을 받았다고 말했다.)과 아스티아게스 왕을 위해서도 자주 일했다.

(26) 이 말을 듣자 키루스가 말했다. "그렇다면 나를 위해 일하면 어떻겠는가? 나도 그들만큼 봉급을 줄 것이다."

칼데아인은 이 의견에 동의하면서 용병이 될 지원자는 많을 것이라고 말했다.

(27) 이렇게 조건이 결정되었다. 한편 키루스는 칼데아인이 인도로 자주 여행을 간다는 사실을 듣고서, 예전에 인도 사절단이 메디아를 찾아와 전쟁의 이유를 물은 뒤 아시리아에 가서도 같은 질문을 하겠다고 말한 사실을 기억했다. 키루스는 자신이 성취한 것을 인도 왕에게 알리고 싶었다. (28) 그래서 그는 다음과 같이 말하기 시작했다.

"아르메니아 왕이여, 그리고 칼데아인이여. 나에게 말하라. 만약 내가 사람을 인도 왕에게 보낸다면 그대들도 사람을 보내 내가 인도 왕으로부터 얻고자 하는 것을 얻는 데 협조해 줄 수 있는가? 나는 용병에게 후한 봉급을 주고, 내 군사가 공적을 세웠을 때 그에 합당한 보상을 하기 위해 더 많은 돈이 필요하다. 이것이 내가 왜 더 풍부한 돈줄을 갖고자 하는 이유이다. 그리고 나는 그대들에게 더 바라지 않는 것을 기뻐한다. 왜냐하면 나는 그대들을 친구로 생각하기 때문이다. 그러나 인도 왕이 내게 돈을 준다면 나는 그의 기부를 기쁘게 받을 것이다.

(29) 내가 그대들에게 안내와 협조를 부탁한 나의 사신이 인도에 도착하면 그는 이렇게 말할 것이다. '인도 왕이여. 키루스가 저를 당신께 보냈습니다. 그는 고국 페르시아에서 더 많은 군사를 데려올 것이기 때문에 더 많은 돈이 필요하다고 말했습니다.' 그리고 이것은 내가 그렇게 예상하기 때문에 틀린

말이 아니다. 나의 사신은 계속 말할 것이다. '만일 당신께서 돈을 후하게 보내고, 신이 키루스에게 성공을 내린다면, 당신께서는 신의 조언을 잘 받아 호의를 베풀었다고 생각하게 될 것입니다.'

(30) 내 사신은 그렇게 말할 것이다. 이제는 너희 차례다. 너희는 너희 대표를 보내 너희가 생각하기에 마땅한 것을 말하도록 시켜라. 그리고 우리가 인도 왕으로부터 무엇을 얻는다면 우리는 쓸 돈이 더 많아지는 것이고, 만약 얻지 못한다면 우리는 그에게 고마워할 이유가 하나도 없을 것이다. 만약 그와 관련된 일이 생겼을 때 우리는 우리의 이익만을 고려해 모든 것을 처리하면 된다."

(31) 키루스는 이렇게 말했다. 그는 아르메니아인과 칼데아인이 인도로 가서 그가 바라는 대로 이야기할 것이라고 믿었다. 그리고 때가 되어 저녁 식사가 끝나자 그들은 각자 잠을 자러 돌아갔다.

# 제3장

(1) 다음날 키루스는 사신을 불러 그가 말한 것을 지시하면서 인도로 보냈다. 아르메니아 왕과 칼데아인도 사신을 도와 키루스를 위해 말해 줄 가장 유능한 사람을 뽑아 함께 보냈다.

그런 뒤에 키루스는 요새에 유능한 수비대를 배치하고 필요한 모든 물품을 공급한 뒤 키악사레스 왕이 가장 마음에 들어할 만한 메디아 사람을 수비대장으로 임명했다. 키루스가 그곳을 떠날 때, 그는 그가 데리고 온 군사뿐만 아니라 아르메니아 왕으로부터 받은 증원군, 그리고 나머지 군사를 합친 것보다 훨씬 낫다고 생각하는 약 4천 명의 칼데아 용병과 함께 갔다.

(2) 그가 산에서 내려오자 사람들이 모두 집밖으로 나와 평화를 되찾은 것을 즐거워하였다. 그들은 귀한 물건을 손에 들고 키루스를 보러 나왔다. 아르메니아 왕은 이것을 막지 않았다. 왜냐하면 키루스가 모두에게서 칭송을 받는 것을 한층 더 기뻐할 것이라고 생각했기 때문이다. 아르메니아 왕비와 그의 딸들, 어린 아들들은 예전에 키루스가 받기를 거부했던 돈과 선물을 들고 나왔다.

(3) 이것을 본 키루스가 말했다. "왕비여. 나를 용병이자 돈을 받기 위해 호의를 베푸는 사람으로 만들지 마시오. 이 돈을 가지고 돌아가서 왕에게 주되 다시 땅에 묻지 않도록 하시오. 그 돈으로 그대의 자녀들을 훌륭하게 키워 군대에 보내시오. 그리고 남은 돈이 있걸랑 왕비 자신과 그대의 남편, 딸들과 아들들을 멋지게 치장하고 인생을 행복하게 사는 데 쓰도록 하시오. 땅에 묻는 것은 우리가 죽었을 때 묻게 되는 몸뚱이 하나로 충분하다오."

(4) 이렇게 말하고 키루스는 왕비를 지나 달렸다. 그리고 아르메니아 왕은 그를 호위하며 따라갔다. 나머지 백성들은 그들의 은인이자 용감한 영웅인 키루스를 거듭 칭송하였다. 이 환호는 그가 국경을 넘을 때까지 계속되었다. 그리고 나라에 평화가 정착되자 아르메니아 왕은 키루스에게 보내는 군대의 숫자를 늘렸다.

(5) 이렇게 키루스는 떠났다. 그는 받은 현금과 원정의 결과로 필요할 때면 언제든지 갖다 쓸 수 있는 많은 예비 자금으로 인해 풍족해졌다.

그날 밤 그는 국경에서 숙영하였다. 그리고 다음날 군대와 돈을 키악사레스에게 먼저 보내고 자신은 가까운 곳에 있을 것이라고 약속했다. 그러나 키루스는 티그라네스와 최고의 페르시아 군사들과 함께 사냥을 떠났다. 그는 사냥을 즐겼다.

(6) 키루스는 메디아로 돌아오자 중대장들에게 그가 생각하기에 충분한 만큼의 돈을 주었다. 충분하게 준 이유는 중대장들도 그들을 기쁘게 한 휘하의 군사들을 보상할 수 있도록 하기 위해서였다. 키루스는 각자가 자신의 부대를 상을 받을 정도로 가치 있게 만든다면 전체 군대가 매우 훌륭한 상태가 될 것이라고 생각했다. 그리고 어디서든 그의 군대를 좋아 보이게 할 것으로 생각되는 것을 볼 때마다 그것을 구입하여 부하 중에서 가장 받을 만한 자격

이 되는 사람에게 나누어 주곤 했다. 그는 그의 군대를 아름답게 하는 것이 곧 자신을 치장하는 것이라고 생각했다.

(7) 그가 원정에서 받은 것을 나누어 주려고 할 때, 그는 중대장들과 소대장들, 그리고 보상을 받는 군사들 가운데에 자리를 잡고 연설을 하였다. "친구들이여. 이제 우리 마음속에 기쁨이 있는 것 같소. 왜냐하면 우리는 어느 정도 부자가 되었고, 보상을 하고 싶은 사람에게 줄 수 있는 수단도 생겼으며, 실제로 각자 자신의 공적에 따라 보상을 받기 때문이오. (8) 그러나 이 복을 합당하게 받기 위해 우리가 어떻게 행동했는지 똑똑히 기억합시다. 그대들은 그것을 쉽게 찾을 수 있을 것이오. 필요한 상황에서 경계하고, 고통을 참으며, 서둘러야 할 때 서두르며, 적에게 결코 굴복하지 않았습니다. 따라서 우리는 미래에도 역시 용감한 군인이 되어야 합니다. 복종과 인내가 무엇인지를 알고 결정적인 순간에 고통과 위험을 감내해야만 큰 기쁨과 보상이 주어진다는 것을 알아야 합니다."

(9) 키루스는 군사들이 군사 작전의 피로를 견딜 수 있을 만큼 몸 상태가 훌륭하고, 그들의 심장은 적을 경멸할 정도로 대담하며, 각자 자신에게 주어진 무기를 능숙하게 다루고, 장교들의 명령에 복종하도록 잘 훈련되어 있는 것을 보았다. 따라서 그는 즉시 적을 향해 달려가고 싶었다. 키루스는 장군이 최상의 계획을 짰다 하더라도 행동을 지체하는 바람에 그 계획이 소용없게 되는 경우를 종종 보았기 때문이다.

(10) 키루스는 또한 군사들이 경쟁에서 서로를 이기는 데 너무 열심이어서 심지어 다른 동료를 질시하는 경우까지 있는 것을 목격하였다. 이것 또한 그가 군대를 이끌고 되도록 빨리 적국으로 가기를 원했던 이유이기도 했다. 그는 공통의 위험이 동료를 더욱 아끼게 하며, 그런 위험 속에서는 무기를 장식

하거나 영예를 얻으려고 노력하는 동료에 대한 질시가 없어진다는 것을 알았다. 오히려 동료를 공통의 목적을 위해 일하는 동역자로 인식하기 때문에 서로를 더욱 칭찬하고 아끼게 된다.

(11) 따라서 키루스는 군대를 완전 무장시켜 가장 좋고 가장 위협적인 대형으로 정렬했다. 그런 다음 장군과 연대장, 중대장, 소대장을 한 곳으로 불러 모았다. 왜냐하면 이들은 정규 부대의 대형에 속하지 않기 때문이었다. 그들 중 누군가 최고 사령관에게 보고를 하거나 최고 사령관의 명령을 전달할 필요가 있어 자리를 비울 때라도 어떤 단위의 부대도 지휘관 없이 내버러 두지 않았다. 장교가 없을 때는 상사와 하사가 부대를 지휘했다.

(12) 장교들이 모이자, 키루스는 그들을 계급 별로 안내하면서 잘 짜인 대형이 얼마나 중요한지를 보여 주며, 다른 나라에서 합류한 보조 부대의 특별한 장점에 대해 가르쳐 주었다. 키루스는 그들의 마음속에 즉각적인 행동의 열정을 불어넣으면서, 각자 부대로 돌아가 병사들에게 자신이 들은 것을 들려 주며 그들에게도 원정 작전을 시작하려는 열망을 불어넣도록 지시했다. 키루스는 그들 모두가 사기가 충만한 채로 원정을 출발하기를 바랬다. 그들은 다음날 아침 일찍 키악사레스의 문 앞으로 가기로 되어 있었다. (13) 그래서 장교들은 각자 자신의 부대로 돌아가 키루스가 지시한 대로 했다. 다음날 동틀 녘에 장교들은 키악사레스의 문 앞에 모습을 나타냈다. 키루스도 그들과 함께 키악사레스 앞으로 가서 다음과 같이 말하기 시작했다.

"외삼촌. 저는 외삼촌께서 제가 지금 외삼촌께 제안하려는 것을 오랫동안 마음에 두고 계셨을 것이라고 확신합니다. 그러나 외삼촌께서는 저희의 보급을 책임지는 게 당혹스러워 원정 이야기를 끄집어내기 주저했을지도 모릅니다. (14) 따라서 외삼촌께서 아무 것도 말씀하시지 않았기에 제가 외삼촌과 우리를 위해 말하려고 합니다. 우리는 원정 준비를 완전히 끝냈고, 이곳 평화로운 나라에 머물면서 적이 오기를 기다리는 것이 아니라 될 수 있는 한 빨리 적국으로 쳐들어가는 것이 최선이라는 데 의견의 일치를 보았습니다. (15) 우리가 이곳에 있으면 우리는 외삼촌 국민의 재산에 큰 피해를 줍니다. 그것은 우리가 원하지 않습니다. 그러나 우리가 적국으로 쳐들어간다면 우리는 전력을 다해 그들에게 피해를 줄 것입니다.

(16) 둘째로, 외삼촌께서는 우리를 부양하느라 많은 경비를 쓰고 계십니다. 그러나 우리가 전쟁터로 나간다면 우리는 적국에서 필요한 것을 조달할 것입니다. (17) 그리고 여기 있는 것보다 적국에 있는 것이 더 위험하다면 우리는 아마 좀 더 안전한 길을 선택할 것입니다. 그러나 여기에 있든, 아니면 적의 영토로 가서 그들을 만나든, 어떤 경우에도 적의 숫자는 변함이 없습니다. 그리고 그들이 이곳으로 와서 싸우든, 우리가 그곳으로 가서 싸우든, 싸우는 우리의 숫자 역시 변함이 없습니다. (18) 그러나 우리가 공세적으로 나가고 적과 마주치기를 피하지 않는다는 것을 보여 준다면 우리 군사들은 더 강하고 용감해질 것입니다. 그리고 우리가 이곳에서 두려움에 떨어 웅크린 채 앉아 있지 않고, 그들이 우리를 향해 오고 있다는 것을 알고서도 그들과 되도록 빨리 싸우기 위해 그들을 만나러 나갔으며, 이곳이 약탈될 때까지 기다리지 않고 오히려 주도권을 쥐고 그들을 파괴하려고 한다는 것을 그들이 듣게 된다면 우리를 더욱 두려워 할 것입니다." (19) 키루스는 덧붙였다. "만약 우리가 그들을 더욱 두렵게 하고 우리를 더욱 용감하게 만든다면, 저는 그것이 우리에게 큰 이득이 된다고 확신합니다. 그리고 저는 그것이 바로 우리의 위험은 낮추고 적의 위험은 높이는 길이라고 판단합니다. 저의 아버지가 항상 말씀하셨고, 외삼촌께서도 역시 말씀하셨고, 다른 사람도 동의하듯이 전투란

군사들의 육체에서 나오는 힘보다는 그들의 영혼에서 나오는 힘으로 판가름 나는 경우가 많다고 생각합니다."

(20) 이렇게 키루스는 말했다. 그러자 키악사레스가 대답했다. "키루스와 페르시아 군사들이여. 내가 그대들을 부양하는 것을 당혹스러워 한다고 상상하지 마라. 그러나 적국으로 즉시 쳐들어가는 것에 대해서는 나도 그 계획이 여러 가지 면에서 낫다고 생각하는 바이다."

"그렇다면 우리가 서로 동의하였으니 출발할 준비를 하고 신들이 허락하는 순간 한순간도 지체하지 말고 즉시 행진합시다." 키루스가 말했다.

(21) 따라서 그들은 군사들에게 천막을 거둘 준비를 하라고 지시했다. 키루스는 전능한 제우스신에게 첫 번째로 제사를 올리고, 그 뒤 여러 신들에게 제사를 올렸다. 그는 신들이 그의 군대에 복과 호의를 내리고, 그들의 강력한 보호자와 후원자가 되며, 공익을 이루는 데 필요한 조언자가 되어 줄 것을 간절히 요구했다. (22) 키루스는 또한 메디아를 지켰던 여러 영웅들에게도 간구했다.

제사의 결과가 좋게 나오자, 그는 군대를 이끌고 상서로운 조짐 속에서 적국으로 들어갔다. 그는 국경을 넘자마자 땅의 신에게 또다시 술을 올리고 아시리아의 신들과 영웅들에게도 호의를 구하는 제사를 올렸다. 그는 이 제사를 마친 뒤에 그의 조상 대대로 섬겼던 제우스신에게 다시 제사를 올렸고, 그가 주목했던 다른 신들도 하나도 빠뜨리지 않고 제사를 올렸다.

(23) 이 의식들을 적절하게 치른 후에 그는 보병들을 가장 빠른 길로 인도한 뒤 천막을 쳤다. 그사이 기병들은 급습을 하여 온갖 종류의 전리품을 많이 거둬들였다. 그리고 거기서부터 진영을 종종 옮기면서 보급품을 충분히 비축하였고, 적이 나타나기를 기다리는 동안 아시리아를 약탈했다.

(24) 그리고 적이 10일 거리까지 다가왔다는 소문이 돌자 키루스는 다음과 같이 말했다. "키악사레스 외삼촌. 지금이 우리가 가서 그들을 만날 때입니다. 적과 우리 군사들에게 우리가 두려움에 떨어 전진하기를 포기하거나 아니면 마지못해 싸우려는 것이 아니라는 점을 분명하게 각인시켜 줍시다."

(25) 키악사레스는 이에 동의했고, 그들은 매일 적절한 전투 대형을 갖추어 전진했다. 그들은 낮에 저녁 식사를 준비했고, 저녁에는 천막 안에서 불을 밝히지 않았다. 그러나 천막 앞에는 항상 횃불을 밝혀 두었다. 만약 밤에 적이 침입한다면 적은 이쪽을 보지 못하지만 이쪽은 적을 알아볼 수 있기 위한 목적이었다. 때로는 적을 속일 목적으로 천막 뒤쪽에 횃불을 밝혀 두기도 했다. 그 결과 적의 정찰병이 아군 보초병에게 걸려들기도 했다. 왜냐하면 횃불이 천막 뒤에 있었기 때문에 자신들이 천막 앞에서 멀리 떨어진 곳에 있다고 착각했기 때문이다.

(26) 마침내 두 군대가 서로 가까운 곳에 위치하게 되었을 때, 아시리아 군대와 그의 동맹군은 진영 주위로 참호를 파기 시작했다. 오늘날까지도 야만족 왕들은 진영을 잡을 때마다 이렇게 한다. 그들은 군사의 숫자가 많기 때문에 그런 참호를 손쉽게 급조했다. 그들은 기병대, 특별히 야만족 기병대가 밤에는 혼돈에 빠지기 쉽고 통제가 잘 안 된다는 것을 알기 때문에 이런 예방책을 취했다. (27) 왜냐하면 그들은 말을 반드시 마구간에 묶어 두기 때문에 만약 적이 공격을 하게 되면 어둠 속에서 말을 풀기가 매우 어려웠다. 말에 고삐를 달고 안장을 얹으며 갑옷을 씌우기도 어려웠다. 따라서 말에 올라타 진영을 벗어나기란 완전히 불가능했다. 이런 모든 이유들과 방어벽 뒤에 자리를 잡으면 언제 전투를 할지 결정할 수 있다는 이유 때문에 아시리아인과 야만족들은 흉벽을 급조했다.

(28) 그렇게 두 군대가 서로 가까워졌다. 그들이 겨우 5.5킬로미터 정도의 가까운 거리에 있게 되자, 아시리아 군대는 앞에서 언급한 대로 밖에서 훤히 보이는 곳에 진영을 정하고 그 주위로 빙 둘러 참호를 팠다. 그러나 키루스는 가능한 잘 보이지 않는 곳에 진영을 정했다. 그는 언덕이나 마을 뒤에 자리를 잡았다. 왜냐하면 전쟁 도구가 갑자기 눈앞에 번쩍하고 나타나면 적이 한층 더 공포에 떨 것이라고 생각했기 때문이다. 두 군대는 군사의 일부를 전위대로 세우고 나머지는 잠에 드는 식으로 숙영했다.

(29) 다음날 아시리아 왕과 크로이소스, 그리고 다른 사령관들은 군사들을 참호 안에서 쉬도록 했다. 그러나 키루스와 키악사레스는 전투 대형을 갖추고 적이 온다면 언제든 싸울 준비를 하고 있었다. 그러나 적이 흉벽 뒤에서 나오지 않자 그날 전투를 할 기미가 없다는 것이 분명해졌다. 그래서 키악사레스는 키루스와 고급 장교들을 불러 다음과 같이 이야기했다. (30) "제군들. 나는 적의 흉벽까지 현재의 대형을 유지한 채 전진하여 그들에게 우리가 정말로 싸우고 싶다는 것을 보여 줄 것을 제안하는 바이오. 만약 우리가 행진했는데 그들이 싸우려고 나오지 않는다면, 우리 군사들은 사기가 충만해져 진영으로 돌아올 것이고, 적은 우리의 용기를 보고 한층 더 겁을 먹을 것이오."

(31) 이것이 그의 제안이었다. 그러나 키루스는 그 제안에 반대했다. "외삼촌. 신들에게 맹세코 우리는 절대 그렇게 해서는 안 됩니다. 외삼촌께서 제안하신 대로 우리가 전진하여 그들에게 우리를 보여 준다 해도 그들은 피해를 입지 않는다는 것을 알기에 우리를 두려워하지 않을 것입니다. 그리고 우리가 아무것도 성취하지 못하고 퇴각할 때, 그들은 우리의 숫자가 적다는 것을 알게 되어 우리를 얕볼 것이고 다음날 단호하게 나올 것입니다. (32) 그러나 지금처럼 우리가 이곳에 있어 그들에게 보이지 않는다면, 그들은 우리를

얕보지 않고 오히려 무슨 꿍꿍이가 있어서 그러나 하고 몹시 궁금해할 것입니다. 저는 그들이 우리에 대해 항상 이야기하고 있을 것이라고 봅니다. 그러나 그들이 나오게 되면 우리는 반드시 우리를 보여 줘야 하며 즉시 그들과 백병전을 벌여야 합니다. 그때 우리는 오랫동안 기대했던 곳에서 그들을 사로잡게 될 것입니다."

(33) 키루스가 이렇게 말하자 키악사레스와 나머지 장교들은 수긍하였다. 그런 뒤 그들은 저녁 식사를 하고 보초병을 세우고 부대 앞에 횃불을 많이 피운 뒤에 잠을 잤다.

(34) 다음날 아침 일찍 키루스는 머리에 화관(花冠)을 쓰고 제사를 준비했다. 그리고 동료 귀족들에게 그들 역시 머리에 화관을 쓰고 제사에 참석하라고 말을 전했다. 제사가 끝났을 때 키루스는 그들을 불러 모아서 다음과 같이 말했다. "여러분. 신들이 말씀하셨습니다. 예언자들도 말했습니다. 나 또한 그 예언을 해석했습니다. 모두 같은 말입니다. 즉, 곧 전투가 있을 것입니다. 제사의 징조로 볼 때 신들께서 우리에게 승리를 주시고 피해를 입지 않을 것이라고 약속하셨습니다.

(35) 전투가 벌어졌을 때 여러분이 어떻게 해야 할지를 지금 지시한다면 저로서는 참으로 부끄러운 일입니다. 왜냐하면 여러분은 무엇을 해야 할지 알고, 그것을 지금껏 훈련해 왔으며, 계속해서 들어 왔습니다. 다른 사람도 충분히 가르칠 수 있습니다. 그러나 한 가지는 알지 못할 수도 있습니다. 그것을 지금 말할 테니 유념해서 들으십시오.

(36) 최근에 우리 군대에 합류한 사람들과 우리처럼 만들려고 노력하는 사람들에게, 우리가 지금껏 키악사레스 왕의 도움을 받았으며, 우리가 왜 지금까지 훈련을 해왔고 왜 그들을 우리 군대에 합류하도록 요청했는지, 그리

고 그들이 우리와 경쟁을 하게 되어 기쁘다고 말하는데 그것이 무엇을 의미하는지 분명하게 가르치십시오. (37) 그리고 오늘은 각자의 가치를 증명해 보이는 날이라는 것도 가르치십시오. 누구든 어떤 것을 배우는 데 늦다면 그에게 감독자가 필요한 것은 당연한 일입니다. 그리고 우리가 도와줘야 그들이 스스로 용감하다는 것을 증명하려고 한다는 사실에 만족해야 할 것입니다. (38) 그러나 그렇게 함으로써 여러분 또한 여러분의 능력을 증명하게 될 것입니다. 왜냐하면 다른 사람을 용감하게 만들 줄 아는 사람은 자신 또한 용감하다는 것을 자연스럽게 인식하게 될 것이기 때문입니다. 그러나 다른 사람을 훈계하는 데에 만족하는 사람은 자신이 절반만 용감한 사람이라는 것을 인식할 것입니다.

(39) 내가 그들에게 직접 말하지 않고 여러분에게 그렇게 말하라고 지시하는 이유는 그들이 여러분을 기쁘게 하도록 하기 위해서입니다. 그들은 여러분의 부대에서 나보다 여러분과 더 가까이 생활하고 있습니다. 그리고 이것을 기억하십시오. 여러분이 여러분 자신을 스스로 용감하다고 증명한다면, 여러분은 말뿐 아니라 행동으로 군사들을 가르치게 되는 것이고, 그들 또한 여러분의 가르침을 따라서 다른 군사들을 가르치게 될 것입니다." (40) 키루스는 이렇게 말을 맺으면서 동료 귀족들에게 각자 부대로 돌아가서 점심 식사를 하고, 각자의 위치에서 술을 올릴 때는 머리에 화관을 쓰라고 지시했다.

동료 귀족들이 돌아가자 키루스는 후위에 위치하는 장교들을 불러 다음과 같이 가르쳤다. (41) "페르시아 제군들. 여러분은 지금 귀족들과 함께 자리를 차지하고 있습니다. 여러분은 가장 용감하지만, 마찬가지로 용감한 자들보다 더 신중하기 때문에 그 자리에 뽑혔습니다. 그리고 여러분은 명예에서 앞에 있는 군사들에게 조금도 뒤지지 않습니다. 왜냐하면 여러분은 뒤에 위치하여 용감한 자들을 지켜보면서 그들이 좀 더 용감하게 싸우도록 독려하고 누군가 꽁무니를 빼려고 하는 것을 보게 된다면 용납하지 않을 것이기 때문입니다.

(42) 그리고 여러분의 경력과 여러분이 들고 있는 무기의 무게 덕분에 더 유리하게 승리를 거머쥘 수 있습니다. 만약 앞에 있는 군사들이 여러분에게 따라오라고 지시한다면 그 말을 따르되 그들보다 앞서지 말고 그들에게 적을 더욱 쫓으라고 독려하십시오. 그럼 이제 부대로 돌아가서 점심 식사를 하고 다른 사람과 함께 머리에 화관을 쓰고 있으십시오."

(43) 이렇게 키루스와 그의 군사들은 준비했다. 그리고 그들이 점심 식사를 마쳤을 때, 아시리아 군대는 용감하게 밖으로 나와 한 줄로 섰다. 아시리아 왕은 몸소 마차를 타고 따라와 줄을 정렬시키면서 군사들을 다음과 같이 독려했다. (44) "아시리아 군사들이여. 지금이 바로 그대들이 용감해질 때이다. 목숨을 위해 절박하게 싸워야 하고, 태어난 조국을 위해, 자랐던 집을 위해, 부인들과 자녀들과 누렸던 모든 행복을 위해 싸워야 할 때이다. 그대들이 승리한다면 이전과 마찬가지로 그 모든 것을 여전히 가질 것이고, 만약 패배한다면 적에게 그 모든 것을 넘겨주게 될 것이다. (45) 따라서 승리를 바란다면 용감하게 맞서 싸우라. 전쟁에서 이기기를 바라면서 도망가거나, 아무 무기도 없이 적에게 몸을 드러내는 것은 바보나 하는 짓이다. 그리고 스스로 자기 목숨을 구하는 사람이 승자가 되고, 도망가는 자는 용감하게 싸우는 자보다 죽기 쉽다는 것을 안다면, 도망가는 것 역시 바보나 하는 짓이다. 부자가 되기 원하면서 패하여 굴복하는 것 역시 바보짓이다. 승자는 자신의 재산을 지킬 뿐 아니라 패자의 재산까지 몽땅 차지하게 되고, 패자는 그의 재산뿐 아니라 그가 지금까지 가졌던 소유마저 전부 날린다는 것을 알지 못하더냐?"

(46) 아시리아 왕이 이렇게 준비하자 키악사레스는 키루스에게 전령을 보

내 지금이 적을 향해 전진할 때라고 말했다. "지금 흉벽 밖에 나와 있는 적의 숫자는 적을지라도 우리가 전진하게 되면 그들의 숫자는 많아질 것이다. 그러므로 그들의 숫자가 많아질 때까지 기다리지 말고 지금 전진하여 그들을 쉽게 이기도록 하자."

(47) 그러자 키루스가 대답했다. "그러나 외삼촌, 우리가 적을 절반 이상 해치우지 못한다면, 적은 우리가 그들을 두려워하기 때문에 아주 소수만 공격했다고 말할 것입니다. 그들은 여전히 패배했다고 여기지 않을 것이므로, 우리는 또 다른 전투를 치러야 합니다. 또한 그들은 오늘 우리가 하는 것보다 더 좋은 계획을 짜서 우리를 공격할 것이기 때문에, 우리는 크고 작은 전투를 여러 번 치러야 합니다."

(48) 전령은 이 대답을 듣고 떠났다. 이때 크리산타스와 몇몇 동료 귀족이 아시리아 도망병들을 잡아 가지고 데려왔다. 키루스는 당연히 도망병들에게 지금 적이 어떤 상황인지를 물었다. 그들은 군대가 이미 밖으로 나와 전진하고 있으며, 왕은 친히 군대를 정렬시키고 있고, 그들을 진지한 말로 독려하고 있다고 말했다. 옆에 있던 페르시아 귀족들도 이 보고를 들었다.

(49) 그러자 크리산타스가 물었다. "아직 시간이 있을 때 우리 군사들을 불러 모아 그들의 사기를 높이는 말을 하는 게 어떻겠습니까?"

(50) "크리산타스. 아시리아 왕이 그의 군사들을 격려하는 것을 두고 심란해하지 말게나." 키루스가 말했다. "훌륭한 말을 듣는다고 해서 겁쟁이가 말을 듣는 그날에 용감한 군인으로 바뀌는 것은 아니라네. 예전부터 활 쏘는 훈련을 하지 않았다면 훌륭한 궁수가 될 수 없고, 예전부터 훈련하지 않았다면 하루아침에 훌륭한 창병이 될 수 없다네. 기병의 경우도 마찬가지지. 예전부터 꾸준히 훈련하지 않았다면 격려의 말을 들어도 체력적인 부담조차 견뎌

낼 수 없지."

(51) "그렇지만 키루스여, 당신께서 격려해 준다면 우리 군사들이 더욱 용감해지지 않을까요?" 크리산타스가 말했다.

"그대는 정말로 한마디의 말이 듣는 사람의 영혼에 즉시 명예의식을 심어 주고, 나쁜 행동을 하지 못하도록 하며, 칭찬을 받기 위해 모든 고통과 위험을 견디도록 만들 수 있다고 생각하는가? 말을 들으면 목숨을 건지기 위해 도망가기보다 싸우다 죽는 것이 낫다는 생각을 그 영혼에 영원히 각인시킬 수 있다고 생각하는가 말이다." 키루스가 물었다.

(52) 키루스는 계속해서 말했다. "그런 의식을 사람의 마음속에 심어 주고 계속 존재하게 만들 수 있다면, 선한 사람에게는 자유와 명예를 주고 악한 사람에게는 살아갈 가치를 느끼지 못할 만큼의 굴욕과 고통을 주는 법이라는 것이 존재할 필요가 없지.

(53) 나는 또한 법뿐만 아니라, 무엇이 옳은지 알려 주며 그 옳은 대로 행동하는 데 익숙해지도록 가르치는 교사들과 관리들이 있어야 한다고 생각하네. 그들은 선하고 명예롭게 사는 것이 진정으로 행복한 삶이며, 악하고 불명예스럽게 사는 것이 가장 가엾은 사람이라는 의식이 인간 본성의 일부가 되도록 만들어 주는 사람들이지. 적에 맞서 두려워하지 않고 이제껏 해 온 훈련의 승리를 보여 주려는 사람은 그런 의식을 갖고 있어야만 한다. (54) 그러나 군인이 무장을 하고 전투에 나가려는데 예전에 배운 교훈을 잊어버린 사람이 많다면 누군가 일어서서 연설을 할 수 있다. 그때는 군사들을 호전적으로 만들 수 있으며, 그것이야말로 세상에서 덕을 배우고 가르치는 가장 쉬운 방법일 것이다. (55) 그리고 나는 우리가 이제껏 훈련시킨 군사들이 언제나 불굴의 태도를 보일 것이라고는 믿지 않는다. 그들은 그대가 그들의 모범이 되고

그들이 무언가를 잊어버렸을 때 그들을 일깨워 주지 않는다면 계속해서 굳건하지 않을 것이다. 따라서 크리산타스, 만약 말 한마디를 들어서 훈련되지 않는 사람이 탁월하게 될 수 있다면, 그것은 잘 부른 노래를 들으면 훈련되지 않은 가수가 탁월한 가수가 되는 것보다 더 가치 있는 일이기 때문에 나는 깜짝 놀랄 것이다."

(56) 이렇게 그들은 대화했다. 이때 키악사레스로부터 또다시 전갈이 왔다. 키루스가 적을 향해 신속하게 나아가지 않고 지체함으로써 실수를 하고 있다는 내용이었다. 그러나 키루스는 전령에게 다음과 같이 말했다. "그러나 아직도 적이 흉벽 밖으로 많이 나오지 않았다는 것을 알려 드리고 싶다. 이렇게 전하라. 그럼에도 불구하고 그렇게 하는 것이 외삼촌을 기쁘시게 하는 일이라면 즉시 군대를 이끌고 나가겠다고."

(57) 키루스는 이렇게 말하고 신들에게 기도를 올린 뒤 군대를 이끌고 나갔다. 그는 오랫동안 훈련시킨 대로 대형을 훌륭히 이루어 속보로 빠르게 이끌었다. 군사들도 서로 뒤처지지 않으려고 경쟁하며 용감하게 뒤따랐다. 군대의 맨 앞줄은 모두 장교들이었다. 군사들은 모두 철저히 훈련한 덕분에 똑똑하고 체력적으로 강인했다. 그들은 기쁘게 따랐다. 왜냐하면 오랜 교육의 결과로 그들은 적이 특별히 궁수와 창병, 기병으로 구성되어 있을 때는 적과 백병전으로 싸우는 것이 가장 쉽고 안전한 길이라는 것을 알기 때문이었다.

(58) 두 군대가 여전히 멀리 떨어져 있을 때, 키루스는 "제우스신은 우리의 조력자이자 인도자다."라는 구호를 군사들에게 전달했다. 군사들은 그 구호를 돌렸고 나중에 키루스에게 다시 돌아왔다. 그때 키루스는 평소에 자주 부르던 제우스신의 쌍둥이 아들 디오스쿠로이를 칭송하는 찬가를 몸소 부르기 시작했고, 군사들도 모두 큰 소리로 열렬하게 따라 불렀다. 이런 행위는 신

을 경외함으로써 인간에 대한 두려움을 줄이는 역할을 했다. (59) 그리고 찬가가 끝났을 때 동료 귀족들은 잘 훈련된 군사들을 보면서 즐거워했다. 그들은 옆과 뒤에 있는 군사들의 이름을 부르면서 이렇게 말했다. "친구들이여, 그리고 용감한 군사들이여." 그들은 이렇게 서로를 격려했다. 뒤에 있는 군사들은 이런 격려를 들으며 앞에 있는 군사들에게 용감하게 자신들을 이끌라고 대답했다. 이렇게 키루스의 군대는 열정과 야망, 힘, 용기, 격려, 자기 통제, 복종심으로 가득했다. 그리고 나는 이것이 적이 직면했던 가장 무서운 것이었다고 생각한다.

(60) 페르시아군의 본대가 점점 가까이 오자 마차에서 내려 선두에 섰던 아시리아 군사들이 다시 마차에 올라 아시리아군의 본대 뒤로 물러나기 시작했다. 그러는 사이 아시리아 군대의 궁수와 창병, 투석병은 무기를 발사했으나 페르시아군에 미치지 못하는 곳에 떨어졌다. (61) 그리고 페르시아군이 땅바닥에 떨어진 무기를 밟고 넘어가게 되자 키루스가 소리쳤다. "용감한 군사들이여. 각자 서두르고 자신의 위치를 나타내 보여라. 그리고 다른 사람에게도 서두르라고 말을 전달하라." 그들은 그 말을 전달했다. 열정과 용기, 그리고 적과 마주치려고 하는 갈망에 자극을 받아 어떤 이들은 달리기 시작했다. 그리고 모든 밀집대형 또한 뒤따르며 달렸다. (62) 그리고 키루스 자신도 걷는 것을 잊어버리고 그들을 이끌며 달리기 시작했다. 그는 달리면서 소리쳤다. "누가 나를 따를 것인가? 누가 용감한 자인가? 누가 제일 먼저 아시리아 군사를 쓰러뜨릴 것인가?"

키루스의 말을 들은 군사들이 역시 같은 말을 소리쳤다. 그리고 모든 대열이 격정에 차서 외쳤다. "누가 나를 따를 것인가? 누가 용감한 자인가?"

(63) 페르시아 군대는 그런 기백으로 돌격하여 적과 맞붙었다. 적은 더 이

상 자리를 고수하지 못하고 뒤돌아서서 참호를 향해 도망가기 시작했다. (64) 페르시아군은 그들을 흉벽 문까지 추격하면서 닥치는 대로 베었다. 아시리아 군사들은 서로 밀치고 엉키느라 혼란에 빠졌고, 일부는 너무 급박하게 후퇴하느라 참호 속으로 떨어졌다. 페르시아 군사들은 참호 속으로 뛰어 내려가 말과 사람을 모두 죽였다. (65) 이것을 본 메디아 기병대는 아시리아 기병들을 밀어붙였고, 역시 나머지 군사들과 마찬가지로 속절없이 무너졌다. 메디아 기병대는 아시리아 기병대를 뒤쫓아 말과 사람을 모두 죽였다.

(66) 흉벽 안에 있던 아시리아 군사들은 동료들을 소탕하고 있는 적을 향해 창이나 활을 던질 마음조차 먹지 못했고, 동료들이 살육당하는 광경을 보고 공포에 질린 나머지 그럴 힘조차 없었다. 이윽고 몇몇 페르시아 군사들이 흉벽 문을 향해 오는 것을 보게 되자, 아시리아 군사들은 심지어 흉벽 안에서도 달아나기 시작했다. (67) 아시리아와 동맹국의 여자들은 군사들이 진영 안에서도 도망가는 것을 보고 울음을 터뜨리며 공포에 질려 도망가기 시작했다. 자식이 있는 여자나 젊은 여자나 가릴 것 없이 모두 비탄에 젖어 옷을 찢고 뺨을 때리며, 도망가지 말고 남아서 자신과 자녀들을 지켜 달라고 군사들에게 애걸했다.

(68) 그러자 아시리아군에 가담한 동맹국의 왕들이 그들의 충성스러운 부하들과 합류하여 흉벽 문과 흉벽 위에서 몸소 싸우거나 군사들에게 싸우라고 독려했다.

(69) 상황이 어떻게 전개되는지를 알게 된 키루스는 군사들이 흉벽을 넘어 안으로 밀고 들어가면 숫자의 열세 때문에 패하게 될까 봐 두려워졌다. 그래서 그는 적의 범위가 미치지 못하는 곳까지, 적을 마주본 채로 퇴각하라고 명령을 내렸다.

(70) 페르시아군의 동료 귀족들은 퇴각에서도 이상적인 규율을 보여 주었다. 그들은 즉시 키루스의 명령에 복종해 그 말을 군사들에게 전달했다. 그리고 적의 범위에서 벗어나자 멈춰 서 다시 대형을 정비해 정규 대형을 이루었다. 그들은 합창단원이 어디에 서야 하는지를 아는 것보다 더 정확하게 자신들의 위치를 알았다.

제4권

아시리아군과의 전투

# 제1장

(1) 키루스는 그곳에 군대와 함께 잠시 머물러 만약 그들이 나온다면 다시 싸울 의지가 있다는 것을 보여 주었다. 그러나 적이 나오지 않자 키루스는 그가 생각하기에 멀리 떨어진 곳으로 후퇴하여 그곳에 진영을 차렸다. 그는 보초병을 세우고 정찰병을 내보낸 다음 군사들을 한곳에 모아 가운데에서 이렇게 연설했다.

(2) "페르시아 군사들이여. 나는 우선 내 모든 영혼을 바쳐 신들을 칭송하고 싶습니다. 나는 그대들 또한 같은 마음일 거라고 믿습니다. 우리는 승리했을 뿐 아니라 우리의 목숨 또한 건졌습니다. 따라서 우리는 신들에게 우리가 가진 것들을 바쳐 감사의 제사를 올려야 합니다. 나는 지금 이곳에서 여러분 모두를 칭찬합니다. 여러분은 이 영광스러운 승리를 얻기 위해 기여했습니다. 그리고 각자의 공적에 대해서는 믿을 만한 근거를 통해 그 기여도를 확인한 다음 그에 합당한 말과 행동으로 보답할 것입니다. (3) 그러나 내 옆에서 싸웠던 크리산타스 중대장은 다른 사람에게 물어볼 필요가 없습니다. 나는 그가 얼마나 용감했는지를 압니다. 그 외의 다른 모든 것에서도 그는 내가 여러

분 모두가 그러기를 바랐던 그대로 실천했습니다. 내가 그의 이름을 불러 퇴각 명령을 내렸을 때, 그는 적을 강타하기 위해 칼을 들어 올리고 있었음에도 불구하고 듣는 즉시 내 명령을 따랐고, 본인이 퇴각했을 뿐 아니라 다른 사람에게도 내 명령을 신속하게 전달했습니다. 그리하여 그는 적이 우리가 퇴각하고 있다는 사실을 알아차리기 전에 자신의 부대를 적의 화살이나 창으로부터 벗어나게 했습니다. 그는 이렇게 복종함으로써 자신과 그의 부대를 안전하게 보호했습니다. (4) 그러나 나는 다른 군사들이 부상을 입은 것을 봅니다. 나는 그들이 교전 중 언제 부상을 입었는지 물어본 다음 그에 대한 내 의견을 피력할 것입니다. 그러나 강한 전사인 크리산타스는 신중하고 내 명령에 복종했습니다. 나는 그를 연대장으로 승진시킬 것입니다. 그리고 신이 그에게 또 다른 복을 내리신다면 나 또한 그것을 잊지 않을 것입니다."

(5) "나는 또한 이 생각을 여러분 모두에게 전달하고 싶습니다." 키루스는 계속 말했다. "오늘 전투에서 배운 것을 결코 잊지 마십시오. 그래야만 도망가는 것과 용기 있게 싸우는 것 중에 어느 것이 목숨을 구하기 쉬운지, 싸우려는 사람과 그렇지 않으려는 사람 중에 누가 더 쉽게 도망가는지, 그리고 승리가 어떤 즐거움을 가져다주는지 여러분 마음속으로 판단할 수 있습니다. 여러분이 이 모든 것을 경험하고, 그것이 가장 최근에 일어났을 때 가장 잘 판단할 수 있습니다. (6) 그리고 이것을 항상 기억할 때 여러분은 보다 더 용감해질 수 있습니다."

"신의 사랑을 받고 용감하고 지혜로운 군사들이여. 이제 가서 저녁 식사를 하십시오. 그리고 신에게 술을 올리고, 승리의 노래를 부르며, 동시에 혹시 있을지 모르는 내 명령에 주의하고 있으십시오."

(7) 키루스는 이렇게 말하고 말에 올라탄 뒤 키악사레스에게 갔다. 두 사람

은 승리를 축하하는 인사를 나누었다. 그러고 나서 키루스는 그곳의 사정을 살펴본 다음 혹시 자신이 도울 일이 없는지를 물은 뒤 부대로 돌아왔다. 그는 보좌관들과 함께 저녁 식사를 하고 보초병을 세운 뒤에 휴식에 들어갔다.

(8) 반대로 아시리아 군대는 그들의 왕과 왕을 따르던 최고의 군사들이 죽었기 때문에 낙담한 나머지 밤에도 많은 군사들이 도망갔다. 크로이소스와 동맹국의 다른 왕들 또한 이것을 보고 낙담하였다. 전체 상황이 그렇게 자포자기로 된 가장 큰 원인은 주력 부대의 사기가 완전히 꺾여 버렸기 때문이다. 이렇게 사기가 꺾인 군사들은 진영을 떠났고, 그것도 어둔 밤중에 그랬다. (9) 다음날 아침 적의 진영이 버려진 것으로 발견되자, 키루스는 즉시 페르시아 군사를 이끌고 제일 먼저 참호를 넘어 들어갔다. 그곳에는 적이 버리고 간 양과 가축, 많은 물품을 실은 마차가 가득했다. 곧이어 카악세레스와 그의 메디아 군사들이 참호를 넘어 들어왔고, 그곳에서 아침 식사를 했다. (10) 아침 식사를 마쳤을 때 키루스는 중대장을 모두 불러 놓고 이렇게 연설했다.

"신들께서 우리에게 주신 이 모든 좋은 것이 얼마나 멋지던가. 여러분은 적이 우리에게서 도망가는 것을 직접 눈으로 보았다. 그들은 요새 안에 있었는데 그곳을 버리고 도망갔다. 만약 그들이 우리를 평지에서 만난다면 그들이 우리와 싸울 것이라고 누가 생각할 수 있겠는가. 그들은 우리가 전투 경험이 없을 때에도 우리를 빠르게 막지 못했다. 그런데 우리에게 패배와 고통을 당한 뒤에 우리를 빠르게 막을 수 있겠는가? 최고의 군사들이 우리 손에 죽었다. 그런데 더 망가지려고 우리랑 싸우겠는가?"

(11) 그때 듣고 있던 한 중대장이 말했다. "온갖 좋은 것이 우리 앞에 분명하게 놓여 있는데 왜 신속하게 그들을 추격하지 않습니까?"

그러자 키루스가 대답했다. "우리는 말이 충분하지 않다. 우리가 잡거나 죽여야 할 최고의 적은 대부분 말을 타고 도망갔다. 신들의 도움으로 우리는 그들을 패주시킬 수 있었지만 그들을 추격하거나 따라잡을 수는 없는 것이 현실이다."

(12) "그렇다면 왜 키악사레스 왕에게 가서 이것을 말하지 않습니까?" 그들이 말했다.

"그렇다면 너희 모두 나를 따라오너라. 그러면 우리가 이 점에 대해 모두 동의했다는 것을 아실 것이다." 키루스가 말했다.

(13) 그런데 그들의 제안을 들었을 때 키악사레스는 약간 시기하는 표정이었다. 아마도 그는 또 다른 싸움을 하고 싶지 않은 것 같았다. 그는 즐기며 노느라 여념이 없었고, 다른 메디아 군사들도 마찬가지였기 때문에, 지금 있는 곳에 계속 머물고 싶어 했다. 그래서 그는 다음과 같이 말했다.

(14) "키루스. 나는 페르시아인은 어떤 즐거움도 무절제하게 즐기지 않도록 주의하는 것을 익히 보고 들어서 알고 있다. 그러나 나는 작은 즐거움을 자제하는 것보다 가장 큰 즐거움을 자제하는 것이 더 유익하다고 생각한다. 우리에게 주어진 지금의 성공보다 더 큰 즐거움이 어디 있겠느냐?

(15) 따라서 성공했을 때 우리는 그 성공을 적절히 지켜야 하며, 그럴 때 우리는 행복 안에서 아무 위험 없이 늙어갈 수 있다. 그러나 우리가 이 성공에 만족하지 못하고 또 다른 성공을 얻으려고 노력한다면, 우리는 해상 여행에 한 번 성공했다고 해서 그만두지 않고 계속 바다를 여행하다 바다에서 고초를 겪거나, 승리를 거두었다고 해서 또 다른 승리를 노리다 처음 얻은 승리마저 잃어버리는 것과 같은 운명을 겪지 않을지 염려된다. (16) 그리고 그것이 우리가 갈 길이다. 왜냐하면 만약 적이 우리보다 숫자가 적기 때문에 도망갔다면 그들을 추격하는 것이 안전하다. 우리는 비록 적과 싸워 이겼지만 숫

자에서 얼마나 부족한지를 알고 있다. 적의 일부는 우리와 싸우지도 않았다. 우리가 그들을 압박하지 않는다면 그들은 우리의 숫자가 얼마나 되는지 알지 못한 채로 남을 것이다. 하지만 그들이 도망가는 것보다 남아 있는 것이 덜 위험하다는 것을 알게 된다면, 우리는 그들을 일부러 용감한 군인들로 만들지 않을까 염려된다. (17) 그리고 나는 너에게 적의 부인과 자녀를 잡으려고 열심일 필요가 없다는 것을 알려 주고 싶다. 새끼를 데리고 있는 야생 멧돼지는 그 숫자가 아무리 많다 할지라도 일단 사람에게 발견되면 도망간다. 그러나 누군가 멧돼지를 잡으려고 하면, 그것이 단지 한 마리라 할지라도 잡으려는 사람에게 덤빈다는 사실을 기억해라. (18) 이제 적은 요새 속에 숨어 있으므로 우리는 우리가 좋을 때 그들과 싸우는 것이 가능하게 되었다. 하지만 우리가 그들과 평지에서 대면하고, 그들이 부대를 나누어 싸우는 법을 알게 된다면, 다시 말해 지금 하는 것처럼 앞에서 공격하고, 다른 부대는 양옆에서 공격하고, 또 다른 부대는 뒤에서 공격한다면, 그들을 대항할 우리의 눈과 손이 부족하지 않을까 염려된다. 그리고 나는 메디아 군사들이 축제 기분에 들떠 있는 것을 본다. 나는 그들을 이 즐거움에서 내쫓아 위험을 떠안도록 강요하고 싶은 생각이 없다."

(19) "아닙니다, 외삼촌." 키루스가 대답했다. "누구에게도 강요하지 마십시오. 다만 저를 따르겠다고 자원하는 군사만이라도 가도록 허락하여 주십시오. 우리는 외삼촌과 여기 있는 모두를 즐겁게 할 만한 것들을 가지고 돌아오겠습니다. 우리는 적의 본대를 결코 추격하지 않을 것입니다. 어떻게 그들을 따라잡을 수 있겠습니까? 그러나 뒤에 처지거나 본대에서 낙오된 적을 발견한다면 이리로 끌고 오겠습니다." (20) 그는 덧붙였다. "외삼촌. 부디 기억해 주십시오. 우리는 외삼촌께서 도움을 요청했을 때 먼 길을 떠나 왔습니다. 따

라서 이번에는 외삼촌께서 우리의 부탁을 들어주시는 것이 합당하다고 생각됩니다. 그래야 우리도 빈손으로 고국에 돌아가지 않을 뿐 아니라 외삼촌께 더 이상 우리를 부양해 달라고 요청하지 않을 수 있기 때문입니다."

(21) "그럼 좋다." 키악사레스가 말했다. "누구든 너를 따르겠다고 자원하는 사람이 있다면 나로서는 네가 정말 고마울 것이다."

"그렇다면 외삼촌의 명령을 받들기 위해 외삼촌께서 신뢰하는 사람 하나를 저에게 붙여 주십시오." 키루스가 말했다.

"누구든 네가 원하는 사람을 데리고 가거라." 키악사레스가 말했다.

(22) 마침 그때 예전에 키루스의 친척인 척 해서 그에게 입맞춤 했던 사람이 그곳에 있었다.* 키루스는 그를 보자 즉시 말했다. "이 사람을 데리고 가겠습니다."

그러자 키악사레스가 말했다. "너는 키루스를 따라가거라. 그리고 누구든 키루스를 따라가고 싶은 사람이 있으면 말하라고 포고하라."

(23) 그렇게 키루스는 그 사람을 데리고 나갔다. 그들이 나갈 때 키루스가 말했다. "이제 예전에 당신이 나를 보기를 기뻐한다고 했던 말이 진실이라는 것을 증명해 보이시오."

그러자 그 메디아인이 답했다. "그렇게 물으신다면 저는 결코 당신 곁을 떠나지 않겠습니다."

"그렇다면 나와 함께 갈 군사들을 모으는 데도 최선을 다해 줄 수 있는가?" 키루스가 물었다.

"제우스신에 맹세코 그렇습니다." 그가 맹세하며 대답했다. "당신께서도 저를 보면 기뻐하실 수 있을 정도로 열심히 하겠습니다."

---

* 아르타바주스를 말한다. 키루스와의 입맞춤 사건에 대해서는 1.4.27~28을 참조 - 原註

(24) 키악사레스의 명령을 함께 받은 사람으로서 그는 메디아 군사들에게 열정적으로 지원자 모집 소식을 전하였다. 거기에 더해, 그는 가장 용감하고 고귀하며 신이 내려 주기도 한 사람을 결코 떠나지 않겠다고 말했다.

## 제2장

(1) 키루스가 그렇게 준비하고 있을 때, 마치 신의 뜻이라도 되는 것처럼 히르카니아로부터 사절단이 왔다. 히르카니아는 아시리아의 이웃 국가로서 큰 나라는 아닌데, 바로 그 이유 때문에 아시리아의 속국이 되었다. 그들은 말을 잘 탄다는 명성이 자자했고, 그 명성은 지금도 여전하다. 그 때문에 아시리아인은 스파르타인이 스키리티아인에게 했던 것처럼 힘들거나 위험한 일에 그들을 고용했다. 그리고 특별한 일이 있을 때마다 1천명의 기병대를 꾸려 자신들의 뒤를 따르도록 시켰다. 목적은 만약 뒤에서 어떤 위험이 닥치면 아시리아인 대신 그들이 맞도록 하기 위해서였다. (2) 히르카니아인은 제일 뒤에서 행진할 때 마차에 가족도 함께 싣고 따랐다. 왜냐하면 우리가 알다시피 대부분의 아시아인은 전쟁에 나갈 때 그들의 식솔을 데리고 가는데, 히르카니아인도 이번 출정에서 그랬다.

(3) 그러나 아시리아 왕이 죽었고, 그의 군대가 패하여 모든 계급의 군사들이 크게 공포에 떨고 있으며, 동맹국은 용기를 잃고 도망가고 있다는 사실을 알게 되자, 그들은 자신들이 지금까지 어떤 대우를 받았고 지금 어떤 상황

인지를 고려한 결과, 만약 키루스의 군대가 아시리아 군대를 공격한다면 지금이야말로 반역을 일으키기 좋은 기회라고 판단했다. 그래서 그들은 키루스에게 사절단을 보냈다. 그들은 이번 전투의 결과로 키루스의 이름이 크게 높아졌다는 것을 알았다. (4) 사절단은 키루스에게 그들이 아시리아인을 싫어할 만한 충분한 이유가 있고, 만약 키루스가 아시리아 군대를 공격한다면 키루스의 동맹군이자 길잡이가 되겠다고 말했다. 그리고 동시에 키루스에게 아시리아 군대의 어려운 처지를 알려 주었다. 그들은 무엇보다 키루스가 아시리아 군대를 무찌르기를 원했다.

(5) 키루스가 사절단에 물었다. "여러분은 정말로 우리가 적이 요새로 들어가기 전에 그들을 따라잡을 수 있다고 생각하는가?" 그는 덧붙였다. "그들이 우리의 손아귀를 빠져나간 것은 단지 억세게 운이 좋았기 때문이다." 키루스는 히르카니아인이 그와 그의 군대를 높게 보도록 하기 위해 이렇게 말했다.

(6) 히르카니아인들은 키루스와 그의 군대가 새벽 동틀 무렵에 행진 대형으로 출발하면 다음 날에는 그들을 따라잡을 수 있을 것이라고 대답했다. 왜냐하면 적의 숫자가 매우 많고 짐까지 싣고 있어 행진 속도가 매우 느렸기 때문이다. "게다가 그들은 지난밤에 한숨도 자지 못했기 때문에 아주 조금만 간 뒤 지금 진을 치고 쉬고 있습니다."

(7) "그렇다면 여러분의 말이 사실이라고 보증할 만한 것을 우리에게 가져올 수 있는가?" 키루스가 물었다.

"그렇습니다." 그들이 대답했다. "우리는 오늘 밤 달려가 인질을 데리고 오겠습니다. 당신께서도 우리에게 신들의 이름으로 보증해 주시고 약속을 지킬 것을 다짐해 주십시오. 그리고 나머지 우리 동족에게도 우리와 똑같이 보증해 주십시오."

(8) 키루스는 만약 그들의 말이 사실이라면 그들을 진정한 친구로 페르시아인이나 메디아인과 차별 없이 존중해 줄 것이라고 엄숙하게 약속하였다. 그리고 오늘날에도 히르카니아인이 신뢰를 받고 자리를 얻는 데 있어 페르시아인과 메디아인과 똑같이 대우받는 것을 볼 수 있다.

(9) 키루스는 저녁 식사를 한 다음 아직 해가 있을 때에 군대를 소집했고, 히르카니아인에게는 함께 갈 수 있도록 기다리라고 지시했다. 예상할 수 있듯이 모든 페르시아 군사가 키루스를 따라나섰고, 티그라네스와 그의 부대도 키루스를 따랐다. (10) 메디아 군사들도 키루스를 따라나섰는데, 이유는 여러 가지였다. 어떤 이는 어렸을 때 키루스와 친구였기 때문에 그랬고, 다른 이는 적을 추격하는 키루스의 방식을 좋아해서 그랬으며, 또 어떤 이는 자신을 큰 위험에서 구해 준 것이 고마워서 그랬고, 또 어떤 이는 키루스가 능력 있어 보이니까 언젠가 그가 크게 성공할 것이라는 희망을 갖고 따라나섰다. 그 외에도 키루스가 어릴 적 메디아에서 자랄 때 그에게 받은 도움에 보답하기 위해 따라나선 사람도 있었고, 키루스의 외할아버지에게 받은 호의에 빚진 마음으로 나서기도 했다. 그리고 히르카니아인을 보고, 그들이 합류했기 때문에 약탈을 더 크게 할 수 있을 것이라는 소문이 퍼지자 더 많은 재물을 얻으려는 목적에서 따라나서는 사람도 많았다.

(11) 그 결과 거의 모든 군사가 키루스를 따라나섰는데, 키악사레스와 함께 천막에서 먹고 마시며 놀던 사람들을 제외하고 메디아인까지 따라나섰다. 그 사람들과 그들의 부하들만 뒤에 남았다. 모두가 기쁘고 열정적인 마음으로 서둘러 나섰다. 그들은 강요가 아니라 자신의 의지와 감사의 마음에서 따라나섰다.

(12) 그들이 진영을 떠나자 키루스는 맨 처음 메디아인에게 가서 그들을

칭찬하고 무엇보다 그들과 키루스의 군대를 인도한 신들에게 기도하였다. 그는 또한 그들의 열정에 보답할 수 있게 해 달라고 기도했다. 키루스는 결론적으로 보병이 맨 먼저 가고 메디아인이 기병대와 함께 뒤를 따를 것이라고 말했다. 그리고 쉬거나 행진을 멈추는 곳마다 그들 중 몇몇 사람을 키루스에게 오게 하여 각 상황에서 필요한 것이 무엇인지를 알도록 했다.

(13) 그리고 히르카니아인에게는 길을 인도하라고 명령했다.

"뭐라고요!" 그들이 큰 소리로 말했다. "우리가 인질을 데리고 올 때까지 기다리지 않겠다고요. 당신께서 우리를 믿지 못하겠다면 가시기 전에 우리의 선한 맹세로써 보증을 받으실 수 있습니다."

"아니오." 키루스가 대답했다. "나는 보증이란 우리의 마음과 손으로 받을 수 있다고 생각합니다. 사실 우리는 지금껏 준비해 왔소. 여러분이 진실을 말한다면 우리는 여러분에게 은혜를 베풀 능력이 충분히 있소. 그러나 여러분이 우리를 속이려고 한다면, 우리가 여러분의 손안에 있는 것이 아니라 신들께서 허락하신다면 오히려 여러분이 우리 손안에 있게 될 것이오. 히르카니아인이여. 잘 들으시오. 여러분이 말한 대로 여러분 동족이 적의 뒤에 있다면 그들을 보자마자 우리에게 알려 주시오. 그러면 우리는 그들에게 아무런 해도 입히지 않겠소이다."

(14) 히르카니아인은 이렇게 말을 듣고 키루스가 명령한 대로 군대를 인도했다. 그들은 그의 넓은 도량에 놀랐다. 그들은 아시리아인이나 리디아인, 그리고 그들의 동맹국을 더 이상 두려워하지 않고, 키루스가 그들과 함께 하지 않는 순간이 생기지 않을까를 두려워했다.

(15) 행진을 계속하는 사이에 어느덧 밤이 되었다. 그리고 그 밤에 키루스와 그의 군대에게로 하늘에서 빛이 내려와 비쳤고, 군사들은 이 기적에 놀라

면서도 적에 대한 용기를 얻었다고 전해진다. 그들은 가벼운 행진 대형으로 갔기 때문에 자연스레 꽤 많은 거리를 따라잡을 수 있었고, 다음 날 동이 틀 무렵에는 히르카니아인의 군대 근처까지 다다랐다. (16) 히르카니아 사신들이 이 사실을 알았을 때, 그들은 키루스에게 그곳에 그들의 동족이 있다고 보고했다. 그들은 사람들이 뒤쪽에 있고 햇불의 숫자를 보았을 때 그들의 동족이 맞는다고 말했다.

(17) 이 보고를 들은 키루스는 히르카니아 군사 중에서 두 명을 전령으로 뽑아 그중 한 명을 그들에게 보내, 만약 그들이 키루스의 편이라면 만나러 나올 때에 오른손을 들 것을 전하라고 명령했다. 그리고 키루스의 군사 한 명을 같이 보내 히르카니아인에게, 키루스와 그의 군대는 히르카니아인이 어떻게 행동하느냐에 따라서 자신들도 어떻게 할지를 결정할 것이라고 명령했다. 이리하여 전령 한 명은 히르카니아인에게 가고 나머지 한 명은 키루스와 함께 남았다.

(18) 키루스가 히르카니아인이 어떻게 할지를 지켜보면서 군대를 멈추고 있을 때, 티그라네스와 메디아 장교들이 그에게 달려와 어떻게 할지를 물었다. 키루스는 그들에게 말했다. "여러분이 보듯이 히르카니아 군대는 이곳에서 그리 멀지 않은 곳에 있다. 그리고 전령 한 명이 그들에게 갔고, 우리 군사 한 명도 그들에게 가서 만약 그들이 우리 편이라면 우리를 만나러 나올 때 오른손을 들라고 말했다. 그들이 그렇게 한다면 여러분도 그들에게 오른손으로 우정의 표시를 하여 환영하라. 그러나 만약 그들이 무기를 들거나 도망가려고 한다면 여러분은 그 즉시 단 한 사람도 살아남지 못하도록 하라."

(19) 그는 그렇게 명령했다. 히르카니아인은 전령이 전하는 소식을 듣고 기뻐했고, 그 즉시 말에 올라타 지시한 대로 오른손을 들고 다가왔다. 메디아

인과 페르시아인도 오른손을 들어 우정을 표시하고 그들을 환영했다.

(20) "히르카니아인이여." 키루스는 즉시 말했다. "여러분이 보듯이 우리는 여러분을 신뢰하며, 여러분 또한 우리에 대해 마찬가지로 생각하여야 한다. 그러나 먼저 우리에게 지금 이곳이 적의 본부와 본대로부터 얼마나 떨어져 있는지를 말해 주어야 한다."

"여기서 약 6킬로미터 거리에 있습니다." 그들이 말했다.

(21) "들어라, 페르시아와 메디아, 히르카니아 군사들이여." 키루스가 큰 소리로 말했다. "나는 그대들 연합군과 동맹군에게 말하노라. 여러분은 만약 우리가 용기가 없다는 것을 적에게 보인다면 재앙을 만나게 될 상황이라는 것을 명심해야 한다. 왜냐하면 적은 우리가 무엇 때문에 이곳에 왔는지 알고 있기 때문이다. 그러나 만약 우리가 강한 힘과 용기로 공격한다면 적은 도망가려다 잡힌 노예처럼 우리에게 자비를 구하거나, 도망가려고 하거나, 어찌해야 할지 몰라 허둥대는 모습을 보이게 될 것이다. 왜냐하면 그들은 첫 번째 패배에서 회복되기 전에 우리를 보게 될 것이고, 우리가 온 것을 모르고, 우리가 대형을 갖추어 싸울 준비를 하고 있다는 것도 모른 상태에서 사로잡힐 것이기 때문이다. (22) 그러므로 우리가 지금부터 잘 먹고 잘 자고 편안하게 살려고 한다면, 그들에게 우리를 막을 계획을 의논할 시간을 주지 않게 하거나, 심지어 우리가 인간이라는 사실을 전혀 인식하지 못하게 만들어야 한다. 오직 그들에게 하늘에서 방패와 검과 미늘창과 화살이 내려온다고 생각하게 만들어야 한다."

(23) "그리고 그대 히르카니아인이여." 키루스가 말했다. "그대들은 한 줄로 쭉 펼쳐 우리 앞에서 행진하여 오직 너희 무기만 보이게 하고 우리의 모습은 최대한 숨기도록 하라. 그리고 적과 가까워졌을 때, 내가 진영에 남아 쓸

수 있도록 한 무리의 기병대를 나한테 주도록 하라. (24) 장교들과 경륜 있는 군사들은 현명하다면 뒤로 물러날 수 없도록 밀집대형을 이루어 행진하라. 그리고 도망가는 적을 추격하는 일은 젊은 군사에게 맡기어 그들이 모두 죽이도록 하라. 왜냐하면 적을 가능한 적게 살려두는 것이 가장 안전한 조치이기 때문이다."

(25) 키루스는 이어서 말했다. "그리고 우리가 전투에서 이긴다면 승리했을 때 하는 실수인 약탈을 자제해야 한다. 약탈을 하는 사람은 더 이상 군인이 아니라 짐꾼일 뿐이다. 누구든 이것을 하는 자는 노예로 취급받을 것이다.

(26) 여러분은 또한 이것을 알아야 한다. 승리보다 우리를 더 부자로 만들어 주는 것은 없다. 왜냐하면 승자는 모든 전리품과 남자와 여자, 부와 모든 땅을 단번에 쓸어 담는다. 그러므로 우리는 오직 이것에 주목해야 한다. 즉, 우리는 우리의 승리를 확실히 지켜야 한다. 만약 승자가 정복된다면 전리품 또한 빼앗기게 된다. 그리고 적을 추격하느라 정신이 없을지라도 해가 지기 전에 진영으로 돌아오는 것을 기억하라. 해가 지면 누구든 허락하지 않을 것이다."

(27) 키루스는 이렇게 말한 다음 그들을 각 부대로 보내 같은 내용을 행진할 동안 부대의 상사들에게 전달하도록 했다(상사들은 대형의 선두에 있기 때문에 듣기 위해서는 그렇게 해야 했다). 그리고 상사들에게 자신의 소대에 그 명령을 전달하도록 지시했다.

그렇게 히르카니아인은, 키루스와 페르시아 군대가 가운데에서 행진할 때 앞에서 길을 인도했다. 그리고 기병대는 양 옆에 배열했다.

(28) 새벽이 되자 적의 일부는 그들이 본 것이 무엇인지 궁금했다. 그러나 이내 그것이 무엇인지를 깨닫고 즉시 소식을 전파했다. 이 소식을 듣고 어떤

이는 놀라 울기 시작했고, 어떤 이는 묶어 놓은 말을 풀기 위해 달려갔으며, 어떤 이는 짐을 싸고, 어떤 이는 짐을 실은 짐승에서 무기를 내려 던졌다. 다르게 행동한 사람도 있었다. 무장을 하는 이도 있었고, 말에 올라타는 이도 있었으며, 고삐를 달기도 하고, 여자들을 마차에 올려 태우는 사람도 있었다. 귀중품을 급히 챙겨 그것을 땅 속에 묻다 잡히는 사람도 있었다. 그러나 그들 대부분은 급히 도망가려고 했다.

(29) 그때가 여름이었으므로, 리디아 왕 크로이소스는 여자들을 마차에 태워 밤에 보냈다. 그렇게 하면 시원한 밤에 보다 편안하게 갈 수 있고, 자신도 기병대와 함께 따라갈 목적이었다. (30) 두 명의 프리지아 왕도 똑같이 했다. 그런데 피난민이 그들을 추월하여 가는 것을 보게 되자 무슨 일이 일어났는지를 물었고, 상황을 알게 된 그들 역시 최대한 빨리 도망갔다.

(31) 그러나 카파도키아 왕과 아라비아 왕은 여전히 진영 근처에서 무장도 하지 않은 채로 저항하다 히르카니아인의 칼에 맞아 꼬꾸라졌다. 그러나 살육당한 대다수는 아시리아인과 아라비아인이었다. 왜냐하면 그들은 그들 나라에 있었으므로 도망가는 것을 진지하게 고려하지 않았기 때문이다.

(32) 메디아인과 히르카니아인은 도망가는 적을 추격할 때, 승리했을 때 할 것으로 예상되는 행동들을 저질렀다. 그러나 키루스는 그에게 주어진 기병들을 이끌고 진영 주위를 달리며 무장을 하고 나오는 적은 모조리 죽였다. 그리고 진영 안에 있는 적에게 기병이나 방패보병, 궁수 가릴 것 없이 무기를 다 발로 묶어서 가지고 나오라고 포고했다. 그러나 말은 그대로 두도록 했다. 그렇게 하지 않은 사람은 누구든 목이 날아갔다. 이제 키루스의 군사들이 손에 군도를 든 채 그들을 한 줄로 빙 둘러쌌다. (33) 뒤이어 무기를 모아 가지고 온 사람들이 키루스가 가리키는 곳에 무기를 내려놓았고, 키루스가 지명한 사람

들이 그 무기를 모두 불태웠다.

(34) 이제 키루스는 자신의 군대가 식량이나 물을 전혀 가져오지 않았고, 그것 없이는 작전을 수행하거나 그 외 어떤 것도 할 수 없다는 사실을 상기했다. 그는 어떻게 하면 가장 빠른 속도로 가장 수월하게 보급품을 충당할 수 있을지를 생각할 때, 전쟁에 나갈 때는 진영을 관리하고 그 진영에 들어오는 군사들이 먹을 식량을 책임지는 사람을 반드시 데리고 다닌다는 사실을 떠올렸다. (35) 그렇다면 그 사람은 진영 안에서 사로잡힌 사람일 가능성이 높았다. 왜냐하면 짐을 싸느라 바빴을 것이기 때문이다. 따라서 키루스는 적의 모든 보급 장교는 앞으로 나오라고 포고했다. 만약 보급 장교가 없다면 천막에서 가장 나이가 많은 군사가 나오도록 했다. 그리고 누구든 이 명령을 따르지 않은 사람은 심한 처벌을 받을 것이라고 위협했다. 그들은 그들의 주인들이 복종하는 것을 보고 그들 역시 복종했다. 그들이 나왔을 때, 키루스는 먼저 두 달 이상의 식량을 천막 안에 가지고 있는 사람은 바닥에 앉으라고 명령했다. (36) 그리고 이번에는 천막 안에 한 달 분량의 식량을 가지고 있는 사람에게 같은 명령을 내렸다. 그러자 거의 모든 사람이 바닥에 앉았다. (37) 키루스는 이것을 보고 그들에게 다음과 같이 말했다.

"너희 누구든 우리에게 고초를 당하지 않고 친절하게 대우받기를 원한다면 너희가 하루에 먹던 식량과 물의 두 배를 항상 준비해 놓도록 하라. 그리고 훌륭한 식사를 만드는 데 쓰이는 그 밖의 다른 것도 준비하라. 어느 쪽이 전쟁에서 이기든 간에 이긴 자는 이곳에 와서 식량이 충분히 있을 것으로 기대할 것이다. 그때 그들을 멋지게 대접하면 너희에게 분명 이득이 될 것이다."

(38) 그들은 이 말을 듣자 신속하게 일을 처리하러 나갔다. 그러는 사이 키루스는 중대장을 모두 불러 놓고 다음과 같이 말했다. "친구들이여. 우리 군사

들이 멀리 있는 동안 우리가 엄선된 음식과 음료로 점심 식사를 하는 것이 가능하다고 생각합니다. 하지만 나는 이 점심 식사가 우리 군사들을 걱정하는 것보다 유익하다고 생각하지는 않습니다. 또한 축하 잔치가 우리 군사들을 보다 열정적으로 만드는 것보다 우리를 더 강하게 만들 수 있다고 생각하지 않습니다. (39) 그들은 지금 적을 추격하여 죽이고 있으며 그들에게 반항하는 자들과 싸움을 하고 있습니다. 그런데 우리가 그들이 어떻게 되었는지 미처 알기도 전에 점심 식사를 할 정도로 그들에게 무관심하다는 것을 보여 주게 된다면, 그들의 눈에 우리가 불명예스럽게 보이거나, 동맹군이 우리에게 등을 돌려 우리가 약해지지 않을지 조심해야 합니다. 반면에 만약 위험과 고통을 무릅쓰고 나갔던 사람들이 돌아왔을 때 그들이 원하는 것을 받도록 우리가 배려한다면, 내 생각에 그런 종류의 축하 잔치는 지금 당장 우리의 입을 즐겁게 하는 것보다 훨씬 우리를 기쁘게 할 것입니다. (40) 그리고 우리가 군사들을 그렇게 배려할 의무가 없다 할지라도 음식과 음료를 마음껏 먹는 것이 적절치 않다는 것을 기억합시다. 왜냐하면 우리는 원하는 것을 아직 다 이루지 못한 상태이며, 오히려 지금이 위기상황으로 관심을 기울일 필요가 있습니다. 지금 진영 안에 있는 적은 우리보다 몇 배나 많고 감금되어 있는 것도 아닙니다. 우리는 그들을 경계해야 할 뿐 아니라, 우리의 식량을 준비하는 사람을 지켜줘야 합니다. 게다가 기병대가 떠났는데 지금 그들이 어디에 있는지, 그리고 그들이 돌아온다면 우리와 계속 있게 될지도 우리를 걱정스럽게 합니다.

(41) 따라서 여러분, 우리는 잠이 들고 무절제해지지 않을 정도로만 고기와 음료를 먹어야 한다고 생각합니다." 그가 말했다.

(42) "게다가 이 진영 안에는 거대한 양의 보물이 있습니다. 나는 그 양이 우리 모두가 원하는 대로 가져갈 수 있는 양이라는 것을 모르는 바가 아닙니

다. 물론 그것은 얻기 위해 노력한 사람에게 그만큼 돌아갈 것입니다. 그러나 나는 공정한 만큼 이상을 우리가 가져갈 수 있다고는 생각하지 않습니다. 그래야만 우리는 지금 받고 있는 것보다 더 큰 사랑을 받을 수 있습니다. (43) 그리고 메디아인과 히르카니아인, 티그라네스가 돌아오면 그들에게 보물의 배분을 맡길 것입니다. 그들이 우리에게 적은 양을 배분한다고 해도 나는 그것을 이득이라고 생각할 것입니다. 왜냐하면 그들은 더 많이 얻기 때문에 우리와 함께 있기를 기뻐할 것입니다. (44) 현재의 이익을 확보하는 것은 우리에게 부를 안겨 주지만 그 수명은 짧습니다. 그러나 현재의 이익을 희생하고 부가 흘러나오는 근원을 확보하는 것은 부가 영원히 솟아나는 샘을 소유하는 것과 같습니다.

(45) 그리고 내가 틀리지 않다면 우리는 고국에서 우리를 단련하는 데 익숙했습니다. 우리의 식욕을 자제하고, 때 이른 이익 얻기를 삼가는 데 익숙했습니다. 만약 상황이 우리에게 그것을 요구한다면 우리는 자제력을 우리의 장점으로 사용할 수 있습니다. 그리고 나는 우리가 훈련한 것을 증명해 보일 상황 중에 지금보다 더 중요한 때를 본 적이 없습니다."

(46) 이렇게 키루스는 말했다. 그리고 동료 귀족인 히스타스파스가 다음과 같이 말하며 키루스의 생각을 지지했다. "그렇습니다, 키루스여. 우리는 어쩌면 아주 사소한 가치밖에 없는 야수를 잡기 위해 먹을 것도 챙기지 않고 추격하곤 했습니다. 그런데 우리가 잡으려고 하는 사냥감이 세상의 모든 부라고 할 때, 만약 그 부를 좇는 열정이 나쁜 사람을 지배하고 선한 사람에게 복종하려는 우리의 마음을 가로막는다면, 그것은 정말로 이상할 것입니다. 만약 우리가 그렇게 한다면 그것은 분명 우리와 어울리지 않는 일입니다."

(47) 히스타스파스는 그렇게 연설했고 나머지 사람들은 이에 동의했다. 그

러자 키루스가 말했다. "그럼 우리 모두 이 점에 동의했으므로 각 소대마다 가장 믿을 만한 사람으로 다섯 명을 보내시오. 그들에게 둘러보도록 해서 식량을 충실히 준비하고 있는 사람은 칭찬하고 소홀히 하는 사람은 그들의 예전 주인이 했던 것보다 더 혹독하게 처벌하도록 하시오."

그래서 그들은 그렇게 했다.

## 제3장

(1) 이때 메디아인 일부가 먼저 도망갔던 마차를 잡아 가지고 돌아왔다. 마차 안에는 군대에 필요한 물품이 가득했다. 다른 메디아인은 예쁜 귀족 부인과 첩을 잡아 가지고 왔다.

(2) 오늘날까지도 아시아에서는 전쟁에 나갈 때면 가장 소중한 것을 함께 가지고 나간다. 그들은 가장 소중한 것이 함께 있으면 그것을 최선을 다해 지키기 위해 보다 용감하게 싸울 수 있다고 생각한다. 어쩌면 이것은 사실일 것이다. 그러나 그들의 육체적인 욕구를 채우기 위해 이런 관습을 따르는지도 모른다.

(3) 키루스는 메디아인과 히르카니아인이 한 것을 보고 오히려 자신과 자신의 군대에 화를 냈다. 왜냐하면 그들은 적을 열심히 추격하여 그것을 통해 무언가를 얻는데, 키루스와 그의 군사들은 거의 아무것도 얻지 못하는 상황이기 때문이었다. 기병들은 그들이 가져온 것을 키루스에게 보여 주고 다시 말을 돌려 도망간 적을 잡으러 갔다. 그들은 그들의 장교로부터 그렇게 하라고 명령을 받았다.

키루스는 이것을 보고 화가 났지만 이내 그 전리품을 한곳에 모으도록 했다. 그리고 중대장들을 한곳으로 불러 다음과 같은 제안의 말을 분명히 들으라고 말했다. (4) "친구들이여. 만약 우리가 지금 우리 앞에 놓인 전리품을 차지하려고 했더라면 가장 귀한 것들은 분명 모두 우리 페르시아인의 것이 되었을 것입니다. 그러나 우리가 우리 힘으로 차지할 수 없다면 전리품에 대한 우리의 타당한 권리를 주장할 수 없습니다. 우리는 자체 기병대 없이는 그렇게 할 수 없습니다." 그는 계속 이어 갔다. (5) "생각해 보십시오. 만약 우리가 적에게 접근하여 그들을 패주하게 만들었다 해도 말이 없으면 어떻게 달아나는 적의 기병이나 궁수, 방패보병을 사로잡거나 죽일 수 있겠습니까? (6) 그리고 우리가 적에게 위험이나 피해가 되지 못한다는 것을 분명히 안다면 적이 우리에게 와서 피해를 주기를 두려워하겠습니까? 그리고 상황이 그렇다면 지금 우리와 함께 있는 기병들이 우리 손에 들어온 전리품을 우리 것이 아니라 그들 것으로 여기는 것이 당연하지 않겠습니까? 기껏해야 제우스신의 도움으로 우리가 얻었다고 생각하겠지요. (7) 지금 현실이 이렇습니다. 그러나 우리가 메디아인에 뒤지지 않는 기병대를 보유하게 된다면, 그들이 우리에게 건방지게 구는 꼴을 더 이상 보지 않아도 되고, 그들 없이도 지금 그들이 적에게 하는 것을 모두 할 수 있다는 것이 명백해지지 않겠습니까? 왜냐하면 그들 없이도 우리가 충분히 해낼 수 있다면 그들이 이곳에 남든 떠나든 아무 상관도 하지 않을 것이기 때문입니다. (8) 나는 페르시아 군대가 기병대를 보유하느냐 마느냐에 따라 세상이 달라질 수 있다는 내 말에 아무도 반박하지 못할 것이라고 생각합니다. 그러나 여러분은 이것이 어떻게 이루어질 수 있을지 궁금할지도 모릅니다. 그렇다면 생각해 봅시다. 기병대를 만들려고 했다면 우리가 가진 자원과 우리의 부족한 점을 보다 잘 고려하지 않았을까요? (9)

지금 이곳 진영에는 사로잡은 말과 고삐가 많이 있고, 말에 쓸 수 있는 기타 여러 가지 것이 여러분 앞에 놓여 있습니다. 게다가 우리는 기병이 써야 하는 모든 것을 가지고 있습니다. 몸을 보호하는 흉갑과 적에게 던지거나 찌를 수 있는 창이 있습니다. (10) 그렇다면 이제 무엇이 남았습니까? 우리는 분명 말을 탈 줄 아는 군사가 필요합니다. 그리고 이것은 우리가 가진 다른 것보다 훨씬 더 훌륭합니다. 왜냐하면 우리 스스로만큼 우리에게 충분히 갖추어져 있는 것은 없기 때문입니다.

그러나 어떤 이는 우리가 말을 탈 줄 모른다고 말할 것입니다. 제우스신에 맹세코 아닙니다. 아무도 처음부터 말을 탈 줄 알아서 타는 것이 아닙니다. 어떤 이는 이렇게도 말할 것입니다. 그들은 어렸을 때부터 타는 법을 배웠습니다. (11) 그렇다면 말 타는 법을 설명하고 보여 주면 소년이 어른보다 더 잘 배웁니까? 그리고 소년과 성인 중에서 누가 더 체력이 좋아 배운 것을 잘 훈련할 수 있습니까? (12) 그리고 우리는 소년이나 다른 사람보다 배울 수 있는 시간이 더 많습니다. 왜냐하면 우리는 소년처럼 활을 쏘는 훈련을 할 필요가 없습니다. 우리는 이미 알고 있습니다. 창 던지는 훈련도 할 필요가 없습니다. 그것 또한 알고 있습니다. 게다가 우리는 다른 사람과 다른 상황에 있습니다. 그들 중 일부는 농사를 짓느라, 장사하느라, 국가의 노역을 하느라 바쁩니다. 우리는 훈련을 할 시간도 있을 뿐 아니라 원정을 떠나기 때문에 어쩔 수 없이라도 합니다. (13) 그리고 말타기는 다른 군사 훈련과 달리 고통스럽지 않습니다. 행진을 할 때 두 발로 터벅터벅 걷는 것보다 말을 타고 달리는 것이 즐겁지 않습니까? 그리고 속도가 필요할 때 아군 편으로 가려고 한다면 기쁜 마음으로 빨리 갈 수 있고, 추격이 필요한 상황이라면 사람이나 적을 신속하게 추격할 수 있지 않습니까? 그리고 말을 타면 무슨 무기를 지니든 간에 편하게 갈 수 있지 않습니까? 무기를 소유하는 것과 그것을 가지고 다니는 것은 분명 다른 일입니다.

(14) 그러나 우리가 가장 두려워하는 것은 우리가 말타기를 완전히 습득하기 전에 말을 타고 군사 작전을 할 필요가 있을 때입니다. 그때는 우리가 더 이상 보병이 아니지만 그렇다고 능숙한 기병도 아닙니다. 그러나 이것도 극복할 수 없는 어려움은 아닙니다. 왜냐하면 우리는 원할 때면 언제든지 발로 즉시 싸울 수 있습니다. 말을 타는 것을 배운다고 해서 보병 전술을 잊어버리지는 않습니다."

(15) 키루스는 그렇게 말했다. 그의 말을 지지하며 크리산타스가 다음과 같이 말했다. "나는 기병이 된다면 내 등에 날개를 단다고 생각하기에 기병이 되기를 열망합니다. (16) 우리는 누구와 달리기를 했을 때 근소한 차이라도 이길 수 있다면 최소한 만족합니다. 달리는 동물을 봤을 때 멀리 달아나기 전에 신속하게 화살이나 창을 던질 수 있을 정도로 잘 조준할 수 있다면 최소한 만족합니다. 그러나 기병이 된다면 적이 아주 멀리 달아난다고 해도 그들을 따라잡을 수 있습니다. 동물을 추격하여 따라잡을 수 있으며, 가까운 거리에서 즉시 때려잡거나 서 있는 것처럼 활과 창을 쏠 수 있습니다. (말을 타고 쫓는 사람과 쫓기는 동물은 둘 다 빠르게 움직이지만 서로 가까이 있을 때는 마치 서 있는 것처럼 느껴집니다.)

(17) 이제 내가 가장 부러워하는 대상은 켄타우로스*입니다. (세상에 실제로 있었는지는 잘 모릅니다.) 그는 인간의 지능으로 생각하고 양손으로 그가 필요한 것을 만들 수 있지만, 말의 힘과 속도를 지니고 있어 그의 앞에 달려가는 것은 무엇이든 따라잡을 수 있고 그가 가는 길에 있는 것은 무엇이든 쓰러

---

* 그리스 신화에 나오는 상체는 사람이고 하체는 말인 괴물이다. - 역주

뜨릴 수 있습니다. 그렇습니다. 내가 기병이 되면 그의 모든 장점을 나 자신에 결합합니다. (18) 나는 인간의 마음으로 모든 것을 예상할 수 있습니다. 내 손으로 내 무기를 들고 다닐 수 있습니다. 말을 타고 추격하고 말의 속도를 이용하여 적에게 화살이나 창을 던질 수 있습니다. 그러나 빠르게 달리기 위해 켄타우로스처럼 몸이 말과 결합될 필요는 없습니다. (19) 그렇다면 나는 켄타우로스보다 낫습니다. 왜냐하면 켄타우로스는 분명 인간을 위해 고안된 많은 좋은 것을 이용하기 어렵기 때문입니다. 인간 또한 말 고유의 안락을 어떻게 즐길 수 있겠습니까? (20) 그러나 내가 말타기를 배운다면 나는 말 위에서 켄타우로스가 하는 모든 것을 할 수 있습니다. 물론 나는 말에서 내려 저녁 식사를 하고 옷을 갈아입으며 다른 사람처럼 잠을 잘 수 있습니다. 이것이 바로 붙였다 떼었다 할 수 있는 켄타우로스가 되는 것이 아니고 무엇이겠습니까?"

(21) 그는 덧붙였다. "그리고 나는 켄타우로스의 장점을 이것에도 이용할 것입니다. 그는 두 눈으로 보고 두 귀로 들었습니다. 그러나 나는 네 눈과 네 귀로 증거를 수집할 것입니다. 왜냐하면 말은 실제로 기수가 알아차리기 전에 많은 것을 보고 기수에게 알려 주며, 기수가 듣기 전에 많은 것을 기수에게 경고합니다. 그러므로 기병이 되기를 열망하는 사람들의 명단에 내 이름을 넣어 주십시오."

"제우스신에 맹세코 우리도 넣어 주십시오." 나머지 군사들도 한목소리로 말했다.

(22) 그러자 키루스가 말했다. "그렇다면 우리 모두가 이 문제에 동의했으므로 누구든 내가 말을 준 사람이 두 발로 어디를 가는 것이 발견되면 잘못된 것으로 규칙을 정하는 것이 어떻습니까? 이동 거리가 짧든 길든 중요하지 않습니다. 그래야 사람들이 우리를 정말로 켄타우로스로 생각하지 않겠

습니까?"

(23) 이렇게 제안하자 모두가 그러겠다고 동의했다. 그리고 그때부터 오늘날까지 페르시아인은 그 습관을 따른다. 페르시아 신사는 말을 탈 수 있는데도 두 발로 어디를 가지 않는다.

이상이 이 문제에 대한 토론이었다.

## 제4장

(1) 정오가 지났을 때 메디아인과 히르카니아인이 사로잡은 말과 포로를 데리고 왔다. 그들은 무기를 버리고 투항하는 적은 살려 두었다.

(2) 그들이 왔을 때 키루스는 모두 무사하냐고 물었다. 그들이 그렇다고 대답하자 키루스는 이어서 어떻게 된 것이냐고 물었다. 그들은 자신들이 성취한 것들을 이야기하며 얼마나 용감했는지 구체적인 상황을 들어 설명했다. (3) 키루스는 그들의 말을 기쁜 표정으로 끝까지 들은 뒤 그들을 다음과 같이 칭찬하였다.

"여러분은 분명 용감하게 행동한 것 같소이다. 누가 보더라도 그렇게 느낄 것입니다. 예전보다 훨씬 웅장하고 용감하고 멋져 보입니다."

(4) 그렇게 말한 뒤 키루스는 얼마나 멀리 추격했으며 그곳에 사람이 살고 있는지를 물었다. 그러자 그들은 추격한 거리와, 모든 곳에 사람이 살고 있으며 양과 염소, 가축과 말, 그리고 곡물과 모든 산출이 풍부하다고 대답했다.

(5) 이에 키루스가 말했다. "우리가 관심을 가지면 좋을 것이 두 가지가 있습니다. 바로 그 땅의 주인이 되는 것과 그곳에 살던 사람들이 계속 살 수 있

도록 하는 것입니다. 왜냐하면 사람이 살고 있는 땅은 매우 귀중한 재산이지만 사람이 없는 땅은 생산할 수 없기 때문입니다.

(6) 나는 여러분이 반항하는 자들은 죽인 것으로 압니다. 그것은 옳은 일입니다. 왜냐하면 그것이 우리가 거둔 승리의 열매를 지키는 최선의 길이기 때문입니다. 그러나 여러분에게 항복한 자들은 전쟁포로로 끌고 왔습니다. 이제 우리가 그들을 돌려보낸다면 우리는 그 자체로 이득이 되는 일을 한다고 생각합니다.

(7) 왜냐하면 첫째로 우리는 그들을 계속 감시하거나 돌봐줄 필요가 없을 뿐 아니라 그들에게 식량을 제공할 필요도 없습니다. 물론 나는 그들이 굶어 죽도록 놔두자는 말은 아닙니다. 둘째로, 우리가 그들을 돌려보낸다면 우리는 더 많은 전쟁포로를 잡게 될 것입니다. (8) 우리가 그 땅의 주인이 된다면 그곳에 거주하는 모든 사람이 우리의 전쟁포로가 되기 때문입니다. 그리고 그들이 생명을 부지하고 그들 땅에서 자유롭게 사는 것을 보게 될 때, 나머지 사람들은 싸우기보다 복종을 선택할 것입니다. 이것이 나의 제안입니다. 이보다 더 좋은 계획이 있으면 누구든 말하십시오."

이 제안을 들었을 때 그들은 이에 동의했다.

(9) 따라서 키루스는 포로들을 불러서 다음과 같이 말했다. (10) "여러분. 여러분은 우리에게 항복함으로써 목숨을 구했습니다. 그리고 앞으로도 계속 우리에게 복종한다면 여러분의 주인이 바뀌는 것을 제외하고 예전과 달라질 것은 없을 것입니다. 여러분은 예전에 살던 집에서 살고, 같은 농장에서 일할 것입니다. 부인과 같이 살고, 아이를 지금과 같이 키울 것입니다. (11) 여러분은 우리나 그 밖의 사람과 싸울 필요가 없습니다. 그러나 만약 누군가가 여러분을 해친다면 우리가 여러분을 위해 싸울 것입니다. 그리고 아무도 여러분

에게 군대에서 일하라고 요구하지 않을 것이니 우리에게 무기를 가지고 오십시오. 무기를 가지고 오는 사람은 평화를 얻을 것입니다. 우리가 약속한 바는 속임수 없이 그대로 지켜질 것입니다. 그러나 우리에게 무기를 넘겨주지 않는 사람은 그가 소유한 땅을 즉시 빼앗아 버릴 것입니다. (12) 여러분 중 누구든 우리에게 우호적이며, 우리를 적절하게 대할 뿐 아니라, 우리에게 필요한 정보를 제공한다면, 우리는 그를 노예가 아니라 은인이자 친구로 대할 것입니다. 여러분에 대한 우리의 보증을 수락하고 나머지 사람에게도 전달하시오. (13) 그런데 여러분은 이런 복종의 조건을 수락하지만 다른 사람은 하지 않는다면 우리를 그 사람에게 인도하시오. 그러면 우리가 아닌 여러분이 그 사람의 주인이 될 것입니다."

    키루스가 이렇게 말하자 그들은 복종했으며 그가 지시한 대로 하기로 약속했다.

# 제5장

(1) 포로들이 돌아가자 키루스가 말했다. "메디아인과 아르메니아인이여. 이제는 우리 모두 저녁 식사를 할 시간입니다. 우리는 능력이 닿는 한 최선을 다해 여러분이 필요한 모든 것을 준비했습니다. 대신, 가서 만든 빵의 절반만 우리에게 보내십시오. 모두가 먹을 만큼 충분히 준비해 두었으니 염려 마십시오. 그러나 우리에게 고기와 마실 것은 있으니 보내지 않아도 됩니다.

(2) 그리고 히르카니아인에게는 이렇게 말했다. "여러분 히르카니아인이여. 우리 군사들을 인도하여 장교에게는 가장 큰 천막을(여러분은 누가 장교인지 알 것입니다.), 나머지 군사에게는 여러분이 생각하기에 가장 좋은 천막을 제공하십시오. 그리고 여러분도 여러분이 생각하기에 가장 좋은 곳에 가서 저녁 식사를 하십시오. 여러분이 쓸 천막도 안전하고 튼튼하며 마찬가지로 초병이 배치되어 있습니다.

(3) 여러분 모두는 우리가 진영 바깥에서 경계를 서고 있다는 것을 확신하셔도 됩니다. 그러나 천막 안에서 무슨 일이 일어날 경우를 대비해 무기를 편리한 곳에 놓아두십시오. 왜냐하면 천막 안에 있는 사람들은 아직 우리의 친

구가 아니기 때문입니다."

(4) 그리고 나서 메디아인과 티그라네스는 목욕을 하고 옷을 갈아입은 뒤 (갈아입도록 준비되었으므로), 저녁 식사를 하러 갔다. 말에게 줄 것 또한 준비되었다.

절반의 빵이 페르시아인에게 전달되었지만, 양념과 포도주는 충분히 가지고 있다고 했기에 전달되지 않았다. 그러나 키루스의 의도는 허기가 곧 양념이고 마실 물은 곁에 흐르는 강물이었다.

(5) 키루스는 페르시아 군사들에게 저녁 식사를 하라고 지시한 뒤, 밤이 깜깜해졌을 때 5명과 10명 단위의 소대를 많이 추려서 진영 주위로 빙 둘러 엎드린 채로 숨어 있으라고 명령했다. 누군가 외부에서 침입할 경우를 대비해 그들을 보초병으로 사용할 목적이었다. 동시에 누군가 전리품을 가지고 도망가려고 할 때 붙잡으려는 목적도 있었다. (6) 키루스는 도둑을 잡으면 그 잡은 군사가 전리품을 가지며 도둑은 죽이라고 명령했다. 그 뒤로부터 밤에 전리품을 가지고 도망가는 사람을 쉽게 찾아볼 수 없었다.

(7) 페르시아인은 이렇게 시간을 보냈다. 그러나 메디아인은 술을 마시고 마음껏 즐기며 피리로 음악을 불면서 온갖 종류의 즐거움을 만끽했다. 즐거움을 주는 모든 것을 사로잡았기 때문에 깨어 있는 사람은 무엇을 해야 할지 몰랐다.

(8) 키루스는 그날 밤 또 다시 행진을 시작했다. 그러나 메디아 왕 키악사레스는 승리를 축하하며 즐기느라 잔뜩 술에 취했다. 그는 떠들고 노는 소리가 크게 들렸기 때문에 몇몇을 제외하고는 메디아 군사들이 모두 진영 안에 있을 거라고 생각했다. 그러나 사실은 메디아 하인들이 그들의 주인들이 가버린 것을 알고 특별히 아시리아 군대와 다른 곳에서 빼앗은 술을 가져와 흥

청망청 마시며 놀았기 때문에 나는 소리였다.

(9) 다음 날 키악사레스의 본부에는 그와 같이 저녁 식사를 했던 사람 외에는 아무도 오지 않았다. 그는 메디아 군사들과 기병들이 진영을 버렸다는 소식을 듣고, 실제로 그렇다는 것을 확인하자, 키루스와 메디아 군사들에게 자신을 버리고 떠난 것을 두고 불같이 화를 냈다. 그는 거칠고 비이성적이라는 평판에 걸맞게 그곳에 있는 한 장교에게 즉시 기병들을 데리고 최고 속도로 달려 다음 명령을 키루스에게 전하라고 말했다.

(10) "나는 키루스만은 나를 배려할 것이라고 생각했다. 그리고 설령 키루스가 그렇게 마음먹었을지라도 너희 메디아 군사들은 나를 버리고 떠나는 것에 동의하지 않을 거라고 생각했다. 만약 키루스가 가겠다고 하면 그를 데리고 오고, 가지 않겠다고 하면 너는 나에게 최대한 빨리 돌아오너라."

(11) 그것이 그의 메시지였다. 그런데 떠나려던 장교가 물었다. "왕이시여. 그런데 그들을 어떻게 찾죠?"

이에 키악사레스가 대답했다. "키루스와 그의 군대는 어떻게 적을 발견했느냐?"

장교가 말했다. "제우스신에 맹세코 저는 적에게서 탈출한 일부 히르카니아인이 찾아와 그들을 안내했다고 들었습니다."

(12) 이것을 듣고 키악사레스는 키루스가 이것조차 말하지 않은 것을 알고는 더욱 화를 냈다. 그는 그 장교를 한층 더 독촉하며 메디아 군사들을 빨리 데리고 오라고 명령했다. 그는 키루스 군대에서 메디아 군사들을 빼 버리기 원했다.

(13) 따라서 그 장교는 이 임무를 부여받고 백여 명쯤 되는 기병과 함께 떠났다. 그는 떠날 때 키루스를 만나지 못할까 걱정했다. 그런데 가면서 샛길로

잘못 들어 그만 길을 잃고 말았다. 그러던 차에 어느 사막에서 우연히 아시리아인을 만나서 그들을 키루스에게 안내하라고 강요했다. 마침내 그들은 깜깜한 어둠 속에서 진영을 밝히는 횃불을 발견했다. (14) 그들이 진영으로 다가오자 보초병들은 키루스의 지시대로 그들에게 아침이 되기 전까지 다가오지 말라고 말했다.

새벽이 되자 키루스는 사제*들을 불러 그런 성공을 거두었을 때 신들에게 바칠 선물이 무엇이어야 할지 고르라고 지시했다. 사제들은 그 명령을 따랐다. (15) 그때 키루스는 모든 동료 귀족을 불러 놓고 이렇게 말했다. "친구들이여. 신께서는 우리 앞에 많은 복을 약속하셨습니다. 그러나 우리 페르시아 군대는 현재 상황에서 가용할 수 있는 인원이 너무나 적습니다. 만약 우리가 거둔 승리를 지키지 못한다면 그 승리는 다른 사람의 것이 될 것입니다. 그리고 우리 군사 일부를 전리품을 지키는 자로 가용한다면 우리는 곧 힘을 잃게 될 것입니다.

(16) 따라서 나는 여러분 중 한 명을 전속력으로 페르시아로 보내 내 말을 전하며, 만약 페르시아가 아시아를 지배하고 거기서 나오는 수익을 얻기를 갈망한다면 증원군을 최단 시일 내에 보내 줄 것을 요청하기로 결정했습니다. (17) 그대는 고급 장교이기 때문에 도착하면 내 말을 전할 뿐 아니라 무슨 군대를 파견하든지 도착한 이후부터의 보급은 우리가 책임지겠다고 말하시오. 그리고 우리가 갖고 있는 것을 하나도 숨기지 말고 다 밝히고, 그대가 그것을 직접 눈으로 확인하시오. 신들에게 당연한 감사를 드리거나 법으로 전리품의 일부를 페르시아로 보내야 한다면 내 아버지께 얼마나 보내야 할지 구체적으로 물어보시오. 페르시아 국가에 당연히 바쳐야 할 것이 있는지 의회에 물어

---

* 페르시아와 메디아의 사제를 마고스(magos, 복수로는 magoi)라고 불렀다. - 原註

보시오. 그리고 우리가 하는 일을 감시하고 우리가 묻는 질문에 대답해 줄 사람을 페르시아에서 보내 달라고 말하시오. 그대는 이제 떠날 준비를 하고, 호위하기 위해 그대의 소대를 데리고 가시오."

(18) 이 후에 키루스는 메디아 군사들을 불러 모았다. 바로 그때 키악사레스로부터 온 장교가 키루스 앞에 와서 왕이 키루스에게 보인 모든 분노와 메디아 군사들에 대한 협박을 보고했다. 그는 키악사레스 왕이 키루스가 메디아 군사들과 함께 있기를 원할지라도 메디아 군사들에게 돌아오라고 명령했다고 말했다.

(19) 그 말을 듣고서 메디아 군사들은 모두 조용해졌다. 그들은 돌아오라는 왕의 명령을 거역할 수 없기에 무척 당혹스러웠다. 그리고 왕이 돌아오라고 협박했기 때문에 두려워서 그 명령을 따라야 하는지 서로에게 물었다. 그들은 왕이 격노했을 때 어떻게 되는지를 이미 경험해서 알고 있었다. (20) 그러나 키루스는 말했다. "잘 알았소이다, 연락 장교. 메디아 군사들이여. 키악사레스 외삼촌께서는 우리가 적과 처음 마주쳤을 때 적의 숫자가 매우 많다는 것을 보았지만 우리가 어떻게 헤쳐 나갔는지를 알지 못하기 때문에, 나는 외삼촌께서 우리와 당신 자신을 걱정하시는 것을 두고 놀라지 않습니다. 그러나 수많은 적이 살육당하고 도망가는 것을 외삼촌께서 보셨을 때, 그는 두려움을 떨쳐 버렸을 것이며, 그 다음으로 군사들이 적을 전멸시키고 있을 때, 자신이 버림받지 않았다는 것을 깨달았을 것입니다.

(21) 그런데 우리가 외삼촌을 위해 열심히 일하고, 우리가 처음부터 이 군사 원정을 주도한 것도 아닌데, 왜 우리가 비난을 받아야 할까요? 왜냐하면 내가 외삼촌께 여러분을 데리고 가기를 허락해 달라고 부탁했고, 여러분은 여기에 참여하기를 바랐을지라도 이곳에 오게 해 달라고 요청하지 않았기 때문입

니다. 그러므로 나는 우리가 성공을 거두면 외삼촌의 분노는 누그러지고, 두려움과 함께 사라질 것이라고 확신합니다."

(22) 이에 키루스는 말했다. "따라서 연락 장교여, 그대는 분명 피곤할 테니 우선 쉬도록 하시오. 그리고 우리는 적이 우리에게 항복하거나 아니면 싸우러 올 것을 예상하고 있으니, 동료 페르시아 군사들이여, 대형을 최대한 좋게 맞추도록 하시오. 우리가 그런 모습을 보인다면 우리는 원하는 바를 보다 잘 이룰 수 있을 것입니다. 그리고 히르카니아 왕이여, 그대는 기쁜 마음으로 그대의 사령관들에게 무장을 하고 이곳에 모이라고 명령하시오."

(23) 히르카니아인이 그 명령을 따라 그렇게 하고 왔을 때 키루스가 말했다. "히르카니아 왕이여. 나는 그대가 친히 우정을 보일 뿐 아니라 좋은 판단력 또한 분명히 지니고 있어 매우 기쁘오. 그리고 우리의 이해관계는 서로 같다는 것이 분명해졌소. 왜냐하면 아시리아는 나의 적이고, 그들은 지금 나보다 그대에게 더 적의를 품고 있소. (24) 이런 상황에서 우리는 동맹군을 견고히 다질 뿐 아니라 다른 동맹군 또한 확보할 수 있는 방법을 함께 모색해야만 하오. 이제 그대는 메디아 왕이 기병대를 불러들이려 한다는 소식을 들었을 것이오. 만약 그들이 가면 보병뿐인 우리만 남게 될 것이오.

(25) 따라서 그대와 내가 해야 할 일은 이 연락 장교와 돌아오라고 명령을 받은 메디아 기병들이 우리와 남고 싶어 하도록 만드는 일이오. 그대는 연락 장교가 가장 좋은 시간을 보낼 수 있는 천막을 찾아 그를 그곳으로 보내고, 그에게 필요한 모든 것을 거기에 갖추어 놓으시오. 그사이 나는 그가 돌아가기보다는 남아서 뭔가를 할 수 있는 자리를 마련하도록 하겠소. 그리고 그대는 그와 대화를 하면서 우리가 이 작전에서 성공했을 때 얻게 되는 부가 무엇인지를 말해 주시오. 그리고 그대가 그 일을 마쳤을 때 나에게 돌아오시오."

(26) 따라서 히르카니아 왕은 메디아 연락 장교를 데리고 천막으로 갔다. 그리고 페르시아로 떠나려는 장교는 출발할 준비를 마쳤다. 키루스는 장교에게 앞서 말한 이야기를 페르시아에 전달하고 키악사레스 왕에게는 한 통의 편지를 전달하라는 임무를 내렸다. 키루스는 말했다. "나는 내 메시지를 그대에게도 읽어 주고 싶소. 만약 키악사레스 외삼촌이 편지와 관련해서 물어본다면 그대가 내용을 이해하고 사실 여부를 확인해 주었으면 하기 때문이오."

편지의 내용은 다음과 같았다.

(27) 존경하는 키악사레스 외삼촌

우리는 삼촌을 버리지 않았습니다. 적을 정복할 때는 어떤 친구도 버리지 않습니다. 우리는 우리가 떠나서 삼촌께서 위험에 처했다고는 추호도 생각하지 않습니다. 오히려 우리가 더 멀리 갈수록 삼촌께서는 더 안전해지십니다.

(28) 친구를 가장 안전하게 만드는 사람은 친구 바로 옆에 앉아 있는 사람이 아니라, 친구가 가장 효과적으로 위험을 떨쳐 버릴 수 있도록 적을 가장 멀리 몰아내는 사람입니다.

(29) 그리고 제가 지금까지 삼촌께 어떻게 행동했고 삼촌께서도 저를 어떻게 대해 주셨는지 생각해 보십시오. 그런데도 삼촌께서는 저를 비난하십니다. 저는 삼촌께서 바라는 모든 일을 했습니다. 삼촌께서는 저에게 동맹군을 많이 끌어오라고 부탁하셨고, 저는 온 힘을 다해 그것을 완수했습니다. 저는 또한 저에게 우호적인 곳에 가서 가능한 많이 저의 군대에 합류하라고 설득하였습니다. 그런데 삼촌께서는 제가 적진에 있는데도 불구하고 제 모든 군사를 불러들이려고 하십니다.

(30) 정말로 저는 삼촌과 삼촌 군대에 감사의 빚을 지고 있다고 생각합니

다. 그런데 삼촌께서는 제가 삼촌을 버리도록 강요하고 계시며, 저를 따르는 모든 군사에게 지금 당장 감사를 표하라고 하십니다.

(31) 그러나 저는 삼촌께서 저에게 하시는 기분대로 삼촌께 할 수는 없습니다. 대신 저는 지금 페르시아에 사람을 보내 삼촌을 위해 가능한 많이 참여하는 쪽으로 증원군을 보내 달라고 요청했습니다. 만약 삼촌께서 우리가 돌아가기 전에 그들이 필요하시다면 그들이 비록 원치 않을지라도 삼촌께서는 그들을 이용하실 수 있습니다.

(32) 그리고 삼촌, 비록 제가 삼촌보다 나이는 어리지만 삼촌께서 한 번 결정하신 것을 되돌리라고 저에게 요구하지 말아 주십시오. 삼촌께 감사 대신 섭섭한 마음을 품게 될까 걱정됩니다. 버림받았다고 주장하시면서 삼촌의 군사들에게 빨리 돌아오라고 협박하지도 말아 주십시오. 삼촌께서 그들에게 삼촌을 신경 쓰지 말라고 가르치게 되는 결과를 낳지 않을까 걱정됩니다.

(33) 그러나 저희들은 삼촌께서 저희를 통해 이루시기를 바라고, 삼촌과 저희에게 이익이 되는 일을 끝마친 다음, 즉시 돌아가도록 하겠습니다.

안녕히 계십시오.

키루스 드림


(34) "이 편지를 삼촌께 전하고, 삼촌께서 이에 관해 그대에게 묻는 것은 무엇이든 이 편지에 쓰인 대로 답하도록 하시오. 그리고 그대는 완전한 확신을 품고 이 일을 해야 하오. 왜냐하면 페르시아와 관련하여 그대에게 전하는 나의 지시사항은 이 편지에 쓰인 것과 완벽하게 일치하기 때문이오."

키루스는 그에게 그렇게 말하고 편지를 주어 보냈다. 그는 또한 빨리 돌아오는 것이 매우 중요하므로 서두르라고 명령했다.

(35) 그때 키루스는 메디아인과 히르카니아인, 그리고 아르메니아의 티그라네스 군사들이 무장을 완료한 것을 보았다. 페르시아 군대 역시 무장을 하고 서 있었다. 그리고 주위에 있는 원주민들은 말과 무기를 이미 가지고 왔다.

(36) 키루스는 창을 이전에 불태웠던 곳에 던지라고 명령했다. 원주민들의 임무는 필요 없는 무기를 태우는 것이었다. 그러나 말은 그가 특별히 지시를 내릴 때까지 잘 보관하라고 지시했다. 그리고 메디아 기병대 장교와 히르카니아인을 불러서 다음과 같이 말했다.

(37) "친구들 그리고 동맹군이여. 내가 여러분을 자주 소집하는 것을 이상하게 여기지 말아 주십시오. 왜냐하면 우리의 현재 상황은 새로우며, 많은 것이 아직 갖추어지지 않은 상태이기 때문입니다. 그리고 무엇이든 아직 체계가 없을 때는 질서가 잡힐 때까지 반드시 문제를 일으킵니다.

(38) 우리는 이제 많은 전리품과 포로를 가졌습니다. 그러나 우리는 전리품을 각자 얼마씩 가져야 할지 모르며 포로들 또한 그들의 주인이 누구인지 모릅니다. 그렇기 때문에 포로들은 자신들이 해야 할 일이 무엇인지 알지 못하고 그들에게 요구되는 일이 무엇인지도 분간하지 못하고 있습니다. (39) 따라서 이런 상황을 계속 이어 가지 않기 위해서는 전리품을 배분해야 합니다. 누구든 자신이 기거하는 천막에 식량과 음료, 시중을 드는 하인, 침대, 옷, 그 외 천막을 아늑하게 만드는 것이 많이 있다면 그에게는 전리품을 추가해서는 안 됩니다. 그때는 그가 전리품을 자기의 소유로 여기게 될 것입니다. 그러나 만약 누구든 천막에 필요한 물품이 부족하다면 그것이 무엇인지 기록한 뒤 부족한 것을 채워 주십시오. (40) 그렇게 주고도 남은 것이 상당할 것입니다. 왜냐하면 적은 우리가 필요한 것보다 더 많이 갖고 있었기 때문입니다. 그리고 아시리아 왕과 다른 왕의 보물 관리자들이 내게 와서 조공으로 바칠 금화를

갖고 있다고 보고했습니다.

(41) 그러므로 그들에게 갖고 있는 금화 또한 여러분의 본부로 가지고 오라고 통지하십시오. 그리고 그들에게 여러분이 말하는 대로 따르지 않는 사람이 두려워 해야 할 이유에 대해 설명해 주십시오. 여러분은 그 돈을 가지고 기병대와 보병대에 2 대 1의 비율로 주십시오. 여러분은 필요한 것을 구입해야 할 때 쓸 수단을 가지고 있어야 합니다."

(42) 그는 덧붙였다. "나아가 전령에게 아무도 진영 안에서 이루어지는 시장 거래를 방해하지 말 것을 포고하라고 이르십시오. 상인은 가지고 있는 물건을 팔 수 있으며, 물건이 다 떨어졌을 때는 진영 안으로 공급하기 위해 새로운 물건을 들여올 수 있습니다."

(43) 그들은 즉시 이 포고를 전달하였다. 그러나 메디아인과 히르카니아인이 질문을 했다. "우리가 어떻게 당신과 당신 사람들의 도움 없이 이 전리품을 나눌 수 있겠습니까?"

(44) 이에 키루스는 다음과 같은 질문으로 대답했다. "나의 충성스러운 군사들이여. 여러분은 왜 우리가 진행되는 모든 것을 옆에서 지켜봐야 한다고 생각하십니까? 나는 여러분에게 필요한 것을 잘할 수 없습니다. 마찬가지로 우리에게 필요한 것을 여러분이 잘할 수 있겠습니까? (45) 아닙니다. 여러분이 그것을 감독해야 합니다. 우리는 여러분에게 그 일을 맡겼으며, 여러분은 우리가 잘 맡겼다고 확신해야 합니다. 따라서 이제 여러분이 전리품을 나누시오. 우리 역시 여러분이 공정하게 나누었다고 확신할 것입니다. (46) 그리고 공통의 이익을 위해 우리가 좀 더 많이 가져야 할 것이 몇 가지 있습니다. 우선 여러분은 우리가 얼마나 말을 많이 가지고 있는지 보고 있습니다. 그리고 말은 앞으로 더 들어올 것입니다. 우리가 기수가 없어 말을 내버려 둔다면, 말

은 아무 도움이 되지 못하고 오히려 말을 돌봐야 하기 때문에 골칫거리가 될 것입니다. 그러나 우리가 기수를 길러 낼 수 있다면, 이 문제는 말끔히 없어지고 말은 우리의 힘이 될 것입니다. (47) 그러므로 필요할 때 여러분과 함께 위험을 감수할 우리 아닌 다른 사람이 있다면 그 사람에게 말을 주십시오. 그러나 우리가 여러분의 동료가 되기를 선호한다면 우리에게 말을 주십시오. (48) 나는 그렇게 요구할 충분한 이유가 있습니다. 만약 여러분이 우리와 함께 하지 않고 위험 속으로 달려간다면 우리는 여러분에게 무슨 일이 생기지 않을까 하며 매우 걱정할 것입니다. 동시에 여러분과 함께 하지 않았다는 사실을 매우 부끄럽게 여길 것입니다. 그러나 여러분이 우리에게 말을 준다면 다음번에는 여러분을 뒤따를 것입니다. (49) 그리고 우리가 말을 타면서 여러분과 함께 싸우는 것이 여러분에게 도움이 된다면, 그럴 경우에 우리가 용기가 부족해서 실패하는 일은 없을 것입니다. 그러나 보병으로 다시 전환하여 돕는 것이 보다 유익하다면 우리는 즉시 말에서 내려 여러분 곁에 보병으로 설 것입니다. 그리고 말은 관리할 사람을 찾아 그에게 맡길 것입니다."

(50) 키루스가 이렇게 말하자 그들이 대답했다. "키루스여. 우리는 말에 태울 사람이 없습니다. 설령 있다고 해도 우리는 다른 사람에게 말을 주지 않을 것입니다. 그것은 당신께서 바라는 바이기 때문입니다. 이제 말을 가져가서 당신께서 생각하기에 가장 좋은 곳에 쓰십시오."

(51) 그가 말했다. "좋습니다. 말을 받겠습니다. 우리가 기병이 되고, 여러분이 전리품을 나누어 준 일에 복이 내리기를 기원합니다. 우선 신들의 뜻을 해석하기 위해 사제들이 지시한 대로 신들께 바칠 제물을 떼어 놓읍시다. 그 다음에는 여러분이 생각하기에 키악사레스 왕이 가장 기쁘게 받을 만한 것들을 고르십시오."

(52) 그들은 웃으면서 왕을 위해서는 여자들을 골라야 할 것이라고 말했다.

"그렇다면 먼저 여자들을 고르고, 그 다음에는 여러분이 원하는 것은 무엇이든 고르도록 하십시오." 키루스가 말했다. "그리고 왕을 위해 필요한 것을 골랐다면, 이번에는 히르카니아인이여, 여러분은 나를 따르겠다고 자원한 사람들이 아무런 불평거리를 찾지 못하도록 할 수 있는 모든 것을 하도록 하십시오.

(53) 그리고 메디아인이여, 여러분은 우리의 첫 번째 동맹군이 된 자들에게 우리의 친구가 되어 달라는 권유를 수락한 것은 잘한 일이었다고 그들에게 경의를 표하도록 하십시오. 그리고 키악사레스의 연락 장교와 그를 시중드는 사람에게도 이 모든 것의 적절한 몫을 주도록 하십시오. 그리고 그에게 우리와 함께 머물도록 권유하십시오. (그에게 이렇게 하는 것도 나의 기쁨이라고 주지시키십시오.) 그렇게 하면 그는 현재의 상황을 보다 잘 이해하고, 모든 사항에 대해 키악사레스에게 사실을 보고할 것입니다. (54) 이렇게 여러분에게 충분히 주고도 우리 페르시아 군사들에게 돌아갈 것은 충분합니다. 우리는 어떤 종류의 사치에도 익숙하지 않게 자랐으며 모두 소박한 취향을 지니고 있습니다. 우리가 어떤 멋진 것으로 우리를 치장한다고 해도 여러분이 우리 모습을 보면 웃음이 나올 것입니다. 우리가 말에 올라탔을 때나 말에서 떨어졌을 때나 모두 큰 웃음을 살 것입니다."

(55) 이 뒤에 그들은 전리품을 나누기 시작했고, 페르시아 기병에 대한 키루스의 농담에 크게 웃었다. 그사이 키루스는 그의 중대장들을 불러 말과 마부, 마구를 가져가서 나눈 뒤 각 중대가 공평하게 가질 수 있도록 제비뽑기를 하라고 지시했다.

(56) 그리고 키루스는 다시 메디아와 페르시아, 박트리아, 카리아, 그리스, 그 외 다른 곳에서 아리시아나 시리아, 아라비아 왕에 의해 노예로 끌려온 자들이 있으면 나오라고 포고했다. (57) 그러자 키루스의 말을 듣고 많은 이들이 기쁘게 앞으로 나왔다. 키루스는 그중에서 가장 외모가 훌륭해 보이는 사람들을 뽑아, 그들에게 이제 자유민이 될 것이지만 대신 그들에게 제공되는 무기를 가지고 다녀야 한다고 말했다. 그리고 그들에게 필요한 식량은 키루스가 제공하기로 했다.

(58) 키루스는 그들을 즉시 중대장들에게 데리고 가서 그들에게 선물로 주었다. 그리고 군사들에게 그들에게 방패와 칼을 줘서 그것들을 들고 기병대 뒤를 따르게 하라고 지시했다. 나아가 키루스는 중대장들에게 그들에게도 페르시아 군사들과 같은 양의 배급을 주라고 지시했다. 그는 페르시아 군사들이 항상 갑옷과 창을 지닌 채 말을 타야 한다고 지시했고, 그 자신이 직접 모범을 보였다. 또한 새로 기병이 된 장교들에게도 그들을 대신하여 보병을 지휘할 다른 동료 귀족을 지명하라고 지시했다.

## 제6장

(1) 그렇게 그들은 갖추어 갔다. 그러는 사이 고브리아스라는 이름의 단아한 외모를 한 아시리아 노인이 기병대의 호위를 받으며 키루스에게 왔다. 그들은 모두 무기를 소지하고 있었다. 무기를 수거하는 임무를 맡던 사람들이 그들에게 다른 사람에게 했던 것처럼 무기를 불태우기 위해 들고 있는 창을 버리라고 명령했다. 그러나 고브리아스는 키루스를 먼저 보고 싶다고 말했다. 그러자 장교들이 기병들을 그곳에 남긴 채 고브리아스를 키루스에게 인도했다. (2) 그는 키루스를 보았을 때 다음과 같이 말했다.

"왕이시여. 저는 아시리아에서 태어났으며 성을 소유하면서 넓은 지역을 지배하고 있습니다. 또한 대략 1천 마리의 말을 가지고 있어 아시리아 왕이 필요할 때마다 바치곤 했습니다. 저는 그의 가장 충성된 신하였습니다. 아시리아 왕은 매우 훌륭한 사람이었지만 당신 군대의 손에 죽었기 때문에 그의 아들이 왕위를 물려받았습니다. 하지만 그 아들은 제가 가장 미워하는 적이므로 지금 당신께 무릎을 꿇고 탄원하는 바입니다. 저를 당신의 신하이자 동맹군으로 받아 주시며 당신께서 제 원한을 풀어 주실 것을 부탁합니다. 또한 외람되

오나 저는 더 이상 아들이 없으므로 당신께서 제 아들이 되어 주실 것을 감히 부탁드리옵니다. (3) 왕이시여. 저는 잘생기고 용감한 아들이 한 명 있었습니다. 저는 그를 너무나 사랑했고, 그는 저를 무척이나 존경해 저에게 기쁨을 주었습니다. 어느 날 예전 왕, 그러니까 지금 왕의 아버지가 제 아들을 그의 딸과 결혼시킬 목적으로 궁전으로 초대했습니다. 저는 그에게 가도 된다고 허락했습니다. 왜냐하면 저는 그것이 매우 자랑스러워 제 아들이 왕의 딸과 결혼하는 것을 보게 되는구나 하며 우쭐했습니다. 그런데 지금의 왕이 아들에게 같이 사냥을 하러 가자고 초대했고, 아들에게 사냥감을 마음껏 추격해도 좋다고 허락했습니다. 왜냐하면 그는 제 아들보다 말을 더 잘 탄다고 생각했기 때문입니다. 제 아들이 그와 함께 사냥을 갔을 때 곰 한 마리가 나타났습니다. 그들은 함께 곰을 추격해 현재의 왕이 창을 던졌지만 빗나가고 말았습니다. 오! 신께 맹세코 그렇게 되지 말아야 했습니다. 그러자 제 아들이 창을 던졌고 곰을 쓰러뜨렸습니다. (그는 그렇게 하지 말아야 했습니다.)

(4) 그러자 왕이 화가 났습니다. 분명 그랬습니다. 하지만 그는 화를 감추었죠. 하지만 사자가 나타났을 때 그는 이번에도 맞추지 못했습니다. 제가 보기에 여기에는 특별한 것이 없습니다. 하지만 제 아들은 이번에도 사자를 놓치지 않고 맞추어 쓰러뜨렸습니다. 그는 환호성을 질렀죠. '내가 두 번이나 연속으로 사냥감을 맞추어 쓰러뜨렸다.' 그때 그 악당은 더 이상 화를 참지 못하고 수행원의 창을 잡아채서는 제 아들에 가슴에 꽂았습니다. 아, 저의 사랑하는 독자는 그렇게 죽었습니다. (5) 저는 비참하게도 신랑 대신에 시체를 받았습니다. 이 늙은이는 사랑하는 아들을 그렇게 가슴에 묻었습니다. 그러나 그 살인자는 마치 적을 죽인 것 마냥 어떤 후회도 하지 않았고 사악한 행동도 고치지 않았습니다. 땅 속에 있는 제 아들에게 어떤 양심의 가책도 보이지 않았

습니다. 그러나 그의 아버지는 슬퍼하면서 저와 고통을 같이 하였습니다. (6) 만약 그의 아버지가 살아 있다면 저는 당신께 복수를 해 달라고 찾아오지 않았을 것입니다. 저는 그로부터 많은 호의를 받았고, 저 또한 그를 위해 많이 봉사했습니다. 그러나 제 아들을 죽인 살인자에게 왕위가 넘어갔으니, 저는 더 이상 그에게 충성을 바치지 않아도 되고, 그 또한 분명 저를 친구로 생각하지 않을 것입니다. 그는 제가 자기를 어떻게 생각하는지, 그리고 저의 인생이 얼마나 어두운지를 알고 있습니다. 저의 인생도 한때는 정말 빛났습니다. 그러나 이제 저는 버려졌으며, 노년을 슬픔 속에서 보내고 있습니다.

(7) 그러므로 당신께서 저를 받아 주시고 제 아들의 원수를 갚아 주실 거라는 희망을 갖게 된다면 저는 젊음을 되찾을 것이고, 만약 제가 산다면 더 이상 수치 속에서 살지 않고 행여 죽는다 해도 후회 없이 죽을 수 있을 거라고 생각합니다."

(8) 그가 이렇게 말하자 키루스가 대답했다. "좋소, 고브리아스. 그대의 말이 모두 사실이라고 그대가 증명한다면, 나는 그대를 우리 군대의 보급을 담당하는 사람으로 받아 줄 뿐 아니라, 그대의 아들을 죽인 자를 복수하도록 돕겠다고 약속하겠소. 그러나 먼저 말해 보시오. 만약 우리가 그대의 소원을 들어 주고 그대의 성과 땅, 그리고 권력을 계속 유지할 수 있게 해 준다면 그대는 그 대가로 우리에게 무엇을 해 줄 수 있소?"

(9) 그가 대답했다. "당신께서 오시면 성을 본부로 쓰도록 드리겠습니다. 그리고 예전에 아시리아에 바치던 조공을 드리겠습니다. 그리고 당신께서 어디로 행진하시든 제 군대를 이끌고 맨 앞에 서도록 하겠습니다. 그 외에 저에게는 딸이 한 명 있습니다. 아직 미혼이고 결혼 적령기에 있습니다. 저는 예전에 딸을 현재의 왕과 결혼을 시키려고 했습니다. 그러나 이제 딸은 저에게 눈

물을 흘리면서 제발 오빠를 죽인 자에게 보내지 말라고 애걸하고 있습니다. 저 또한 그렇게 하고 싶지 않습니다. 이제 저는 제 본심을 증명해 보일 때 당신께 제 딸을 맡기려고 합니다."

(10) 그러자 키루스가 대답했다. "당신의 말이 사실이라고 믿겠소이다. 나는 그대를 나의 신하로 받아들이겠소. 신들이 우리의 증인이오."

이렇게 되었을 때 키루스는 고브리아스에게 돌아가서 무기를 계속 갖고 있으라고 명령했다. 키루스는 또한 그의 성이 얼마나 떨어져 있는지를 물었다. 그는 그곳에 갈 생각이었다. 그러자 고브리아스가 대답했다. "내일 아침 일찍 출발한다면 두 번째 날 밤은 저희와 함께 보내실 수 있을 것입니다."

(11) 고브리아스는 이렇게 말한 뒤, 길을 인도할 사람을 뒤에 남겨 두고 떠났다. 그가 떠나자 메디아인이 사제들이 신들을 위해 떼어 놓으라고 지시한 것들을 전달하고 돌아왔다. 메디아인은 또한 키루스를 위해 가장 멋진 천막과 아시아에서 가장 예쁘다고 알려진 수사 여인, 그리고 음악을 능숙하게 다룰 줄 아는 두 명의 소녀를 준비했다. 키악사레스 왕에게는 그 다음으로 좋은 것들을 준비했다. 메디아인은 원정 작전을 계속하면서 부족한 것이 없도록 자신들에게 필요한 것도 충분히 챙겼다. 모든 것이 충분했기 때문에 이 모든 일이 가능했다.

(12) 히르카니아인 또한 그들이 원하는 바를 챙겼다. 그들은 키악사레스의 연락 장교도 그들과 같은 몫을 챙겨 주었다. 그리고 남은 천막은 모두 키루스에게 전달해 페르시아인을 위해 쓰도록 했다. 그들은 동전도 모두 모은 뒤 나눌 것이라고 말했고, 실제로 그렇게 했다.

# 제5권

## 새로운 조력자들

# 제1장

(1) 이렇게 그들은 말하고 실천하였다. 키루스는 키악사레스의 가장 가까운 친구로 알려진 자들에게 왕의 몫으로 배분된 노획물을 받아 그것을 잘 보관하라고 명령했다. 그리고 다음과 같은 말을 덧붙였다. "나는 여러분이 나에게 주는 몫을 기쁘게 받겠습니다. 그러나 나에게 주어진 것 중에 특별히 필요한 것이 있다면 누구든 언제나 그것을 이용할 수 있습니다."

그러자 음악을 사랑하는 한 메디아인이 키루스에게 말했다.

"그렇다면 키루스여, 저는 지난밤에 당신께서 데리고 있는 음악 소녀들의 연주를 듣고서 무척 매혹되었습니다. 만약 그들 중 한 명을 저에게 주신다면 저는 고국에 머무르는 것보다 당신과 함께 싸우러 가는 것을 더 기쁘게 여길 것입니다."

"좋습니다." 키루스가 말했다. "그대에게 소녀를 주겠습니다. 내가 그대의 요구에 대해 느끼는 의무감이, 그대가 이 소녀를 받음으로써 나에게 느끼는 의무감보다 더 큽니다. 나는 정말로 그대에게 호의를 베풀고 싶습니다."

메디아인은 그렇게 소녀를 받았다.

(2) 그러고 나서 키루스는 어렸을 때부터 친구였던 메디아인 아라스파스를 불렀다. 그는 키루스가 외할아버지 아스티아게스의 궁전에서 페르시아로 돌아갈 때, 키루스가 입던 메디아 옷을 선물로 받았던 사람이었다. 키루스는 그에게 한 여자를 천막에서 잘 지키라고 지시했다. (3) 그 여자는 수사에 사는 아브라다타스의 부인이었는데, 아시리아 진영이 점령되었을 때 그녀의 남편은 우연히도 그곳에 있지 않고 사신으로 박트리아에 있었다. 아시리아 왕은 박트리아 왕과 잠시 우호적인 관계였는데, 동맹군에 가담할 것을 협의하기 위해 그를 보냈던 것이다. 이리하여 아라스파스는 남편이 올 때까지 그 부인을 보호하는 일을 맡게 되었다. (4) 아라스파스는 이 임무를 받았을 때 키루스에게 다음과 같이 물었다. "키루스여. 당신께서는 제가 보호해야 할 그 부인을 본 적이 있으십니까?"

"제우스신에 맹세코 본 적이 없다." 키루스가 답했다.

이때 아라스파스가 말했다. "저는 그 부인을 당신을 위해 골랐을 때 보았습니다. 부인이 있던 천막에 들어갔을 때, 처음에는 누가 그녀인지 알아보지 못했습니다. 그녀는 바닥에 앉아 있었고 하녀들이 그녀 주위를 둘러쌌습니다. 옷차림은 모두 같았습니다. 하지만 그들을 둘러보면서 누가 부인인지 금방 알아볼 수 있었습니다. 부인은 바닥에 고개를 숙인 채 앉아 있었지만 다른 사람과 달리 위엄이 느껴졌습니다. (5) 우리가 그녀에게 일어나라고 명령하자 하녀들도 함께 일어났습니다. 부인은 초라한 옷차림을 하고 있었지만 다른 사람보다 훨씬 돋보였고 기품과 매력이 느껴졌습니다. 그녀는 눈물을 흘렸습니다. 흐르는 눈물은 옷과 발에도 떨어졌습니다. (6) 그때 우리 중대에서 가장 나이가 많은 사람이 말했습니다. '부인. 울지 마시오. 우리는 부인의 남편 또한 귀족이라는 것을 알고 있소. 우리는 부인에게 외모와 권력에서 하나도 뒤지지 않는 남자를 골라 주겠소. 내 생각에 이 세상에서 그런 칭송을 받을 만한 남자는 키루스가 유일할 것이오.' 하지만 이 말을 듣자 부인은 옷을 찢으며 더욱 큰 소리로 울기 시작했고 하녀들도 따라 울었습니다.

(7) 그때 우리는 그녀의 얼굴과 목과 팔을 보았습니다. 키루스여. 저는 이제까지 아시아에서 그 부인처럼 아름다운 여자는 본 적이 없습니다. 당신께서는 그 부인을 직접 보셔야 합니다."

(8) 그러자 키루스가 대답했다. "제우스신에 맹세코 네가 그렇게 아름답다고 말해도 나는 그 여인을 보지 않을 것이다."

"왜 그러십니까?" 아라스파스가 물었다.

"내가 그 부인이 아름답다는 말을 듣고서 그녀를 보러 간다면, 내가 시간이 없을 때에도 그녀가 자기를 보러 오라고 적극 설득할까 걱정된다. 그렇게 된다면 나는 결국 그곳에 앉아서 해야 할 일을 잊어버리고 그녀를 바라보고 있느라 시간 가는 줄 모르게 될 것이다."

(9) 아라스파스는 이 말을 듣고 웃음을 터뜨리면서 말했다. "키루스여. 당신께서는 사람의 아름다움이라는 것이 자신의 최대 이익과 상반된 행동을 하지 않으려는 인간의 의지마저 강요할 수 있다고 생각하는지요? 만약 그것이 자연의 이치라면 그것은 우리 모두를 똑같이 강요할 것입니다. (10) 당신께서는 불이 모두 같은 방식으로 태우는 것을 보지 않으셨습니까? 그것은 바로 자연의 이치입니다. 그러나 어떤 사람은 아름다운 사물을 사랑하고 어떤 사람은 사랑하지 않습니다. 또한 어떤 이는 아름다운 사람을 사랑하고 어떤 이는 그렇지 않습니다. 왜냐하면 그것은 인간의 자유의사이고, 각자 자신에게 기쁨을 주는 것을 사랑하기 때문입니다. 예를 들어, 형제는 자매와 사랑에 빠지지 않습니다. 그러나 다른 남자는 자매와 사랑에 빠집니다. 마찬가지로 아버

지는 딸과 사랑에 빠지지 않습니다. 다른 사람이 딸과 사랑에 빠지죠. 신과 이 땅의 법을 두려워하는 마음이 그런 사랑에 빠지는 것을 막아 줍니다." (11) 그는 계속 말했다. "만약 굶는 사람이 배고픔을 느껴서는 안 되거나, 마시지 않는 사람이 갈증을 느껴서는 안 되며, 겨울에는 추위를 느끼고 여름에는 더위를 느껴서는 안 된다는 법이 만들어진다 해도, 그 법은 인간에게 아무런 효력을 미치지 못할 것입니다. 왜냐하면 사람은 자연의 이치에 지게 되어 있습니다. 그러나 사랑은 자유의사의 문제입니다. 여하튼 사람마다 좋아하는 신발이나 옷이 있듯이 각자 자신의 취향에 맞는 사람을 사랑하게 되어 있습니다."

(12) 키루스가 말했다. "만약 사랑에 빠지는 것이 자유의사의 문제라면 그가 원할 때 사랑을 멈추는 것은 불가능하지 않을까? 나는 사랑의 고통 때문에, 그리고 사랑하는 사람의 노예가 되었기 때문에 눈물을 흘리는 사람들을 보았다. 그들은 사랑에 빠지기 전에는 노예가 된다는 것이 큰 악이라고 믿었던 사람들이었다. 나는 없으면 삶이 나빠지는데도 불구하고 자신의 소유를 사랑하는 대상에게 주는 사람들을 보았다. 그리고 질병에서 벗어나게 해 달라고 간구하는 것처럼 사랑에서 벗어나게 해 달라고 간구하는 사람들을 보았다. 이 모든 노력에도 불구하고 사랑에서 벗어나지 못하고 쇠로 된 족쇄보다 더 강력한 궁핍의 족쇄에 묶여 고통받는 것을 보았다. 이런 불행에도 불구하고 그들은 벗어나려고 하지 않더군. 오히려 사랑하는 대상이 도망가지는 않을지 감시를 하더구먼."

(13) "그렇습니다." 아라스파스가 대답했다. "그렇게 행동하는 사람도 있습니다. 그들은 사랑의 노예가 되었기 때문에 가엾고 약한 사람들입니다. 그들은 불행하다고 생각하기 때문에 차라리 죽게 해 달라고 끊임없이 기도하죠. 그러나 죽을 수 있는 방법이 수만 가지나 있음에도 그들은 실제로 죽지 않습

니다. 이와 같은 부류의 사람들은 또한 도둑질을 하며, 남의 재산에 손을 대지 않으려는 노력도 하지 않습니다. 그들이 도둑질이나 강도질을 했을 때, 당신께서는 그들이 남의 물건을 훔칠 필요가 없는데도 했기 때문에 그들을 가장 먼저 도둑과 강도로 처벌합니다. (14) 같은 식으로 미인들은 사람들이 그들과 사랑에 빠지도록 강요하지 않지만 그들을 사랑하지 않게 되기를 바라지도 않습니다. 온갖 종류의 열정에 노예가 된 사람들에 대한 초라한 변명이 있습니다. 제가 생각하기에 그들은 사랑을 탓합니다. 하지만 고결하고 선한 마음을 지닌 사람은 마음속으로 돈과 좋은 말(馬), 아름다운 여자를 바랄지라도 그 모든 것이 올바른 것의 한계를 넘지 않도록 하는 힘을 갖고 있습니다." (15) 그는 덧붙였다. "여하튼 저는 이 부인이 빼어난 미인이라고 생각하지만, 이곳에서 여전히 당신과 함께 있으면서 말타기를 연습하고 그 밖에 제가 해야 할 임무를 빠짐없이 하겠습니다."

(16) "제우스신에 맹세코 알겠다." 키루스가 대답했다. "사랑은 사람을 천천히 빠져들게 하지만, 나는 그대가 빠질 때 걸린 시간보다 빠른 시간 내에 사랑에서 벗어날 수 있을 거라고 믿는다. 사람은 손가락에 불을 갖다 댈 수 있지만 그 즉시 타지는 않는다. 나무에 불을 붙인다고 그 즉시 화염으로 번지지는 않는다. 하지만 나는 여전히 내 손에 불을 붙이지 않으며, 할 수 있다면 아름다운 여자를 쳐다보지도 않는다. 그리고 아라스파스, 나는 그대도 마찬가지로 그 미인에게 눈을 오래 두지 말 것을 권고한다. 불이 그것에 닿는 사람만 태우듯이, 아름다운 여자는 멀리서 바라볼지라도 자신도 모르는 사이에 남자의 마음에 불을 지펴 열정으로 타오르게 하기 때문이다."

(17) "걱정 마십시오, 키루스여." 그가 말했다. "제가 그녀를 바라보는 일을 멈추지 않는다 하더라도, 저는 제가 결코 해서는 안 되는 일을 하지 않을

것입니다."

"그대의 고백은 정말 훌륭하구나." 키루스가 말했다. "그렇다면 나는 그대에게 그 부인을 맡기노니 잘 돌보아라. 때가 되면 그 부인이 우리에게 아주 큰 도움이 될지도 모르기 때문이다."

(18) 그렇게 말한 뒤 두 사람은 헤어졌다.

아라스파스는 그 부인이 매우 아름답고 마음이 고우며 기풍이 넘치는 것을 알게 되었다. 그가 부인을 돌보고 기쁘게 해 주었을 때, 부인도 그에게 감사하고 하녀들을 통해 그를 항상 돌보아 주었다. 부인은 그가 천막에 찾아올 때면 필요한 모든 것을 준비해 두었고, 그가 병이라도 들면 정성껏 보살펴 주었다. 그 결과 그는 부인을 필사적으로 사랑하게 되었다. 그에게 일어난 일은 어쩌면 전혀 놀랄 만한 것이 아니었다. 이것이 이 에피소드의 시작이었다.

(19) 키루스는 메디아 군사들과 동맹군이 그와 함께 자발적으로 남기를 희망했다. 그래서 모든 장교를 불러 놓고 다음과 같이 연설했다.

(20) "메디아 군사들과 이곳에 모인 모든 사람들이여. 나는 여러분이 돈을 바라고 나를 따라왔다고 생각하지 않습니다. 키악사레스 왕에게 봉사하기 위해 왔다고도 생각하지 않습니다. 여러분은 나에게 은혜를 베풀기 위해 왔습니다. 여러분은 나를 위한 마음에서 야간 행군도 마다하지 않았고, 나와 함께 위험도 감수했습니다. (21) 나는 이것 또한 여러분께 감사합니다. 내가 감사하지 않는다면 나는 잘못되었습니다. 그러나 나는 아직 충분한 보상을 할 만한 위치에 있지 않습니다. 그리고 나는 이렇게 말하는 것을 부끄러워하지 않습니다. 그러나 내가 만약 '여러분이 나와 함께 있어 준다면 합당한 보상을 할 것입니다.'라고 말한다면 나는 분명 부끄러워해야 할 것입니다. 왜냐하면 나는 그것이 단지 여러분께 나와 좀 더 함께 있어 달라고 요구하는 것으로 들리

기 때문입니다. 내가 말하고자 하는 바는 이것입니다. 설령 여러분이 키악사레스 왕의 명령에 따라 돌아간다 할지라도, 여전히 나는 성공했을 때 여러분에게 칭찬받을 만하게 행동할 것입니다. (22) 나는 분명 돌아가지 않을 것입니다. 그리고 히르카니아인에게 한 나의 맹세와 약속에 충실할 것입니다. 나는 그들을 속이지 않을 것입니다. 나는 고브리아스에 대해서도 최선을 다할 것입니다. 그는 우리에게 성과 땅, 군대를 주려고 합니다. 우리에게 온 것을 후회하지 않도록 만들어야 합니다. (23) 무엇보다도 신들이 우리의 노력에 복을 내려 줄 것을 보여 주고 있습니다. 나는 적을 공격하기를 두려워하지 않습니다. 나는 합당한 이유 없이 그들의 시야에서 달아나는 것을 수치스러워하고, 그들이 놓고 간 것을 내버려 두고 가기를 부끄러워할 것입니다. 그러므로 나는 여러분 역시 판단하기에 최선의 선택을 하기를 제안하는 바이며, 어떤 결정을 내렸는지 알려 주십시오."

(24) 키루스는 이렇게 말했다. 이에 대한 첫 번째 반응은 한때 키루스의 친척이라고 주장했던 사람이었다.* "오, 왕이시여. 저에게 당신은 벌통 속의 여왕벌과 같이 태어날 때부터 왕이십니다. 벌들은 항상 여왕벌을 따르며 한 마리도 여왕벌이 있는 곳을 버리지 않습니다. 그리고 여왕벌이 어디를 가든지 한 마리도 빠지지 않고 따릅니다. 이렇듯 놀랍게도 벌들은 여왕벌에 의해 지배받고 싶어 하는 열망을 타고 났습니다. (25) 마찬가지로 저는 당신께 대하여 같은 종류의 본능을 느낍니다. 우리는 이에 대한 증거가 있습니다. 당신께서 어릴 적 메디아에서 페르시아로 돌아가려고 할 때, 메디아인은 늙은이나 젊은이 가리지 않고 당신을 따라갔지만 아스티아게스 왕이 돌아오라는 명령을 내리고서야 겨우 돌아오지 않았습니까? 그리고 당신께서 페르시아에서 우리

---

* 아르타바주스가 남기를 주장하는 운동에 앞장선다. - 原註

를 도우려고 서둘러 왔을 때, 우리는 당신의 동료 귀족들이 거의 모두 본인의 자유의사에 따라 왔던 것을 보았습니다. (26) 그리고 지금 우리는 적진에 있지만 당신과 함께 하기에 두렵지 않으며, 만약 당신과 함께 하지 않는다면 고국으로 돌아가기도 두렵다고 느끼고 있습니다. 이제 나머지 사람들이 어떻게 할지를 말할 것입니다. 그러나 키루스여, 저는 제가 지휘하는 부하들과 함께 남아, 당신을 계속 바라보며 우리에게 베풀 선을 기대하겠습니다."

(27) 그 뒤를 이어서 이번에는 티그라네스가 말했다. "키루스여. 제가 말하지 않았다고 놀라서는 안 됩니다. 저의 마음은 당신께 조언을 하는 것이 아니라 당신의 명령을 따르도록 훈련되어 있습니다."

(28) 히르카니아 왕이 말했다. "좋소, 메디아인이여. 여러분이 지금 간다면 나는 그것이 여러분이 엄청난 복을 받게 되기를 가로막는 사악한 자의 음모라고 말하고 싶소이다. 우리의 모든 상식에 비추어 볼 때, 적이 도망칠 때 누가 적으로부터 달아나며, 적이 무기를 넘겨주려고 할 때 누가 그것을 받기를 거절하며, 그들이 넘겨주는 사람과 재물을 누가 포기하겠습니까? 우리에게는 특별히 이런 위대한 일을 이룬 지도자가 있습니다. 모든 신들의 이름을 걸고 맹세하건대, 키루스는 자신이 부자가 되기보다 우리에게 선을 베풀기를 더 행복해하는 사람이라고 생각합니다."

(29) 그의 뒤를 이어 메디아인이 말했다. "우리를 이곳에 데리고 온 사람은 키루스 당신입니다. 당신께서 돌아가야겠다고 생각할 때 우리를 데리고 가십시오."

키루스가 이 말을 들었을 때 그는 이 기도를 읊조렸다. "오, 전능한 제우스 신이여. 당신께 간청하는 나의 기도를 들으소서. 그들이 나에게 보이는 명예보다 더 큰 명예를 이 원정에서 그들에게 베풀 수 있도록 하여 주십시오."

(30) 그런 뒤 그는 나머지 군사들로 보초를 세우고 그들이 기뻐하는 것은 무엇이든 마음껏 베풀어 주었다. 그리고 페르시아 군사들에게는 천막을 나누어 가지도록 지시했다. 기병에게는 쓰기에 적당한 천막을, 보병에게는 필요한 바를 충족시키기에 충분한 천막을 제공하도록 지시했다. 그리고 천막에 있는 보급 장교가 군사들에게 필요한 모든 것을 할 수 있도록 임무를 조정했다. 보급 장교는 페르시아 군사들이 필요한 물품을 모두 준비하고, 그것들을 군사들의 천막에 전달하며, 말을 돌보고 먹이도록 해 페르시아 군사들이 오직 전쟁 훈련에만 집중할 수 있도록 했다.

그들은 그렇게 그날을 보냈다.

# 제2장

　(1) 그들은 다음 날 아침 일찍 일어나 출발했다. 키루스는 기병대로 전환한 페르시아 군사 약 2천 명을 이끌고 고브리아스를 찾아갔다. 같은 숫자의 시종이 기병의 방패와 군도를 들고 그 뒤를 따랐다. 나머지 군사 또한 적당한 대형을 이루어 행진했다. 키루스는 기병들에게 만약 시종들이 후방 부대보다 처지거나, 선봉 부대보다 앞서거나, 대형에서 벗어나 옆에 있는 것으로 발견되면 처벌받는다고 알리라고 명령했다.

　(2) 둘째 날 저녁이 되어갈 무렵 그들은 고브리아스의 성에 도착했다. 그들은 성이 매우 강력하고 성벽 위에서 훌륭하게 싸울 수 있을 만큼 모든 것이 완벽하게 갖추어져 있는 것을 보았다. 또한 성 안에는 수많은 가축과 양이 잘 보호받고 있었다.

　(3) 고브리아스는 키루스에게 말을 타고 성 주위를 둘러본 뒤, 가장 들어가기 쉬운 입구를 확인한 다음, 그가 신임하는 장교들을 성 안으로 들여보내 그들이 본 것을 보고하도록 했다. (4) 그래서 키루스는 고브리아스가 자신을 속인 것으로 밝혀졌을 때 성을 공격할 수 있는지 확인하기 위해 직접 성 주위를

말을 타고 둘러보았다. 그는 성의 모든 곳이 접근하기에 너무나 강력하다는 것을 발견하였다. 그리고 고브리아스에게 보낸 장교들이 돌아와서는 성 안에는 아마 100년은 족히 버틸 만큼의 식량이 충분하다고 보고했다.

(5) 고브리아스가 그의 모든 부하를 이끌고 직접 키루스를 맞으러 나왔을 때, 키루스는 이 모든 것이 무슨 의미인지 곰곰이 생각했다. 그들 중 몇몇은 포도주를 가져와 따라 주었으며 보리빵도 가지고 왔다. 다른 이는 가축과 염소, 양, 돼지, 그리고 다른 모든 종류의 물품을 가지고 왔다. 키루스의 모든 군대가 성대한 저녁 식사를 하기에 충분한 분량이었다. (6) 고브리아스를 따라온 사람들의 임무는 가져온 물품을 나누고 식사를 준비하는 것이었다. 고브리아스의 모든 부하가 밖에 있을 때, 그는 키루스에게 생각하기에 가장 안전한 길로 들어가자고 말했다. 그래서 키루스는 먼저 몇몇 정찰병과 그의 군대 일부를 들여보냈다. 그리고 나서 주의를 기울이며 성 안으로 직접 들어갔다. 성으로 들어갔을 때, 그는 모든 성문을 활짝 열어 두고 모든 동료 귀족과 장교를 그와 함께 있도록 명령했다. (7) 그들이 성 안에 있을 때, 고브리아스는 금으로 만든 잔과 주전자, 항아리, 모든 종류의 장신구, 수없이 많은 금화, 온갖 종류의 엄청난 보물을 가지고 왔다. 그리고 마지막으로 놀랄 만큼 수려한 외모의 그의 딸을 데리고 왔다. 딸은 오빠를 잃은 슬픔에 잠겨 있었다. 고브리아스가 말했다. "키루스여. 이 모든 보물을 당신께 드립니다. 그리고 제 딸을 당신께 맡기오니 당신께서 보기에 적합한 대로 제 딸을 맡아 주십시오. 그러나 예전에 말했던 대로 당신께 한 가지만 간청합니다. 제 아들의 원수를 갚아 주십시오. 또한 사랑하는 오빠를 잃은 제 딸의 원한을 풀어 주십시오."

(8) "좋소." 키루스가 이에 대답했다. "나는 그대가 나에게 거짓말을 하지 않는다는 가정 하에 내 모든 힘을 다하여 그대의 원수를 갚아 줄 것을 약속했

소이다. 그리고 이제 내가 그대를 신뢰할 수 있으므로 내 약속은 이미 완전해졌소. 그리고 그대의 딸에게도 하늘의 도움을 받아 내 약속을 완전히 이룰 것을 약속합니다.

나는 이 보물들을 받겠소이다. 그러나 이것들을 여기 있는 그대의 딸과 앞으로 결혼할 그대의 사위에게 다시 주겠소이다. 하지만 당신이 가져온 선물 중 하나는 내가 이곳을 떠날 때 가져가겠소. 바빌론에 있는 모든 부(어마어마하다.), 아니 이 세상에 있는 모든 부를 나에게 준다 해도 당신이 준 선물보다 나를 더 행복하게 만들지는 않을 것이오."

(9) 그러자 고브리아스는 키루스가 말한 것이 무엇인지 궁금해, 혹시 그의 딸을 말하는 것은 아닌지를 의심하며 물었다. "그 선물이 무엇입니까?"

키루스가 대답했다. "고브리아스, 바로 이것이오. 나는 사악하거나 부당하거나 거짓된 사람이 되지 않기로 작정한 사람이 많다고 믿소. 하지만 그런 사람들은 미처 발견되기도 전에 세상을 떠나지요. 왜냐하면 그들 중 누구도 엄청난 부나 막강한 권력, 튼튼한 성이나 사랑스러운 자녀를 맡겨도 될 만한 사람이라고 드러나지 않기 때문이오. (10) 하지만 그대는 나에게 그대의 성과 모든 재산, 그대의 군대와 그대의 귀한 자식을 맡기었소. 그리하여 그대는 내가 친구를 배신하는 사악한 인간이 아니라는 것과 무언가를 얻기 위해 나쁜 짓을 하지 않을 사람이라는 것, 그리고 약속을 의도적으로 어길 사람이 아니라는 것을 온 세상에 알릴 기회를 나에게 주었소. (11) 내가 정직한 사람으로 남고 다른 사람으로부터 이 평판을 계속 받는 한, 나는 그대의 신뢰를 잊지 않고 그에 합당한 모든 명예로 보답할 것을 약속하는 바이오."

(12) 키루스는 계속 말했다. "그대의 딸에 대해서는 걱정 마시오. 내 기필코 그녀에게 어울리는 남편을 찾아 주겠소. 나는 귀족 친구가 많이 있소이다.

그들 중 일부는 그대의 딸과 결혼하려고 할 것이오. 그러나 결혼할 남자가 그대가 나에게 준 금액에 해당하는 돈이나 혹은 그 몇 배에 해당하는 돈을 갖고 있는 부자일지는 장담할 수 없소. 그러나 이것은 말할 수 있소이다. 그들 중 몇몇은 그대가 주는 돈을 보고서는 그대를 조금도 존경하지 않을 것이오. 대신 그들은 나와 경쟁을 하고 있고, 언젠가 나 못지않게 그들도 동료에게 충실했다고 인정받기를 모든 신들께 기도하고 있소이다. 그리고 어떤 신이 그들을 가로막지 않는 한, 그들은 결코 적에게 굴복하지 않을 것이오. 그들은 자신들의 덕행과 선한 이름을 그대의 모든 부와, 아시리아 왕과 시리아 왕에게서 빼앗은 재물과 바꾸지 않을 것이오. 그런 친구들이 지금 이곳에 앉아 있다고 말하고 싶소."

(13) 그러자 고브리아스가 웃으면서 말했다. "신들에게 맹세코 키루스여, 저에게 그들이 어디에 있는지 보여 주십시오. 저는 그들 중 한 명에게 제 사위가 되어 줄 것을 간청하는 바입니다."

"나에게 그 정보를 얻으려고 할 필요는 없소이다." 키루스가 대답했다. "만약 그대가 우리와 함께 간다면 그대는 그들 중 한 명을 집을 수 있을 것이오."

(14) 이렇게 말하고서 키루스는 고브리아스의 오른손을 잡고 떠나기 위해 일어났다. 키루스는 고브리아스와 그의 모든 부하를 함께 데리고 갔다. 고브리아스는 키루스에게 성에서 저녁 식사를 할 것을 요청했지만, 키루스는 거절하고 그를 천막으로 초대해 저녁 식사를 했다. (15) 키루스는 그의 밀짚 돗자리에 비스듬히 기대어 앉아 고브리아스에게 질문했다. "고브리아스. 내게 말해 보시오. 그대와 우리 중에서 누가 더 이불을 많이 가지고 있다고 생각하시오."

그가 대답했다. "제우스신에 맹세코 당연히 당신께서 저보다 훨씬 많은 침대와 이불을 가지고 계십니다.* 당신께서는 하늘과 땅을 거처로 삼으시기에 당신의 거처는 저보다 훨씬 크며, 쉴 수 있는 땅에서는 항상 침대를 마련할 수 있으며, 이불은 양털이 아니라 산과 평지에서 나는 것으로 만들면 충분하다고 여기십니다."

(16) 고브리아스는 키루스와 처음으로 저녁 식사를 할 때 단출하게 차려진 음식을 보았다. 그는 자신들이 세련되게 먹는다고 생각했다. (17) 그러나 함께 식사를 하는 군사들이 절제해서 먹는 것을 금방 느끼게 되었다. 교육받은 페르시아인은 어떤 종류의 음식이나 음료의 노예가 되지 않았다. 그들은 음식을 바라보며 흡족해하거나 그것을 집으려고 탐욕을 부리지도 않았다. 고브리아스는 그들이 식탁에 있지 않을 때에도 어떻게 행동할지 이내 생각할 수 있었다. 훈련받은 기수는 달리는 말에서도 자기 통제력을 잃지 않고 보고 듣고 말할 수 있어야 하듯이, 교육받은 페르시아인은 식사할 때 양식 있고 절제된 행동을 보여야 한다. 음식이나 음료를 보고 흥분하는 것은 돼지 같고 상스럽게 여긴다.

(18) 고브리아스는 나아가 페르시아인이 불쾌한 질문이 아니라 즐거운 질문을 하고, 듣기 거북하기보다 즐거운 농담을 좋아하며, 농담 속에는 모욕적인 표현이 없고, 어울리지 않는 행동은 하지 않으며, 서로를 공격하지 않는 것을 목격했다. (19) 하지만 고브리아스가 가장 특별하게 느꼈던 것은, 위험한 군사 작전에 같이 참가한다면 자신이 동료보다 더 많이 대우받아야 한다고 전혀 생각하지 않으며, 오히려 같이 싸워야 하는 동료에게 최고의 무장을 해 주는 것을 가장 화려한 잔치로 여기는 분위기였다.

(20) 고브리아스가 집에 돌아가려고 일어섰을 때 그는 다음과 같이 말했다

---

* 값비싼 침대와 이불은 화려한 동방(Orient)의 특징이었다. - 原註

고 전해진다. "키루스여. 우리는 당신들보다 더 많은 술잔과 옷, 금을 가지고 있지만 당신들보다 가치 없다는 것에 더 이상 놀라지 않습니다. 우리의 머릿속은 온통 어떻게 하면 더 많이 소유할까 하는 생각으로 가득 차 있지만, 당신들은 어떻게 하면 더 잘할 수 있을까 하고 생각하는 것 같습니다."

(21) 그가 이렇게 말하자 키루스가 대답했다. "고브리아스. 그대는 내일 아침 일찍 기병대를 무장시켜 우리가 볼 수 있게 이곳으로 데리고 오시오. 그런 다음 우리를 인도하여 그대의 영토를 보여 주시오. 우리가 어디를 우리 편으로 생각해야 하고 어디를 적으로 여겨야 할지 알 수 있게 말이오."

(22) 그들은 이렇게 듣고 돌아가서 각자 해야 할 일을 했다.

다음 날 새벽이 되자 고브리아스는 기병대를 이끌고 와서 그들을 인도했다. 그러나 키루스는 장군으로서 행진에 대해 고심할 뿐 아니라, 그들을 강하게 만들고 적을 약하게 만들 수 있는 상황에 대해 계속 연구했다. (23) 그래서 그는 고브리아스와 히르카니아 왕을 불렀다. 키루스는 그가 알아야 할 필요가 있는 것을 그들이 가장 잘 알 것이라고 생각했다. 키루스가 말했다. "친애하는 친구들이여. 나는 이 전쟁에 대해 여러분과 의논하고 여러분의 신의에 의지하는 것이 실수라고 생각하지 않습니다. 왜냐하면 아시리아 군대를 이겨야 하는 필요가 여러분이 나보다 더 크다는 것을 알기 때문입니다. 만약 내가 이 전쟁에서 진다면 나는 아마 다른 도피처를 찾을 것입니다. 그러나 여러분의 경우는 여러분의 모든 소유가 다른 사람에게 넘어갈 것입니다. (24) 나에게 아시리아는 적입니다. 그것은 그들이 나를 미워해서가 아니라 우리나라가 강해지면 그들의 이익에 해로울 것이라고 상상했고, 바로 그 때문에 우리를 향하여 전쟁을 일으켰습니다. 그러나 아시리아인은 여러분이 그들에게 해로운 짓을 하고 있다고 생각하기 때문에 여러분을 정말로 미워합니다."

이에 대해 두 사람은 키루스가 말한 대로 진행되어야 한다고 대답했다. 그들은 키루스가 말한 것이 사실이며 앞으로 전개되는 상황이 그들의 핵심 관심사라는 것을 알기 때문이었다. 따라서 키루스는 다음과 같이 말하기 시작했다. (25) "그럼 나에게 말해 보시오. 아시리아 왕은 여러분을 자신에게 적대적인 유일한 대상으로 믿고 있소, 아니면 적으로 믿는 다른 대상이 있는 것이오?"

히르카니아 왕이 말했다. "제우스신에 맹세코 카두시아가 있습니다. 카두시아는 크고 강한 나라이며 아시리아가 가장 미워하는 적입니다. 그리고 우리의 이웃나라인 사카이도 있습니다. 아시리아 왕은 우리에게 했던 것처럼 그들도 정복하려고 했기 때문에 혹독한 고통을 받았습니다."

(26) 키루스가 말했다. "그렇다면 여러분은 이들 두 나라가 아시리아를 공격하는 데 우리와 합류할 것이라고 생각하시오?"

"그렇습니다." 그들이 답했다. "그들이 우리와 연합군을 맺을 방법을 찾기만 한다면 열렬히 동참할 것입니다."

그러자 키루스가 물었다. "그렇다면 그들과 연합군을 맺는 데 장애가 되는 것이 무엇이오?"

그들이 대답했다. "당신께서 지금 행진해 가시는 아시리아입니다."

(27) 이 말을 들었을 때 키루스가 말했다. "고브리아스. 그대는 최근에 왕위에 오른 아시리아의 젊은 왕이 오만하고 잔인하다고 하지 않았소?"

"제 경험에 비추어 판단하건대 그건 분명합니다." 고브리아스가 말했다.

"그렇다면 그런 식으로 대우를 받은 사람이 그대 혼자이오, 아니면 또 있소?" 키루스가 물었다.

(28) "제우스신에 맹세코 그런 대우를 받은 사람이 또 있습니다." 고브리아스가 말했다. "그런데 저는 왜 약자에게 한 그의 악행을 자세히 얘기해야만

할까요. 언젠가 저보다 더 권력 있는 사람의 아들이 그와 함께 술을 마시고 있었습니다. 그 아들은 제 아들과 같이 그의 친구였지요. 그런데 그는 친구를 사로잡아 거세시켜 버렸습니다. 어떤 사람이 말하기를, 그 사건은 그의 첩이 친구를 보고 잘생겼다고 칭찬하며 앞으로 부인이 될 여자는 행복하겠다고 말했기 때문에 일어났다고 합니다. 하지만 그는 친구가 자신의 여자를 유혹하려고 했기 때문에 그랬다고 주장하고 있습니다. 그 친구는 환관이 되었고, 그는 아버지가 죽었기 때문에 왕이 되었습니다."

(29) 그러자 키루스가 말했다. "좋소. 그렇다면 그가 우리를 만나는 것이 도움이 된다고 생각한다면 우리를 기꺼이 만나리라고 보시오?"

"당연히 그렇습니다." 고브리아스가 대답했다. "그렇지만 키루스여, 그를 만나기는 어려울 것입니다."

"왜 그렇게 생각하시오?" 키루스가 물었다.

"왜냐하면 그와 연합군을 맺으려면 반드시 바빌론 성벽 옆을 지나가야 하기 때문입니다."

(30) 이에 다른 사람이 물었다. "그게 왜 어려운 일입니까?"

고브리아스가 말했다. "제우스신에 맹세코 바빌론 도시 한 곳에서 나오는 군사만 해도 지금 당신께서 가지고 있는 군사의 몇 배는 될 것입니다. 그리고 아시리아 군대는 예전과 달리 당신을 보고서 무기와 말을 쉽게 포기하려고 하지 않습니다. 왜냐하면 그들 중 일부는 당신의 군대가 적다는 것을 직접 보았기 때문입니다. 그리고 그 소문은 넓게 퍼져 있습니다." 그는 덧붙였다. "따라서 우리는 좀 더 신중을 기하며 행진하는 것이 좋다고 생각합니다."

(31) "고브리아스. 나는 우리가 극도의 주위를 기울이며 행진해야 한다는 그대의 말이 옳다고 생각하오." 키루스가 고브리아스의 제안을 듣고 대답했

다. "그러나 나는 생각할수록 만약 적의 본대가 바빌론에 있다면 그곳으로 곧장 행진하는 것보다 우리에게 더 안전한 길은 없다고 느끼오. 그대가 말했듯이 적의 숫자는 많소. 그리고 그들이 용기를 낸다면 우리에게 공포를 줄 것이오. 하지만 그들이 우리를 보지 못하고, 우리가 그들을 겁내기 때문에 그들의 시야에서 사라졌다는 생각을 심어 준다면, 그들은 우리가 그들에게 심어 준 공포로부터 분명 벗어날 것이오. 그들이 우리를 보다 오랫동안 보지 못한다면 그들은 공포를 대신해 더 큰 용기를 얻게 될 것이오. (32) 그러나 우리가 그들에게 즉시 행진한다면 우리는 여전히 우리에게 살육당한 자들을 생각하며 눈물을 흘리는 자들을 많이 보게 될 것이오. 우리에게 입은 상처를 감싼 붕대를 여전히 매고 있는 자들을 보게 될 것이고, 우리 군대의 위엄과 그들의 패주를 여전히 기억하는 자들 또한 많이 보게 될 것이오." (33) 키루스는 계속 말했다. "고브리아스. 그대의 많은 군사들이 모두 확신에 차 있다면 그 사기는 분명 아무도 꺾지 못할 것이오. 하지만 군사들이 일단 겁을 먹게 되면 그 숫자가 많을수록 공포에 사로잡히는 강도는 훨씬 커지게 되오. (34) 겁에 질려 낙담한 군사들의 말이 계속해서 늘게 되면 마음이 약한 군사들이 공포에 사로잡히는 강도가 커지게 되고, 그에 따라 낙담하고 표정이 일그러진 군사들을 많이 보게 될 것이오. 그렇게 되면 숫자가 많기 때문에 연설로도 공포를 잠재우기 쉽지 않으며, 마찬가지로 숫자가 많기 때문에 적에 대해 용기를 내어 맞서라고 권고해도 먹히지 않게 되고, 사기를 다시 모으기 위해 일시적으로 후퇴하는 것도 소용이 없게 될 것이오. 오히려 그대는 군사들이 위험을 느낄수록 더 용기를 내라고 격려해야 합니다."

(35) 키루스는 말했다. "다시 제우스신에 맹세코 우리 앞에 놓인 이 문제가 무엇인지 정확히 살펴봅시다. 만약 장래의 승리가 얼마나 많은 숫자의 군

사를 보유하고 있느냐에 좌우된다면, 그대는 우리를 걱정할 만한 충분한 이유가 있고, 우리는 정말로 위험에 처해 있습니다. 하지만 전투의 결과가 예전에 그랬던 것처럼 여전히 얼마나 잘 싸우느냐에 의해 결정된다면 그대가 과감하고 확신에 차야 하는 것은 전혀 이상하지 않습니다. 왜냐하면 신에게 맹세코 우리는 적보다 전투에 열정적인 군사를 훨씬 많이 보유하고 있기 때문입니다. (36) 그러므로 확신을 가지고 이것 또한 생각해 보시오. 적은 우리에게 패했기 때문에 이전보다 훨씬 숫자가 적습니다. 그리고 우리 앞에서 도망간 이후로 이전보다 훨씬 약해졌습니다. 대신 우리는 승리한 이후로 훨씬 강해졌고 여러분이 합류했기 때문에 숫자가 더욱 많아졌습니다. 따라서 그대는 그대의 군사들을 더 이상 낮게 평가해서는 안 됩니다. 이제 그들은 우리와 함께 있습니다. 고브리아스. 그들이 승리를 경험한 자들과 함께 할 때는 그들의 역할이 비록 짐꾼일지라도 용기를 가지고 어디든 함께 갈 수 있다는 것을 명심하십시오.

(37) 그리고 이것 또한 잊지 마시오. 적은 하려고만 한다면 지금 당장이라도 우리를 찾을 수 있습니다. 그리고 우리를 발견했을 때, 우리는 그들에게 행진해 가능한 모든 수단으로 더 큰 공포를 주는 것 외에 대안이 없습니다. 이것이 나의 확신이므로 우리를 곧장 바빌론으로 인도하시오."

## 제3장

(1) 그들은 그렇게 행진하여 넷째 날에 고브리아스 영토의 국경에 도착했다. 키루스는 적국에 들어서자, 그의 지휘 하에 있는 보병을 정규 대형으로 조정하고, 기병은 그가 보기에 최선의 대형으로 조직했다. 그리고 나머지 기병은 노획을 하러 보냈다. 그는 무장을 하고 있는 사람은 죽이고 그 밖의 사람은 끌고 오라고 명령했다. 가축도 포획해서 데려올 수 있었다. 그는 페르시아 군사들에게 노획 원정대에 참가하라고 명령했다. 그들 중 다수는 말을 잃고 돌아왔지만, 노획물을 많이 가지고 돌아온 군사 또한 많았다.

(2) 군사들이 노획물을 가지고 왔을 때, 키루스는 모든 동료 귀족과 장교, 그리고 히르카니아인을 불러서 다음과 같이 이야기했다. "친구들이여. 고브리아스는 아주 큰 배포로 우리를 즐겁게 하였소. 따라서 우리가 신들에게 바치기로 정한 몫과 군대에게 줄 충분한 분량을 뗀 다음, 나머지를 그에게 주는 것이 옳지 않을까요? 그렇게 한다면 우리에게 선을 베푼 사람에게 더 많은 선으로 보답하는 것을 즉각 보여 주게 됩니다."

(3) 이 말을 듣자 그들은 모두 찬성하며 그 제안에 박수를 보냈다. 그들 중

한 사람은 이렇게 말했다. "매우 좋습니다. 키루스여. 그렇게 하도록 합시다. 그것은 좋은 본보기가 될 수 있습니다. 우리가 이곳에 왔을 때 무일푼이었고, 마실 때도 금잔으로 마시지 않는 것을 보고, 고브리아스는 우리를 마치 거지로 여기는 것 같다는 느낌을 받았습니다. 만약 우리가 그렇게 할 수 있다면, 그는 사람이 금이 없어도 신사가 될 수 있다는 것을 깨닫게 될 것입니다."

(4) 키루스가 말했다. "그렇다면 신들에게 바칠 몫을 사제에게 보내고, 군대에 쓸 몫을 뗀 다음, 나머지를 그에게 줄 수 있도록 고브리아스를 부르도록 하시오."

그렇게 그들은 필요한 만큼을 떼고 나머지는 고브리아스에게 주었다.

(5) 배분을 마친 뒤 키루스는 전투 대형을 갖추어 바빌론으로 행진을 재개했다. 그러나 아시리아 군대가 그들과 맞서려고 나오지 않자, 키루스는 고브리아스에게 높은 곳으로 가서 다음과 같이 말하라고 명령했다. "왕께서 나라를 위해 싸우기를 원하신다면 저도 왕과 합세하여 왕을 위해 싸울 것입니다. 하지만 왕께서 나라를 지키려고 하지 않으신다면 저는 승자에게 굴복할 수밖에 없습니다."

(6) 따라서 고브리아스는 키루스의 메시지를 안전하게 전달할 수 있는 곳에 올라갔다. 그러자 아시리아 왕이 전령을 통해 고브리아스에게 답신을 보냈다. "고브리아스. 이것이 너에게 보내는 왕의 응답이다. '나는 네 아들을 죽인 것을 후회하지 않는다. 오직 너를 죽이지 않은 것을 후회할 뿐이다. 너와 네 군사들이 싸우고 싶다면 지금부터 한 달 뒤에 다시 오너라. 지금은 우리가 싸울 여유가 없다. 우리는 여전히 전쟁 준비에 바쁘다.'"

(7) 이에 고브리아스가 대답했다. "나는 당신이 영원히 후회하기를 바랍니다. 당신이 후회하기 시작한 날부터 나는 분명히 당신께 고통을 주어 왔습

니다."

(8) 고브리아스는 아시리아 왕의 답변을 가지고 돌아왔다. 키루스가 그 답변을 들었을 때, 그는 군대를 철수시키고는 고브리아스를 불러 이렇게 말했다. "나에게 말해 보시오. 그대는 아시리아 왕에 의해 거세된 친구가 우리와 합류할 것이라고 생각하지 않았나요?"

그가 대답했다. "물론 그렇습니다. 저는 그것을 완벽하게 확신하고 있습니다. 왜냐하면 그는 저랑 편하게 얘기하던 사이였기 때문입니다."

(9) "그렇다면 그대가 가장 좋다고 생각할 때 그에게 가도록 하시오. 그러나 무엇보다 명심할 것은 그를 혼자서 은밀하게 만나도록 하시오. 그와 의논할 때 만약 그가 우리 편이 되고 싶어 하는 것을 알게 된다면 그대는 그 사실을 철저히 비밀에 부쳐야 하오. 전쟁 때에는 친구를 적인 것처럼 대하는 것보다 친구에게 더 유익한 행동은 없소이다. 그리고 적에게는 친구인 것처럼 대하는 것보다 더 해를 끼치는 행동은 없소."

(10) 이에 고브리아스가 말했다. "가다타스라는 그 환관은 아시리아 왕에게 심각한 피해를 줄 수 있다면 무엇이든 할 것입니다. 그런데 그가 무슨 피해를 줄 수 있는지는 우리가 생각해 볼 필요가 있습니다."

(11) 키루스가 말했다. "만약 그가 자기 군사들을 이끌고 국경에 있는 요새, 그러니까 전쟁이 났을 때 히르카니아인과 사카이인으로부터 이 나라의 외곽을 지키기 위해 만들었다고 그대가 말하던 요새로 간다면, 그곳 사령관은 그를 받아 줄까요?"

"그가 지금처럼 의심받지 않는 상태로 간다면 사령관은 분명 들어오라고 할 것입니다." 고브리아스가 말했다.

(12) 이에 키루스가 대답했다. "내가 가다타스가 지키는 요새들을 빼앗으

려고 하는 것처럼 공격한다면 그는 전력을 다해 방어할 것이오. 그리고 그의 군사 중 일부를 사로잡고 그 또한 우리 군사나 전령 중 일부를 사로잡소. 우리 전령들은 아시리아 왕에게 적대적인 자들에게 그 요새들을 빼앗는 데 필요한 군대와 사다리를 요청하려고 가던 참이었다고 자백할 것이오. 이것을 그가 듣고서 위험을 알리기 위해 왔다고 요새 사령관에게 말한다면 그는 의심을 받지 않을 것이오."

(13) "그런 상황이라면 요새 사령관은 분명 그에게 들어오라고 할 것입니다. 어쩌면 당신께서 떠날 때까지 그곳에 머물러 달라고 간청할지도 모릅니다." 고브리아스가 말했다.

키루스가 물었다. "그가 요새 안으로 들어간다고 해도 요새를 우리에게 넘겨줄 수 있는 위치에 있을 수 있을까?"

(14) "그가 요새 안에서 전쟁 준비를 돕는 사이 당신께서 요새 밖에서 강력하게 공격한다면 그것은 어떻게든 가능합니다." 고브리아스가 대답했다.

키루스가 말했다. "그렇다면 그에게 가서 이 계획에 대해 설명하고 그의 협조를 얻은 다음 돌아오도록 하시오. 그대가 우리에게서 받았던 신뢰를 그대의 말이나 행동으로 그에게 보여 주는 것보다 더 좋은 신뢰의 보증은 없소이다."

(15) 고브리아스는 즉시 길을 떠났다. 그리고 가다타스는 고브리아스를 만났을 때 모든 계획에 기쁘게 동의했고 그들이 해야 할 일들을 확정했다.

고브리아스가 돌아와 가다타스가 모든 제안을 진심으로 수락했다고 보고하자, 키루스는 다음날 공격했고, 가다타스는 방어하기 시작했다. 키루스는 가다타스가 가리킨 요새 또한 차지하였다. (16) 가다타스는 키루스의 전령 중 일부는 그대로 보냈지만 일부는 붙잡아서 여러 사람이 보는 앞에서 엄하게 신문했다. 그들의 여행 목적이 군대와 사다리를 가져오기 위한 것이라는 것을 듣자, 가다타스는 즉시 채비를 해서 위험을 알리기 위해 길을 떠났다. (17) 그 결과 그는 사령관의 신뢰를 얻어 그곳을 지키기 위한 동맹군의 자격으로 요새 안으로 들어갔다. 그는 그의 능력이 닿는 범위 내에서 요새 사령관의 전쟁 준비를 도왔지만, 키루스가 왔을 때 그는 사로잡은 키루스의 전령을 조력자로 이용해 그곳의 주인이 되었다.

(18) 이 모든 일이 성취되었을 때, 가다타스는 요새 안을 정돈한 뒤 밖으로 나와 관습에 따라 키루스에게 존경을 표하며 말했다. "키루스여. 당신과 함께 하게 되어 정말 기쁩니다."

(19) "나 역시 그러하오." 키루스가 말했다. "신들의 호의를 입어 그대는 나를 즐겁게 하여 주었소. 나는 이곳을 이 나라에 있는 나의 동맹군에게 넘겨주게 된 것이 아주 잘된 일이라고 생각하오." 그는 계속 말했다. "아시리아인은 그대에게서 아들을 낳을 능력을 빼앗았지만 친구를 얻을 능력은 빼앗지 못했소. 그대는 이 공로로 우리를 친구로 만들 수 있게 되었소. 우리는 그대 곁에서 마치 우리가 그대의 자녀가 된 것처럼 확실하게 그대를 도울 것이오."

(20) 이때 듣고 있던 히르카니아 왕이 키루스에게 달려가 그의 오른손을 붙잡고 다음과 같이 말했다. "키루스여. 당신은 친구에게 너무나 선하십니다. 신들이 저를 이끌어 당신과 친구가 되게 하셨으니 제가 신들에게 감사해야 할 것들이 얼마나 많은지요."

(21) 그러자 키루스가 말했다. "그렇다면 와서 이 요새를 가지시오. 그대가 나를 칭송했기 때문에 내가 그대에게 주리라. 그대의 사람들과 동맹군의 나머지 사람들에게 가장 유익이 되는 방식으로 이 요새를 처분하도록 하시오. 그리고 이 요새를 손에 넣고 그것을 우리에게 넘겨준 여기 있는 가다타스에

게 특별히 잘해 주어야 하오."

(22) 이에 히르카니아 왕이 말했다. "만약 카두시아인과 사카이인, 그리고 저의 백성이 온다면, 관련된 모든 사람이 어떻게 하면 이 요새를 가장 유용하게 활용할 수 있을지를 논의하는 자리에 그들 역시 불러야만 할까요?"

(23) 키루스는 이 계획에 찬성했다. 그리고 요새와 관련된 모든 사람이 모였을 때, 그들은 우호적으로 지내는 것이 서로에게 이익이 된다고 여기는 사람들이 요새를 공동으로 소유하기로 결정했다. 그들은 전쟁이 났을 때 요새가 그들의 보루가 되고 아시리아 군대에 대항하는 작전 기지가 되기를 바랐다.

(24) 이 일로 인하여 카두시아인, 사카이인, 히르카니아인은 열정이 한층 높아져 많은 사람이 원정군에 참여했다. 카두시아인은 약 2만 명의 방패보병과 4천여 명의 기병으로 구성된 새로운 부대를 만들어 원정군에 참여했다. 사카이인은 약 1만 명의 궁수와 약 2천 명의 기병을 만들어 참여했고, 히르카니아인은 많은 숫자의 보병을 보냈고 기병대의 숫자를 2천 명으로 늘렸다. 그전까지 카두시아와 사카이는 아시리아와 적대적인 관계였기 때문에 자신들의 기병을 본국에 남겨 두었다.

(25) 그사이 키루스는 요새를 정비하느라 매우 바빴다. 주변국들이 모두 키루스에게 돌아서자, 주변에 있던 아시리아 군사들이 두려운 나머지 말과 무기를 버리고 도망갔기 때문이다.

(26) 이 일을 마치자 가다타스가 키루스에게 왔다. 그는 아시리아 왕이 요새에서 일어난 일을 듣고서 크게 화를 내면서 이곳으로 쳐들어올 준비를 하고 있다는 정보를 전령이 가지고 왔다고 말했다. "키루스여. 저는 제 요새들을 지키고 싶습니다. 가서 지킬 수 있도록 허락해 주십시오. 다른 곳은 중요하지 않습니다."

(27) 키루스가 말했다. "그대가 지금 출발한다면 언제 요새에 도착할 수 있는가?"

"모레면 도착해서 그곳에서 저녁 식사를 할 수 있을 것입니다." 가다타스가 대답했다.

"그러나 그대가 도착하기 전에 이미 아시리아 군대가 그곳에 있을 거라고 생각하지 않는가?" 키루스가 물었다.

"그럴 것입니다. 아시리아 왕은 당신께서 여전히 멀리 있다고 생각해 서둘렀을 것입니다." 그가 답했다.

(28) "그대는 내가 군대를 이끌고 그곳에 도착하려면 며칠이나 걸릴 거라고 생각하는가?" 키루스가 물었다.

가다타스가 대답했다. "폐하의 군대는 지금 대군이므로 요새에 도착하려면 6~7일은 족히 걸릴 것입니다."

키루스가 말했다. "그렇다면 그대는 지금 즉시 가도록 하시오. 나는 최선을 다해 그대의 뒤를 따르겠소."

(29) 그렇게 가다타스는 떠났다. 그리고 키루스는 동맹군의 모든 장교를 소집했다. 그곳에 모인 장교들은 이제 모두 위엄 있고 용감해 보였다. 그들이 모이자 키루스는 다음과 같이 연설했다.

(30) "친구들이여, 동맹군이여. 가다타스는 우리에게 매우 귀중한 일을 했습니다. 그는 우리로부터 어떤 호의를 받기 전부터 그랬습니다. 그러나 아시리아 왕이 그의 나라를 침략한다는 보고가 있습니다. 이것은 아시리아 왕이 가다타스가 잘못했다고 여기기에 그를 벌주려는 의도가 명백합니다. 아마도 그는 그를 버린 사람이 아무런 처벌도 받지 않는다면, 우리가 그들을 파괴했을 때 아무도 그와 함께 하지 않을 거라고 여기는 것 같습니다. (31) 따라서 제

군들이여, 나는 가다타스에게 호의를 베풀고 그를 진심으로 돕는 것이 옳다고 생각합니다. 동시에 우리는 감사의 빚을 갚는 것이 옳습니다. 그러나 그와 별도로 우리는 그렇게 하는 것이 우리 자신에게도 이익이 된다고 생각합니다. (32) 왜냐하면 우리에게 피해를 준 자에게 그보다 더한 피해를 주고 우리에게 잘해 준 자에게 그보다 더 잘해 주는 것을 만인이 보게 된다면 많은 사람이 우리의 친구가 되고 우리의 적이 되려고 하지 않을 것입니다.

(33) 만약 우리가 가다타스를 버린다면 도대체 어떤 논리로 다른 사람에게 우리에게 호의를 베풀라고 설득할 수 있겠습니까? 어떻게 우리의 행동을 스스로 뻔뻔하게 용인할 수 있겠습니까? 우리가 이렇게 숫자가 많은데도 곤경에 처해 있는 가다타스 한 사람의 호의보다 못하다면 우리 중 누가 가다타스의 얼굴을 다시 쳐다볼 수 있겠습니까?"

(34) 키루스가 이렇게 말하자 모두가 전심으로 그의 말에 동의했다.

키루스는 계속 말했다. "그렇다면 여러분이 이 제안에 동의했으므로 우선 짐을 실은 황소와 마차를 담당하는 사람을 뒤에 남겨 둡시다. 각 부대는 짐을 관리하기에 가장 적합한 사람을 숫자만큼 지명하도록 하시오. 그리고 고브리아스가 그들을 지휘하여 인도하도록 하시오.

(35) 고브리아스는 이곳 지리에 익숙하고 그 일을 하기에 적합한 사람입니다. 그리고 우리는 가장 유능한 군사들과 말을 데리고 사흘치의 식량만 챙겨서 떠나도록 합시다. 가볍고 간단하게 챙겨 갈수록 우리는 여정에서 더욱 즐겁게 점심과 저녁을 먹고 잠을 잘 수 있습니다. (36) 그러면 다음과 같은 대형으로 출발하도록 합시다. 크리산타스. 길이 넓고 평평하기 때문에 그대는 흉갑으로 무장한 군사들을 데리고 선두에서 인도하시오. 그대의 모든 중대장을 앞에 세우고 각 중대가 그 뒤를 한 줄로 따르도록 하시오. 이렇게 서로 뭉쳐서

가면 훨씬 빠르고 안전하게 갈 수 있소. (37) 내가 그대의 군사들에게 흉갑으로 무장하고 대형의 앞에서 인도하도록 한 이유는 그들이 우리 군대에서 가장 속도가 느리기 때문이오. 가장 느린 부대가 앞에서 인도할 때 속도가 빠른 부대는 훨씬 쉽게 그 뒤를 따라갈 수 있소. 만약 속도가 빠른 부대가 밤에 앞에서 인도한다면 선두가 후위를 초월하기 때문에 대형이 무너지고 부대 간에 간격이 생기는 것은 당연하오.

(38) 다음으로 아르타바주스, 그대는 페르시아 방패보병과 궁수를 이끌고 앞에 서서 뒤를 따르시오. 그 뒤는 메디아인 안다미아스가 메디아 보병을 이끌고 따르고, 그 뒤는 엠바스가 아르메니아 보병을 이끌고 따르며, 그 뒤는 아르투카스가 히르카니아 보병을 이끌고 따르시오. 계속해서 그 뒤는 탐브라다스가 사키아 보병을, 다타마스가 카두시아 보병을 이끌고 따르도록 하시오. (39) 행진하는 기간 내내 중대장이 맨 앞에 서도록 하고 밀집대형의 오른쪽에는 방패보병, 왼쪽에는 궁수가 위치하도록 하시오. 그렇게 하면 행진할 때 보다 쉽게 부대를 통솔할 수 있을 것이오. (40) 이 모든 대형의 뒤에는 짐꾼들이 따르도록 하고, 장교들은 잠에 들기 전에 필요한 물품을 모두 챙겼는지 확인하도록 하시오. 그리고 짐꾼들이 아침에 물품을 짊어지고 지정된 장소에 나와 정해진 위치에서 따라갈 수 있도록 준비시키시오.

(41) 짐꾼들 뒤에는 페르시아인 마다타스가 페르시아 기병대를 이끌도록 하시오. 역시 기병대 중대장들을 맨 앞에 세우고 각 중대가 그 뒤를 따르도록 하시오. (42) 그 뒤는 메디아인 람바카스가 같은 순서로 기병대를 이끌고 따르고, 그 뒤는 티그라네스가 그의 기병들과 나머지 기병 장교들, 그리고 우리에게 합류한 군사들을 이끌고 따르도록 하시오. 티그라네스의 뒤는 사키아인이 줄을 이루어 따르고, 제일 마지막에는 카두시아인이 따를 것이오. 그리고

그대 알케우나스는 그들의 사령관이므로 후위를 살펴서 아무도 그대의 기병들 뒤에 처지지 않도록 하시오.

(43) 장교들과 모든 지각 있는 군사들이여. 여러분은 조용히 행진하도록 각별히 신경을 쓰시오. 왜냐하면 밤에는 정보를 수집하고 분간하는 데 있어 눈보다 귀를 더 많이 의지하기 때문이오. 그리고 밤에 혼란에 빠지면 낮보다 더 심각한 문제가 발생하며 그것을 수습하기 훨씬 어렵소. (44) 그러므로 정숙을 유지하고 정해진 대열을 준수하시오.

그리고 동이 트기 전에 출발을 해야 한다면 야간 경계는 숫자를 많이 동원하여 한 사람당 짧게 해야 하오. 보초를 서느라 잠이 부족해 낮에 행진할 때 힘들고 지치게 해서는 안 되오. 행진을 시작할 때는 나팔을 불어 신호를 알리시오. (45) 그럼 모두 필요한 것을 챙겨서 바빌론으로 출발합시다. 각 사령관은 부대가 이동할 때 전할 말이 있으면 뒤에 있는 군사에게 말하고, 그 군사는 다시 뒤에 있는 동료에게 전달할 수 있도록 주지시키시오."

(46) 그 뒤 그들은 천막으로 돌아가서, 키루스가 그들의 이름을 직접 부르면서 임무를 부여하고 어떻게 해야 할지를 지시한 것을 말했다. (47) 키루스는 신경을 써서 그렇게 했다. 그는 생각했다. 모든 장인은 자신이 다루는 연장의 이름을 알고, 모든 의사는 수술 도구와 처방하는 약의 이름을 안다. 그런데 장군이 자기 밑에 있는 장교의 이름을 모른다면 정말 우스꽝스러운 일이다. 장군에게 장교는 적의 진지를 빼앗거나 아군의 진지를 방어하며, 우리 편 군사들에게 용기를 불어넣거나 적에게 공포를 심어 줄 때 쓰는 도구이다. 따라서 키루스는 누구든 치켜세울 때마다 그의 이름을 불러 주는 것이 적절하다고 생각했다. (48) 나아가 그는 생각했다. 장군이 자신을 알고 있다는 것을 의식하는 장교는 자신이 잘하고 있는 것을 보이려고 노력하고 나쁜 짓을 하지 않

려고 자제한다. (49) 그리고 어떤 일을 하려고 할 때 집에 있는 하인에게 하듯이 "누구 물 좀 가져와!", "누구 장작 좀 패!"라고 명령하지 않는다. (50) 만약 그렇게 명령하면 군사들은 서로 쳐다보기만 하고 아무도 하지 않는다. 그리고 일이 안 되었을 때 모두가 함께 처벌받기 때문에 아무도 부끄러워하거나 두려워하지 않는다. 이런 이유 때문에 키루스는 장교들의 이름을 직접 부르면서 명령을 내렸다. (51) 이것이 명령을 내리는 것에 대한 그의 생각이었다.

군사들은 저녁 식사를 하고 보초를 세우고 필요한 물품을 모두 챙긴 뒤 잠을 잤다. (52) 자정에 나팔 신호가 울렸다. 키루스는 크리산타스에게 먼저 가서 길에서 기다리겠다고 말하고는 경호대를 데리고 떠났다. 잠시 후 크리산타스가 중무장을 한 군사들의 선두에 서서 나타났다. (53) 키루스는 길을 인도할 안내인을 그에게 보내 선두에서 천천히 가라고 지시했다. 아직 모든 군대가 길 위에 오르지 않았기 때문이다. 키루스는 몸소 길가에 서서 오는 순서대로 그들을 앞으로 보냈으며, 늦게 오는 부대에는 전령을 보내 서두르라고 지시했다. (54) 마침내 그들이 모두 길 위에 올랐을 때, 키루스는 몇몇 기병을 크리산타스에게 보내 모든 군사가 준비되었다고 말했다. "그럼 이제 속보로 행진하라." (55) 키루스는 말을 타고 천천히 선두로 가면서 대형을 점검했다. 그리고 조용하게 대열을 맞춰 행진하는 군사들을 보게 되면 누구인지 물었으며, 누군지를 알게 되었을 때는 칭찬하기를 마다하지 않았다. 그러나 어디든 대열이 흐트러졌을 때는 그 원인을 물었고 무질서를 바로잡으려고 노력했다.

(56) 키루스는 그날 밤에 주의를 기울이기 위해 추가적인 조치를 취하였다. 즉, 그는 소수의 경무장한 보병을 본대의 앞으로 보내 크리산타스가 볼 수 있는 위치에서 정보를 듣거나 수집하도록 했다. 그리고 크리산타스가 알아야 할 필요가 있다고 판단되는 정보가 있으면 그에게 보고하도록 했다. 정보를

수집하는 보병에게는 그들을 지휘하는 장교를 딸려 보내 어떤 정보가 중요한지 분석하도록 했다. 그렇게 함으로써 별로 중요하지 않은 정보로 크리산타스를 곤혹스럽게 하는 일이 없도록 했다.

(57) 이런 방법으로 그들은 밤새 행진했다. 그러나 낮이 되자 키루스는 카두시아 기병대와 보병대를 함께 남겨 두었다. (그들의 보병대는 맨 뒤에 위치했다.) 기병대가 보병대를 보호하도록 하기 위해서였다. 그러나 나머지 기병에게는 적이 앞에 있기 때문에 앞을 향해 달려 나가라고 명령했다. 그는 이 계획을 취했다. 만약 적의 저항을 만나면 곧바로 싸우라고 명령할 수 있고, 적이 어디로든 도망가는 것을 발견하면 즉시 뒤쫓을 수 있기 위해서였다. (58) 그는 일부는 적을 쫓을 수 있도록 하고, 나머지는 그와 함께 하도록 하는 대열로 기병대를 유지했다. 그러나 군대의 전체적인 질서가 흐트러지지 않도록 했다.

(59) 그는 항상 한 곳에만 있지 않았다. 말을 타고 이곳저곳을 돌아다니며 군대를 점검했고, 필요한 것이 있으면 즉시 채워 주었다. 이것이 키루스가 군대를 이끄는 방식이었다.

# 제4장

(1) 가다타스의 기병대 장교 중에 한 사람이 있었다. 그는 자신의 주군이 아시리아 왕을 배반하는 것을 보고, 만약 가다타스에게 불행이 닥치면 그가 가지고 있는 부와 권력을 아시리아 왕으로부터 받을 것이라고 생각했다. 그래서 그는 아시리아 왕에게 사람을 보내, 매복하고 있으면 가다타스와 그의 부하들을 사로잡을 수 있을 것이라고 말했다. (2) 그는 또한 가다타스와 함께 있는 군대의 숫자가 적으며, 키루스는 그와 함께 있지 않는 것이 확실하다고 전하라고 지시했다. 그는 가다타스가 도착할 것으로 예상되는 길까지 알려 주었다. 그는 가다타스가 잡힐 것으로 확신한 나머지, 부하들에게 가다타스의 땅에서 그가 얼떨결에 관리하던 요새와 그곳에 있는 모든 것을 아시리아 왕에게 넘겨주라고 지시했다. 게다가 그가 가다타스를 죽이게 된다면 몸소 그곳으로 돌아갈 것이고, 설령 실패한다 해도 최소한 앞으로 아시리아 왕의 편에 서게 될 것이라고 말했다.

(3) 이 지시를 받은 사람은 말을 최대한 빨리 몰아 아시리아 왕에게 가서 그가 온 목적을 말했다. 아시리아 왕이 그것을 들었을 때, 그는 즉시 와서 배

신자의 요새를 차지했고 많은 숫자의 기병과 전차를 마을 가운데에 매복시켜 놓고 가다타스를 기다렸다.

(4) 가다타스가 마을에 가까이 왔을 때 그는 샅샅이 수색하기 위해 정찰병을 미리 보냈다. 아시리아 왕은 정찰병이 오는 것을 보고서 두세 대의 전차와 기병을 보내 마치 숫자가 적어 도망가는 것처럼 속이도록 했다. 정찰병들은 적이 도망가는 것을 보자 추격을 시작했고, 가다타스에게 오라고 신호했다. 가다타스 또한 속아서 전속력으로 적을 추격했다. 아시리아 군대는 가다타스를 사로잡기 충분한 거리까지 기다렸다 매복에서 나왔다. (5) 가다타스와 그의 군사들은 적이 출현하는 것을 보자 당연히 도망가기 시작했고, 적은 당연히 추격을 시작했다. 이때 가다타스에 대해 음모를 꾸몄던 부하가 가다타스를 향해 칼을 날렸으나 치명적인 상처를 입히는 데는 실패했다. 그러나 그는 가다타스의 어깨를 강타했으며 그 결과 가다타스는 상처를 입었다.

그렇게 한 다음 그는 아시리아 추격대에 합류하기 위해 달려갔다. 아시리아 군대는 그가 누구인지를 알아본 뒤 그를 참여시켰다. 그리고 그들의 왕과 합세해 전속력으로 추격했다. (6) 가장 느린 말을 타고 있던 군사들은 가장 빠른 말을 타고 있던 적에 의해 따라잡혔다. 가다타스의 군사들은 급속히 힘을 잃었다. 그들은 먼 길을 오느라 많이 지쳐 있었다. 이때 군대를 이끌고 오는 키루스를 발견했다. 그들이 키루스를 발견했을 때의 심정이란, 마치 폭풍 속을 빠져 나온 사람이 항구를 발견했을 때처럼 크게 기뻐했을 거라는 것은 누구든 상상할 수 있을 것이다. (7) 키루스는 처음에 깜짝 놀랐다. 그러나 이내 상황을 파악하고는 적이 가다타스를 계속 뒤쫓는 사이에도 군대를 계속해서 전투 대형으로 이끌었다. 그러자 적은 무슨 일이 일어났는지를 알아차리고는 방향을 돌려 도망치기 시작했다. 키루스는 추격에 능숙한 군사들에게 적을 추격하라고 명령했고, 그는 적당한 거리에서 뒤따라갔다. (8) 이번에는 적의 전차를 사로잡았다. 전차의 기수 중 일부는 너무 급하게 전차를 돌리는 바람에 균형을 잃고 바닥으로 떨어졌다. 나머지는 키루스의 기병대에 의해 퇴로를 차단당했다. 그들 중 다수가 살해되었고, 그중에는 가다타스에게 상처를 입힌 자도 포함되었다. (9) 그러나 가다타스의 요새를 포위하던 아시리아 보병 중 일부는 배신자의 요새로 도망갔고, 나머지는 아시리아의 큰 도시로 도망갔다. 아시리아 왕도 기병과 마차를 이끌고 그곳으로 갔다.

(10) 키루스는 적을 추격하기를 마친 뒤에 가다타스의 땅으로 돌아왔다. 그리고 전리품을 맡는 군사들에게 그것을 잘 챙기라고 지시한 뒤에 즉시 가다타스를 방문했다. 그가 도착했을 때 가다타스는 이미 상처에 붕대를 감고 있었다. 키루스는 그를 보고 너무 기뻐하며 말했다. "내 그대가 어떤지를 보기 위해 여기 왔도다."

(11) 가다타스가 말했다. "신들의 도움으로 당신 같이 아름다운 영혼을 지닌 사람을 다시 보게 되는군요. 저는 당신께서 저에게 무엇을 원하는지 알지 못합니다. 그리고 당신께서는 저를 이렇게 도와주겠다고 약속하지도 않았습니다. 저에 대해 아무런 의무도, 심지어 개인적인 의무조차 없습니다. 그러나 당신께서는 제가 당신의 친구들에게 몇 가지 호의를 베풀었다고 생각하는 것만으로도 용감하게 이곳에 와서 이 순간에 저를 구해 주셨습니다. 저는 실패한 자였지만 당신의 은혜를 받아 목숨을 건졌습니다.

(12) 키루스여. 신들에게 맹세코 제가 만약 아들을 낳았다면 당신과 같이 심성이 고운 아들을 낳았을지 궁금합니다. 저는 지금의 아시리아 왕이 제가 알고 있는 다른 많은 아들처럼 그의 아버지에게 당신에게 끼쳤던 문제보다 더 큰 문제를 끼쳤다는 것을 알고 있기 때문입니다.

(13) 이에 키루스가 대답했다. "그대는 지금 나에게 경이(驚異)를 표하면서 더 큰 경이를 표하는 것을 잊었도다."

"그게 무엇입니까?" 가다타스가 말했다.

"수많은 페르시아 군사들이 그대에게 관심을 보였다. 그리고 메디아, 히르카니아, 아르메니아, 사키아, 카두시아 군사들도 이곳에 있다." 키루스가 대답했다.

(14) 그러자 가다타스가 기도했다. "오, 제우스신이여. 나는 신들께서 그들에게 많은 복을 주시고, 무엇보다도 그들이 저에게 그렇게 관대하도록 만든 사람에게 큰 복을 주시기를 기도합니다. 그러나 키루스여, 우리는 당신께서 그토록 칭찬하시는 군사들을 최대한 즐겁게 하기를 원합니다. 그러하오니 우리가 드릴 수 있는 이 사소한 것들을 우정의 선물로 받아 주십시오."

이 말과 함께 그는 온갖 종류의 물건을 가지고 왔다. 그것은 제사를 드리기 원하는 모든 사람이 쓸 수 있고, 모든 군사가 자신의 공적에 맞게 누릴 수 있을 만큼 충분했다.

(15) 그때, 군대의 맨 뒤에 있어 적을 추격하는 데 하나도 공적을 세우지 못한 카두시아 왕이 스스로를 위해 무언가를 하고 싶어 하는 마음에, 키루스에게 아무런 협의나 통보도 없이 바빌론으로 향하는 길에 있는 가다타스의 영토를 노획하러 갔다. 카두시아 군사들이 흩어졌을 때, 아시리아 왕은 잠시 피해 있던 도시에서 나와 돌아가던 길에 그들을 우연히 만났다. (16) 아시리아 왕은 카두시아 군대가 홀로 있는 것을 보고 공격을 시작해 카두시아 군대의 사령관과 많은 군사를 죽였고, 말을 사로잡았으며, 카두시아 군대가 잠시 지니고 있던 노획물을 되찾았다. 그는 그가 생각하기에 안전하다 싶은 곳까지 카두시아 군대를 추격한 뒤에 돌아왔다. 그렇게 카두시아 군대의 생존자들은 진영에 도

착했고, 그들 중 첫 번째 사람이 저녁이 되었을 무렵에 나타났다.

(17) 무슨 일이 일어났는지를 알았을 때 키루스는 그들을 만나러 갔다. 그리고 부상당한 군사들을 따뜻하게 맞아 가다타스에게 보냈다. 그는 가다타스가 그들을 돌봐줄 것으로 기대했다. 그리고 나머지 군사들은 천막으로 보내 필요한 조치를 취하도록 하였다. 몇몇 페르시아 동료 귀족은 키루스와 함께 그들을 돌봤다. 그런 상황에서 선한 사람은 큰 수고를 감내할 준비가 되어 있다. (18) 키루스는 매우 괴로웠다. 그래서 나머지 사람들이 보통 때처럼 저녁 식사를 하러 갈 때 그와 부하들, 그리고 의사들은 식사를 하러 가지 않았다. 그는 어느 누구도 간호 없이 내버려 두지 않고 개인적으로 일일이 관심을 보이려고 했다. 그리고 그가 그렇게 하지 못하면 누군가를 대신 보내 그의 관심을 보여 주었다.

(19) 이렇게 그들은 그날 저녁 잠을 잤다. 다음날 아침 그는 모든 카두시아 군사들과 다른 장교들을 불러 놓고 다음과 같이 연설하였다.

"이 일을 겪은 모든 친구와 동맹군이여. 사람은 누구나 실수할 수 있습니다. 그리고 우리는 이 일에서 한 가지 값진 교훈을 얻었습니다. 즉, 적보다 약한 부대를 본대에서 절대로 떨어지게 해서는 안 된다는 것입니다. (20) 나는 카두시아보다 적은 규모의 부대는 어떤 상황에도 떨어지게 해서는 안 된다고 말하는 것이 아닙니다. 필요할 때는 그렇게 할 수도 있습니다. 하지만 장교가 원정을 시작할 때는, 필요할 때 도움을 줄 수 있는 사람에게 그 의도를 분명히 알려야 합니다. 그는 함정에 빠질 수도 있습니다. 그러나 동시에 그의 뒤에 있는 사람이 적을 함정에 빠뜨릴 수도 있으며, 떨어진 아군을 데리고 올수도 있습니다. 그는 다른 방식으로 적을 교란해 아군에게 안전을 확보해 줄 수도 있습니다. 이렇게 거리상으로는 멀리 떨어져 있다 할지라도 본대와는 계속 연락을 취할 수 있습니다. 그러나 아무런 통보 없이 자신의 목적을 위해 떠나는 장교는 그가 어디에 있다 할지라도 홀로 작전을 펴는 것과 같습니다.

(21) 그러나 이에 대한 회답으로 우리는 곧 적에게 복수할 것입니다. 이것은 신의 뜻입니다. 따라서 점심을 먹은 직후 나는 여러분을 이끌고 이 일이 일어난 곳으로 갈 것입니다. 거기서 죽은 자들을 땅에 묻을 뿐 아니라, 적이 승리를 거두었다고 생각하는 바로 그곳에서 우리가 그들보다 우월하다는 것을 보여 줄 것입니다. 이것 역시 신의 뜻입니다. 나는 적이 우리 동료를 살육한 그곳을 바라보면서 흡족해하도록 내버려 두지 않을 것입니다. 만약 그들이 우리와 맞서려고 나오지 않는다면 우리는 그 마을을 불태우고 파괴할 것입니다. 그래서 적이 우리에게 한 일을 보고 기뻐하는 것이 아니라 그들에게 닥친 불행을 보면서 괴로워하게 만들 것입니다.

(22) 그러므로 다른 부대 장교들은 먼저 점심 식사를 하시오. 하지만 카두시아 군사들은 먼저 가서 남은 사람 중에서, 만약 우리의 도움이 필요하면 신들과 우리의 도움을 받아 여러분의 이익을 챙길 새로운 장군을 여러분의 관습에 따라 뽑도록 하시오. 그리고 장군을 뽑았다면 그를 나에게 보내도록 하시오."

(23) 그들은 키루스가 지시한 대로 했다. 그리고 키루스가 군대를 이끌었을 때, 그는 카두시아인이 새로 뽑은 장군을 자신의 옆으로 오라고 해서 나란히 행진했다. 키루스는 말했다. "그대와 내가 그들의 영혼에 다시 용기를 불붙일 수 있도록 나란히 가도록 합시다." 이렇게 그들은 행진했다. 그리고 그들은 그곳에 도착해서 죽은 카두시아 군사들을 땅에 묻고 그 땅을 파괴했다. 그렇게 한 다음 그들은 다시 가다타스의 땅으로 돌아왔다. 돌아올 때 그곳에서 빼앗은 물품들을 가지고 왔다.

(24) 키루스는 만약 자신이 바빌론 근처에 항상 없다면 바빌론 주변에서 그에게 넘어온 사람들이 심각하게 피해를 입을 것이라고 생각해 사로잡은 적을 풀어 아시리아 왕에게 말을 전하게 했다. (그는 또한 사신 편으로 같은 내용의 메시지를 보냈다.) 키루스는 만약 아시리아 왕이 그에게 넘어온 농부들이 계속 농사를 지을 수 있게 한다면, 그 역시 농부들에게 아무런 피해도 끼치지 않고 평안하게 농사를 지울 수 있도록 하겠다고 말했다. (25) 그는 또한 말했다. "그대가 농사를 방해한다 할지라도 그 범위는 아주 작을 것이오. 왜냐하면 나에게 넘어온 자들의 땅은 작지만 내가 그들에게 경작을 허락한 그대의 땅은 매우 넓기 때문이오. 그리고 전쟁을 하게 된다면 내가 승자가 될 것이고 그 땅에서 거두는 곡식은 모두 내 차지가 될 것이오. 만약 평화가 이어진다면 그 곡식은 당연히 그대의 것이 되겠지요. 하지만 내 군사들이 그대를 향하여 무기를 들거나 그대의 군사들이 나를 향하여 무기를 들게 된다면, 그때는 각자 자신의 능력에 따라 복수를 하게 될 것이오."

(26) 키루스는 이 메시지를 사신에게 줘서 보냈다. 이 메시지를 들었을 때, 아시리아인은 그들의 왕이 그 제안을 수락해 전쟁이 일어나지 않도록 모든 노력을 했다. (27) 아시리아 왕도 그의 신하들에게 설득을 받았는지 아니면 자신도 그렇게 하기를 바랐는지 몰라도 그 제안을 수락했다. 그래서 군인들이 전쟁을 할지라도 농부들은 평화롭게 농사를 지을 수 있도록 하는 계약이 체결되었다.

(28) 키루스는 농민들을 위해 이 양보를 얻어 냈다. 하지만 가축을 방목하며 먹고사는 사람들을 위해서는, 그들이 원한다면 가축을 이끌고 키루스가 지배하고 있는 영토 안으로 들어와도 된다는 말을 전하도록 했다. 그러나 만약 적의 성으로 들어간다면, 키루스의 군대가 성을 정복했을 때 그곳에 있는 가

죽은 동맹군을 기쁘게 하기 위해서라도 적법한 노획물로 취급할 것이라고 말했다. 키루스의 군대는 식량을 구하기 위해 약탈을 떠나지 않아도 되었지만 그들 앞에 닥친 위험은 같았다. 대신 전쟁을 치르는 데 드는 부담은 적었다. 왜냐하면 필요한 식량은 적의 것으로 충당하면 되기 때문이었다.

(29) 키루스가 떠날 준비를 하고 있을 때, 가다타스가 와서 그에게 온갖 종류의 선물을 주었다. 모두 부잣집에서 나올 수 있는 것들이었으며, 가장 귀중한 것은 그를 배신했던 부하들에게서 빼앗은 말들이었다. (30) 그는 키루스 앞에 와서 다음과 같이 말했다. "키루스여. 저는 이 선물을 당신께서 받아 주시기를 간청하는 바입니다. 제 모든 소유는 당신 것입니다. 저에게는 땅을 물려줄 아들이 없기 때문에 제가 죽으면 저의 이름과 가문은 사라져 버릴 것입니다. (31) 키루스여. 저는 이런 고통을 당하고 있지만, 신들과 이 모든 일을 보고 들었던 사람들에게 맹세코 이런 일을 겪을 만한 그 어떤 나쁜 짓이나 사악한 말을 하지 않았습니다."

가다타스는 이렇게 말하고는 눈물을 흘렸다. 눈물은 뺨을 타고 흘러내렸으며, 그는 더 이상 말을 잇지 못했다.

(32) 키루스는 그 말을 듣고서 그의 불행에 대해 진심으로 안타까워하며 말했다. "그대의 말들은 내가 받겠소. 그리고 한때 당신께 충성했지만 지금은 그렇지 않은 사람들보다 그대에게 더욱 충성을 바칠 군사들에게 그 말들을 주도록 하겠소. 나는 곧 페르시아 기병대를 1만 명까지 늘릴 것입니다. 그것은 내가 오랫동안 갈망했던 바입니다. 그러나 그 외 다른 선물들은 다시 가져가서, 내가 그대에게 보답할 때 뒤지지 않을 만큼 부자가 되어 있는 것을 볼 때까지 잘 관리하도록 하시오. 만약 그때에도 그대에게서 받은 것이 내가 주는 것보다 많다면 신들에게 맹세코 나는 부끄러워 얼굴을 들지 못할 것이오."

(33) 이에 가다타스가 대답했다. "저는 당신의 방식을 알기 때문에 당신의 결정을 믿습니다. 당신께서는 여전히 제가 이 모든 것을 관리할 수 있는 위치에 있다고 생각하시는 것 같습니다. (34) 우리는 한동안 아시리아 왕의 친구였고, 제 아버지의 땅은 세상에서 가장 좋은 곳이었습니다. 이곳은 강력한 바빌론 도시와 가까이 있어 그 도시의 모든 이익을 누릴 수 있지만, 집으로 돌아오면 그곳의 모든 법석과 걱정을 털어 버릴 수 있었습니다. 그러나 이제 우리는 아시리아의 적이 되었고, 당신이 떠나면 우리와 우리 가문은 음모의 희생자가 될 것입니다. 제가 생각하기에 그것은 우리를 완전한 비극으로 이끄는 길입니다. 우리는 적과 가까운 곳에 있으며 그들은 우리보다 강합니다.

(35) 어쩌면 다른 사람은 이렇게 말할지도 모릅니다. '그렇다면 당신은 아시리아 왕을 배신할 때 이런 일을 생각하지 못했는가?' 키루스여. 저는 극악무도한 일을 당하였고, 그로 인해 분노에 사로잡혀 안전한 방법을 모색할 겨를이 없었습니다. 저는 신들과 사람들의 적인 그에게 복수할 생각만 하였습니다. 그는 그에게 잘못한 사람뿐 아니라, 단지 그보다 낫다고 의심하는 사람에게도 돌이킬 수 없는 분노를 터뜨리기 좋아하기 때문입니다. (36) 그는 그런 악당이기 때문에 그보다 더한 악당을 빼고는 그를 지지하는 사람이 없습니다. 그러므로 키루스여, 만약 당신께서 그보다 나은 사람과 우연히 싸우게 된다면 좋은 사람과 싸우게 되었다고 걱정하지 마십시오. 왜냐하면 아시리아 왕은 자신을 생각해서 그보다 나은 사람을 제거할 생각을 끊임없이 하기 때문입니다. 그는 아주 보잘 것 없는 부하들만 있다 할지라도 저를 충분히 괴롭힐 정도로 힘이 셉니다."

(37) 키루스는 이 말을 듣고서 가다타스를 위해 뭔가 해 줄 필요가 있다고 생각했다. 그래서 그 즉시 생각했다. "가다타스. 그렇다면 우리가 요새들에 수

비대를 배치해 그곳에 가면 그대가 언제든 안전을 확신할 수 있도록 강하고 안전하게 만들겠소. 그렇게 되면 그대는 우리와 함께 요새들을 가지는 것이 되고, 신들이 지금처럼 우리와 함께 한다면 그대는 아시리아 왕을 두려워하지 않겠지만 그는 그대를 두려워할 것이오. 그대는 그대가 곁에 두기를 원하는 것은 무엇이든 가지고 오시오. 이것은 나에게도 매우 유익한 일이므로 최선을 다해 그대에게 유익을 주도록 노력할 것이오."

(38) 이 말을 듣자 가다타스는 안도의 한숨을 쉬었다. "당신께서 떠나시기 전에 제가 준비할 수 있게 해 주십시오. 아시다시피 저는 제 어머니를 모시고 싶습니다."

키루스가 대답했다. "제우스신에 맹세코 그렇게 하도록 하시오. 그대는 시간이 충분히 있소이다. 나는 그대가 준비되었다고 할 때까지 출발을 보류하도록 하겠소."

(39) 따라서 가다타스와 키루스는 수비대를 배치해 요새들을 강하게 만들었으며, 큰 가문이 편안하게 지내기에 필요한 모든 것을 챙겼다. 그는 사랑하는 사람과 신뢰하는 친구를 많이 데리고 왔다. 또한 그가 불신하는 사람에게는 부인과 형제자매를 함께 데려오도록 강요했다. 그는 그렇게 묶어 두면 그들을 통제할 수 있다고 생각했다.

(40) 키루스는 행진할 때 처음부터 가다타스를 곁에 두었다. 가다타스는 키루스에게 길과 물, 풀과 식량에 관한 정보를 주었다. 필요한 것이 풍부한 곳에 주둔하기 위한 목적에서였다.

(41) 키루스는 행진을 계속하여 마침내 바빌론 도시가 보이는 곳에 도착했다. 하지만 가는 길이 바빌론 성벽과 아주 가까이 붙어 있는 것 같았다. 그래서 고브리아스와 가다타스를 불러 다른 길이 있는지를 물었다. 그는 성벽 바

로 옆으로 지나가고 싶지 않았다.

(42) 고브리아스가 대답했다. "폐하. 사실 다른 길은 많습니다. 하지만 저는 당신께서 당신의 군대가 크고 위압적이라는 것을 보여 주기 위해 도시와 최대한 가까이 지나가기를 원하신다고 생각했습니다. 그리고 당신께서는 숫자가 적었을 때도 성벽을 향해 곧장 행진하셨고, 아시리아 왕은 당신의 숫자가 적다는 것을 보았습니다. 지금 그가 어느 정도 전쟁 준비를 했다 하더라도 (왜냐하면 그는 저에게 당신과 싸우기 위해 준비하고 있다고 전하라고 했습니다.), 저는 그가 당신의 군대를 보았을 때 그의 군대는 준비가 아주 안 되어 있다는 것을 다시 느끼게 되리라고 확신합니다."

(43) 이에 키루스가 대답했다. "고브리아스. 그대는 내가 예전에는 적은 숫자로도 성벽을 향해 곧장 행진했지만, 지금은 많은 숫자로도 저 성벽 가까이로는 가지 않겠다고 하면 놀라워할 것 같소이다. (44) 그러나 놀라지 마시오. 곧장 행진하는 것과 그 주위를 우회하는 것은 서로 다르오. 모든 사령관이 군대를 전투하기에 가장 좋은 대형으로 이끌지만, 현명한 사령관은 또한 군대를 가장 빠르기보다는 가장 안전하게 후퇴시킵니다. (45) 군대는 마차와 짐꾼이 뒤따르는 긴 대형으로 행진해야만 합니다. 군사들은 그 대형을 보호해야 하며, 아무 무장도 없이 이동하는 것을 적에게 보여서는 안 됩니다. (46) 그러므로 군대가 이렇게 행진하려면 길고 얇은 대형으로 만들어야 합니다. 이때 적은 간결한 숫자로 성 밖으로 나와 그들과 가까운 거리에 있는 대형을 전력을 다해 칠 것입니다. 그때 받게 되는 타격은 행진하는 대형의 힘보다 더 셉니다. (47) 또한 대형이 길다는 것은 타격을 받았을 때 다시 대형을 정비하기까지 시간이 오래 걸리며, 반대로 적은 성 밖으로 나와서 퇴각하기까지 걸리는 시간이 매우 짧다는 말이 됩니다.

(48) 그러나 한편으로 만약 우리가 지금 행진하는 것과 같은 긴 대형으로 성벽에서 멀리 떨어져 가게 된다면 적은 분명 우리의 모든 숫자를 보게 되겠지만, 우리의 무기에서 반사되는 빛으로 인해 더욱 공포를 느낄 것입니다. (49) 사정이 이럴진대, 만약 그들이 어떤 지점에 대해 정말로 기습 공격을 한다면 우리는 그들이 너무 멀리 오는 것을 보게 되어 아무 준비 없이 당하지는 않을 것입니다. 오히려 나는 이렇게 말하고 싶습니다. 친구들이여. 그들은 자신들의 힘이 우리보다 우월하다고 판단하지 않는 이상 우리를 향해 그런 시도를 하지 않을 것입니다. 왜냐하면 퇴각은 그들에게 위험천만한 일이기 때문입니다."

(50) 키루스가 이렇게 말할 때 거기 있던 모든 사람이 그의 말이 옳다고 인정했다. 그리고 고브리아스는 키루스가 지시한 대로 길을 인도했다. 군대가 바빌론 옆으로 행진할 때, 키루스는 그저 가장 강력한 도시를 지나가는 것에만 집중해서 군대를 이동시켰다.

(51) 이렇게 행진을 계속하여 그는 보통 걸리는 날짜대로 그가 처음에 출발했던 메디아와 시리아 국경 지역에 도착했다. 그곳에는 세 개의 시리아인 성이 있었다. 키루스는 그중 가장 허약한 곳을 친히 공격하여 신속하게 빼앗았다. 나머지 두 곳은 키루스가 위협하고 가다타스가 설득해서 굴복하게 하였다.

## 제5장

   (1) 이 일을 마친 뒤 키루스는 키악사레스 왕에게 전령을 보내, 그가 빼앗은 요새들을 어떻게 처리하며 앞으로 전쟁을 치르기 위해 무엇을 해야 할지 의논하고 조언을 구하고 싶으니, 그가 있는 진영으로 와 달라는 부탁을 전했다. 키루스는 또한 말했다. "만약 외삼촌께서 나보고 오라고 하신다면 내가 가서 그곳에 진영을 세울 것이라고 전하시오."

   (2) 전령은 그 메시지를 전하기 위해 떠났다. 그사이 키루스는 아시리아 왕에게서 빼앗은 천막을 가져와 그곳을 온갖 물품으로 채우고 여자들과 음악 소녀들을 그곳에서 지내게 하라고 명령했다. 이 모든 것은 메디아 군사들이 그들의 왕에게 바칠 목적으로 예전에 골라 놓은 것들이었다. 이렇게 모든 준비를 마쳤다.

   (3) 전령이 키악사레스에게 키루스의 메시지를 전달하자 키악사레스는 군대가 국경에 머무는 것이 좋다고 말하며, 그렇게 하기로 결정했다. 그렇게 결정한 데에는 또 다른 이유가 있었다. 키루스가 페르시아에 요청한 4만 명의 궁수와 경장보병이 메디아에 이미 도착했기 때문이다. (4) 이 증원군이 메디

아 땅에 있으면 그들을 부양하느라 부담이 상당하므로 키악사레스 입장에서는 또 다른 군대를 받아들이는 것보다 현재의 군대를 쫓아내는 것이 낫다고 판단했다. 그래서 증원군 사령관은 키악사레스에게 그의 도움이 여전히 필요하냐고 물었다. 물론 이것은 키루스의 지시에 따른 것이었다. 그러자 키악사레스는 단호하게 아니라고 대답했다. 그래서 사령관은 군대를 이끌고 그날 키루스에게로 가 버렸다. 그는 키루스의 군대가 근처에 있다는 것을 들었다.

(5) 다음날 키악사레스는 그와 함께 있는 메디아 기병대를 이끌고 키루스에게 갔다. 키루스는 그가 오고 있다는 것을 알고는 이제는 대군으로 성장한 페르시아 기병대를 이끌고 그를 맞으러 갔다. 그는 또한 모든 메디아 기병과 아르메니아 기병, 히르카니아 기병, 동맹군 중에서 가장 말을 잘 타고 가장 무장이 잘 되어 있는 기병을 대동했다. 키루스는 자신의 군대가 이만큼 컸다는 것을 키악사레스에게 보여 주기 위해 그들을 데리고 갔다. (6) 키악사레스는 키루스의 군대에 멋지고 용감한 군사들이 많은 반면, 자신을 호위하는 군사들은 적고 볼품없는 것을 보고 수치심과 비통함을 느꼈다. 그래서 키루스가 말에서 내려 관습대로 그에게 다가가 입맞춤 하려고 했을 때 키악사레스는 등을 돌려 버렸다. 그는 입맞춤을 거절했다. 그러나 뺨에 흐르는 눈물을 감출 수 없었다.

(7) 따라서 키루스는 모든 군사에게 뒤로 물러나서 기다리라고 지시했다. 그는 직접 키악사레스의 손을 잡고, 길에서 조금 떨어져 있는 야자나무 그늘로 데리고 갔다. 키루스는 바닥에 메디아 양탄자를 깔고서 그곳에 앉기를 청했다. 두 사람은 나란히 앉아서 다음과 같이 이야기하기 시작했다.

(8) "모든 신들의 이름을 걸고 외삼촌, 왜 그렇게 저한테 화가 났는지 말해 주십시오. 외삼촌께서 그렇게 화날 정도로 제가 잘못한 것이 무엇입니까?"

그러자 키악사레스가 대답했다. "왜냐하면 키루스, 나는 사람들이 기억할 수 없을 만큼 오랫동안 왕위에 머물렀던 가문의 자손이고, 지금도 나는 명색이 왕이다. 그런데 나는 초라하고 보잘 것 없는 모양새를 하고 왔고, 너는 내 수행원과 네 군사들이 보기에도 위대하고 근엄한 행세로 내 앞에 나타났다. (9) 나는 이것이 적의 손에 고초를 당하는 것보다 더 아프게 느껴진다. 오, 제우스신이여. 저는 전혀 예상치 못한 자에게 그런 고통을 당했습니다. 나는 그렇게 굴욕을 당하고 내 부하들이 나를 무시하고 비웃는 것을 보니 차라리 열 번씩이나 무덤 속으로 들어가는 것이 낫다는 생각을 하였다. 나는 이제 네가 나보다 더 위대할 뿐 아니라, 나를 만나러 오는 나의 신하들조차 나보다 더 힘이 있고, 내가 그들에게 피해를 주기보다 그들이 오히려 나에게 더 큰 피해를 줄 수 있을 만큼 무장하고 있다는 사실을 무시할 수 없구나."

(10) 이렇게 말할 때 그는 여전히 감정에 북받쳐 울음을 참지 못했다. 키루스 또한 외삼촌을 보고 슬픈 마음이 들어 두 눈에 눈물이 가득했다. 그러나 키루스는 그 순간을 잠시 멈추고 다음과 같이 대답했다.

"외삼촌. 만약 외삼촌께서 제가 여기 있기 때문에 메디아 군사들이 외삼촌에게 해코지 하려고 무장을 하고 나왔다고 생각하신다면 그것은 외삼촌께서 잘못 생각하고 계신 것입니다. (11) 그러나 외삼촌께서 화가 나셨고 그들을 협박하신 것은 전혀 놀랍지가 않습니다. 하지만 외삼촌께서 그들에게 화를 내신 것이 옳은지를 저는 묻지 않을 수 없습니다. 왜냐하면 제가 그들을 옹호하는 것을 들으면 외삼촌께서는 화를 내실 것이기 때문입니다. 저는 지배자가 그의 모든 신하에게 동시에 화를 내는 것은 심각한 잘못이라고 생각합니다. 당연한 이치로 많은 사람을 협박하는 것은 많은 사람을 적으로 만드는 격입니다. 그리고 동시에 화를 내게 되면 그들에게 자신들이 부당한 대우를 받고 있다는 생각을 한꺼번에 심어 주게 됩니다.

(12) 바로 이런 이유 때문에, 저는 그들을 저와 함께 하지 않고는 돌아가지 않도록 했던 것입니다. 저는 외삼촌께서 화를 내셔서 외삼촌과 저에게 유감스러운 결과가 생기지 않을까 걱정했습니다. 다행히도 신들의 도움으로 제가 이렇게 나타나서 삼촌께서는 그런 상황을 모면하신 것입니다.

외삼촌께서 저에게 무시를 당했다고 생각하셨다면 정말로 죄송합니다. 저는 제 친구들에게 잘해 주려고 제 능력이 닿는 범위 내에서 최선을 다했는데 그것이 정반대의 결과를 낳은 것 같다는 생각이 듭니다.

(13) 저는 이만하면 됐다고 생각합니다. 서로를 비난해 봐야 무익한 일입니다. 그러나 가능하다면 저한테 무슨 잘못이 있었는지 살펴보았으면 합니다. 저는 외삼촌께 친구 사이에 맺을 수 있는 가장 공정한 제안을 하나 하려고 합니다. 만약 제가 외삼촌께 해를 끼치려고 했다는 게 드러나면 잘못했다고 고백할 것입니다. 그러나 외삼촌께 아무런 해도 끼치지 않았으며, 그럴 의도도 없었다고 판명되면, 그땐 외삼촌께서 아무런 피해도 입지 않았다고 고백하실 수 있으십니까?"

(14) "그럴 것이다." 키악사레스가 말했다.

"그리고 만약 제가 외삼촌께 이익을 주었고, 또한 이익을 주려고 할 수 있는 모든 노력을 했다는 것이 증명된다면 비난보다는 칭찬을 받을 자격이 되지 않을까요?"

"당연히 그렇다." 키악사레스가 말했다.

(15) 이에 키루스가 말했다. "그렇다면 제가 한 모든 행동과 이제껏 한 모든 일들을 하나씩 살펴보겠습니다. 왜냐하면 무엇이 잘한 일이고 무엇이 잘못한 일인지 분명하게 분간할 수 있기 때문입니다. (16) 제가 원정군 사령관을 맡

앉을 때부터 시작하면 충분할 것 같습니다. 외삼촌께서 기억하다시피, 적이 엄청난 숫자로 메디아를 향해 출발했다는 사실을 알고서 외삼촌께서는 즉시 페르시아에 도움을 요청하였고, 저에게 친히 페르시아 군대의 사령관이 되어 와 달라고 부탁하셨습니다. 제가 외삼촌의 요청에 따라 가장 용감한 군사들을 될 수 있는 대로 많이 데리고 외삼촌께 오지 않았던가요?"

"너는 분명 그랬다." 키악사레스가 대답했다.

(17) "그렇다면 외삼촌, 이것이 제가 외삼촌에게 잘못한 일인가요? 오히려 외삼촌께서는 그것을 유익한 일이라고 여기지 않았을까요?"

"분명 그랬다. 나는 그것을 이익이라고 보았다." 키악사레스가 대답했다.

(18) "고맙습니다. 그럼 적들이 왔을 때 외삼촌께서는 제가 수고나 위험을 피하는 것을 보신 적이 있으신가요?" 키루스가 물었다.

"제우스신에 맹세코 나는 네가 그러는 것을 본 적이 없다." 그가 말했다.

(19) "나아가 신들의 도움으로 우리가 승리를 거두고 적이 퇴각했을 때, 저는 외삼촌께 서로 힘을 합쳐 적을 추격해 그들에게 복수를 하고 그들이 두고 간 많은 물품을 함께 가지자고 강하게 제안했습니다. 외삼촌께서는 그것을 제가 사사로운 목적 때문에 그랬다고 비난할 수 있습니까?" 키루스가 물었다.

(20) 이 말에 키악사레스는 아무 말도 하지 못했다. 따라서 키루스는 계속 말했다. "외삼촌께서는 이 질문에 답하는 것보다 침묵하는 게 낫다고 여기시는 듯이 보입니다. 외삼촌께서 적을 추격하지 않는 것이 더 안전하다고 생각하셨을 때, 저는 외삼촌께서는 그런 위험을 굳이 감수하지 않으셔도 되고, 대신 저를 따라가겠다고 자원하는 기병들만 보내 달라고 부탁했습니다. 외삼촌께서는 그것 역시 외삼촌께 잘못한 일이라고 생각하십니까? 그렇게 부탁하는 것 역시 잘못된 일이라면 제가 동맹군으로 외삼촌께 봉사할 때 제가 나쁜 녀

석인지 확인했어야 하지 않을까요?"

(21) 키악사레스는 이번에도 아무 말을 하지 않았다. 키루스는 계속 말했다. "역시 아무 말씀이 없으시군요. 그럼 제가 그 뒤에 취한 조치가 잘못되었는지 말씀해 주십시오. 외삼촌께서는 메디아 군사들이 승리를 즐기는 것을 보면서 그들의 즐거움을 방해하고 그들에게 위험을 감수하라고 강요할 의도가 전혀 없다고 하셨습니다. 저는 그 말을 듣고서 외삼촌과 다투기보다 메디아 군사들에게 가장 가볍고 쉬운 요구를 할 수 있게 해 달라고 부탁했습니다. 기억하시겠지만, 저는 외삼촌께 저를 따라가겠다고 자원하는 사람들만이라도 허락해 달라고 부탁했습니다. 외삼촌께서는 그것이 부당한 요구였다고 생각하십니까?

(22) 제가 외삼촌께 허락을 받았을 때, 사실 그것은 아무것도 아니었습니다. 저는 메디아 군사들에게 다시 허락을 받아야 했으니까요. 그래서 저는 그들의 동의를 얻으려고 찾아가서 외삼촌께 허락을 받았으니 나와 함께 원정을 떠나자고 그들을 설득했습니다. 그런데 그것마저도 비난하신다면 외삼촌께서 무엇을 주신다고 해도 그것을 받는 사람은 비난을 면치 못할 것입니다.

(23) 우리는 그렇게 원정을 떠났습니다. 우리가 떠나 있을 때 무엇을 했는지 모두가 알지 않습니까? 우리는 적의 진영을 빼앗았습니다. 외삼촌을 치기 위해 온 수많은 적을 우리가 죽이지 않았습니까? 살아남은 적의 무기를 빼앗았고 그들의 말 또한 빼앗았습니다. 게다가 그들이 빼앗아 갔던 외삼촌의 소유물과 재산을 지금 외삼촌의 군사들이 되찾아 온 것을 보고 계십니다. 그것들은 외삼촌이나 외삼촌의 지배하에 있는 사람들에게 바쳐질 것입니다.

(24) 그러나 무엇보다 중요하고 좋은 일은, 보시다시피 외삼촌의 땅은 넓어지고 적의 땅은 줄어들고 있다는 것입니다. 외삼촌께서는 적으로부터 빼앗

은 요새들과 예전에 아시리아 왕의 지배하에 있다가 이제는 다시 외삼촌에게 돌아온 외삼촌의 땅들을 보고 계십니다. 솔직히 저는 이 모든 결과 중에서 어떤 것이 외삼촌에게 해가 되는지 알지 못하겠습니다. 하지만 저는 외삼촌께서 무슨 말씀을 하시든 겸허히 듣겠습니다. 그러니 제 판단에 대해 어떻게 생각하시는지 말씀해 주십시오."

(25) 키루스가 이렇게 말하자 키악사레스는 잠시 침묵하더니 이내 다음과 같이 말했다. "키루스. 나는 네가 한 일이 잘못되었다고 말하는 사람을 찾을 수 없다. 하지만 네가 했던 일은 더 많이 드러날수록 내게 더 큰 짐으로 다가오는 성격의 것이었다.

(26) 영토에 대해서도 그렇다. 나는 네가 나의 땅을 늘려 주는 것을 바라보기보다 내 힘으로 네 땅을 늘려 줘야 했다. 이것 역시 내게는 어쩐지 불명예로 느껴졌다. (27) 마찬가지로, 돈도 받는 것보다 이런 식으로 너에게 주는 것이 더 유쾌하다. 왜냐하면 너로 인해 내가 더욱 부자가 될수록 나는 더 가난해진다고 느끼기 때문이다. 그리고 솔직히 내 신하들이 너로 인해 잘못되는 것을 보는 것보다 너로부터 큰 혜택을 받는 것을 보는 것이 더 기분 나쁘다. (28) 만약 내가 이 모든 것을 마음속에 두는 것이 부당하다고 생각된다면, 네가 내 자리에 앉아서 그것들이 어떻게 비치는지 한번 보거라. 그리고 나에게 말해 보겠니. 만약 누군가가 네 강아지를 돌본다고 하자. 그 강아지는 너와 네 재산을 보호하도록 훈련시켜 왔는데, 그 강아지가 네가 아닌 돌보는 사람을 더 따른다면 너는 기분이 좋겠니? (29) 그리고 이렇게 비유하면 하찮다고 할지 모르지만 이걸 생각해 보렴. 만약 누군가가 네 경호원이나 너를 위해 싸울 군사를 매수해서 네가 하는 것보다 더 잘해 준다면 너는 그런 친절에 고마워 할 수 있겠니? (30) 또 이야기해 보자꾸나. 남자가 가장 소중히 여기는 대상을 놓고

생각해 보자. 만약 어떤 사람이 네 부인에게 구애하고 네가 하는 것보다 더 부인을 사랑한다면 너는 그런 친절에 감사할 수 있겠냔 말이다. 그런 일은 결코 없겠지. 하지만 나는 그와 같은 행동을 하는 사람은 너에게 가장 큰 피해를 주고 있다고 확신한다.

(31) 나의 사례와 가장 가까운 예를 들어 보기로 하자. 만약 누군가가 네가 이곳으로 보낸 페르시아 군사들을 너보다 더 따르기로 만들었다면 너는 그 사람을 친구로 여길 수 있겠니? 나는 그렇게 생각하지 않는다. 너는 그가 수많은 적을 죽였다고 할지라도 그를 한 명의 적으로 여길 것이다. (32) 또 네가 마음에서 우러나오는 친절을 베풀어 네 친구 중 한 사람에게 네 소유 중에서 원하는 것은 무엇이든 가져도 된다고 말했다고 하자. 그런데 그가 네 제안을 받고서 네 모든 것을 가지고 도망가서는 그것으로 부자가 되었다고 하자. 그는 네가 아껴 쓰기에도 부족할 정도만 남기고 가 버렸다. 그렇다면 너는 그 친구를 비난하지 않을 수 있겠니?

(33) 키루스. 네가 나에게 한 일은 설령 그것이 실제로는 아닐지라도 최소한 그와 같이 느껴졌다. 네가 나에게 한 말은 모두 맞다. 나는 너에게 너를 따라가겠다고 자원하는 사람들을 데려가도 좋다고 말했다. 그런데 내 모든 군사가 너와 함께 가 버렸고 나는 홀로 남았다. 그리고 이제 너는 내 군사를 가지고 얻은 재물을 내게 가지고 왔고, 내 힘을 가지고 내 영토를 늘려 주었으니 나로서는 참으로 어이가 없다. 나는 이 행운을 얻는 데 아무런 몫도 없다고 느껴진다. 마치 평범한 여자가 남자에게 호의를 받기 위해 굴복하는 것처럼 느껴지는구나. 너는 세상 사람들의 눈에 영웅으로 비치고, 특별히 이곳에 있는 나의 신하들에게 더욱 그렇다. 하지만 나는 내 신하들에게조차 별 볼일 없는 사람으로 비치는구나.

(34) 키루스. 너는 이것이 친절한 행동이라고 생각하느냐? 만약 네가 나를 조금이라도 생각했더라면 너는 내게서 명성과 명예를 빼앗지 않으려고 주의했을 것이다. 내가 넓은 영토를 얻었지만 명성을 잃어버렸다면 내가 얻은 것이 무엇이냐? 나는 메디아 백성보다 힘이 세기 때문이 아니라, 모든 면에서 그들보다 낫다고 그들이 인정하기 때문에 메디아 왕인 것이다."

(35) "신들에게 맹세코, 외삼촌." 키루스는 키악사레스가 말을 미처 끝내기 전에 이야기했다. "만약 제가 예전에 외삼촌께 어떤 호의라도 드렸다면 제가 지금 구하는 호의를 베풀어 주실 것을 간청합니다. 저를 비난하는 것을 당분간 멈추어 주십시오. 그리고 외삼촌께서 우리가 외삼촌에 대해 어떻게 생각했는지를 확인할 수 있는 증거를 찾게 되고, 그 증거가 외삼촌의 이익을 위해 노력했다는 것으로 드러나면, 제가 외삼촌에게 했던 인사에 답해 주시고 저를 은인으로 여겨 주십시오. 만약 그 반대의 경우가 드러나면 그땐 저를 비난하십시오."

(36) "좋다." 키악사레스가 말했다. "결국 네가 옳은 것 같구나. 내 그렇게 하겠다."

"그러면 외삼촌께 입맞춤해도 될까요? 키루스가 말했다.

"네가 원한다면." 키악사레스가 말했다.

"그리고 방금 전에 하셨던 것처럼 등을 돌려 저를 외면하지 않으실 거죠?"

"그렇고말고." 그가 말했다.

그렇게 키루스는 키악사레스에게 입맞춤했다.

(37) 뒤로 물러나서 어떤 결과가 나올지 지켜보며 마음을 졸이던 메디아, 페르시아, 나머지 군사들은 모두 기뻐하며 만족했다. 그리고 키루스와 키악사레스는 말에 올라 길을 인도했다. 메디아 군사들은 키악사레스를 뒤따랐고

(키루스가 그렇게 하라고 고개를 끄덕였기 때문이다.), 페르시아 군사들은 키루스의 뒤를 따랐으며, 나머지 군사들은 두 사람의 뒤를 따랐다.

(38) 그들은 진영에 도착해 키악사레스를 위해 준비된 천막에 그를 머물게 했다. 키악사레스가 천막에 들어가자 각자 임무를 맡은 사람들이 그에게 필요한 모든 것을 제공했다. (39) 그리고 저녁 식사가 있기 전의 여유 시간에 키악사레스는 메디아 군사들의 예방을 받았다. 그들 중 일부는 스스로의 의사에 따라 왔지만, 대부분은 키루스의 제안을 따라 선물을 가지고 왔다. 어떤 사람은 잘생긴 술 시종, 다른 사람은 훌륭한 요리사, 또 다른 사람은 빵 만드는 사람, 음악가, 컵, 좋은 옷을 가지고 왔다. 거의 모두가 자신들이 직접 받은 것 중에서 적어도 하나 이상을 선물로 바쳤다. (40) 그러자 키악사레스는 마음을 풀고, 키루스가 메디아 군사들의 마음을 빼앗은 것이 아니며 메디아 군사들이 예전처럼 그에게 충성한다는 것을 깨달았다.

(41) 저녁 식사 시간이 되었을 때, 키악사레스는 키루스를 불러 그를 오랫동안 보지 못했으니 같이 와서 식사를 하자고 청했다. 그러자 키루스가 대답했다. "외삼촌. 죄송하지만 사양하겠습니다. 지금 여기 있는 사람들은 부탁으로 이곳에 있습니다. 만약 제가 그들을 소홀히 하고 쾌락만을 좇는다는 인상을 받게 한다면, 저는 그들에게 잘못하는 것입니다. 군사들은 자신들이 관심을 받지 않고 있다고 느낄 때, 착한 군사들은 더욱 의기소침해지고 악한 군사들은 더욱 비뚤어집니다. (42) 외삼촌께서는 지금 저녁 식사를 하러 가십시오. 특별히 먼 길을 오셨으니까 마음껏 드셔야 합니다. 그리고 누군가 와서 외삼촌께 존경을 표한다면 그들을 맞아 주시고 즐겁게 해 주십시오. 그러면 그들은 외삼촌을 신뢰할 것입니다. 저는 가서 제가 말씀드린 문제들을 살펴보아야 합니다. (43) 그리고 내일 아침에 앞으로 우리가 무엇을 해야 할지를 의

논하기 위해 고급 장교들과 함께 찾아뵙도록 하겠습니다. 그때 외삼촌께서는 우리에게 이 원정 작전을 계속하는 것이 최선인지, 아니면 지금 군대를 해산해야 하는지 물어 주십시오."

(44) 그 뒤 키악사레스는 저녁 식사를 하러 갔고, 키루스는 필요한 상황에서 판단력이 뛰어났고 그를 잘 도와주었던 동료 귀족들을 불러 다음과 같이 연설하였다.

"친구들이여. 여러분도 보다시피, 우리는 원정을 처음 시작할 때 기도했던 것들을 신들의 도움을 받아 모두 손에 넣었소이다. 우리는 가는 곳마다 그곳의 주인이 되었습니다. 게다가 적의 숫자는 줄어들지만 우리는 늘어나고 더욱 강해지는 것을 목격했습니다.

(45) 이제 우리가 얻은 동맹군이 우리와 함께 머물러만 준다면, 우리는 힘이 요구되는 상황에서는 힘으로 설득이 필요하다면 설득으로 이전보다 더 많은 것을 성취할 수 있습니다. 그리고 되도록 많은 동맹군이 이곳에 남도록 만드는 일은 조금도 내 일이 아니라 바로 여러분의 일입니다. (46) 전투에서 가장 많은 적을 정복한 사람이 가장 용감한 군사로 인정받듯이, 설득을 할 때 우리의 의견을 가장 많이 받아들이도록 만든 사람은 당연히 가장 설득력 있고 능력 있는 사람으로 인정받게 될 것입니다. (47) 그러나 군사 개개인에게 말할 논지들을 우리에게 보여 주려고 하지는 마십시오. 대신 여러분에게 설득당한 군사는 그가 누구인지 행동으로 보여 줄 것이라는 의식을 가지고 시작하십시오. (48) 여러분은 그 점을 명심해야 합니다. 그사이에 나는 병사들에게 필요한 모든 물품이 충분히 공급되었는지를 최선을 다해 점검할 것입니다."

**제6권**

# 결전을 준비하며

# 제1장

(1) 앞에서 말한 대로 그들은 그날을 보낸 뒤 저녁을 먹고 잠을 잤다. 다음 날 아침 일찍 모든 연합군이 키악사레스의 천막 앞으로 왔다. 그사이 키악사레스는 외모를 꾸미고 있었다. (왜냐하면 그는 많은 사람이 문 앞에 있다는 소식을 들었기 때문이다.) 키루스의 친구들은 연합군을 키악사레스 앞으로 데리고 왔다. 어떤 친구는 키악사레스에게 남아 달라고 간청하는 카두시아인을 데리고 왔다. 히르카니아인과 사키아인을 데리고 온 친구도 있었다. 고브리아스와 함께 온 친구도 있었다. 히스타스파스는 가다타스를 데리고 왔다. 가다타스는 키루스에게 남아 달라고 간청했다. (2) 키루스는 가다타스가 군대 해산을 극도로 두려워하는 것을 알면서도 웃으면서 다음과 같이 말했다. "가다타스. 히스타스파스가 그대를 선동해 이곳에서 의견을 피력하도록 만들었구먼." (3) 그러자 가다타스는 손을 하늘을 향해 들어 올리며, 자신은 히스타스파스에게 영향을 받지 않았다고 맹세했다. 그는 말했다. "그러나 저는 압니다. 만약 당신과 당신의 군대가 이곳을 떠난다면 저는 끝장이라는 것을요. 이런 이유로 저는 자발적으로 이 문제에 참여한 것입니다. 저는 그에게 군대를

해산하는 것에 대한 당신의 생각을 알고 있느냐고 물었죠."

(4) 키루스가 말했다. "그렇다면 내가 우리의 친구 히스타스파스를 탓한 것은 잘못한 일 같군."

"예, 솔직히 그렇습니다." 히스타스파스가 말했다. "저는 단지 제 친구 가다타스에게 당신께서 원정을 떠나기는 불가능할 거라고 말했습니다. 왜냐하면 당신의 아버지께서 돌아오라고 했기 때문입니다."

(5) "무슨 말인가?" 키루스가 말했다. "그대가 감히 내가 원정을 떠날지 말지를 발설했다는 말인가?"

"제우스신에 맹세코 그렇습니다." 히스타스파스가 대답했다. "저는 당신께서 페르시아를 순회하면서 사람들의 주목을 받고, 이곳에서 하던 식으로 당신의 아버지 앞에서 행진하기를 매우 갈망하는 것을 목격했기 때문입니다."

"그대는 고국으로 돌아가고 싶지 않은가?" 키루스가 물었다.

"제우스신에 맹세코 그렇습니다." 히스타스파스가 말했다. "저는 어디든 가지 않고 이곳에 머물러 장군이 될 것입니다. 저는 우리의 친구 가다타스를 아시리아의 왕으로 만들 때까지 이곳에 남을 것입니다."

(6) 이렇게 그들은 농담반 진담반으로 이야기했다.

그러는 사이에 키악사레스가 화려한 옷차림으로 밖으로 나와 메디아 왕의 자리에 앉았다. 그의 앞에 나오도록 요청받은 사람이 모두 모였고, 장중에 침묵이 흐르자 키악사레스는 다음과 같이 연설했다. "친구들과 동맹군이여. 내가 어쩌다 여기 있게 되었고, 키루스보다 나이가 많으므로, 내가 이 회의를 개시하는 것이 적절할 것 같소이다. 우선 나는 우리가 원정을 계속할지, 아니면 즉시 군대를 해산할지, 어느 쪽이 바람직한지를 토론하기에 지금이 가장 적절하다고 생각합니다. 그러므로 누구든 이에 대해 의견이 있으면 말해 보시오."

(7) 그러자 히르카니아 왕이 가장 먼저 이야기했다. "친구들이여, 그리고 전우들이여. 여러 사실이 우리가 가야 할 가장 좋은 길을 가리키는데 무슨 말이 더 필요한지 모르겠습니다. 우리는 함께 할 때 적이 우리에게 주는 것보다 더 큰 피해를 적에게 주는 것을 알고 있습니다. 그러나 우리가 만약 해산한다면 적은 그들에게는 가장 유리하지만 우리에게는 가장 불리한 쪽으로 나올 것입니다."

(8) 그러자 카두시아 왕이 말했다. "왜 우리가 고국으로 돌아가고 서로 해산하는 것을 이야기해야 합니까? 비록 우리가 전쟁터에 있지 않더라도 서로 찢어지는 것이 우리에게 좋은 일인가요? 여러분도 알다시피 우리는 얼마 전에 본대와 떨어져 원정을 떠났다가 그 대가를 톡톡히 치렀습니다."

(9) 이번에는 키루스의 친척이라고 한때 주장했던 아르타바주스가 말했다. "키악사레스 왕이여. 저는 앞 사람들과 한 가지 다른 점을 말하려고 합니다. 그들은 우리가 이곳에 머물러 전쟁을 수행해야 한다고 합니다. 그러나 저는 고국에 있을 때부터 전쟁을 치렀습니다. (10) 저는 지금 거짓말을 하는 것이 아닙니다. 우리의 재산이 빼앗겼을 때 되찾으려 출동하고, 우리의 요새가 위협을 받을 때 방어하려고 수고를 다했습니다. 저는 끝없는 공포 속에서 계속 경계하며 살았습니다. 몸소 희생을 치르며 살았습니다. 그러나 이제 우리는 적의 요새를 차지했습니다. 저는 그들을 더 이상 겁내지 않습니다. 저는 적의 모든 소유를 마음껏 즐기며, 그들이 갖고 있던 술을 마십니다. 이렇듯 고국에 있을 때의 삶은 전쟁이었고, 이곳에서의 삶은 축제이니, 제가 어렵게 얻은 이 축제가 깨지지 않기를 바라는 것은 당연하지 않겠습니까."

(11) 고브리아스가 뒤따라서 말했다. "친구들과 전우들이여. 지금까지 나

는 키루스의 신의만을 칭송했습니다. 그는 자신이 약속한 것이 모두 사실임을 보여 주었습니다. 만약 그가 이 나라를 떠난다면, 아시리아 왕은 나에게 이미 했고 우리 모두에게 하려고 했던 악행에 대해 아무런 죗값도 치르지 않고 오히려 새롭게 용기를 얻을 것이 분명합니다. 나는 여러분의 친구들에게 했던 그의 잘못에 대해 대가를 톡톡히 치르게 할 것입니다."

(12) 맨 마지막으로 이제 키루스가 말했다. "친구들이여. 나 또한 우리가 군대를 해산하면 우리는 약해지지만 적은 더 강해질 거라는 것을 인식하고 있습니다. 무기를 빼앗겼던 적은 곧 새로운 무기를 갖게 될 것이고, 빼앗긴 말은 새로운 말로 보충될 것이며, 전투에서 죽은 군사의 빈자리는 새로운 젊은이로 채워질 것입니다. 아주 짧은 시간 내에 그들이 우리에게 다시 고통을 줄 수 있게 되리라는 사실은 전혀 놀랄 일이 아닙니다.

(13) 그렇다면 여러분은 내가 왜 키악사레스 왕에게 군대를 해산하는 문제를 제안했는지 의아해할 것입니다. 그것은 미래가 두렵기 때문입니다. 만약 우리가 지금과 같은 식으로 작전을 계속한다면 우리는 도저히 감당할 수 없는 '적'이 몰려오는 것을 겪게 될 것입니다. (14) 여러분도 알다시피 겨울이 오고 있습니다. 제우스신의 도움으로 우리에게는 기거할 거처가 있지만 우리의 말과 짐꾼, 그리고 대부분의 군사들은 기거할 곳이 없습니다. 우리는 이것들 없이는 전쟁을 치를 수 없습니다. 그리고 어디를 가든 우리는 그곳에 있는 식량을 모두 먹어 치웁니다. 우리가 가지 않는 곳에서는 우리를 두려워 한 나머지 자기들이 먹을 식량을 그들의 요새에 옮겨 놓으므로 우리는 식량을 구할 수 없습니다.

(15) 그렇다면 추위와 배고픔을 견디면서 전쟁을 치를 만큼 용감하고 강한 사람이 누가 있겠습니까? 따라서 이제껏 했던 식으로 전쟁을 계속한다면

우리는 전쟁 물자가 부족해 아시리아에서 후퇴하게 될 것입니다. 그럴 바에는 차라리 마음 편하게 군대를 해산하자고 주장하는 것입니다. 그러나 만약 이 전쟁을 계속하고 싶다면 우리가 반드시 해야 할 일이 있습니다. 우리는 적의 요새를 가능한 많이, 그것도 가능한 빨리 빼앗아서 우리 것으로 만들어야 합니다. 그렇게 되면 요새를 차지해 식량을 비축할 수 있는 쪽이 더 많은 식량을 갖게 되므로, 오히려 포위당한 쪽이 강해집니다. (16) 우리는 바다를 항해하는 사람들과 다를 바 없습니다. 그들은 항해를 계속합니다. 그들이 항해하는 바다는 안 가 본 곳이나 가 본 곳이나 매한가지입니다. 우리가 만약 요새를 차지한다면 우리는 그곳에 있는 적을 몰아낼 것이고, 따라서 항해는 순탄해질 것입니다.

(17) 그러나 여러분 중 일부는 고국에서 멀리 떨어진 요새에서 수비대를 하는 것을 두려워할지 모릅니다. 그 점에 대해서는 염려할 필요가 없습니다. 어느 경우든 우리는 고국에서 멀리 떨어져 있기 때문에, 우리는 적과 가장 가까이서 여러분을 지키는 수비대 역할을 할 것입니다. 여러분의 국경에 있는 아시리아 왕의 땅은 여러분이 소유하고 경작하십시오. (18) 우리가 적을 가까이서 안전하게 막을 수 있다면, 여러분은 적으로부터 멀리 떨어진 지역을 소유하는 즐거움을 풍부하게 누릴 것입니다. 왜냐하면 적이 멀리 떨어져 있는 자들을 노리고 계획을 세울지라도, 가까이서 그들을 막는 사람들을 무시할 수는 없을 것이기 때문입니다."

(19) 키루스가 이야기를 마치자, 키악사레스는 나머지 사람들과 함께 일어서서 이 계획에 대해 키루스와 협력하는 것을 기쁘게 생각한다고 선언했다. 그리고 가다타스와 고브리아스는 연합군이 허락한다면 연합군에 도움을 주기 위해 그들 각자 요새를 세우겠다고 말했다.

(20) 키루스는 그가 제안한 것은 무엇이든 할 준비가 되어 있는 것을 보고 마지막으로 말했다. "좋습니다. 우리가 하겠다고 말한 것들을 실행하려면 우리는 가능한 빨리 적의 요새를 파괴할 공성기와 방어를 위한 강력한 망루를 만들 기술자를 확보해야 합니다."

(21) 이어서 키루스는 공성기를 그의 돈을 들여 만들어 군사들이 자유롭게 쓸 수 있도록 하겠다고 약속했다. 가다타스와 고브리아스, 티그라네스도 각각 공성기를 제공하겠다고 약속했다. (22) 그러자 키루스는 두 대의 공성기를 제공하겠다고 말했다. 이렇게 서로 합의하자 그들은 공성기를 만들 사람과 제작에 필요한 재료를 확보하는 일에 착수했다. 그들은 그 일을 가장 잘할 수 있다고 생각되는 사람들에게 맡겼다.

(23) 키루스는 이 계획을 실행하기에는 시간이 꽤 많이 걸릴 것을 알았기에 군대에 필요한 모든 물품을 조달하기 수월하고 군사들이 건강하게 지낼 수 있는 곳에 진영을 세웠다. 그리고 좀 더 보강할 필요가 있는 지점에는, 비록 본대에서 멀리 떨어져 있다 할지라도 그곳에 있는 군사들이 안전하게 지낼 수 있도록 배려했다. (24) 이뿐 아니라 키루스는 어디로 가면 필요한 물품을 가장 많이 얻을 수 있을지를 알 것 같은 사람에게 끊임없이 문의했으며, 본인이 직접 군사를 이끌고 노획 원정에 나서기도 했다. 그는 군대에 필요한 물품을 가능한 많이 확보하려는 의도에서 이렇게 했지만, 원정을 통해 군사들을 단련시켜 보다 좋은 몸 상태로 만들려는 의도도 있었다. 게다가 그런 활동을 통해 그들 각자의 위치를 계속 기억하게 하려는 의도도 있었다.

(25) 키루스는 그렇게 준비하였다.

이때 바빌론에서 한 소식이 도착했다. 이 소식은 바빌론을 탈출한 사람이 가져오고 키루스의 전쟁포로가 확인해 준 내용이었다. 아시리아 왕이 온갖 종류의 금은보석을 가지고 리디아 방향으로 떠났다는 것이었다. (26) 그걸 두고 키루스의 군대 내에서는 아시리아 왕이 앞으로 어찌될지 걱정한 나머지 그의 재산을 안전한 곳으로 옮기기 시작했다는 의견이 지배적이었다. 하지만 키루스는 아시리아 왕이 리디아와 연합군을 만들기 위해 떠났다고 생각했다. 아시리아 왕은 키루스와 다시 전쟁을 해야만 할 것으로 예상하고 크게 반격할 준비를 했던 것이다. 따라서 키루스는 그가 획득한 말을 가지고 페르시아 기병대를 완전하게 확충하는 일에 착수했다. 기병 중 일부는 포로 중에서 충원했고, 그의 친구들이 그에게 바친 사람 중에서도 뽑아 썼다. 키루스는 그에게 주는 것은 말이든 무기든 가리지 않고 무엇이든 받았다.

(27) 게다가 적에게서 빼앗은 전차와 그가 얻을 수 있는 것은 무엇이든 활용하여 전차 부대를 만들었다. 그러나 전차를 운용하는 방법은 고대 트로이인의 것을 쓰지 않았다. 트로이인의 전차 운용 방법은 키레네인에게 인기가 있었고, 키레네인은 오늘날까지 그 방법을 쓰고 있다. 이전까지 메디아와 시리아, 아라비아, 그리고 아시아의 모든 나라는 키레네인의 전차 운용 방법을 사용했다. (28) 하지만 키루스는 최고의 군사들이 전차에 오르면 군대의 주력이 돌파 역할 밖에 못하고 전쟁의 승리에는 중요한 기여를 하지 못하는 것으로 보았다. 300대의 전차는 300명의 전투병과 1,200마리의 말이 필요하다. 그리고 전차를 모는 사람은 당연 예상할 수 있듯이 최고의 운전사여야 한다. 이 운전사만 해도 숫자가 300명이 넘는데 이들은 적에게 아주 사소한 피해도 주지 못한다. (29) 그래서 키루스는 전차를 운용하는 기존의 방법을 폐지하고 대신에 전차 바퀴를 쉽게 부서지지 않도록 튼튼하게 만들고 차축 또한 길게 했다. 넓은 물체는 어떤 것이든 쉽게 뒤집히지 않기 때문이다. 그리고 전차 운전석은 튼튼한 나무를 써서 탑 모양으로 만들었다. 높이는 운전사의 팔꿈치

까지 닿을 정도로 높아서, 운전사는 차체 꼭대기에서 말을 다룰 수 있었다. 그리고 운전사는 눈을 빼고 전부 갑옷으로 감쌌다. (30) 게다가 바퀴의 양쪽에는 길이 약 1미터의 날카로운 쇠낫을 달았고, 차축 밑에는 땅 쪽으로 또 다른 쇠낫을 달았다. 이렇게 만든 목적은 적의 한 가운데로 돌진하기 위해서였다. 키루스가 그때 전차를 그렇게 만들었기 때문에 오늘날에도 페르시아에서는 그 전차를 쓰고 있다.

키루스는 또한 낙타를 많이 갖고 있었다. 낙타 중 일부는 그의 친구들로부터 받았고 일부는 전쟁에서 빼앗은 것이었다. (31) 이렇게 계획은 실행되고 있었다.

이제 키루스는 리디아에 간첩을 보내 아시리아 왕이 무엇을 하고 있는지 알아내고 싶었다. 그는 아름다운 부인을 보호하고 있던 아라스파스가 그 일을 맡기에 적당한 인물로 보았다. 그런데 당시 아라스파스는 다른 일에 정신이 팔려 있었다. 그는 그 부인에게 푹 빠져 다가가 사랑 고백을 하고픈 충동을 억누를 수 없었다. (32) 그러나 부인은 먼 곳에 가 있는 남편을 너무나 사랑했기 때문에 아라스파스가 오는 것을 막았다. 여전히 부인은 친구 사이에 문제가 생기는 것을 원치 않았기 때문에 그를 키루스에게 고발하지 않았다. (33) 그러나 아라스파스는 원하는 바를 얻기 위해 더욱 분발해야겠다는 생각에, 만약 그녀가 자발적으로 받아들이지 않으면 힘이라도 사용하겠다고 협박했다. 그러자 폭력을 두려워한 부인은 더 이상 비밀로 하지 않고 키루스에게 환관을 보내 그간 있었던 일을 전부 알렸다. (34) 키루스는 그 이야기를 듣자, 자신은 사랑의 열정을 쉽게 이길 수 있다고 큰소리치던 아라스파스를 향해 큰 웃음을 터뜨렸다. 키루스는 아르타바주스를 환관과 함께 아라스파스에게 보내 그 부인에게 폭력을 쓰지 말 것을 엄중히 경고했다. 그러나 아라스파스가 부인의 허락을 얻는다면 아무런 간섭도 하지 말라고 말했다. 아르타바주스는 아라스파스에게 가서 부인을 잘 보살피라고 했건만 오히려 부인을 위협했다면서 그를 호되게 꾸짖었다. (35) 아르타바주스는 아라스파스의 사악함과 경박함을 질타했다. 아라스파스는 후회의 눈물을 흘리며 수치심에 휩싸였고 혹시나 키루스가 자신을 죽이는 처벌을 내리지 않을지 두려워했다. (36) 키루스는 이 사실을 알고 그에게 가서 은밀히 대화를 나누었다. "아라스파스. 나는 그대가 나를 두려워하고 수치심에 괴로워하는 것을 보고 있네. 원컨대 그렇게 느끼지 말게나. 내가 듣기로 신들도 사랑의 희생자가 된다고 하더군. 하물며 인간은 어떠하겠는가. 나는 매우 신중하다고 인정받는 사람들도 사랑 때문에 힘들어 하는 것을 알고 있다네. 그리고 나 또한 아름다운 여인과 교류하도록 남겨졌을 때, 그 여자에 대해 아무런 관심을 두지 않을 정도로 의지력이 있을지 장담하지 못하겠네. 게다가 나 또한 그대의 지금 상황에 대해 책임이 있지. 왜냐하면 그대를 아름다운 부인과 함께 있게 만든 사람은 바로 나 아닌가." (37) 그러자 아라스파스는 키루스의 말을 가로막으며 이야기했다. "아, 키루스여. 당신은 다른 모든 것에서와 마찬가지로 이 일에서도 사람의 잘못을 관대하게 용서해 주시는군요. 다른 사람은 저에게 온갖 수치를 주며 저를 나락으로 떨어뜨리려고 벼르고 있습니다. 제가 무너졌다는 소식이 퍼져 나간 뒤로 저의 적들은 저를 보고 기뻐 날뛰고 있습니다. 친구들은 저를 찾아와서는 어디에 도망가 있으라고 조언합니다. 왜냐하면 당신께서 제가 범한 큰 죄를 처벌할 것을 걱정하기 때문입니다." (38) 이때 키루스가 말했다. "아라스파스. 사람들이 그대에 관한 소식을 들었기 때문에 그대는 나에게 큰 호의를 베풀고 우리 연합군에 큰 도움을 줄 위치에 있는 것이오."

아라스파스가 대답했다. "제가 당신께 도움을 드릴 수 있는 어떤 일이 생졌습니까?" (39) 키루스가 말했다. "그대는 나를 피해 도망 왔다는 구실을 붙여 적국으로 들어가시오. 그렇다면 적이 그대를 믿을 것이오."

아라스파스가 말했다. "제우스신에 맹세코 그렇게 하도록 하겠습니다. 그렇게 하면 제 친구들도 제가 키루스에게서 도망쳤다고 믿을 것입니다." (40) 키루스가 말했다. "그리고 적의 상황과 계획에 관한 완전한 정보를 가지고 돌아오시오. 나는 그들이 그대를 믿기 때문에 전쟁 모의와 조언에 그대를 참여시킬 것으로 생각하오. 따라서 그대는 우리가 알고 싶어 하는 것들을 단 한 가지도 빠뜨려서는 안 되오." 그러자 아라스파스가 말했다. "그렇다면 지금 당장 출발하도록 하겠습니다. 제 이야기가 그들에게 신뢰를 얻으려면 당신께서 저를 처벌하려고 했기 때문에 지금 막 도망쳐 나왔다는 모습을 보여 줘야 할 것입니다." (41) 키루스가 말했다. "그렇다면 그대는 아름다운 판테아 부인을 포기할 수 있단 말인가?"

아라스파스가 답했다. "그렇습니다. 저는 분명히 두 개의 영혼을 가지고 있기 때문입니다. 이것은 에로스라는 사악한 학파로부터 배운 철학의 교훈입니다. 만약 영혼이 한 개라면 영혼은 동시에 선하고 나쁠 수 없습니다. 선한 것과 나쁜 것을 동시에 바랄 수도 없습니다. 선한 일과 나쁜 일을 동시에 하거나 동시에 하지 않을 수도 없습니다. 그러나 영혼이 두 개라면 선한 영혼이 우세하면 옳은 일을 합니다. 그러나 악한 영혼이 힘을 얻으면 나쁜 일을 하려고 합니다. 그리고 지금은 판테아 부인이 당신을 자기편으로 만들었으므로 완전한 승리를 거둔 쪽은 선한 영혼입니다." (42) 키루스가 답했다. "잘 알겠네. 그대가 가기로 결정했다면 그들로부터 더 큰 신뢰를 얻기 위해서 반드시 해야할 일이 있네. 그들에게 우리에 대해 전부 말하도록 하게. 그러나 그대의 정보가 그들의 계획이 성공을 거두는 데 가장 큰 장해물이 되도록 이야기를 구성해야 하네. 만약 그대가 우리가 어느 지점에서 그들을 침공할 준비를 하고 있다고 말한다면 그것은 장해물이 될 수 있네. 왜냐하면 그 말을 듣게 되면 그들은 모든 병력을 모으려고 하지 않을 걸세. 각자 자신의 고국에 있는 그들의 소유물을 걱정할 테니까. (43) 그리고 가능한 오래 그들과 머물도록 하게. 왜냐하면 우리에게 가장 귀한 정보는 적이 우리와 가장 가까운 곳에 있을 때 무엇을 하고 있느냐이니까. 또한 그들에게 가장 좋은 대형으로 정렬하라고 조언하게. 왜냐하면 그대가 그들을 떠났을 때, 비록 그대가 그들의 대형을 잘 알고 있을지라도 그대로 유지하려고 할 걸세. 왜냐하면 그들은 대형을 바꾸는 데 아주 느리기 때문이야. 만약 어디서건 갑자기 대형을 바꾸려고 한다면 그들은 혼란에 빠져들게 되어 있지."

(44) 그 뒤 아라스파스는 물러났다. 그는 가장 신뢰하는 부하들을 소집했고, 몇몇 친구에게 그의 계획이 성공하는 데 도움이 될 만한 것들을 말한 뒤 길을 떠났다.

(45) 판테아 부인은 아라스파스가 떠났다는 사실을 알고서 키루스에게 다음과 같이 말을 전했다. "키루스여. 아라스파스가 적국으로 간 것을 두고 괴로워하지 마십시오. 만약 당신께서 제가 남편에게 소식을 보내는 것을 허락하신다면, 장담컨대 아라스파스가 했던 것보다 더 많은 충직한 친구를 당신께 데리고 올 것입니다. 게다가 저는 남편이 많은 군사를 데리고 당신께 올 것으로 압니다. 잠시나마 현재의 아시리아 왕은 남편의 친구였습니다. 그리고 이 왕은 저와 남편을 갈라놓으려고까지 했습니다. 그러므로 남편은 아시리아 왕을 무례한 악당이라고 여기기 때문에, 저는 남편이 당신 같은 분께 기쁘게 충성할 것으로 확신합니다."

(46) 키루스는 이 말을 듣자 그녀의 남편에게 소식을 전하라고 지시했고,

부인은 실제로 그렇게 했다. 아브라다타스는 부인이 보낸 암호 메시지를 읽고서 상황이 어떻게 돌아가는지를 알았다. 그는 약 1천 명의 기병을 데리고 기쁘게 키루스에게 왔다. 그가 페르시아 군대 초소에 다가왔을 때, 그는 키루스에게 자신이 누구인지를 알렸다. 그러자 키루스는 즉시 그를 부인에게 데려가라고 명령했다.

(47) 두 사람은 다시는 보지 못할 것으로 예상했기 때문에 서로를 보자 기쁨에 겨워 서로 얼싸안았다. 그 뒤 판테아는 남편에게 키루스의 경건심, 자기 절제력, 그리고 자기에 대한 배려를 말해 주었다.

그 말을 듣자 아브라다타스는 이렇게 말했다. "그렇다면 부인, 그대와 내가 키루스에게 진 감사의 빚을 어떻게 하면 갚을 수 있는지 말해 주시오."

판테아가 말했다. "그가 당신에게 했던 그대로 노력하는 것 외에 무엇이 있겠어요?"

(48) 그 뒤 아브라다타스는 키루스에게 갔다. 그가 키루스를 보았을 때 그는 키루스의 오른손을 잡고 이렇게 말했다. "키루스여. 당신께서 우리에게 베푼 친절에 대한 보답으로 저는 당신의 친구, 하인, 연합군이 되겠다고 제안드리는 것 외에 무슨 말을 더 드려야 할지 모르겠습니다. 그리고 당신께서 무슨 일을 하시든지 제 능력을 다해 전심으로 도울 것입니다."

(49) 그러자 키루스가 말했다. "그대의 제안을 받겠습니다. 그리고 나는 지금 그대에게 가서 부인과 함께 저녁 식사를 할 것을 허락합니다. 나중에 언젠가 내 본부에서 그대의 친구들과 나의 친구들이 함께 저녁 식사를 하게 될 것입니다."

(50) 이 일이 있은 뒤, 아브라다타스는 키루스가 쇠낫이 달린 전차를 준비하고 말과 운전사에게 갑옷을 입히는 일에 몰두하는 것을 보고, 그의 기병대

에서 100대의 전차를 기부하기로 결심했다. 그는 자신이 직접 전차를 몰고 그들을 이끌 준비를 했다. (51) 그는 자신의 마차에 네 개의 채를 달아 여덟 마리의 말이 나란히 끌 수 있도록 연결했고, 전차를 끄는 말에는 견고한 청동으로 만든 갑옷을 입혔다. (그의 부인 판테아는 가진 돈을 들여 금으로 만든 흉갑과 투구, 손목 보호대를 남편을 위해 준비했다.)

(52) 아브라다타스는 그렇게 일했다. 키루스는 아브라다타스의 마차가 네 개의 채를 다는 것을 보고 여덟 개의 채를 다는 것도 가능하다는 생각을 하였다. 그렇게 해서 여덟 마리의 황소가 함께 끌면 가장 낮은 층의 이동식 망루는 옮길 수 있다고 생각했다. 바퀴까지 포함한다면 이 부분의 높이는 바닥에서 약 5.4미터였다. (53) 게다가 그런 망루를 각 부대가 가지고 다닌다면 아군의 밀집대형에는 큰 도움이 되고 적에게는 엄청난 손실을 끼칠 수 있을 것 같았다. 그는 망루의 각 층마다 통로와 화살을 쏠 수 있는 구멍을 만들었다. 그리고 각 망루에 20명의 군사를 배치했다.

(54) 마침내 망루의 모든 장치가 갖추어졌을 때 그것을 시험해 보도록 했다. 여덟 마리의 황소는 한 마리의 황소가 끄는 것보다 훨씬 수월하게 망루를 끌 수 있었다. 왜냐하면 황소 한 마리가 끄는 짐의 무게는 대략 650킬로그램이지만, 여덟 마리의 황소가 끄는 망루의 무게는, 비록 망루가 비극 공연 무대에 쓰는 것과 같은 두꺼운 목재로 만들어져 있고 그 속에 20명의 군사와 무기까지 있다 해도, 한 마리당 약 390킬로그램을 넘지 않기 때문이다.

(55) 키루스는 망루를 운반하는 것이 쉽다는 것을 알게 되자 군대가 가는 곳마다 망루를 가지고 갈 준비를 했다. 왜냐하면 전쟁에서 우위를 확보하는 것은 군사들에게 안전과 정의와 행복을 주는 길이라고 굳게 믿었기 때문이다.

# 제2장

(1) 이 무렵 인도에서 사절단이 돈을 들고 찾아왔다. 그들은 인도 왕이 키루스에게 다음과 같은 말을 전하라고 했다고 말했다. "키루스. 나는 당신이 필요한 것을 우리에게 알려 준 것을 매우 기쁘게 생각합니다. 나는 당신의 친구가 되기를 바랍니다. 그리고 당신께 돈을 보내오니 더 필요하다면 나에게 알려 주시오. 또한 내 사신들에게 당신이 요구하는 것은 무엇이든 하라고 지시했습니다."

(2) "고맙소." 키루스는 이 말을 듣고 말했다. "여러분 중 일부는 우리가 마련한 곳에 머물면서 이 돈을 잘 관리하도록 하시오. 그리고 여러분이 편한 대로 마음껏 즐기며 지내도록 하시오. 그러나 여러분 중 세 명은 아시리아와 인도가 동맹을 맺기 위해 인도 왕이 보낸 것처럼 가장하여 아시리아로 가시오. 가서 그들의 상황이 어떤지, 지금 무엇을 하고, 앞으로 무엇을 하려고 하는지를 알아내어 가능한 빨리 나와 여러분의 왕에게 전하도록 하시오. 여러분이 이 일을 만족스럽게 해낸다면 나는 여러분이 돈을 가지고 온 것보다 더 크게 감사할 것이오. 그리고 이것은 여러분이 아주 잘할 수 있는 일이오. 노예로 가

장한 간첩은 누구나 알 수 있는 정보를 보고하지만 여러분처럼 높은 지위에 있는 사람은 현재 계획되고 있는 것도 종종 알아내기 때문이오."

(3) 인도의 사신들은 이것을 듣고 기뻐하였다. 그리고 키루스가 그들을 추켜세우자 다음날 떠날 준비를 하면서 엄숙하게 약속하였다. 될 수 있는 대로 적의 정보를 많이 알아내서 가능한 빠른 시일 내에 돌아오겠다고.

(4) 키루스는 나머지 전쟁 준비도 거대한 규모로 계속했다. 그는 조그만 원정을 준비하는 게 아니었다. 그는 연합군이 합의한 것들을 준비했을 뿐 아니라 그의 친구들을 부추겨 군사들 사이에 경쟁을 붙였다. 각자 자신들이 가장 무장이 잘 되어 있고, 가장 말타기를 잘하며, 가장 활과 창을 잘 던지며, 가장 부지런한 일꾼이라는 것을 보여 주기 위한 목적이었다. (5) 키루스는 이 목적을 이루기 위한 수단으로 사냥 대회를 열어 우수한 성적을 거둔 군사들에게 상을 내렸다. 또한 군사들을 훌륭하게 만들기 위해 열심히 노력한 장교들을 격려하고 상을 내렸다. (6) 그리고 신들에게 제사를 드리거나 축제가 있을 때는 이와 연계하여 경연 대회를 열었다. 대회를 통해 군사들은 전쟁 훈련을 연마했고, 우승자는 훌륭한 상을 받았다. 그 결과 군대의 사기는 높아졌다.

(7) 키루스는 공성기를 제외하고 원정에 필요한 거의 모든 준비를 마쳤다. 페르시아 군대의 기병대는 1만 명으로 늘어났고, 키루스가 만든 쇠낫이 달린 전차는 의도했던 100대를 채웠다. 그리고 아브라다타스가 확보하기로 한 전차 역시 그가 말한 대로 100대를 채웠다.

(8) 키루스는 또한 키악사레스에게 메디아 전차를 트로이와 리비아 방식에서 키루스의 방식으로 바꾸도록 설득했고, 이렇게 해서 확보한 전차가 100대가 되었다. 낙타 부대는 낙타 한 마리에 두 명의 궁수가 타도록 했다. 이렇게 전열이 갖추어지자 온 군대가 승리는 이미 따 놓은 당상이며 적은 아무것

도 아니라는 확신을 가지게 되었다.

(9) 이렇게 자신하고 있을 때, 키루스가 적에게 간첩으로 보낸 인도의 사신들이 도착했다. 그들은 크로이소스가 최고 사령관으로 임명되었고, 아시리아 왕과 동맹을 맺은 모든 나라의 왕들이 모든 군대를 이끌고 합류하기로 결정했으며, 용병을 고용하고 보상할 필요가 있는 군사들에게 선물로 쓰도록 엄청난 양의 돈을 아시리아 왕에게 바쳤다고 보고했다. (10) 또한 사신들은 트라키아 검객들이 이미 용병으로 고용되었으며, 이집트 군대 또한 합류하기 위해 배를 타고 있다고 보고했다. 이집트 군대의 숫자는 12만 명이며, 그들은 발까지 닿는 크기의 방패와 오늘날까지도 쓰고 있는 거대한 창, 그리고 군도로 무장하고 있다고 했다. 이 외에 키프로스 군대도 합류했다. 킬리키아, 프리지아, 리카오니아, 파플라고니아, 카파도키아, 아라비아, 페니키아에서도 군대를 보냈다. 아시리아 군대는 바빌론 왕이 지휘했다. 이오니아와 아이올리아, 그리고 아시아에 있는 거의 모든 그리스 식민지에서 차출된 군사들도 강제로 크로이소스의 지휘 하에 들어갔다. 크로이소스는 라케다이몬*에도 사람을 보내 연합군에 참여할 것을 협의했다. (11) 인도의 사신들은 적이 팍톨루스 강변에 모여 있으며, 툼브라라까지 진격할 의도를 갖고 있다고 보고했다. 툼브라라는 시리아 왕국의 서쪽에 있는 곳으로, 오늘날에도 그곳에는 야만족들이 모이곤 한다. 그리고 그곳에 시장을 열라는 명령이 내려졌다는 보고도 하였다.

포로들도 인도 사신들의 보고를 뒷받침하는 이야기를 했다. 이것은 키루스가 신경 쓰는 또 다른 부분이었다. 키루스는 정보를 캐낼 수 있는 포로를 뽑아서 키루스에게서 도망쳐 나온 노예로 위장해 간첩으로 보내곤 했다.

(12) 키루스 군대는 이 보고를 듣고 동요하기 시작했다. 그건 당연한 일이

---

* 라케다이몬은 스파르타의 공식 명칭이다. - 역주

었다. 군사들은 예전보다 기운이 가라앉았으며 삼삼오오 구석에 짝을 이루어 현재의 상황을 이야기하고 서로의 의견을 물었다.

(13) 키루스는 군내 내에 공포가 빠르게 확산되는 것을 인식하고 모든 부대의 장교를 불러 모았다. 그리고 군사 중에서 남을 낙담시킬 사람과 남에게 힘을 북돋아 줄 수 있는 사람을 같이 불렀다. 그리고 보좌관에게 연락해 무장한 군사 중에 누구든 그가 말하는 것을 듣고 싶어 오는 자가 있다면 막지 말라고 전했다. 그들이 모두 모였을 때 키루스는 다음과 같이 연설하였다.

(14) "친구들이여, 그리고 동맹군이여. 나는 여러분 중 일부가 적의 소식을 듣고 두려워하는 것 같아 이렇게 불렀습니다. 여러분 중 누군가가 적이 모여 있다는 소식 때문에 정말로 두려워하고 있다면, 나는 의아해하지 않을 수 없습니다. 우리는 그들을 무찔렀던 예전보다 군사의 숫자가 더 많으며, 하늘의 도움을 입어 무기가 더 잘 갖추어져 있습니다. 여러분은 그것을 직접 눈으로 보면서도 용기가 충만하지 않으니 나로서는 정말 이상할 따름입니다.

(15) 만약 상황을 반대로 바꾸어, 적이 우리를 향해 오고 있다는 소식을 듣게 되면 여러분은 무엇을 하겠습니까? 상상을 해 봅시다. 첫째, 예전에 우리를 무찔렀던 적이 그때 얻은 승리에 대한 자신감을 여전히 마음에 품고 우리에게 오고 있다면 어떻게 하겠습니까? 둘째, 그때는 궁수와 창병이 부족했던 적이 지금은 그보다 몇 배나 되는 대군이 되어 오고 있다면 어떻게 하겠습니까? (16) 셋째, 예전에는 보병으로서 우리를 무찔렀는데 지금은 기병이 되어 오고 있습니다. 그들은 궁수나 창병이 되기를 거절하고 대신 중장보병(重裝步兵)이 되어 백병전을 하기로 마음먹고 있습니다. 나아가 예전에는 군대 뒤에서 가만히 서 있기만 하던 전차가 완전히 다른 모습으로 바뀌어서 오고 있다는 소식을 들었을 때 여러분은 어떻게 하겠습니까? (17) 그 전차를 끄는 말

은 갑옷을 입었고, 운전사는 나무로 만든 망루에서 지휘를 하고, 망루로 보호받지 못한 몸의 부분은 흉갑과 투구로 완전히 감쌌습니다. 그리고 전차에는 적의 대형으로 돌진할 때 쓰기 위한 목적으로 만든 날카로운 쇠낫이 바퀴 축에 달렸습니다. (18) 또한 그들이 낙타를 타고 온다면 100마리의 말이 그것을 보고 흔들리지 않을 수 있을까요? 그들은 망루를 가지고 와서 자신들을 보호하면서 우리를 향해 창과 화살을 날려 동등한 조건에서 싸우는 것을 방해한다면 어떻게 하겠습니까? (19) 여러분은 적의 사정에 대해 누군가 가져온 보고 때문에 지레 겁을 먹고 있습니다. 그런데 만약 적이 크로이소스를 최고 사령관으로 임명했다는 사실을 안다면 어떻게 하겠습니까? 크로이소스는 시리아 군사보다 더 겁쟁이입니다. 시리아 군사들은 전투에서 패했기 때문에 도망갔지만, 크로이소스는 시리아 군대를 도와주기는커녕 그들이 패하는 것을 보자 급히 도망갔습니다. (20) 마지막으로 여러분은 보고를 통해 알 수 있듯이, 적은 자신들이 우리와 싸울 만큼 강하지 않다고 여기고 있습니다. 그래서 그들은 자신들보다 더 용감하게 싸워 줄 것을 바라고 용병을 고용했습니다. 그런데도 만약 적의 상황이 더 낫다고 생각하는 사람이 있다면, 다시 말해 그들은 강하고 우리는 형편없다고 생각하는 사람이 있다면, 그는 적에게 보내야 한다고 생각합니다. 그는 우리보다 적에게 더 쓸모 있기 때문입니다."

(21) 키루스가 연설을 마치자 페르시아인 크리산타스가 일어나 다음과 같이 말했다. "키루스여. 걱정하지 마십시오. 몇몇 군사가 그 보고를 듣고서 침울해하는 것 같은데, 그것은 그들이 겁을 먹어서가 아니라 짜증나기 때문입니다. 마치 이런 것과 같습니다. 점심시간이 되어, 앉아서 식사하라는 명령만 기다리고 있는데, 갑자기 식사하기 전에 반드시 끝내야 할 일이 있다고 했을 때와 같습니다. 그 말을 듣고서 기쁜 마음으로 할 것이라고는 저도 장담하지

못합니다. 우리도 마찬가지입니다. 우리는 곧 부자가 될 참이었습니다. 그런데 부자가 되기 위해 해야 할 일이 몇 가지 더 남아 있다는 말을 듣고서 침울한 표정을 지었던 것입니다. 그것은 우리가 겁을 먹었기 때문이 아니라 이미 일이 다 끝났기를 바랐기 때문입니다.

(22) 그러나 실망은 지나갔습니다. 우리는 시리아를 차지할 것입니다. 그곳에는 곡식과 가축, 대추야자가 풍부합니다. 우리는 리디아도 차지할 것입니다. 그 땅에는 포도주와 무화과나무, 올리브기름이 풍부할 뿐 아니라 바다와 맞닿아 있습니다. 그리고 바다 넘어서는 우리가 이제껏 본 것보다 훨씬 좋은 것들이 많이 있습니다. 이것을 생각할 때 우리는 더 이상 짜증나지 않습니다. 오히려 용기가 꼭대기까지 오릅니다. 우리는 빨리 리디아로 가서 그곳에 있는 이 모든 것을 즐기고 싶습니다."

크리산타스가 이렇게 말하자 연합군은 모두 그의 연설에 기뻐하며 박수를 쳤다.

(23) 키루스가 말했다. "친구들이여. 나는 여러분에게 가능한 빨리 적을 향해 행진하자고 제안하는 바이오. 우선, 우리는 할 수 있다면 적의 보급품이 수집되고 있는 곳에 그들보다 먼저 도착할 수 있습니다. 둘째, 우리가 빨리 행진할수록 우리는 더 엉성한 그들의 대형을 보게 될 것이고, 그들의 약점을 보다 많이 발견하게 될 것입니다. (24) 이것이 나의 제안입니다. 누구든 우리에게 더 안전하고 쉬운 길이 있다고 생각하는 사람이 있다면 그것을 알려 주십시오."

많은 장교가 키루스의 제안을 지지했다. 그들은 적을 향해 가능한 빨리 가는 것이 유리하다고 말했다. 아무도 그의 계획에 반대하지 않았기에 키루스는 다음과 같이 말하기 시작했다.

(25) "친구들이여, 동맹군이여. 우리가 쓰게 될 우리의 영혼과 육체와 무기는 신의 도움을 입어 오래 전에 준비되었습니다. 그리고 이제 우리는 이 행진을 위해 사람과 동물이 먹을 최소 20일 분량의 식량이 필요합니다. 계산을 해 보니 우리는 15일 이상을 아무런 식량도 발견할 수 없는 곳을 지나게 될 것입니다. 왜냐하면 모든 것이 고갈되었기 때문입니다. 적은 가져갈 수 있는 모든 것을 가져가 버렸고 나머지는 우리가 이미 가져갔습니다. (26) 따라서 우리는 충분한 식량을 챙겨 가야 합니다. 그렇지 않으면 우리는 싸우지도 생존하지도 못할 것입니다. 포도주는 각자 물을 마시는 데 익숙해질 때까지 필요한 만큼만 가져가야 합니다. 우리가 지나게 될 많은 지역에는 포도주가 없기 때문에 아무리 많이 가져갈지라도 충분하지 않을 것입니다.

(27) 따라서 우리는 포도주가 갑자기 떨어질 때 병에 걸리지 않도록 다음과 같이 단련해야 합니다. 지금부터 당장 식사할 때 물을 마시기 시작합시다. 그렇게 하면 우리는 생활 방식을 급격히 바꾸지 않아도 될 것입니다. (28) 보리빵을 먹는 사람은 항상 물을 함께 마시고, 무엇이든 물에 넣고 끓이면 마음껏 마실 수 있습니다. 따라서 우리가 식사 후에 포도주를 마신다면 원기를 회복하는 데 전혀 부족하지 않습니다. (29) 그러나 이어서 우리는 식사 후에 마시는 포도주의 양을 점차 줄여 나가 포도주를 전혀 의식하지 않는 절대 금주가가 되어야 합니다. 어떤 개체든 점진적인 이행만이 변화를 견디게 합니다. 신은 우리에게 그것을 가르쳐 주었습니다. 겨울부터 여름까지 천천히 이행하게 만드셔서 우리를 타는 듯한 여름의 더위를 견디게 하셨습니다. 역시 여름부터 겨울까지 천천히 옮기셔서 살을 에는 듯한 추위를 견디게 하셨습니다. 우리는 신을 본받아 우리를 미리 단련시킴으로써 우리가 달성할 수 있는 목적을 이루어야 합니다.

(30) 식량을 많이 가져가기 위해 무거운 이불은 포기해도 됩니다. 식량은 아무리 많아도 다 먹게 되어 있습니다. 이불이 부족해서 잠을 제대로 이루지 못할 것이라고 걱정하지 마십시오. 그런 사람이 있다면 내가 비난할 것입니다. 하지만 옷은 충분히 준비하도록 하십시오. 건강이 좋을 때나 병이 들었을 때나 항상 유용할 것입니다.

(31) 고기는 포장을 해서 가져가되, 쓰고, 맵고, 짜게 만들어야 합니다. 이렇게 만들면 식욕을 돋울 뿐 아니라 가장 오랫동안 영양 상태를 지속할 수 있습니다. 그리고 아직 약탈되지 않은 땅, 즉 식량을 구할 가능성이 있는 땅에 들어갈 경우를 대비해 맷돌을 준비하십시오. 맷돌은 빵을 만들기 위해 필요한 가장 가벼운 도구입니다.

(32) 그리고 아픈 사람을 위해 약을 준비하십시오. 약이 차지하는 무게는 아주 작지만 병에 걸렸을 때 그 유용성은 매우 큽니다.

우리는 또한 가죽끈을 충분히 준비해야 합니다. 사람이나 말이나 모두 가죽끈으로 묶을 수 있습니다. 가죽끈이 낡거나 끊어졌을 때 여분이 없으면 모든 것이 제자리로 돌아갑니다.

창을 다듬을 줄 아는 사람은 대패와 줄을 잊지 않는 것이 좋습니다. (33) 창끝을 가는 것은 자신의 용기를 가는 것과 같습니다. 창끝을 가는 것을 부끄러워하는 사람은 자신이 겁쟁이라고 인정하는 것입니다.

우리는 전차와 마차를 위해 충분한 양의 목재를 준비해야 합니다. 사용하다 보면 부품이 고장 나는 것을 피할 수 없습니다. 고장 수리를 위해 필요한 도구도 준비해야 합니다. (34) 우리는 정비공을 항상 구할 수 없습니다. 누구든 필요한 부품을 당일에 만들 수 있어야 합니다. 이 외에도 마차를 위해 삽과 곡괭이를 준비하고, 짐을 싣는 동물을 위해 도끼와 밀낫도 준비해야 합니다.

이것들은 각 개인에게 유용할 뿐 아니라 때로는 공통의 이익을 위해서도 사용될 수 있기 때문입니다.

(35) 모든 전투 부대의 장교는 자신의 밑에 있는 군사들을 살펴 필요한 물품 중에 빠진 것은 없는지 확인해야 합니다. 만약 빠진 것이 있다면 우리는 그것이 필요하다고 느낄 것입니다. 보급품 운송을 맡은 장교는 내가 짐 싣는 동물에 대해 명령한 문제들을 확인하도록 하고, 보급품을 충분히 준비하지 못한 사람에게는 부족한 물품을 채워 놓으라고 하십시오.

(36) 공병대의 감독자는 나에게서 자격이 안 되는 궁수와 창병, 투석병의 명단을 가져가 궁수는 나무 자르는 도끼, 창병은 곡괭이, 투석병은 삽을 들도록 시키십시오. 그리고 그들을 마차 앞에서 분대를 이루어 행진하게 하여 만약 길을 만들어야 할 상황이 생기면 즉시 투입하도록 하십시오. 그래야만 내가 그들의 도움이 필요할 때 어디서 그들을 찾을 수 있을지 알 수 있을 것입니다.

(37) 마지막으로 군대에 갈 나이가 된 대장장이와 목수, 구두장이를 데리고 가도록 하십시오. 군대에서 그들의 기술이 필요할 때 어려움을 겪지 않도록 하기 위해서입니다. 그들은 무기를 드는 의무에서 면제되지만 그들의 도움이 필요한 사람에게 보답하기 위해 자신의 기술을 열심히 활용하는 임무를 맡게 될 것입니다.

(38) 그리고 우리와 같이 가기를 희망하는 상인이 있다면 그렇게 해도 좋습니다. 그들은 물건을 팔 시장이 필요해서 그럴 것입니다. 하지만 군대에 필요한 전쟁 물품을 확보하라는 명령이 내려졌는데, 누구든 군사들에게 물건을 팔다가 걸리면 그가 갖고 있는 모든 물건은 몰수될 것입니다. 그러나 그때가 지나면 군사들에게 물건을 팔아도 좋습니다. 물건을 가장 많이 공급할 수 있

는 상인은 나와 연합군으로부터 보상과 우선권을 받게 될 것입니다. (39) 그리고 누구든 필요한 물건을 공급하기 위해 돈이 더 필요하다면, 자신의 명성과 신분을 보증할 수 있는 보증인과 약속을 이행하는 데 필요한 담보를 제공하면 우리 군대가 가지고 있는 돈을 일정 금액 받게 될 것입니다.

이것이 내가 미리 내리는 명령들입니다. 누구든 우리에게 필요한 것이 더 있다고 생각되면 나에게 그것을 알려 주십시오.

(40) 이제 여러분은 가서 준비하도록 하십시오. 나는 우리의 출발에 복을 내려 달라고 제사를 드려야겠습니다. 신들이 상서로운 징조를 내린다면 내가 신호를 하겠습니다. 그때 여러분은 내가 말한 모든 것을 준비해서 사령관과 함께 지정한 장소에 모이도록 하십시오. (41) 그리고 모든 장교는 각자 자신의 부대를 준비시켜 놓은 다음 나에게 와서 각자 맡을 위치를 전달받도록 하십시오."

# 제3장

(1) 이 말을 듣고 그들은 행진을 준비하기 시작했고, 키루스는 신들에게 제사를 드렸다. 그리고 제사의 결과가 상서롭게 나타나자 군대와 함께 출발했다. 첫 번째 날에 그는 떠나 온 곳과 가까운 자리에 진영을 차렸다. 그렇게 한 이유는 무언가를 잊고 온 군사는 가서 가져올 수 있게 하고, 필요한 무언가를 새로 발견하게 되면 그것을 구하기 위해서였다.

(2) 그러나 키악사레스는 메디아 군대의 삼분의 일과 함께 뒤에 남았다. 그는 본국을 무방비 상태로 놔두고 싶지 않았다. 그러나 키루스는 기병대와 함께 대형의 선두에 서서 최대한 빠른 속도로 행진했다. 그는 척후병을 맨 앞에, 정찰병을 가장 높은 곳으로 보내 넓은 시야를 확보하는 일을 빠뜨리지 않았다. 이렇게 한 다음 키루스는 보급품 운송 대열을 정비했다. 평평한 곳에서는 마차와 보급품을 실은 짐승의 대열을 여러 개로 만들어 세로로 행진했다. 밀집대형은 그 옆에 위치했으며, 만약 보급품 운송 대열 중 일부가 뒤처지면 가까이에 있는 장교들이 행진에서 뒤처지지 않도록 신경을 썼다. (3) 좁은 길을 만날 때는 보급품 운송 대열이 군사들의 가운데에 위치했고, 군사들은 그 대

열의 양쪽에서 행진했다. 만약 보급품 운송 대열에 문제가 생기면 가까이에 있는 군사들이 그 문제에 관여했다. 대부분의 경우 중대는 자신들의 보급품을 운반하는 부대 옆에서 행진했다. 보급품 운송을 담당하는 부대의 중대장은 불가피한 일이 일어나지 않는 이상 자신들의 중대와 동행하라고 명령했다. (4) 그리고 중대장의 보급품을 운반하는 군사는 중대원들이 알 수 있도록 중대를 나타내는 깃발을 들고 앞에서 행진했다. 이렇게 함으로써 그들은 서로 가까이 붙어서 행진하게 되었고, 아무것도 뒤에 두고 오지 않도록 각자의 보급품에 각별히 신경을 썼다. 이런 식으로 대열을 유지했기 때문에 그들은 서로 찾으려고 우왕좌왕할 필요가 없었고, 동시에 모든 것이 가까운 곳에 안전하게 있기 때문에 원하는 것은 무엇이든 신속하게 얻을 수 있었다.

(5) 이때 먼저 떠났던 정찰병들이 뭔가 움직이는 것을 보았다. 그들은 평지에서 가축에게 풀을 먹이고 땔감을 구하는 사람들을 보았다. 보급품을 실은 것 같기도 하고 가축을 방목하는 것 같기도 한 모습도 보였다. 정찰병들은 더 먼 곳을 바라보았다. 연기가 모락모락 피어나고 먼지 구름이 이는 것 같았다. 이 모든 정황을 종합해 볼 때, 근처 어딘가에 적의 군대가 있는 것이 분명했다. (6) 따라서 정찰대를 이끄는 장교는 전령을 보내 키루스에게 이 소식을 보고했다. 키루스는 보고를 듣고, 그곳에 남아 계속 감시하고 새로운 것을 보게 되면 즉시 보고하라고 명령했다. 그는 또한 기병대의 한 중대에게 평지에서 배회하는 사람이 있으면 사로잡아 오라고 명령했다. 실제 상황을 보다 분명하게 알고 싶기 때문이었다. 따라서 이 명령을 받은 기병들은 그 일을 실행하기 위해 떠났다.

(7) 키루스는 군대를 그곳에 멈춰 세웠다. 그는 적과 너무 가까운 곳에 가기 전에 필요한 준비를 해야겠다고 생각했다. 그래서 군사들에게 먼저 점심

식사를 하고 그곳에 남아서 명령을 기다리라고 지시했다. (8) 군사들이 식사를 마치자 키루스는 기병대, 보병대, 전차 부대의 사령관과 공병대, 보급품 운송 부대, 마차 부대의 장교를 한꺼번에 불러 모았다. (9) 그리고 기병대가 사로잡아 온 몇몇 포로를 교차 신문했다. 포로 중 일부는 가축에게 먹일 풀을 찾느라 선두에 있는 경계병의 범위를 벗어났다고 말했고, 다른 포로는 땔감을 찾으러 나왔다고 말했다. 그렇게 한 이유는 자신들의 숫자가 너무 많아 모든 것이 부족하기 때문이라고 했다. (10) 이것을 들은 키루스가 물었다. "너희 군대는 여기서 얼마나 멀리 떨어져 있느냐?"

"약 11킬로미터 정도 됩니다." 그들이 대답했다.

"그곳에서는 우리에 대해 무슨 이야기가 오가고 있느냐?" 키루스가 물었다.

"당신들이 이미 우리 가까운 곳에 와 있다는 이야기가 많이 돌고 있습니다." 그들이 대답했다.

"그렇다면 내게 대답하라. 우리가 오고 있다는 말을 들었을 때 너희는 기뻐했느냐?" 키루스는 이 질문을 옆에서 듣고 있는 장교들에게 도움이 되기 위해 했다.

"제우스신에 맹세코 아닙니다. 우리는 전혀 기뻐하지 않았습니다. 오히려 매우 혼란스러워 했습니다."

(11) "그렇다면 너희는 지금 무엇을 하고 있지?" 키루스가 물었다.

"전투 대형을 정렬하고 있습니다. 어제와 그제도 같았습니다." 그들이 대답했다.

"누가 최고 사령관인가?" 키루스가 물었다.

"크로이소스입니다. 그리고 그리스인 한 사람과 메디아인 한 사람이 그와 함께 있습니다. 그 메디아인은 당신께로부터 도망쳐 나온 사람이라고 합니다." 그들은 대답했다.

키루스는 그 대답을 듣더니 크게 탄식하며 말했다. "오, 전능하신 제우스 신이여. 그 사악한 배신자를 제 손으로 잡을 수 있게 해 주십시오."

(12) 키루스는 포로들을 끌고 가라고 명령한 뒤, 곁에 있는 장교들에게 마치 무슨 말을 하려는 듯이 고개를 돌렸다. 그러나 그때 정찰대 중대장이 보낸 또 다른 전령이 와서 한 무리의 기병대가 평지에 있는 것이 보인다고 보고했다. 전령은 덧붙여 보고했다. "저희는 그들이 이곳에 있는 우리 군대를 정찰할 목적으로 오고 있다고 추측합니다. 그리고 그렇게 추측할 만한 이유가 충분히 있습니다. 대략 30여 명의 기병이 본대에서 꽤 멀리 떨어져서 오고 있습니다. 사실 그들은 우리 쪽으로 오고 있으며, 아마도 우리의 감시 초소를 차지하려고 하는 것 같습니다. 우리는 그곳에 겨우 10명의 군사만 있을 뿐입니다."

(13) 그래서 키루스는 자신을 경호하는 기병대 일부에게 초소 기슭까지 올라가 적의 눈에 띄지 않도록 숨어 있으라고 명령했다. 키루스는 덧붙였다. "그러나 그 10명의 군사가 초소를 떠나면 적이 올라올 때 그들을 기습 공격하시오." 키루스는 기병대를 이끄는 장교에게 말했다. "히스타스파스. 대규모의 기병대가 그대에게 피해를 주지 않기 위해 그대의 기병 연대를 데리고 가시오. 가서 적과 맞서 그들보다 우세하다는 것을 보여 주시오. 그러나 어떤 일이 있어도 그대가 알지 못하는 곳까지 적을 추격하지는 마시오. 그리고 감시 초소를 여전히 우리의 수중에 확실히 남겨 둔 다음에 돌아오도록 하시오. 그리고 만약 적이 오른손을 들고 우리에게 달려온다면 그들을 우리 편으로 받아들이시오."

(14) 따라서 히스타스파스는 가서 갑옷을 입었다. 하지만 키루스의 경호대에서 선발된 기병들은 키루스의 명령을 받았을 때 즉시 떠났다. 그런데 그

들은 감시 초소에 닿기도 전에 수행원과 같이 오는 어떤 사람을 만났다. 그는 언젠가 아시리아 군대에 간첩으로 보냈던 사람으로 예전에 수사의 부인을 돌보던 남자였다. (15) 키루스는 이 소식을 듣자 자리에서 벌떡 일어나 그를 만나러 갔다. 키루스는 그를 진심으로 환영했다. 그간의 사정을 몰랐던 나머지 사람들은 당연히 키루스가 말을 하기 전까지 어리둥절한 채로 바라보아야 했다. "친구들이여. 여기 가장 충성스러운 사람이 왔소이다. 그는 자신이 너무 수치스럽거나 내가 벌을 내릴까 두려워서 도망간 것이 아닙니다. 내가 그를 적에게 보냈습니다. 가서 적의 상황이 어떤지 정확하게 파악해서 돌아오라고 그를 보냈던 것입니다. (16) 그리고 아라스파스, 나는 그대에게 약속한 것을 잊지 않았노라. 나는 그 약속을 지킬 것이며 여기 있는 모든 사람이 나를 도울 것이다. 친구들이여. 그대들은 모두 아라스파스를 용감한 사람으로 떠받드는 것이 옳습니다. 그는 우리를 위해 자신의 목숨과 그에게 쓰인 오명을 감수했습니다."

(17) 그러자 거기 있는 모든 사람이 아라스파스를 안으며 진심으로 환영했다. 키루스는 환영은 이제 충분하다고 말하며 다음과 같이 물었다. "아라스파스, 그것은 우리가 알아야 할 가장 중요한 정보라네. 그러니 어떤 것도 사실을 왜곡하거나 적의 전력을 과소평가 하지 말고 우리에게 알려 주게. 적이 적다고 듣고서 실제로는 어마어마한 숫자를 보는 것보다 많다고 생각하고서 적게 만나는 것이 낫기 때문이네."

(18) "알겠습니다." 아라스파스가 말했다. "저는 그곳에 있으면서 전투 대형을 짜는 것을 도왔기 때문에 적의 규모에 대한 정확한 정보를 알 수 있었습니다."

"그렇다면 그대는 적의 숫자뿐만 아니라 전투 대형에 대해서도 익숙하겠군." 키루스가 말했다.

"제우스신에 맹세코 그렇습니다." 아라스파스가 대답했다. "저는 또한 그들이 어떻게 전투를 준비하는지도 알고 있습니다."

(19) "좋소." 키루스가 말했다. "그렇다면 먼저 적의 숫자가 대략 얼마나 되는지 알려 주게."

"이집트 군대를 빼고서도 기병과 보병을 합쳐 30개 대열이나 됩니다. 그리고 제일 앞줄은 길이가 약 8킬로미터까지 뻗어 있습니다. 저는 그들이 차지하는 공간이 얼마나 되는지 알아내는 데 무척 애를 먹었습니다."* 아라스파스가 대답했다.

(20) "그렇다면 그대가 '이집트 군대를 빼고서도'라고 말한 이집트 군대는 얼마나 되는가?" 키루스가 물었다.

"장군들이 대열을 세웠는데, 1만 명의 군사를 가로 세로 100명씩으로 구성된 밀집대형으로 만들었습니다. 그들은 고국에서 그렇게 전투 대형을 만든다고 합니다. 크로이소스는 그 대형이 맘에 들지 않았지만 당신의 측면을 포위하고 싶어 하기에 그렇게 하라고 허락했습니다."

"크로이소스가 그렇게 하려는 목적이 무엇인가?" 키루스가 물었다.

"그는 긴 대형을 만들어서 당신의 군대를 에워싸고자 합니다."

"알겠다. 그들은 포위하는 자는 포위당하지 않는다는 사실을 기회로 살리고 싶어 하는구먼. (21) 우리는 그대로부터 우리가 알아야 할 가장 중요한 정보를 알게 되었다. 제군들이여. 이제 그대들은 다음과 같이 하도록 하시오. 먼저 각자 부대로 돌아가서 즉시 무기와 말을 점검하시오. 때로는 아주 사소한

---

* 고대 군사에게는 개인 당 약 1미터의 공간이 허락되었기에, 한 줄에 8천 명씩 30개 대열이 뒤로 차례대로 섰으니까, 이집트 군대를 뺀 군사의 숫자는 24만 명이 된다. - 原註

것 때문에 사람이나 말, 또는 전차가 쓸모없게 되는 경우가 많소이다. 그리고 내일 아침 일찍 나는 제사를 드릴 테니까 그대들은 그 시간에 군사들과 말에게 밥을 든든히 먹이도록 하시오. 긴박한 상황에서 중요한 일을 할 때 배가 고파서는 안 되기 때문이오.

그리고 아르사마스와 크리산타스는 항상 그랬듯이 각각 왼쪽과 오른쪽 날개를 맡으시오. 그리고 나머지는 현 위치를 고수하시오. 그리고 적진을 향해 달려갈 때는 어떤 마차도 말을 바꿀 시간이 없소이다. 따라서 중대장과 소대장에게 각 소대를 두 개의 열로 편성하라고 지시하시오. (한 소대는 24명이었다.)

(22) 장군 중 한 사람이 물었다. "키루스여. 당신께서는 적의 두꺼운 밀집대형에 맞서 싸우기에는 우리의 대형이 너무 얇다고 생각하지 않으신지요?"

"적에게 무기가 닿지 않을 정도로 밀집대형이 두껍다면 어떻게 적에게 피해를 주고 아군을 도울 수 있겠습니까?" 키루스가 대답했다. (23) "나는 중장보병을 1만 명의 깊이가 아니라 100명의 깊이로 배열하고 싶습니다. 그렇게 하면 우리는 적은 숫자의 군사를 최대한 가용하여 싸우게 되어 서로에게 도움이 될 것이라고 생각합니다. (24) 나는 창병을 중장보병의 바로 뒤에, 궁수를 창병의 바로 뒤에 배치할 것입니다. 적과 백병전이 벌어졌을 때 전투의 충격을 견디지 못할 것을 알고 있는 군사들을 대형의 앞으로 보낼 이유는 없지 않겠습니까? 창병과 궁수는 앞에 있는 중장보병을 방패삼아 그곳에 굳건히 서 있을 것입니다. 그리고 창병과 궁수가 적을 향해 앞에 있는 중장보병의 머리 너머로 창과 화살을 비 오듯이 쏟아 부어 파괴합니다. 이렇게 그들이 적에게 피해를 주면 이것은 분명 동료의 짐을 덜어 주는 것입니다. (25) 그리고 맨 뒤에는 경험 많은 고참병으로 구성된 후위 부대를 배치할 것입니다. 초석이 튼튼하지 못하거나 허약한 재료로 지붕을 얹은 집이 아무 쓸모가 없듯이, 대형의 앞과 뒤를 용감한 군사로 배치하지 않는다면 밀집대형은 소용이 없습니다.

(26) 그러므로 여러분은 내가 지시한 위치를 사수하도록 하시오. 그리고 경장보병 부대의 장교들은 소대를 즉시 데려와 중장보병 부대 뒤에 서도록 하시오. 궁수 부대의 장교들도 경장보병 부대 바로 뒤에 마찬가지 방식으로 자리하도록 하시오.

(27) 후위 부대의 지휘관들은 군사들을 데리고 대형의 맨 뒤에 서도록 하시오. 그리고 군사들에게 앞에 있는 사람을 주시하여 자신의 의무를 다하도록 독려하는 한편, 누구든 뒤처지는 자가 있거든 뒤처지지 말라고 세차게 협박하시오. 누구든 배반할 의도로 등을 돌리는 자는 죽이시오. 앞에 있는 사람은 말과 행동으로 그들을 따라오는 사람을 격려하는 것이 의무이듯이, 뒤에 있는 사람은 겁쟁이에게 적이 주는 것보다 더 심한 공포를 주는 것이 해야 할 일이오.

(28) 여러분은 이제 해야 할 일을 알았으니 그것을 실천하시오. 그리고 에우프라타스, 그대는 공성기를 맡는 부대의 지휘관으로서 망루가 밀집대형과 최대한 가까운 거리에서 뒤따를 수 있도록 망루를 끄는 팀을 확보하도록 하시오. (29) 그리고 다우쿠스, 그대는 보급품 운송 부대의 지휘관으로서 망루 뒤에서 그대의 부대를 이끄시오. 그리고 그대의 보좌관을 시켜 필요 이상으로 앞서거나 뒤처지는 자는 혹독하게 처벌하도록 하시오.

(30) 그리고 카르두쿠스, 그대는 여자들을 운송하는 마차 부대의 지휘관으로서 보급품 운송 부대의 바로 뒤에 위치하시오. 이대로 모두 이루어지면 우리는 원래보다 많게 보일 것이고, 매복 공격을 할 수 있는 기회도 얻게 될 것이오. 적은 우리를 포위하려고 하기 때문에 넓은 원 모양의 대형을 만들 것이오.

하지만 넓게 펼칠수록 필연적으로 그 대형은 약해지는 법이오.

(31) 이것이 여러분이 따라야 할 방향이오. 그러나 아르타오주스와 아르타게르세스, 그대들은 보병 부대를 이끌고 마차 뒤에 위치하시오. (32) 그리고 파르누쿠스와 아시아다타스, 그대들은 본대에 포함되지 않은 기병대를 이끄는 지휘관으로서 기병대를 이끌고 마차 뒤에 위치하도록 한 다음 나머지 장교들과 함께 나에게 오시오. 그대들은 뒤에 있더라도 마치 전방에서 전투를 해야 하는 군사들처럼 만반의 준비를 하고 있어야 합니다.

(33) 그리고 낙타 부대를 이끄는 지휘관 역시 여자들이 타고 있는 마차 뒤에 자리를 잡고 아르타게르세스의 명령을 따르도록 하시오.

(34) 마지막으로 기병대의 장교들은 제비를 뽑도록 하여 뽑힌 사람이 자신의 전차 100대를 이끌고 본대의 맨 앞에 서도록 하시오. 남은 200대의 전차 중에서 100대는 본대의 오른쪽 날개에 자리하고, 나머지 100대는 본대의 왼쪽 날개에 자리하여 한 줄로 밀집대형을 따르도록 하시오."

(35) 키루스는 이렇게 전투 대형을 짰다.

이때 수사의 왕인 아브라다타스가 말했다. "키루스여. 당신께서 더 좋은 계획이 없으시다면 저는 적의 밀집대형 바로 앞에 위치하기를 기쁜 마음으로 자원하는 바입니다."

(36) 그러자 키루스는 그의 기백을 칭찬하며 박수를 쳤다. 그리고 기병대를 지휘하는 다른 페르시아 장교들에게 물었다. "그대들은 이에 동의하는가?" 그러자 그들은 그곳을 양보하는 것은 명예를 중시하는 자신들의 생각과 맞지 않다고 대답했다. 따라서 그들은 제비를 뽑았고, 제비뽑기의 결과 아브라다타스가 당첨되었다. 그는 자신이 자원한 곳에서 이집트 군대와 맞설 수 있게 되었다.

(37) 이 일이 있은 후 그들은 각자 자신의 자리로 돌아가서 지금까지 내가 말한 것들을 점검한 뒤 저녁 식사를 했다. 그리고 나서 그들을 초병을 세운 뒤 잠을 잤다.

## 제4장

(1) 다음날 일찍 키루스는 제사를 드렸고, 군사들은 아침 식사를 하고 신들께 술을 올린 뒤 멋진 튜닉과 흉갑, 투구를 쓰고 출발할 준비를 했다. 그들은 또한 말의 머리에 장식을 하고, 가슴받이를 입혔으며, 다리에는 보호대를 씌웠다. 전차를 끄는 말에는 측면 갑옷을 입혔다. 이렇게 청동 갑옷으로 무장한 군대는 자줏빛으로 번쩍거렸다.

(2) 네 개의 채로 여덟 마리의 말이 끄는 아브라다타스의 전차는 그중에서도 가장 장식이 멋졌다. 그가 고국에서 하던 대로 리넨으로 된 허리 갑옷을 입으려고 나오자, 그의 부인 판테아는 금으로 된 갑옷과 투구, 장신구, 팔 보호대, 손목 보호대를 가지고 왔다. 발까지 덮는 자주색 튜닉과 역시 자주색으로 물들인 투구 깃털도 가지고 왔다. 부인은 남편의 갑옷에서 수치를 재어 남편 모르게 이 모든 것을 만들었다. (3) 아브라다타스는 그것을 보고 깜짝 놀라 부인을 보며 말했다. "부인. 부인께서는 이 모든 것을 만들기 위해 부인의 보석을 깨지 않았나요?"

판테아가 대답했다. "제우스신에 맹세코 그랬지만, 가장 귀한 보석을 깨지는 않았습니다. 당신께서 저에게 보이는 것처럼 다른 사람에게도 보인다면, 당신이야말로 저의 가장 귀한 보석입니다."

이렇게 말하고서 그녀는 남편에게 갑옷을 입혀 주었다. 부인은 뺨을 타고 흘러내리는 눈물을 감추려고 노력했다.

(4) 아브라다타스가 갑옷으로 완전히 무장을 끝내자, 그는 가장 멋지고 고귀하게 보였다. 그는 치장을 하지 않더라도 원래 호감이 가는 인물이었고 쳐다볼 만하게 잘생겼다. 그는 말을 관리하는 군사의 도움을 받아 전차에 올라타려고 준비하고 있었다. (5) 이때 판테아가 남편의 옆에 있는 사람들에게 잠깐 물러나라고 지시하고는 남편에게 다가가 말했다. "아브라다타스. 만약 자기 목숨보다 당신을 더 사랑하는 여자가 있다면 그 여자는 바로 나라는 것을 당신도 아실 것입니다. 그런데 제가 왜 이것을 일일이 말하는 것일까요? 저는 지금 하는 어떤 말보다 행동으로 당신께 그것을 증명해 보였습니다. (6) 당신께서는 제가 당신을 사랑하는 것을 아십니다. 그리고 당신과 저의 사랑에 두고 진실로 맹세합니다. 당신께서 용감한 군인이라는 것을 보여 주신다면 불명예스러운 사람과 함께 불명예스럽게 사느니 차라리 당신과 함께 무덤 속에라도 갈 것입니다. 저는 당신과 제가 그런 고귀한 운명을 누릴 자격이 있다고 생각합니다. (7) 그리고 우리는 키루스에게 많은 감사의 빚을 졌습니다. 제가 전쟁포로였을 때, 그는 저를 노예나 불명예스러운 이름의 자유민으로 놔두지 않고 그의 형제의 부인처럼 대해 주었습니다. (8) 또한 저를 돌보던 아라스파스가 키루스를 떠났을 때, 저는 키루스에게 만약 당신께 제 소식을 전하게 해 준다면 아라스파스보다 더 낫고 진실한 친구가 올 것이라고 약속했습니다."

(9) 이렇게 말하자 아브라다타스는 그 말에 감동을 받아 그녀의 머리에 손을 얹고 하늘을 보며 다음과 같이 기도했다. "오, 전능하신 제우스신이여. 제

가 판테아에게 훌륭한 남편이 되고, 우리 부부에게 명예를 베푼 키루스에게 훌륭한 친구가 되게 해 주십시오."

아브라다타스는 이렇게 말하고는 전차에 올랐다. (10) 그가 전차에 오른 뒤 말을 관리하는 군사가 전차의 문을 닫자, 남편에게 작별 키스를 하지 못한 것을 알게 된 판테아는 전차의 문에 입맞춤을 하였다. 그러고 나자 전차는 곧바로 길을 떠났고, 판테아는 남편 모르게 전차를 뒤따랐다. 아브라다타스는 등을 돌려 부인을 보고는 이렇게 말했다. "마음을 단단히 먹으시오, 판테아. 그리고 잘 계시오. 이제 그만 돌아가시오."

(11) 그러자 환관과 하녀들이 부인을 마차로 데리고 갔다. 그들은 부인을 마차에 눕히고 마차 덮개를 내려 아무것도 보이지 않도록 했다. 아브라다타스와 그의 전차가 화려했지만, 사람들은 판테아가 가기 전까지 아브라다타스를 보지 않았다.

(12) 키루스가 드린 제사의 결과가 상서롭게 나오고, 그가 지시한 대로 군대가 정렬을 마치자, 그는 관망하는 자리에 앉아 모든 장군을 소집한 뒤 다음과 같이 연설하였다. (13) "친구들이여, 동맹군이여. 신들께서 우리가 드린 제사에 대해 우리가 전에 승리를 거두었을 때와 같은 길조를 보여 주셨습니다. 따라서 나는 몇 가지를 주지하려고 합니다. 이것을 기억한다면 여러분은 보다 굳센 마음으로 전투에 임할 수 있습니다. (14) 우선 여러분은 적보다 전쟁 기술에 대해 더 잘 훈련을 받았고, 적보다 더 오랜 시간을 같은 곳에서 생활하고 훈련했으며, 함께 예전에 승리를 거둔 적도 있습니다. 그러나 적은 대부분이 패배를 경험했습니다. 그래도 우리와 적의 일부 군사는 전투를 경험하지 못했습니다. 적은 그들 사이에 배신자가 있다는 것을 알고 있지만, 여러분은 옆에서 기쁘게 싸우려는 동료와 함께 전투를 한다는 것을 알고 있습니다.

(15) 서로를 신뢰하면 자신의 위치를 굳건히 지키지만, 서로를 믿지 못하면 어떻게 하면 빨리 그곳을 벗어날 수 있을까 하는 음모를 꾸미게 되는 것은 당연한 이치입니다.

(16) 그러므로 나의 군사들이여. 무장한 우리 전차가 비무장한 적 전차를 향해 돌격하고, 마찬가지로 무장한 우리 기병대가 비무장한 적 기병대를 향해 돌격하면서, 적과 백병전을 하러 나갑시다. (17) 여러분이 싸우게 될 적의 보병은 이집트 군대를 제외하고는 예전에 싸웠던 자들입니다. 이집트군의 무장과 대형은 형편없습니다. 그들의 방패는 너무 길어 아무것도 할 수 없고 아무것도 볼 수 없습니다. 100명의 깊이로 된 대형은 분명 소수의 군사를 제외하고 싸우는 데 방해가 될 것입니다. (18) 그럼에도 그들이 밀어붙여서 우리를 격퇴할 수 있다고 믿는다면, 그들은 먼저 우리 기병대의 저항과 전차가 만들어 내는 강력한 쇠낫의 힘을 견뎌야 할 것입니다. 그리고 설령 그들 중 일부가 견뎌 낸다 하더라도 어떻게 기병대와 밀집대형, 망루와 동시에 싸울 수 있겠습니까? 그래도 싸우고자 한다면, 우리를 지원하러 오는 망루에서 화살과 돌멩이가 비 오듯이 그들을 향해 쏟아질 때, 싸우려고 하기보다는 오히려 미쳐 버릴 것입니다.

(19) 우리에게 더 필요한 것이 있다고 생각한다면 나에게 말하도록 하십시오. 신들의 도움으로 우리는 아무것도 부족하지 않게 될 것입니다. 여러분 중에 특별히 말할 것이 있다면 말하도록 하십시오. 그러나 없다면 여러분의 자리로 돌아가서 신들께 제사를 드리고 여러분이 있는 곳으로 다시 돌아올 수 있게 해 달라고 기도하십시오. (20) 그리고 여러분의 군사들에게 내가 여러분에게 말한 것을 주지시키도록 하십시오. 여러분은 여러분의 지휘를 받는 군사들에게 태도와 표정, 말을 통해 여러분이 전혀 두려워하지 않는다는 것을 보

여 줌으로써 여러분이 지휘할 만한 자격이 되는 사람이라는 것을 몸소 증명해야 합니다."

제7권

운명의 날

# 제1장

(1) 부하들이 제사를 드리고 돌아왔을 때에도 키루스는 여전히 제사를 드리고 있었다. 키루스의 시종들이 그에게 고기와 마실 것을 가지고 왔다. 키루스는 이전에 하던 것처럼, 선 채로 먼저 신들에게 일부를 바치고, 나머지는 아침 식사로 먹기 시작했다. 그는 때때로 음식의 일부를 필요한 사람에게 나누어 주곤 했다. 그가 땅에 술을 붓고 기도를 올리고 마실 때 고급 장교들도 그를 따라했다. 그런 다음 키루스는 조상들이 섬기던 제우스신에게 그들을 인도하고 도와줄 것을 기도했다. 그런 다음 말에 올라탔고 고급 장교들에게도 똑같이 할 것을 지시했다. (2) 키루스의 모든 고급 장교들은 그를 따라 갑옷과 투구로 무장했다. 자주색 튜닉, 청동 투구, 흰색 깃털 장식, 군도, 산딸나무로 만든 손잡이가 있는 단창으로 무장했다. 말은 머리장식을 하고, 가슴을 가리는 갑옷을 입혔으며, 말의 넓적다리를 가리는 갑옷도 씌웠다. 넓적다리 갑옷은 기수의 넓적다리를 함께 보호하기도 했다. 키루스는 무장에서 이들과 단 한 가지가 달랐다. 부하들의 무장은 보통의 우중충한 금색이었는데, 키루스의 것은 거울처럼 반짝반짝 빛났다.

(3) 키루스가 말에 올라타서, 그가 지금까지 왔던 길을 돌아보았을 때, 저 멀리 동쪽에서 천둥소리가 들렸다. "오, 전능하신 제우스신이여. 우리는 당신을 따르겠습니다." 키루스는 크게 외쳤다. 그리고 오른쪽 날개의 기병대장 크리산타스와 왼쪽 날개의 기병대장 아르사마스가 보병대와 함께 출발했다. (4) 키루스는 깃발을 잘 보면서 보통 속도로 행진하라고 명령했다. 키루스 군대의 깃발은 황금 독수리가 날개를 펼친 모양으로 장대 위에 달려 있었다. 그 깃발은 오늘날에도 페르시아 황제를 상징하는 깃발로 쓰인다.

키루스는 적이 보이기 전까지 행진을 세 번씩이나 잠깐 멈췄다. (5) 그러나 적과 4킬로미터 거리까지 행진하자, 그들을 향해 다가오는 적을 볼 수 있었다. 양측이 서로 보게 되었을 때, 아시리아 군대는 자신들이 키루스 군대보다 양쪽 날개가 훨씬 더 넓다는 것을 알게 되었다. 크로이소스는 가운데서 행진을 멈추었다. 그렇지 않으면 포위 작전을 펼칠 수 없기 때문이었다. 그는 페르시아 군대를 포위하기 위해 아시리아 군대의 양쪽 날개를 기역자 모양으로 꺾기 시작했다. 그렇게 해서 삼면에서 동시에 공격할 속셈이었다. (6) 그러나 키루스는 적의 동작을 보면서도 뒤로 물러나지 않고 하던 대로 계속 행진했다.

"크리산타스. 그대는 적이 가운데를 중심으로 양쪽 날개를 꺾고 있는 것을 보고 있는가?" 키루스가 물었다. 키루스는 적군이 양쪽 날개를 꺾을 때, 가운데에서 얼마만큼 떨어지는지, 얼마만큼 앞으로 양쪽 날개를 보내는지를 보았다.

"보고 있습니다." 크리산타스가 대답했다. "저 또한 그들이 양쪽 날개를 가운데에서 너무 멀리 보내는 것이 놀랍습니다."

키루스가 말했다. "제우스신에 맹세코 그렇지. 적의 가운데는 우리에게서도 너무 멀어."

(7) "도대체 저렇게 하는 이유는 뭘까요?"

"분명 그들은 양쪽 날개가 수평으로 우리와 가까워진 상태에서, 가운데가 날개로부터 멀리 떨어진다면, 우리가 가운데를 공격할까 봐 두려운 거지."

"그렇다고 해도 저렇게 멀리 보내면, 한 부대가 다른 부대를 어떻게 지원하죠?" 크리산타스가 물었다.

"그들은 분명 세로 대열로 우리 군대의 날개 옆으로 와서는 우리를 마주 보고 삼면에서 동시에 좁혀 올 것이야. 우리의 모든 면에서 동시에 접근해 들어오는 것이 적의 속셈이지." 키루스가 대답했다.

(8) "당신께서는 적의 계략이 좋다고 생각하십니까?" 크리산타스가 물었다.

"글쎄, 그들이 보기에는 좋을 거야. 하지만 눈에 보이지 않는 면까지 고려한다면 세로로 오는 것보다도 나쁜 전략이야." 키루스가 말했다. "어쨌든, 아르사마스. 그대는 보병대를 이끌고, 적이 오는 것을 보면서 천천히 이동하시오. 그리고 크리산타스는 기병대를 이끌고 적당한 거리를 이루어 그를 따라가시오. 그 사이 나는 전투를 개시하기 가장 좋은 곳으로 갈 것이오. 동시에 이곳저곳을 돌면서 우리 쪽의 모든 것을 확인할 것이오. (9) 그러나 내가 전투 개시를 내릴 지점에 도착하고, 우리가 적과 충분한 거리까지 행진했을 때, 내가 신을 높이는 찬가를 부를 터이니, 그때 맹렬히 공격하시오. 우리가 적과 가까이 도착했을 때, 그대들은 내 노래를 들을 수 있을 것이오. 내가 추측하기에, 그때는 아무런 소음도 없을 것이오. 그리고 그와 동시에 아브라다타스가 그의 전차 부대를 이끌고 적의 제일선으로 돌격할 것이오. 그는 그렇게 하라고 지시를 받았소. 그러니 그대들은 그의 뒤를 반드시 따라가서 그의 전차 부대와 최대한 가까운 거리를 유지하시오. 이렇게 하면 우리는 적을 혼란에 빠뜨려 공격하기에 아주 좋게 될 것이오. 나 또한 최대한 빨리 그곳으로 가서 신께서 기뻐하시는 추격에 합류하겠소."

(10) 키루스는 이렇게 말하고 모든 대열에 "제우스신은 우리의 구원자이자 인도자 되신다."라는 암호를 전달한 뒤 말에 올랐다. 그는 전차 부대와 중장보병 사이를 지나면서 대열에 있는 군사들을 보며 말했다. "친구들이여. 그대들의 얼굴을 보다니 이 얼마나 기쁜 일인가." 그러고 나서 그는 다른 군사들 앞으로 가서 말했다. "나는 그대들이 오늘 전투에는 오늘의 승리뿐 아니라 예전에 거뒀던 승리, 그리고 우리 미래의 모든 성공까지 달려 있다는 것을 아리라고 믿습니다." (11) 그는 또한 지나면서 다른 군사들 앞에서 말했다. "제군들이여. 앞으로 우리는 어떤 일이 있어도 신들을 원망하지 않게 될 것이오. 왜냐하면 신들은 우리에게 많은 복을 얻을 기회를 내려 주었기 때문이오. 따라서 우리가 용감한 군사라는 것을 보여 줍시다." (12) 그는 다른 군사들에게도 가서 말했다. "서로를 초대하는 이보다 더 영광스러운 잔치가 또 어디 있겠습니까?* 우리는 지금 자신이 용감한 사람이라는 것을 보여 줌으로써 공통의 이익에 기여하고 있습니다." (13) 다른 군사들을 지나면서는 이렇게 말하기도 했다. "나는, 승자에게 주어지는 상을 얻기 위해서는 적을 추격하고, 타격하고, 죽여야 한다는 것을 그대들이 알고 있다고 생각합니다. 승자는 모든 좋은 것을 차지하고, 고귀한 말을 듣게 되며, 자유민이 되고, 지배할 것입니다. 그러나 패자는 그 반대의 결과를 얻게 될 것입니다. 따라서 자신을 사랑한다면 나와 같이 싸웁시다. 나는 비열하거나 비겁한 그 어떤 짓도 하지 않을 것입니다." (14) 키루스는 예전에 그와 같이 싸웠던 군사들 앞에 가서는 이렇

---

* 잔치를 뜻하는 원문 "common feast"는 각자 먹을 음식을 준비해서 참가하는 소풍(picnic)을 가리킨다. 이 말의 그리스어 ἔρανος는 공통의 목적을 위해 구성원 모두가 균등하게 부담하는 모임이나 단체를 의미하기도 한다. - 原註

게 말했다. "내가 여러분에게 무슨 말을 더 할 필요가 있겠습니까? 여러분은 용감한 사람이 전투의 날을 어떻게 축하하고, 겁쟁이가 그날에 어떻게 되는지 알고 있습니다."

(15) 키루스는 그들을 지나 아브라다타스에게로 가서 멈춰 섰다. 그러자 아브라다타스는 고삐를 시종에게 넘겨주고 키루스에게 왔다. 아브라다타스의 뒤를 따르던 보병과 전차병도 마찬가지로 달려왔다. 그의 부대가 모이자 키루스가 말했다. "아브라다타스. 신께서 그대와 그대의 부대가 연합군의 맨 앞에 설 수 있게 해 달라는 그대의 요청을 승낙하셨습니다. 따라서 그대는 필요할 때 전투에 뛰어들 수 있게 되었습니다. 페르시아 군대는 그대의 증인이 될 뿐 아니라 그대의 뒤를 따라갈 것임을 명심하십시오. 우리는 그대를 아무 지원도 없이 전투에 뛰어들도록 내버려 두지 않을 것입니다."

(16) "잘 알겠습니다." 아브라다타스가 말했다. "저는 우리 부대만큼은 상태가 아주 좋다고 생각합니다. 그러나 저는 연합군의 날개가 걱정됩니다. 저는 적의 날개가 전차와 온갖 종류의 부대를 이끌고 강력하게 뻗어 나오는 것을 봅니다. 그런데 적의 가운데는 전차를 제외하고는 우리에게 맞서는 부대가 없습니다. 따라서 제가 제비뽑기로 당첨되지 않았다면 저는 가장 안전한 곳에 있기 때문에 이곳에 있는 것을 부끄러워 할 것입니다."

(17) "괜찮습니다." 키루스가 말했다. "그대의 부대가 괜찮다면 다른 것은 절대 걱정하지 마십시오. 신들의 도움을 받아 나는 그대를 위해 적의 양쪽 날개를 없애 버릴 것입니다. 나는 그대가 지금 염려하는 적이 도망가는 것을 보기 전에는 그들을 향해 돌격하지 말 것을 권합니다." 키루스는 그런 과장된 말을 오직 전투 직전에만 했다. 다른 때에는 전혀 과장하지 않았다. 그는 계속 말했다. "만약 적이 도망하는 것을 보거든, 여러분은 내가 가까이 있는 것을

확신하고 적을 향해 돌격하시오. 바로 그때, 여러분은 적이 겁쟁이고 여러분은 용감한 전사라는 것을 발견하게 될 것이오.

(18) 그렇지만 아브라다타스, 그대는 지금 시간이 있을 때 말을 타고 그대의 전차들을 돌아보면서 군사들에게 때가 되면 돌격할 것을 열심히 권고하고, 그대의 모습을 보여 주면서 그들을 격려하며, 희망으로 그들을 북돋우도록 하십시오. 나아가 그들에게 서로 경쟁하는 마음을 심어 주고, 그대와 그대의 기병대가 최고의 기병이라는 것을 보여 주려는 의욕을 부추기도록 하십시오. 그것은 충분히 가치 있는 일이 될 것입니다. 만약 우리가 오늘 승리한다면 모든 군사가 향후에 용기보다 더 값진 것은 없다고 말하게 될 것입니다." 아브라다타스는 키루스의 제안을 따라 말을 타고 자신의 부대를 돌았다.

(19) 키루스는 다시 돌아서 군대의 왼쪽 날개로 갔다. 그곳에는 히스타스파스가 페르시아 기병대 절반을 거느리고 있었다. 키루스는 그를 보고 말했다. "히스타스파스. 그대는 그대의 군사들이 아주 빨라 매우 쓸모가 있다는 것을 알고 있지요. 적이 우리를 죽이기 전에 우리가 먼저 적을 죽인다면 우리 중 아무도 사라지지 않을 것이오."

(20) "알겠습니다." 히스타스파스가 웃으며 말했다. "우리는 우리 쪽 적을 맡겠습니다. 반대쪽 날개는 다른 부대에 맡기십시오. 그래야 그들도 할 일이 있을 테니까요."

"그쪽에는 내가 직접 갈 생각이오." 키루스가 말했다. "그러나 히스타스파스, 이것만은 기억하도록 하시오. 신께서 우리에게 승리를 먼저 주신다고 하더라도, 만약 승리 후에 적이 조금이라도 남아 있다면 우리는 여전히 적과 싸우고 있는 우리 편 부대에 모든 군사를 이끌고 합류해야 하오."

(21) 키루스는 이렇게 말하고 그 말을 전달했다. 그는 측면을 따라가서 그

곳에서 전차 부대를 지휘하는 장군에게 이렇게 말했다. "그렇소. 나는 그대를 도우려고 이곳에 왔소. 그대는 우리가 적 날개의 맨 끝으로 돌격하는 것을 보거든 그대도 동시에 적의 대열을 뚫도록 하시오. 적 대열에 포위되느니보다 뚫고 들어가는 것이 더 안전하기 때문이오."

(22) 키루스는 다시 군대를 돌아 여자들을 태우고 있는 마차로 갔다. 그는 아르타게르세스와 파르누쿠스에게 각각 보병대와 기병대를 거느리고 그곳에 머무르라고 명령했다. 키루스는 말했다. "그러나 내가 적의 오른쪽 날개를 향해 돌격하는 것을 보거든 여러분도 역시 마주하고 있는 적을 공격하시오. 여러분은 가장 강력한 대형인 밀집대형을 이루어 적의 가장 약한 부분인 날개를 공격하게 될 것이오. 여러분도 보다시피 적의 기병대는 날개의 끝에 있으니 그들을 향해서는 낙타 부대를 보내시오. 적은 분명 싸우기도 전에 우스꽝스러운 상황에 빠지게 될 것이오."

(23) 키루스는 군대를 돌아보는 일을 마치고 오른쪽 날개에 섰다. 적의 가운데에서 몸소 지휘하던 크로이소스는 뻗어 나가는 날개보다 더 가까이 적과 마주하게 되자, 양쪽 날개에 더 이상 가지 말고 멈춰 적과 마주하라고 신호를 보냈다. 그들이 멈추어 키루스의 군대와 마주하게 되자, 크로이소스는 그들에게 적을 향해 전진하라고 신호를 내렸다. (24) 그렇게 아시리아 군대의 밀집대형은 키루스의 군대를 향해 앞에서, 왼쪽에서, 오른쪽에서 좁혀 들어왔다. 마치 큰 벽돌 속에 작은 벽돌이 놓이듯이 키루스의 군대는 후방을 제외하고 적의 기병과 중장보병, 방패보병, 궁수, 전차에 의해 둘러싸였다. (25) 키루스의 군대도 키루스가 명령을 하자 방향을 바꾸어 적과 마주했다. 적이 다가오자 그들 사이에는 깊은 침묵이 흘렀다. 키루스는 바로 이때라고 생각해 찬가를 부르기 시작했다. 그리고 모든 군사가 그 노래를 따라 불렀다. (26) 노

래가 끝나자 그들은 전쟁의 신 에니알리우스에게 전투를 알리는 함성을 질렀다. 바로 이때 키루스가 적을 향해 돌격했다. 그는 기병대를 적의 날개를 향해 돌격시킨 뒤 순식간에 백병전을 벌였다. 키루스를 뒤따르던 보병은 대열을 잘 유지한 채 빠른 속도로 와서 적을 두 방향에서 에워싸기 시작했다. 키루스는 밀집대형으로 타격했기 때문에 적은 크게 불리해졌고 그 결과 이내 맹렬하게 도망치기 시작했다.

(27) 아르타게르세스는 키루스가 싸움을 시작하는 것을 본 순간 적의 왼쪽 날개를 공격했다. 그는 키루스가 지시한 대로 낙타 부대를 보냈다. 낙타가 멀리 떨어져 있음에도 불구하고, 적의 말들은 낙타를 보자 요동치기 시작했다. 어떤 말은 놀라 달아났고 다른 말은 뒷걸음치다 뒤엉켜 넘어졌다. 그것은 말이 낙타를 봤을 때 보이는 보통의 효과였다. (28) 아르타게르세스의 잘 정돈된 군사들은 혼란에 빠져 있는 적을 공격했다. 동시에 전차들이 적의 왼쪽과 오른쪽으로 돌격했다. 전차를 피해 도망가던 많은 적은 뒤따라 공격하던 기병대에 의해 살육당했고, 기병대를 피해 달아나던 적은 전차에 의해 사로잡혔다.

(29) 아브라다타스도 더 이상 기다리지 않았다. 그는 소리쳤다. "친구들이여. 나를 따르라." 그는 말이 피를 줄줄 흘릴 정도로 채찍을 치며 앞으로 밀고 나갔다. 나머지 전차들도 그를 따라 돌격했다. 그러자 아브라다타스의 공격을 받은 적 전차는 도망가기 시작했다. 적은 도망갈 때 전차에서 떨어진 동료를 데리고 가기도 했지만 뒤에 남겨 두고 가기도 했다.

(30) 그러나 아브라다타스는 여기서 멈추지 않고 곧장 이집트 밀집대형을 향해 돌격하였다. 아브라다타스와 가장 가까운 곳에 배치되었던 군사들도 그 돌격에 합류했다. 다른 많은 경우에서 증명되었던 것처럼, 절친한 친구들로 구성된 부대가 가장 강력하듯이 이번에도 그것은 마찬가지였다. 그와 함께 돌

격하자고 권유했던 사람들도 아브라다타스가 개별적으로 아는 친구들과 전우들이었다. 반면에 나머지 군사들은 이집트 군대가 빽빽하게 밀집하여 버티고 있는 것을 보고는 아브라다타스를 외면한 채 도망가는 적 전차를 추격했다. (31) 아브라다타스와 그의 친구들이 돌격한 곳에 있던 이집트 군대는 군사들이 사방으로 굳건히 서 있었기 때문에 후퇴할 수가 없었다. 그 결과 그들은 똑바로 선 채로 사납게 달려오는 전차를 맞아 넘어지는 수밖에 없었다. 넘어진 군사들은 말발굽과 전차 바퀴에 깔려 산산조각으로 부서졌다. 전차 바퀴에 달린 쇠낫에 걸려 사람과 무기 등 모든 것이 끔찍하게 난도질당했다.

(32) 이 형언할 수 없는 혼란 속에서 전차 바퀴가 온갖 종류의 파편 무더기에 걸려 튕겨졌다. 그 결과 아브라다타스와 그와 같이 돌격하던 동료들이 땅바닥으로 굴러 떨어졌다. 그들은 끝까지 분전했지만 아쉽게도 적에게 살육당해 바닥에 쓰러졌다.

뒤를 따르던 페르시아 군사들은 아브라다타스와 그의 동료들이 돌격한 지점에서 혼란에 빠져 있는 적을 파괴했다. 그러나 이집트 군대는 여전히 건재했다. 그들은 여전히 많은 군사를 유지한 채 페르시아 군대에 맞서 행진했다. (33) 여기서 활과 창과 칼이 오가는 무시무시한 전투가 벌어졌다. 그러나 이집트 군대는 숫자와 무기의 이점을 적극 활용했다. 그들의 창은 오늘날에도 쓰는 것과 같이 길고 강했으며, 그들의 방패는 페르시아 군대의 흉갑과 둥근 방패보다 훨씬 효과적으로 신체를 보호할 수 있었다. 또한 방패가 어깨까지 닿을 정도로 길었기 때문에 군사들은 서로 어깨를 맞대고 앞으로 밀 수 있었다. 그들은 그렇게 방패를 겹쳐 밀면서 앞으로 나갔다. (34) 페르시아 군대는 손에 작은 방패를 쥐고 대항해야 했기 때문에 선을 지킬 수 없어 점차 뒤로 밀려났다. 그들은 망루가 올 때까지 화살을 주고받으면서 버텼다. 망루가 도착하자 이번에는 이집트 군대가 망루에서 쏟아지는 온갖 종류의 사격을 받았다. 페르시아 군대의 최후방은 궁수나 창병이 후퇴하는 것을 용납하지 않고 오히려 칼을 빼어 들어 겨누며 적을 향해 쉬지 말고 쏘고 던지라고 위협했다. (35) 그리하여 참혹한 살육이 벌어졌다. 무기들이 서로 부딪치는 소리, 화살과 창이 나는 소리, 도와 달라고 절규하는 비명소리, 힘을 내라고 독려하는 고함소리, 신을 애타게 찾는 소리 등이 범벅이 되어 지옥이나 다름없었다.

(36) 이때 키루스가 적을 추격하던 것에서 돌아왔다. 그는 페르시아 군대가 현재의 위치에서 고전하는 것을 보고 몹시 슬퍼했다. 하지만 적의 뒤로 가서 그들의 행진을 재빨리 저지하는 것 외에 방법이 없다고 깨닫고는 군사들에게 그를 따라 적의 뒤로 달려가라고 명령했다. 거기서 키루스는 반대쪽을 보고 있는 적을 공격해 많은 숫자를 죽였다. (37) 이집트 군대는 뒤에도 적이 있다는 것을 알고는 소리쳤다. 그들은 앞뒤에서 공격을 받았다. 양쪽 군대는 보병과 기병 가릴 것 없이 뒤범벅이 되어 싸웠다. 그때 바닥에 쓰러져 키루스의 말발굽 밑에 있던 어떤 적군이 칼로 키루스가 타고 있던 말의 배를 찔렀다. 말은 경련을 일으키며 앞뒤로 비틀거리더니 키루스를 바닥으로 던져 버렸다. (38) 여기서 부하에게서 사랑을 받는 장교가 얼마나 가치 있는지를 알 수 있을 것이다. 이것을 본 군사들은 즉시 고함을 지르며 앞으로 달려 나갔다. 그들은 밀고 밀리면서 화살을 주고받으며 격렬하게 싸웠다. 그리고 키루스의 보좌관 중 한 사람이 달려와 말에서 내리더니 키루스를 말에 태웠다. (39) 말에 탄 키루스는 이집트 군대가 사방에서 공격당하는 것을 보았다. 이제는 히스타스파스와 크리산타스도 기병대를 이끌고 왔다. 그러나 키루스는 그들이 이집트 밀집대형을 향해 돌격하는 것을 허락하지 않고 단지 먼 거리에서 활과 창만 던지라고 지시했다.

키루스는 대형을 빙 돌아 망루로 갔다. 그는 한 망루에 올라 적의 군대가 어디서 싸우고 있는지를 둘러보았다. (40) 그는 평지에 말과 군사와 전차가 가득한 것을 보았다. 어떤 군사는 도망가고, 어떤 군사는 추격하며, 이기고 있는 곳도 있고, 완전히 승리한 곳도 있는 것을 목격했다. 하지만 이집트 군대를 제외하고는 적의 어떤 부대도 여전히 땅에 서 있는 것을 발견하지 못했다. 그들은 서로 방패를 겹쳐 완전한 원의 형태로 대형을 만든 뒤, 오직 무기만을 밖으로 낸 채 방패 뒤에 웅크리고 앉아 필사적으로 저항하고 있었다. 그들은 아무런 성과도 거두지 못한 채 심각한 손실만 겪고 있었다.

(41) 키루스는 그들의 행동을 칭찬하면서도 그렇게 용감한 군사들이 참혹하게 살육당하게 될 것을 두고 불쌍한 마음이 들었다. 그래서 원 주위에서 싸우고 있는 군사들에게 모두 뒤로 물러나 더 이상 그들과 싸우지 말 것을 지시했다. 키루스는 이집트 군대에 전령을 보내, 그곳에서 그들을 버리고 도망간 사악한 배신자들을 위해 죽을 것인지 아니면 목숨을 건지면서 동시에 용감한 자로 인정을 받을지 선택하라고 전했다.

"어떻게 하면 목숨을 건지면서도 용감한 자로 인정받을 수 있는가?" 그들이 대답했다.

(42) "충분히 가능하오. 우리는 여러분이 마지막까지 남아 싸우려는 유일한 자들이라는 것을 목격했기 때문이오." 키루스가 말했다.

"좋소. 그렇다면 목숨을 건지면서도 명예를 유지하기 위해 우리가 무엇을 해야 하오?" 그들이 대답했다.

키루스가 다시 대답했다. "무기를 버리고, 여러분을 파괴할 힘이 있으면서도 여러분을 구하기로 마음먹은 자들과 친구가 되면 되오."

(43) 그 말을 듣자 그들이 물었다. "만약 우리가 여러분의 친구가 된다면 우

리를 어떻게 대우할 것인가?"

"나는 여러분에게 호의를 베풀 것이며, 여러분도 그에 합당한 호의로 보답할 것을 기대하는 바이오." 키루스가 대답했다.

"어떤 종류의 호의를 말하는 것인가?" 이집트 군사들이 이어서 물었다.

키루스가 이 질문에 대답했다. "전쟁이 계속되는 동안에는 여러분이 지금 받는 것보다 더 많은 봉급을 지급할 생각이오. 그리고 전쟁이 끝나 평화가 정착되면, 여러분 중에서 나와 함께 남기를 희망하는 자에게는 땅과 도시와 부인과 하인을 줄 것이오."

(44) 이 말을 듣자 이집트 군사들은 크로이소스를 치는 군사 작전에만은 자신들을 빼 달라고 빌었다. 이유는 그들이 아는 유일한 사람이기 때문이었다. 그 외 나머지 조건은 모두 수락했고 신의의 맹세를 서로 주고받았다.

(45) 그때 그곳에 남았던 이집트 군사들은 페르시아 왕의 충성스러운 백성이 되어 오늘날까지 이어 오고 있다. 키루스는 그들에게 도시를 주었는데, 오늘날까지도 그 도시를 이집트인의 도시라고 부른다. 그 외에도 해안에 있는 키메에서 가까운 라리사와 킬레네를 주기도 했다. 그들의 후손은 오늘날까지도 그곳에 산다.

키루스가 이 모든 것을 마치자, 때는 컴컴한 밤이었다. 키루스는 그의 군대를 뒤로 물러 툼브라라에 진영을 차렸다.

(46) 이집트 군사들은 적 중에서 두각을 나타냈던 유일한 사람들이었고, 키루스의 지휘를 받는 페르시아 기병대는 가장 성과가 뛰어난 군사들이었다. 따라서 키루스가 기병대에 공급한 장비들은 오늘날에도 여전히 쓰이고 있다.

(47) 쇠낫을 장착한 전차 역시 매우 특별했다. 이 장치는 후대의 왕에 의해

계승되어 오늘날에도 사용되고 있다.

(48) 그러나 낙타는 적의 말을 놀라게 하는 것 외에는 아무 쓸모가 없었다. 낙타를 타는 기수는 적을 죽이거나 적의 기병대에 의해 살해당하지 않았다. 어떤 말도 낙타 가까이 오려고 하지 않기 때문이었다.

(49) 낙타는 그것만으로도 충분히 유용한 듯 보였다. 하지만 그렇다고 해도 어떤 신사도 낙타를 계속 타거나 전투에서 쓰려고 훈련시키지 않았다. 따라서 낙타는 본연의 위치인 짐을 싣는 짐승 역할을 다시 하게 되었다.

# 제2장

(1) 키루스와 그의 군사들은 저녁 식사를 마치고 보초를 세운 뒤 잠을 잤다. 크로이소스와 그의 군대는 곧바로 사르디스로 달아났으며, 다른 부대 역시 뿔뿔이 흩어져 각자 어두운 밤길을 걸어 고국으로 향했다.

(2) 날이 밝자 키루스는 군대를 이끌고 곧장 사르디스로 향했다. 그는 사르디스 도시의 성벽에 도착하자, 마치 성을 공격할 것처럼 공성기를 설치하고 사다리를 준비했다. (3) 키루스는 이렇게 했지만, 그날 밤에 몇몇 칼데아 군사들과 페르시아 군사들을 보내 사르디스 성벽 중에서 가장 가파른 곳을 타고 오르도록 지시했다. 그곳까지 이르는 길은 한 페르시아인이 알려 주었다. 그는 한때 아크로폴리스를 지키는 한 경비병의 노예였는데, 성벽에서 강으로 내려갔다 다시 올라오면서 길을 발견했던 것이다.

(4) 성의 가장 높은 곳이 점령되었다는 사실이 알려지자 모든 리디아인은 즉시 성벽에서 달아나 도시의 곳곳으로 숨었다. 그리고 다음날 날이 밝자 키루스는 도시 안으로 들어와서 군사들에게 단 한 명도 자신의 위치에서 떠나지 말라고 명령했다. (5) 한편 크로이소스는 자신의 궁전 문을 걸어 잠근 채 앉

아서 키루스에게 와 달라고 요청했다. 하지만 키루스는 경비병을 세워 크로이소스를 감시하도록 한 뒤, 그가 차지한 성채로 모든 군사를 불러들였다. 왜냐하면 페르시아 군사들은 해야 할 임무인 경계를 유지한 채 지정된 곳에 머물러 있는데, 칼데아 군사들은 뿔뿔이 흩어져 도시를 이 잡듯이 뒤지면서 약탈하는 것을 보았기 때문이다. 그는 칼데아 군대의 모든 장교를 즉시 불러서 키루스의 군대에서 빨리 떠나라고 말했다. (6) 키루스는 말했다. "나는 군대가 추악한 이익을 얻기 위해 무질서해지는 것을 도저히 참고 볼 수가 없소이다." 그는 덧붙였다. "나는 원정 작전을 돕는 칼데아인을 다른 칼데아인이 부러운 눈으로 바라볼 수 있도록 준비했소. 하지만 지금 여러분이 돌아갈 때 여러분보다 힘 센 누군가가 여러분을 덮친다고 해도 전혀 이상하게 여길 이유는 없소이다."

(7) 이 말을 듣자 칼데아인은 겁이 났다. 그들은 키루스에게 분노를 거두어 달라고 빌었고 약탈을 중단하겠다고 약속했다. 그러나 키루스는 필요 없다고 말했다. 그는 말했다. "만약 여러분이 내 불쾌한 심정을 없애고 싶다면 약탈한 물건을 성채를 지키느라 쉬지 못한 군사들에게 모두 갖다 주시오. 그렇게 된다면 명령을 따르는 사람이 그렇지 않은 사람보다 더 나은 보상을 받게 된다는 것을 알게 될 것이고, 그게 내가 바라는 전부이오."

(8) 따라서 칼데아인은 키루스가 지시한 대로 했다. 명령을 따랐던 군사들은 온갖 종류의 노획물을 많이 받았다. 그리고 키루스는 그가 생각하기에 가장 편리한 도시의 한 곳에 진영을 세웠다. 그는 군사들에게 그곳에 머물러 점심 식사를 하라고 명령했다.

(9) 이 일들을 마치고 나서 키루스는 크로이소스에게, 나와서 자기 앞으로 오라고 명령했다. 크로이소스는 키루스 앞에 와서 말했다.

"폐하께 인사드립니다. 운명의 신이 이제부터 당신께 폐하라는 호칭을 부여하셨기에 저는 폐하로 부르겠사옵나이다."

(10) "나도 그대 크로이소스에게 인사하노라." 키루스는 한 가지 덧붙였다. "그런데 크로이소스, 그대는 나에게 조그만 조언을 줄 의향이 있는가?"

그가 말했다. "감사합니다, 키루스여. 제가 폐하께 말씀드려서 실질적으로 도움이 되는 무언가를 찾을 수 있게 되기를 바라옵니다. 왜냐하면 그것은 저에게도 도움이 될 것이라고 생각하기 때문입니다."

(11) 키루스가 말했다. "크로이소스. 그렇다면 그대는 잘 들으시오. 내 군사들은 지금껏 수많은 고난과 위험을 견디고 지금 아시아에서 바빌론 다음으로 가장 부유한 도시를 차지했다고 생각하고 있소. 나는 그들이 보상을 받을 자격이 된다고 생각하오. 또한 그들이 자신들의 고생에 대한 수확을 거두지 못한다면, 그들을 아주 오랫동안 복종하게 만들 수 없다는 것도 알고 있소. 하지만 나는 그들이 이 도시를 약탈하도록 내버려 두고 싶은 마음은 없소. 그렇게 되면 도시는 파괴될 것이고, 분명 가장 사악한 자가 약탈에서 가장 큰 몫을 차지하게 될 것이기 때문이오."

(12) 크로이소스는 그 말을 듣고서 이렇게 말했다. "그렇다면 리디아인에게 다음 말을 하도록 허락해 주십시오. 즉, 저는 폐하로부터 약탈이나 여자와 아이를 끌고 가지 않겠다는 약속을 받았고, 저는 그에 대한 대가로 사르디스에서 아름답고 값나가는 무엇이든 리디아인의 자유의사에 따라 드리겠다고 약속했다고 말이죠. (13) 그들은 그 말을 듣고 무엇이든 좋은 소유물을 폐하께 드릴 것이라고 확신합니다. 그렇게 되면 폐하께서는 내년에도 역시 이 도시가 지금처럼 재물이 풍부한 것을 발견하시게 될 것입니다. (14) 반면에 폐하께서 이 도시를 철저하게 약탈하신다면 폐하께서는 이 도시의 산업 기반

이 철저히 파괴되는 것을 보시게 될 것입니다. 그것은 부를 만드는 원천입니다. 폐하께서는, 들어오는 것을 보신 후에도 여전히 이 도시를 약탈할지 말지를 결정할 수 있는 특권이 있습니다." 그는 계속 말했다. "그리고 무엇보다 먼저 제 금고에 군사들을 보내 그곳에 있는 제 군사들로부터 금고를 넘겨받도록 하십시오."

키루스는 크로이소스가 제안한 것을 모두 하기로 했다.

(15) 키루스는 다시 말하기 시작했다. "그런데 크로이소스, 내게 말해 보게나. 델포이의 신전에서 그대가 받은 신탁은 무엇이었는가?* 내가 듣기로 그대는 아폴로신에게 제사를 많이 드리며, 그대가 하는 모든 것은 아폴로신의 가르침을 따라 한다고 들었네."

(16) 크로이소스가 대답했다. "예전에는 그랬습니다. 하지만 이번에는 시작부터 아폴로신이 권고한 것과 반대로 행동했습니다."

"어떻게 말인가?" 키루스가 물었다. "부디 설명해 보게. 그대의 말은 매우 이상하게 들리는구먼."

(17) 크로이소스가 대답했다. "처음에 저는, 신께 필요한 것을 간청하는 대신에 신께서 저에게 진실을 말해 줄 수 있는지를 시험했습니다. 사람도 그가 신사라면 자신이 신뢰받지 못하고 있다는 것을 알게 되면 자신을 불신하는 사람을 사랑하지 않습니다. 그렇다면 신은 더욱 말할 필요가 없죠. (18) 신께서는 제가 아주 어리석은 짓을 하는 것을 알고 계셨는데도, 저는 델포이에 사람을 보내 신께 아들 문제에 대해 문의를 드렸습니다. (19) 신께서는 처음에 저

---

* 신탁(神託)이란 신이 인간의 물음에 자신의 뜻을 알려 주는 것을 말한다. 델포이는 그리스 중부 파르나소스 산 중턱에 있는 지명으로서, 그곳에는 아폴로신을 모시는 신전이 있었다. 이 신전에 있는 무녀(巫女)가 신과 인간의 매개자가 되어 인간에게 신의 뜻을 알려 주는 역할을 하였다. - 역주

에게 아무런 대답도 하지 않으셨습니다. 그러나 제가 많은 금과 은, 짐승을 제사로 바치면서 비위를 맞추자 그때 비로소 제가 아들을 얻기 위해 무엇을 해야 할지를 알려 주셨죠. (20) 저는 결국 아들을 얻었습니다. 최소한 아들 문제에서는 신께서 거짓말을 하지 않으셨습니다. 하지만 태어난 아들은 제게 아무런 기쁨도 주지 못했습니다. 아들 한 명은 지금까지 말을 못하고, 두 아들 중에서 괜찮았던 다른 아들은 한창 젊을 때 다른 사람에 의해 목숨을 잃었습니다. 저는 아들 문제로 겪는 고통 때문에 너무 괴로워 신께 사람을 보내 제가 남은 인생을 행복하게 보내려면 무엇을 해야 하는지 물었습니다. 그랬더니 신께서 대답하셨습니다. '크로이소스야, 너 자신을 알라. 그러면 너는 인생을 행복하게 보낼 것이다.'*

(21) 저는 이 대답을 들었을 때 기뻤습니다. 왜냐하면 저는 그것이 행복해지기 위한 조건으로서 신께서 저에게 주신 세상에서 가장 쉬운 일이라고 생각했기 때문입니다. 사람은 다른 사람 중에서 몇몇은 알 수 있지만 그 외의 사람에 대해서는 알 수 없습니다. 그러나 모든 사람은 자신이 누구이며 어떤 사람인지를 압니다.

(22) 제가 성공 가도를 달릴 때 저는 평화롭게 살았으며 제 아들이 죽은 뒤에도 제 운명에 대해 아무런 불평도 하지 않았습니다. 그런데 폐하를 대적해 전쟁에 나가자는 아시리아 왕의 꾐에 빠져 저는 온갖 종류의 위험에 빠졌습니다. 그러나 저는 어떤 피해도 받지 않은 채 살아남았습니다. 저는 여기서 다시 신에 대해 아무런 불평도 하지 않습니다. 왜냐하면 저는 전투에서 폐하의 상대가 되지 않는다는 것을 깨달았고, 신의 도움으로 저와 제 군사들은 무사히 빠져나왔기 때문입니다.

---

* 델포이 신전에 새겨져 있는 유명한 글귀를 말한다. - 原註

(23) 그리고 저는 최근에 다시 망가졌습니다. 바로 제가 가진 부(富)와 저에게 선물을 주고 아부하면서 그들의 지도자가 되어 달라고 애걸하는 사람들 때문에 망가졌습니다. 그들은 제가 그들을 지휘하기로 수락하면 제 말을 따를 것이며, 저는 가장 위대한 사람이 될 것이라고 말했습니다. 그런 말로 부풀리면서 모든 왕이 저를 전쟁 지휘자로 뽑았고, 저는 제가 그렇게 위대한 사람인 줄 알았습니다. 그러나 저는 저를 몰랐습니다. (24) 저는 폐하를 대적해 전쟁을 할 수 있을 것이라고 생각했지만, 저는 폐하의 상대가 되지 못했습니다. 왜냐하면 폐하께서는 첫째로 신들의 자손이시고, 둘째로 완전한 왕족 혈통의 후손이시며, 마지막으로 어렸을 때부터 덕을 실천하셨기 때문입니다. 반면에 제 가문의 시조는 왕이면서 동시에 노예 신분에서 갓 벗어난 자유민이었다고 들었습니다."\*

(25) 크로이소스는 말했다. "키루스여. 저는 지금 저를 압니다. 폐하께서는 자신을 알면 행복해진다는 아폴로신의 가르침이 여전히 진리라고 생각하십니까? 저는 현 상황에서 폐하께서 가장 판단을 잘하실 거라고 생각하기 때문에 폐하게 묻는 것입니다. 폐하께서는 그런 판단을 충분히 내리실 만한 위치에 있습니다."

(26) "크로이소스. 그대는 이 문제에 대해 생각할 시간을 주시오." 키루스가 대답했다. "왜냐하면 내가 지금까지의 그대의 행복을 생각하니 미안한 마음이 들기 때문이오. 나는 그대의 부인과 딸(딸이 있다고 알고 있소.), 친구, 하인, 그리고 그대가 즐기던 식사를 되찾게 해 주겠소. 하지만 전쟁과 전투는 절

---

\* 이름은 기게스(Gyges)이고 직업은 경호원이었다. 기게스는 주인에게서 왕위를 찬탈하여 왕이 된다. 기게스에 대해서는 헤로도토스의 《역사》 1권 8~15에 자세히 나온다. - 역주

대로 하지 말 것을 엄명하는 바이오."

(27) 이에 크로이소스가 말했다. "제우스신의 이름으로 간구하건대, 저의 행복에 대해 대답하시느라 더 이상 힘들어하지 마십시오. 왜냐하면 폐하께서 저를 위해 하시겠다고 말씀하신 것을 하신다면, 저는 다른 사람들이 가장 행복하다고 언제나 생각하는 그런 삶을 누리게 될 것입니다. 저는 그들의 생각에 동의합니다."

(28) 키루스가 물었다. "그런 행복한 삶을 누리는 사람은 누구인가?"

"제 처입니다." 크로이소스가 대답했다. "제 처는 제가 가진 재물과 화려한 삶, 그리고 그것들이 주는 모든 즐거움을 언제나 똑같이 누렸습니다. 하지만 전쟁이나 전투가 주는 걱정은 나누어 지려고 하지 않았죠. 그런데 폐하께서는 제가 온 세상보다 사랑했던 제 처에게 호의를 베풀 수 있었던 예전의 지위로 저를 되돌리려고 하시므로, 저는 아폴로신에게 새로운 감사의 제사를 올려야겠다는 의무감이 듭니다."

(29) 크로이소스의 말을 듣고서 키루스는 그가 얼마나 심성이 착한 사람인지를 알고서 놀랐다. 그 뒤로부터 키루스는 어디를 가든지 크로이소스를 데리고 다녔다. 이것은 크로이소스가 키루스에게 도움이 된다고 생각해서 그랬지만, 그렇게 하는 것이 더 안전한 처사라고 생각했기 때문이기도 했다.

# 제3장

(1) 그렇게 이야기를 마치고 두 사람은 각자 쉬러 갔다. 다음날 키루스는 친구들과 장군들을 소집했다. 그는 그들 중 몇몇에게 금고 관리를 맡겼고, 다른 사람에게는 크로이소스가 가져온 값나가는 물건 중에서 사제들이 신들의 몫으로 지목한 것들을 고르라고 지시했다. 그리고 나머지 사람에게는 각자 자신의 몫을 챙겨 가슴에 한가득씩 담아 마차에 실으라고 지시했다. 그런 다음 키루스는 제비를 뽑아 마차를 배분했고, 그것을 그들이 가고 싶은 곳으로 가져가게 했다. 그런 뒤 그 재물을 군사들이 공적에 따라 정당한 몫을 받도록 배분하게 했다. (2) 장군들은 키루스의 지시를 충실히 따랐다.

그때 키루스는 그곳에 있던 그의 보좌관을 불러 말했다. "누구 아브라다타스를 본 사람이 있는가? 이상하군. 그는 우리에게 자주 오곤 했는데 지금은 전혀 볼 수가 없군."

(3) 보좌관 중 한 사람이 말했다. "폐하. 그는 죽었습니다. 전투 중 나머지 군사는 겹겹이 싸인 이집트 군대를 보고 지나쳤지만 아브라다타스와 그의 동료들은 전차를 몰고 돌격하다 전사했다고 합니다. (4) 그리고 그의 부인이 남

편의 시신을 몸소 마차에 실어 팍톨루스 강변 어디쯤에 갖다 놓았고, 남편의 환관과 하인들이 어느 언덕에서 주인의 시신을 묻기 위해 땅을 파고 있습니다. (5) 부인은 지금 죽은 남편을 곱게 치장한 뒤 고개를 무릎에 묻은 채 바닥에 앉아 있다고 합니다."

(6) 키루스는 그 말을 듣자 무릎을 탁 치더니 즉시 말에 올라 기병대를 이끌고 슬픔의 현장으로 달려갔다. (7) 그는 가다타스와 고브리아스에게 용맹하고 충성스러운 그 남자를 꾸밀 가장 아름다운 장식을 구해 뒤따라오라고 명령했다. 또한 군대의 가축을 담당하는 사람에게 많은 숫자의 소와 말, 양을 아브라다타스의 시신이 있는 곳으로 끌고 오라고 명령했다. 키루스는 아브라다타스를 추모하는 제사에 그 가축들을 바칠 생각이었다.

(8) 키루스는 시신 옆에 앉아 남편을 잃은 슬픔에 울고 있는 부인에게 가서 말했다. "오, 용감하고 충성스러운 영혼이여. 그대는 정녕 우리 곁을 떠났단 말인가?" 그는 이렇게 말하고 죽은 이의 손을 꽉 잡았다. 그때 시신의 손이 떨어져 나왔다. 이집트 군사의 칼에 팔목이 잘렸던 것이다. (9) 키루스는 이것을 보자 더 큰 슬픔에 잠겼고, 아브라다타스의 부인은 큰 소리로 울었다. 부인은 키루스에게서 남편의 손을 가져다 다시 제자리에 갖다 놓으면서 말했다. (10) "그의 다리도 마찬가지로 잘렸습니다. 하지만 키루스여, 저는 남편이 이렇게 된 것에 대해 조금도 당신을 원망하지 않습니다. 왜냐하면 어리석게도 남편에게 폐하의 가장 소중한 친구라는 것을 보여 주라고 강요했던 사람이 바로 저이기 때문입니다. 그는 자신에게 무슨 일이 닥칠지 전혀 생각하지 않고 오직 폐하를 기쁘게 해 드릴 생각만 했죠. 그는 참으로 명예롭게 죽었습니다. 그러나 남편을 그렇게 죽음으로 내몬 저는 지금 이렇게 살아 있습니다."

(11) 키루스는 잠시 조용히 울더니 이어 큰 소리로 말했다. "부인. 남편은

진정 가장 고귀한 죽음을 맞았습니다. 그는 승리의 순간에 죽었기 때문입니다. 그러므로 내가 주는 선물을 받아 주십시오." 가다타스와 고브리아스는 아름다운 장식을 많이 가져왔다.

"이것으로 남편을 장식하십시오. 그리고 부인께 약속드리리다. 남편에게는 결코 부족하지 않을 명예를 내릴 것입니다. 그런 뒤 여러 사람의 손을 모아 그를 기리는 비석을 세울 것이며, 용감한 자에게 걸맞은 융숭한 제사를 올릴 것입니다."

(12) 키루스는 계속 말했다. "그리고 부인을 결코 홀로 버려두지 않겠습니다. 부인의 선행과 가치에 걸맞은 모든 명예를 내릴 것입니다. 그 외에 부인이 어디를 가시든 부인을 호위할 사람을 붙여 드리겠습니다. 부인께서 데리고 가고 싶은 사람이 있으면 제게 말씀만 하여 주십시오."

(13) 이에 판테아가 대답했다. "키루스여. 걱정하지 마십시오. 제가 가고 싶은 사람이 있다면 폐하께 숨기지 않겠습니다."

(14) 키루스는 이 말을 듣고 떠났다. 그의 마음속에는 그 부인에 대한 동정심이 가득했다. 부인은 어떤 남편을 잃었으며, 남편은 그런 부인을 더 이상 보지 못하고 떠났으니 얼마나 슬픈 일이던가. 부인은 환관들에게 "이곳에서 남편을 원 없이 애도하고 싶으니" 물러나 있으라고 말했다. 그러나 유모는 자기와 함께 남으라고 말했다. 부인은 유모에게 자신이 죽으면 남편과 같은 덮개로 덮으라고 지시했다. 그러나 유모는 부인에게 제발 그러지 말라고 애원했다. 하지만 유모의 애원은 소용이 없었다. 부인은 화를 냈고, 유모는 주저앉아 울음을 터뜨렸다. 판테아는 오래전부터 지니고 있던 단도를 꺼내 가슴을 찔렀고, 남편의 가슴 위에 머리를 댄 채 마지막 숨을 거두었다.

유모는 큰 소리로 울부짖으며 부인이 시킨 대로 두 사람을 덮었다.

(15) 키루스가 부인이 한 일을 들었을 때, 그는 절망에 휩싸였고 무언가 도울 게 없는지 보기 위해 서둘러 그곳으로 갔다. 세 명의 환관은 부인이 서 있으라고 명령한 곳에서 사건을 목격하고는 단도로 가슴을 찔러 목숨을 끊었다.

그리고 오늘날까지도 이 환관들을 기리는 비석이 여전히 있다고 한다. 사람들이 말하기를, 비석에는 아시리아 문자로 남편과 아내의 이름이 기록되어 있고, 그 아래에는 세 명의 환관 이름이 '권표(權標)를 든 사람'이라는 호칭으로 기록되어 있다고 한다.*

(16) 키루스는 슬픔의 현장 가까이서 부인을 애도하고 칭송한 뒤 다시 떠났다. 그는 또한 모든 합당한 명예를 다해 장례를 극진히 치르고 그들을 위해 매우 큰 비석을 세웠다고 한다.

---

* 권표(staff, 權標)란 권위를 상징하는 막대기를 말한다. - 역주

# 제4장

(1) 그 무렵 카리아인이 두 편으로 나뉘어 내전을 하고 있었다. 그들은 각자의 성채에 숨어서 키루스에게 도움을 요청했다. 이때 키루스는 항복하기를 거부하는 적의 성채를 부수기 위해, 사르디스에 머물면서 공성기와 파성퇴를 만들고 있었다. 그는 한 부대를 아두시우스에게 맡겨 카리아에 보냈다. 아두시우스는 페르시아 군인으로 여러 면에서 판단력이 충분하고 전쟁 기술도 능숙할 뿐 아니라 매우 예의가 바른 신사였다. (2) 킬리키아인과 키프로스인도 그 원정에 열성적으로 참여했다. 그들은 키루스에게 충성을 다했기 때문에 키루스는 킬리키아와 키프로스에 총독을 파견하지 않고 현지인 군주로 만족했다. 그러나 그들로부터 조공은 받았으며, 군대가 필요할 때마다 파병을 요청했다.

(3) 아두시우스는 군대를 이끌고 카리아로 출발했다. 그러자 카리아의 양쪽 세력에서 대표단을 보내 그를 자신들의 성벽 안으로 초청할 준비를 했다. 그렇게 함으로써 상대편에 피해를 주려는 목적이었다. 그러나 아두시우스는 양쪽을 똑같이 대했다. 그는 어느 쪽과 이야기하든 그들이 옳다고 두둔하고

는, 반대편이 우리가 서로 친구가 되었다는 것을 알면 그들을 급습하지 못하니까 그들에게 알리지 말라고 일러두었다. 게다가 그는 카리아인에게 신의의 맹세를 할 것을 요구했고, 자신이 키루스와 페르시아의 이익을 위해 그들의 성벽 안으로 들어갈 때 배신하지 말고 자신을 받아들일 것을 맹세하도록 했다. 이에 카리아인은 아두시우스에게 그를 받아들일 테니 자신들을 배신하지 않기로 맹세해 달라고 요구했고, 아두시우스는 이를 수락했다. (4) 확약을 끝냈을 때, 아두시우스는 양쪽 모르게 같은 날 저녁에 약속을 잡았다. 그리고 그날 저녁에 성벽 안으로 들어가 양쪽의 성채를 모두 차지했다. 날이 밝자 아두시우스는 그의 군대와 함께 자리를 잡고 양쪽의 지도자를 불렀다. 그들은 서로를 보았을 때, 속은 것을 알고는 몹시 분개했다. (5) 그러나 아두시우스는 그들에게 다음과 같이 말했다.

"제군들. 나는 나를 받아들이는 쪽의 이익을 위해 그들의 성벽 안으로 들어갈 때 배신하지 않겠다고 맹세했소. 그러므로 내가 여러분 중 어느 쪽을 파괴했다면 나는 카리아인의 해악을 위해 들어온 것이오. 반면에 내가 여러분에게 안전하게 농사를 지을 평화와 안전을 만들어 준다면, 나는 이곳에 여러분의 이익을 위해 있는 것이오. 그러므로 오늘부터 여러분은 친구처럼 함께 살도록 하시오. 서로 무서워하지 말고 농사를 지으며, 여러분의 자녀들이 서로 결혼하도록 허락하시오. 만약 누구든 이 규칙에 반항해 문제를 일으키려고 한다면 그자는 키루스와 우리의 적이 될 것이오."

(6) 이 일이 있고 난 뒤 도시의 문은 활짝 열렸으며, 거리는 오가는 사람들로 가득했다. 농장에는 일꾼들로 가득했고, 축제를 함께 즐겼다. 모든 곳에 평화와 기쁨이 가득했다.

(7) 이때 키루스가 보낸 전령이 와서 아두시우스에게 군대나 공성기가 더

필요한지를 물었다. 그러나 아두시우스는 지금 있는 군사로도 충분하다고 대답했다. 그는 이렇게 말하고 성채에 수비대만 남기고 군대를 돌렸다. 하지만 카리아인은 그에게 남아 달라고 사정했다. 그가 거절하자 그들은 키루스에게 아두시우스를 그들의 총독으로 보내 달라는 청원을 했다.

(8) 그 무렵 키루스는 히스타스파스를 원정군 사령관으로 임명해 헬레스폰트를 따라 있는 프리지아를 공격하도록 보냈다. 그래서 아두시우스가 돌아왔을 때, 키루스는 아두시우스에게 히스타스파스가 갔던 곳으로 행진하라고 지시했다. 그렇게 하면 프리지아인이 또 다른 군대가 오고 있다는 소식을 듣게 되므로 보다 더 기꺼이 항복할 것이라고 생각했다.

(9) 해안가에 살고 있던 그리스인은 키루스에게 많은 선물을 보내 야만족이 그들의 성벽 안으로 들어오지 않겠다는 확약을 얻어 냈다. 그러나 그들은 조공을 바쳐야 했고, 키루스가 지시한 곳이면 어디든 군대를 보내야 했다.

(10) 그러나 프리지아 왕은 요새를 지키고 항복하지 않을 준비를 하면서 부하들에게도 그 준비를 하라고 명령했다. 하지만 부하 장교들이 그를 버리고 도망가 버리자 홀로 남게 되었다. 그는 어쩔 수 없이 히스타스파스에게 키루스가 그의 재판관이자 중재자가 되어야 한다는 조건을 달아 항복하였다. 히스타스파스는 강력한 페르시아 수비대를 요새에 남겨 두고 돌아갔고, 그의 군대는 프리지아 기병대와 경장보병이 다수 참여하여 한층 더 강해졌다.

(11) 키루스는 아두시우스에게 히스타스파스 부대에 합류하여 자발적으로 따라나선 프리지아 군사들을 취하되, 예전에 그들을 대적하여 싸우려고 했던 자들에게서는 말과 무기를 빼앗아 오직 투석기만 끌고 따르게 하라고 명령했다. (12) 두 사람은 키루스의 명령을 따랐다.

키루스는 대규모의 보병 수비대를 뒤에 남겨 두고 크로이소스와 함께 사르디스를 출발했다. 그는 수많은 마차에 온갖 종류의 귀중품을 가득 실었다. 크로이소스는 각 마차에 무엇이 있는지를 꼼꼼하게 기록한 명세서를 가지고 있었다. 그는 그 명세서를 키루스에게 주며 말했다. "키루스여. 이 명세서를 보시면 지금 운반하고 있는 귀중품을 폐하께 정확하게 갖다 바치는지를 알 수 있습니다."

(13) 그러자 키루스가 말했다. "이런 것까지 미리 생각하다니 매우 고맙소이다. 하지만 귀중품을 운반하는 사람은 그것을 가질 자격이 되기도 하오. 따라서 누군가 무언가를 빼돌린다면 그는 자신의 소유를 훔치는 것이오." 이렇게 말하고서 키루스는 친구들과 장교들에게 그 명세서를 주면서 귀중품 운반을 담당하는 감독자가 물건을 안전하게 바치는지를 알 수 있도록 했다.

(14) 키루스는 또한 많은 수의 리디아 군사도 데리고 갔다. 개중에는 무기와 말, 전차를 가지고 고귀하게 행동하는 데 자부심을 가지며, 키루스를 기쁘게 하기 위해서라면 무엇이든 하려고 하는 사람도 있었다. 키루스는 그들에게는 계속 무기를 소지하도록 허락했다. 하지만 불명예스럽게 행동하는 리디아 군사도 있었다. 키루스는 그들에게서 말을 빼앗아 작전에 처음 참가한 페르시아 군사들에게 주었고, 그들의 무기는 불태워 버렸으며, 오직 투석기만 끌도록 지시했다. (15) 키루스의 부하가 된 사람 중에서 무장을 하지 않은 사람은 모두 투석기를 끌어야 했다. 왜냐하면 키루스가 생각하기에 투석기는 노예에게 가장 적합한 무기였기 때문이다. 다른 부대와 연합할 때 투석병은 매우 큰 도움이 되지만, 투석병만으로는 세상에 있는 모든 투석병을 동원하다 해도 백병전에 적합한 무기를 들고 싸우는 적을 막지 못한다.

(16) 바빌론으로 가는 도중에 키루스는 프리지아와 카파도키아를 정복하고 아라비아를 복속시켰다. 키루스는 그곳에서 페르시아 기병 4만 명이 쓸 갑

옷을 확보했으며, 전쟁포로로부터 빼앗은 말을 모든 부대에 배분했다. 이렇게 하여 키루스는 대규모의 기병대를 이끌고 바빌론 앞에 도착했다. 궁수와 창병의 숫자도 엄청났고, 투석병은 수를 헤아릴 수 없이 많았다.

## 제5장

(1) 키루스가 바빌론 도시 앞으로 왔을 때, 그는 군대를 도시 가까이에 멈추게 한 뒤 친구들과 연합군의 고급 장교들과 함께 도시 주위를 둘러보았다. (2) 그는 도시의 성벽을 둘러본 뒤 군대를 도시로부터 철수시킬 준비를 했다. 그러나 그때 도시에서 도망쳐 나온 한 사람이 와서, 키루스가 군대를 철수시키는 순간 적은 곧바로 밖으로 나와 그들을 공격할 것이라고 말했다. 도망자는 계속 말했다. "도시의 성벽에서 보니 폐하의 군대가 약해 보이더군요. 왜냐하면 성벽을 그렇게 빙 둘러싸면 군대의 대형은 필연적으로 얇아지기 때문입니다. 그러니 그들이 그렇게 생각하는 것도 당연하지 않습니까?"

(3) 키루스는 이 말을 듣고 경호대와 함께 군대의 한 가운데에 자리를 잡은 뒤, 군대 양쪽 날개 끝에 있던 중장보병을 군대의 맨 뒤로 오도록 해서 그와 나란히 줄을 맞춰 합치라고 명령했다. (4) 이렇게 부대를 정비하자 대형의 폭은 두 배로 두꺼워졌고, 그 결과 자리를 지키고 서 있던 군사들은 즉시 용기를 얻었다. 뒤로 이동하는 군사들도 기존에 자리를 지키고 있던 동료들이 자신들보다 먼저 적을 맞게 되므로 역시 용기를 얻었다. 이렇게 양쪽에 있던 군

사들이 행진해 뒤에서 서로 만나게 되면서, 뒤에 있는 군사들은 앞에 있는 군사들의 보호를 받고, 앞에 있는 군사들은 뒤에 있는 군사들의 지원을 받게 되므로 서로 굳건히 자리를 지킬 수 있게 되었다. (5) 자연히 대형의 맨 앞과 맨 뒤에 있는 군사들은 가장 용맹스러운 군사들이었고, 가운데에 있는 군사들이 가장 약했다. 이러한 대형 배치는 전투를 맹렬히 치르는 데 도움이 될 뿐 아니라 군사들이 도망가지 못하게 만드는 데도 효과적이었다. 이렇게 밀집대형의 가로 폭이 줄어들고 대신 세로가 두꺼워지자 대형의 양쪽 날개에 있던 기병대와 경장보병은 가운데에 있는 최고 사령관과 한층 가깝게 되었다. (6) 이렇게 대형을 가깝게 만든 뒤에 그들은 성벽에서 화살과 돌이 날아오는 거리 내에서는 성벽을 바라본 채 천천히 뒷걸음치며 후퇴했다. 그러나 날아오는 거리를 넘어서자 그들은 뒤로 방향을 바꾸어 앞으로 갔다. 그러나 단지 몇 걸음만 앞으로 나간 뒤 다시 방향을 바꾸어 성벽 쪽으로 방어 자세를 취했다. 그런 식으로 그들은 후퇴했다. 성벽에서 멀어질수록 방향을 바뀌는 횟수도 줄었다. 위험에서 완전히 멀어지자 그들은 멈추지 않고 이동해 진영이 있는 곳까지 도착했다.

(7) 그들이 진영에 도착했을 때, 키루스는 고급 장교를 모두 불러 모았다. "친구들이여, 동맹군이여. 우리는 바빌론 성벽의 모든 면을 보았습니다. 솔직히 나는 누가 그렇게 높으면서도 거대한 성벽을 공격해서 차지할 수 있을지 궁금합니다. 나는 그들이 밖으로 나와 싸우려고 하지 않는 것을 보면서 성 안에 사람이 많을수록 굶주림이 심해져 더 빨리 항복하지 않을까 생각합니다. 그러므로 여러분이 생각하기에 다른 방법이 없다면 나는 적을 포위해서 굶주림에 항복하게 만드는 방법을 쓸 것을 제안하는 바입니다."

(8) 그러자 크리산타스가 말했다. "폐하. 바빌론 도시 가운데로 강이 흐르

지 않습니까? 강의 폭은 400미터가 넘습니다."

"제우스신에 맹세코 그렇습니다." 고브리아스가 대답했다. "그리고 그 깊이는 어른 두 사람의 키를 합친 것보다 큽니다. 그렇기 때문에 도시는 성벽보다 강에 의해 더 잘 보호받는다고 할 수 있습니다."

(9) 키루스가 대답했다. "크리산타스. 우리 힘으로 어쩔 수 없는 것은 생각하지 말도록 합시다. 대신 우리는 꼭 필요한 경비 병력만 남기고 각 부대에 신속하게 일을 나누어 각자 배수로를 넓고 깊게 파도록 합시다."*

(10) 따라서 키루스는 도시의 둘레를 재고, 강 옆에 커다란 망루를 세울 공간을 남긴 뒤, 도시의 양쪽에서 커다란 배수로를 파기 시작했다. 파낸 흙은 자신들 쪽으로 던져 쌓았다. (11) 키루스는 우선 강 옆에 30미터 길이의 대추야자나무로 기초를 쌓은 망루를 세우기 시작했다(대추야자는 그보다 훨씬 크게 자란다). 대추야자나무를 쓴 이유는 큰 압력을 받아도 부러지지 않고 당나귀 등처럼 위로 구부러지기 때문이다. (12) 키루스는 대추야자나무를 "토대"로 이용했다. 왜냐하면 강물이 배수로를 넘게 밀려온다 할지라도 망루가 쓸려 내려가지 않도록 하기 위해서였다. 키루스는 파낸 흙으로 만든 둔덕 옆에도 망루를 여러 개 세웠다. 적을 감시할 수 있는 망루를 가능한 여러 개 확보하기 위한 목적이었다.

(13) 이렇게 작업을 하자 성벽에 있던 적은 키루스의 군대가 자신들을 포위하려 한다고 비웃었다. 그들은 20년 이상을 버틸 만큼 식량이 충분하다고 믿었다.

적의 조롱을 듣자 키루스는 이번에는 전체 군대가 일 년에 한 번씩 감시

---

* 키루스는 바빌론 도시 가운데로 흐르는 유프라테스 강의 물길을 돌리자고 제안하고 있다. - 原註

업무를 맡게 할 것처럼 군대를 열두 개로 나누었다. (14) 그러자 바빌론 군대는 이것을 듣고서 더욱 크게 비웃었다. 왜냐하면 그들은 감시를 서게 될 리디아, 프리지아, 카파도키아 군사들이 페르시아보다 바빌론에 더 우호적이라고 믿었기 때문이다.

(15) 마침내 배수로가 모두 완성되었다. 그리고 바빌론에서 축제가 벌어져 으레 하던 대로 밤새 마시고 떠든다는 소식이 들리자, 키루스는 날이 어두워진 즉시 군대를 모은 뒤 강과 통하는 입구를 열었다. (16) 이윽고 물이 밤새 배수로를 따라 흘렀고, 그 결과 바빌론 도시를 관통하는 강의 수위는 사람이 지나가도 될 만큼 낮아졌다.

(17) 이렇게 강을 둘러싼 문제가 해결되자, 키루스는 페르시아 연대장들에게 기병과 보병을 세로로 두 줄로 만들어 그에게 오도록 하고 나머지는 예전대로 뒤에서 따라오라고 명령했다. (18) 명령을 따라 그들이 왔을 때, 키루스는 보좌관들에게 기병과 보병을 시켜 강바닥으로 가서 군대가 그곳을 건너갈 수 있는지 알아볼 것을 지시했다. (19) 그들이 돌아와서 가능하다고 말하자, 키루스는 기병과 보병의 모든 장군을 불러 놓고 다음과 같이 말했다.

(20) "친구들이여. 강이 우리에게 도시 안으로 들어갈 길을 열어 주었습니다. 그러므로 불굴의 용기로 전혀 겁내지 말고 들어갑시다. 우리가 진격할 때 만나게 될 적은 우리에게 연속해서 패했다는 사실을 기억합시다. 우리는 그들이 그들의 연합군과 전투 대형을 이루었을 때도, 그들이 완전히 깨어 있을 때도, 술 취하지 않고 완전히 무장을 갖추었을 때도, 그들과 싸워 이겼다는 사실 또한 기억합시다. (21) 그러나 지금 그들은 잠에 곯아떨어졌으며, 술에 취했고, 전투 대형을 갖추고 있는 군사는 아무도 없습니다. 따라서 그들이 우리가 그들 성 안에 있다는 것을 발견했을 때는 공포에 떨어 지금보다 훨씬 무기

력한 상태에 처할 것입니다.

(22) 그러나 여러분 중 누구든 우리가 성 안으로 들어갔을 때 주민들이 지붕 위로 올라가서 우리를 향해 활과 돌을 던질까 두렵다면 그럴 필요가 없습니다. 왜냐하면 누구든 지붕 위로 올라가면 우리는 불의 신 헤파이스토스의 도움을 받게 될 것이기 때문입니다. 그들의 현관은 대추야자 나무로 만들었고 역청을 발라 광택을 냈기 때문에 한번 불이 붙으면 맹렬히 타오를 것입니다. (23) 우리는 횃불을 만들 소나무를 많이 갖고 있기 때문에 강력한 불을 신속하게 만들 수 있습니다. 또한 불을 던질 발사체도 많이 있어 사방으로 화염을 뿌릴 것입니다. 따라서 지붕 위에 있는 사람은 재빨리 그곳을 떠나지, 그렇지 않으면 순식간에 불에 타 죽을 것입니다.

(24) 따라서 즉시 전투 준비를 합시다! 신들의 도움을 받아 내가 여러분을 인도할 것입니다. 가다타스와 고브리아스는 이곳 지리에 익숙하니까 우리에게 길을 보이도록 하시오. 그리고 우리가 성 안으로 들어가게 되면 궁전으로 이르는 가장 빠른 길로 우리를 인도하시오."

(25) "알겠습니다." 고브리아스와 그의 부하들이 대답했다. "온 도시가 밤새 축제를 즐기느라 흥청망청 놀고 있으니 궁전으로 통하는 문이 열려 있더라도 전혀 놀랄 일은 아닙니다. 그래도 우리는 문마다 경비병 한 명과는 마주칠 것입니다. 한 명은 항상 세워 두기 때문입니다."

"그럼 지체할 시간이 없소." 키루스가 말했다. "곧장 진격하면 무방비 상태로 있는 적을 사로잡을 수 있을 것이오."

(26) 이 말이 떨어지자 그들은 진격했다. 그들이 진격하면서 만난 적은 칼에 맞아 쓰러지거나, 집으로 도망가거나, 그들을 향해 크게 소리쳤다. 고브리아스와 그의 군사들은 마치 자신들도 축제를 즐기는 사람처럼 보이기 위해

큰 소리로 맞받아쳤다. 그들은 신속하게 진격했고, 이윽고 궁전에 도착했다. (27) 고브리아스와 가다타스, 그리고 그들의 군사들은 궁전으로 통하는 문이 굳게 잠겨 있는 것을 발견했다. 경비병을 맡기로 약속된 군사들이 횃불 옆에서 술을 마시고 있는 경비병들을 신속하게 처치했다. (28) 하지만 문 밖에서 소동이 계속되고, 안에서도 그 소리를 들을 수 있게 되자, 아시리아 왕은 무슨 일이 일어났는지 확인해 보라고 지시했다. 몇몇 적들이 궁전 문을 열고 밖으로 나왔다. (29) 가다타스는 궁전 문이 열리는 것을 보자 쏜살같이 문 안으로 달려 들어갔고, 다른 군사들도 적들이 궁전 안으로 도망가는 것을 보자 그들을 추격하며 뒤따라갔다. (30) 그들은 적을 닥치는 대로 죽이며 밀고 들어갔고, 이윽고 아시리아 왕 앞에까지 이르렀다. 왕은 이미 자리에서 일어나 손에 단도를 들고 있었다. 가다타스와 고브리아스, 그리고 그들의 군사들은 왕을 죽였다. 왕의 곁에 있던 자들 역시 목숨을 잃거나, 도망가거나, 목숨을 부지하기 위해 필사적으로 저항했다.

(31) 그때 키루스는 기병대를 이끌고 도시의 거리로 갔다. 그는 집 밖에 있는 자는 모조리 베라고 지시했다. 동시에 아시리아 말을 할 줄 아는 군사들을 시켜, 누구든 집 안에 있으면 목숨을 건지겠지만 문 밖에 있다 발각되는 자는 죽음을 면치 못할 것이라고 큰 소리로 전하라고 했다.

(32) 키루스가 그렇게 도시를 장악하고 있을 때, 가다타스와 고브리아스가 왔다. 그들은 먼저 사악한 왕에게 복수할 수 있게 해 준 신들에게 존경을 표한 뒤, 기쁨의 눈물을 흘리며 키루스의 손과 발에 입을 맞췄다.

(33) 날이 밝자 성채에 있던 아시리아 군사들은 도시가 함락되고 왕이 살해되었다는 사실을 알고 항복했다. (34) 키루스는 즉시 성채를 접수하고 그곳에 경비 병력을 보냈다. 죽은 아시리아 군사들은 친척들이 와서 묻을 수 있도

록 허락했다. 나아가 그는 전령을 보내, 모든 아시리아인에게 가지고 있는 무기를 넘기라는 포고를 내렸다. 그는 어느 집이든 무기가 발견되면 그곳에 살고 있는 사람은 모두 죽음을 면치 못할 것이라고 말했다. 그러자 아시리아인은 무기를 가지고 왔고, 키루스는 필요할 때 쓸 수 있도록 그것을 성채에 쌓아 두었다.

(35) 이 모든 일이 끝나자 키루스는 사제들을 불러 도시가 칼에 의해 정복되었으니 성스러운 장소를 골라 맨 처음에 획득한 전리품을 신들에게 제사로 바칠 것을 요청했다. 그런 다음 키루스는 승리를 거두는 데 공헌한 군사들에게 집과 집무실을 나누어 주었다. 그가 전리품을 배분하는 방식은 변함이 없었다. 즉, 가장 많이 공헌한 자에게 가장 좋은 것을 주는 것이었다.

(36) 나아가 그는 바빌로니아인에게 농사를 계속 지으며, 조공을 바치고, 그들이 충성을 바치도록 지정된 사람들에게 복종하라고 명령했다. 키루스는 이번 원정에서 몫을 배분받은 페르시아 군사들과 키루스와 함께 남기로 선택한 연합군 군사들에게, 주인이 하인에게 하듯이 그들의 몫으로 배분된 바빌로니아인에게 말을 하라고 지시했다.

(37) 이 모든 일을 마치자, 키루스는 이제 왕이 되어야 할 때가 되었다고 생각했다. 하지만 그는 친구들의 동의를 받아 왕이 되기로 결심했다. 그러려면 근엄하게 행동하고 대중 앞에 공개적으로 나타나는 횟수를 줄여 친구들의 질투심을 최대한 적게 유발해야 했다. 그래서 그는 다음과 같은 계획을 세웠다. 아침이 되면 이 목적에 부합하는 곳에 앉아 그에게 찾아오는 사람의 문제를 해결해 준 다음 돌려보내는 것이었다. (38) 그러나 키루스가 백성의 청원을 들어준다는 소식이 퍼지자 사람들이 구름떼처럼 몰려들었고, 키루스를 만나러 들어가려고 꾀를 부리거나 싸움을 하는 일이 끊이지 않았다. (39) 그러자 키

루스의 수행원들이 사안의 경중을 따져서 들여보냈다.

그러나 키루스의 친구들이 그를 만나러 군중 사이를 비집고 들어올 때면, 키루스는 언제나 손을 뻗어서 그들을 부른 다음 이렇게 말했다. "친구들이여. 잠깐만 기다리도록 하게. 군중을 다 돌려보낸 다음 그대들과 조용히 이야기를 나누도록 하세." 그래서 친구들은 기다렸지만, 군중이 점점 더 많이 몰려왔고 밤이 되어서야 겨우 이야기할 시간이 생겼다. (40) 그래서 키루스는 말했다. "친구들이여. 이야기할 시간으로는 너무 늦은 것 같구려. 그냥 헤어지는 것이 좋겠네. 그렇지만 내일 아침에 오지 않겠나. 나는 그대들과 꼭 이야기를 하고 싶네."

이 말을 듣고 그들은 기쁘게 돌아갔다. 왜냐하면 그들은 키루스를 만나기 위해 먹지도 화장실에 가지도 못한 채 하루 종일 서 있어야 했는데, 그럴 필요가 없어졌기 때문이다. 그들은 기쁜 마음으로 돌아가서 쉬었다.

(41) 다음 날 키루스는 친구들이 오기 훨씬 전에 같은 장소로 갔다. 그곳에는 그를 만나기 위해 찾아온 군중이 어제보다 더 많았다. 따라서 키루스는 페르시아 창병을 시켜 커다란 원을 만든 다음 키루스의 친구와 페르시아와 연합군의 장교 외에는 누구도 들여보내지 말 것을 명령했다. (42) 친구들이 왔을 때 키루스는 그들을 향해 다음과 같이 말했다. "친구들이여, 동맹군이여. 우리는 우리가 원했던 것을 지금까지도 성취하지 못했다고 신들에게 불평할 근거를 찾을 수 없소이다. 그러나 크게 성공했다 할지라도 그 결과로 본인이 그것을 즐기거나 친구들과 함께 즐길 여유조차 없다면, 나는 그런 종류의 행복과는 결별하고 싶소이다. (43) 그대들도 어제 보았듯이 우리는 우리를 만나기 위해 찾아오는 군중을 새벽부터 맞아야 하고, 밤이 되어서야 겨우 그것을 끝낼 수 있습니다. 그리고 지금 여러분이 보듯이 군중은 어제보다 더 많이 찾아왔

고, 그 결과 우리는 더 큰 노고에 직면할 것입니다. (44) 따라서 누군가 자신을 그 일에 바친다면, 그 사람은 나의 일부를 갖게 될 것이고 나 또한 그의 일부를 갖게 되겠지만, 나는 나 자신에 대해 어떤 부분도 갖지 못할 것입니다."

(45) 그는 계속 말했다. "나는 또한 이 모든 일에 다른 불합리한 면을 봅니다. 알다시피 여러분에 대한 나의 애정은 변함이 없습니다. 하지만 주위에 있는 군중에 대해서는 거의 또는 전혀 알지 못합니다. 그런데 그들은 어떻게든 비집고 들어와 여러분보다 먼저 나에게 도착하면 원하는 것을 먼저 얻을 수 있다고 생각하고 있습니다. 따라서 나는 무엇이든 내게 원하는 사람이 있다면 먼저 내 친구에게 부탁을 해서 그의 소개로 나를 만나게 하는 방법을 생각하고 있습니다.

(46) 여러분 중 누군가는 왜 처음부터 이 방법을 택하지 않았는지 물을 사람도 있을 줄 압니다. 그 이유는 이렇습니다. 전쟁을 할 때, 사령관은 그가 꼭 알아야 할 것을 알거나 해야 할 일을 하는 데에 다른 사람보다 늦어서는 안 되기 때문입니다. 그리고 내 눈에 자주 띄지 않았던 장군들은 해야 할 일을 게을리 했다고 생각합니다.

(47) 그러나 지금은 힘든 전쟁이 거의 끝났고, 나 또한 이제는 조금 여유를 부려도 된다고 생각합니다. 따라서 우리의 이익과 우리가 돌보아야 할 사람들의 이익을 내가 조화를 이룰 수 있을지 의문을 품고 있는 이때, 누구든 내게 가장 도움이 되는 조언을 할 수 있는 사람이 있다면 말해 보도록 하시오."

(48) 키루스가 이렇게 말하자, 한때 그의 친척이라고 주장했던 아르타바주스가 일어나 말했다. "키루스여. 저는 폐하께서 이 논의를 시작해 주서서 매우 기쁩니다. 폐하께서 어린이였을 때 저는 폐하를 보자마자 폐하의 친구가 되고 싶었습니다. (49) 그러나 저는 폐하께 아무런 도움도 줄 수 없다는 것을 알게

되자 폐하께 다가갈 수 없었습니다. 그러나 폐하께서 저에게 키악사레스 왕의 메시지를 메디아 군사들에게 전하라고 부탁했을 때, 저는 그 일을 성심껏 처리하면 폐하의 친구가 되어 폐하와 기쁘게 이야기를 나눌 수 있을 것이라고 생각했습니다. 그래서 저는 그 일을 처리했고 폐하께서는 저를 칭찬하셨죠.

(50) 그 일이 있은 뒤 히르카니아인이 우리의 첫 번째 친구가 되었고, 그때 마침 우리는 연합군을 애타게 찾고 있었으므로 그들을 우리 편으로 끌어들여 정성껏 대우해 주었습니다. 그 뒤 적의 진영을 장악했을 때 폐하께서는 너무 바빠 저에게 신경 쓸 겨를이 없었습니다. 저는 폐하를 탓하지 않았습니다. (51) 그 다음으로 고브리아스가 우리의 친구가 되었습니다. 저는 기뻤습니다. 다음으로 가다타스가 친구가 되었습니다. 그러자 저는 폐하의 관심을 조금이라도 얻기가 힘들어졌습니다. 사키아인과 카두시아인도 우리 연합군에 참여하자 폐하께서는 그들에게도 관심을 보이셔야 했습니다.

(52) 우리가 떠났던 곳으로 다시 돌아왔을 때, 저는 폐하께서 말과 공성기, 망루를 준비하느라 분주한 것을 보았고, 이제 폐하께서 이 소동에서 벗어나 여유를 찾게 되었으니 저를 생각할 시간이 있으시겠구나 하고 생각했습니다. 그런데 이제 저는 온 세상이 폐하를 향해 모이고 있다는 끔찍한 소식을 들었습니다. 저는 그것이 매우 중요한 문제라고 깨달았고, 그 문제를 잘 처리한다면 폐하와 제가 교분을 두텁게 할 수 있는 좋은 기회라고 생각했습니다.

(53) 우리는 큰 전투에서 승리했습니다. 사르디스와 크로이소스를 복속시켰고, 바빌론을 정복했으며, 그곳에 있는 모든 것을 차지했습니다. 하지만 어제 주먹으로 군중을 치면서 뚫고 오지 않았더라면, 미트라 신에 맹세컨대 저는 폐하 곁에 갈 수 없었을 것입니다. 그러나 폐하께서 손을 뻗어 저를 맞아 주시고 곁에 있으라고 지시하셨을 때, 저는 만인이 질투하는 대상이 되었습니

다. 왜냐하면 하루 종일 폐하와 같이 있었기 때문입니다. 물도 음식도 먹지 않은 채로 말이죠. (54) 그러므로 가장 자격이 있는 것으로 입증된 우리가 폐하를 가장 많이 차지하게 된다면 그것은 분명 좋은 일입니다. 그러나 그렇지 않다면 저는 다시 한 번 폐하의 이름으로 처음부터 폐하와 친구였던 우리를 제외하고 다른 사람은 폐하께 가까이 오지 말라고 공포할 것입니다."

(55) 이 말을 듣자 키루스와 다른 사람들이 크게 웃었다. 그 뒤 크리산타스가 일어나 다음과 같이 말했다. "폐하. 폐하께서 말씀하신 이유로 지금껏 언제나 폐하를 뵐 수 있게 하신 일은 정말로 적절했다고 생각합니다. 우리는 폐하의 관심을 가장 크게 받지 않아도 괜찮은 사람들이었습니다. 우리는 우리의 이익을 위해 폐하와 함께 했습니다. 그러나 폐하께서는 모든 방법을 써서 우리 이외의 다수로부터 사랑을 받는 것이 꼭 필요했습니다. 그래야 그들은 기꺼이 고통을 감내하고 목숨까지 위태로워질 수 있는 위험도 감수했을 테니까요. (56) 그러나 이제 폐하께서는 백성의 마음속에서 우러나는 사랑을 받을 뿐 아니라 폐하의 마음을 얻는 것이 이익이 된다고 여길 만한 권력을 가지고 계시오니, 이제 가정을 꾸리셔야 할 때라고 생각됩니다. 가정이 없다면 폐하께서 가진 권력이 무슨 재미가 있겠습니까? 가정보다 더 숭고하고 달콤하고 사랑스러운 곳은 없습니다. 그리고 마지막으로 드릴 말씀은, 우리는 집 안에서 폐하보다 더 윤택하게 사는데 폐하께서는 바깥에서 불편하게 사는 것을 보게 될 때, 우리가 스스로에 대해 수치스럽게 느끼지 않겠습니까?"

(57) 크리산타스가 말을 마치자 많은 사람이 그의 의견에 동조했다. 그 후 키루스는 궁전으로 이사했다. 그리고 재물을 관리하는 사람들이 사르디스에서 재물을 그곳으로 가지고 왔다. 키루스는 재물을 취한 뒤 먼저 가정의 여신 헤스티아에게 제사를 드리고, 다음으로 전능한 제우스신, 그리고 사제들이 제

안한 다른 신에게 제사를 드렸다.

(58) 이 일을 마친 후 키루스는 즉시 궁전의 나머지 부분을 조직하기 시작했다. 그는 자신이 처한 상황을 생각했다. 이제 그는 많은 사람을 통치해야 했고, 도시 중에서도 가장 크고 유명한 곳에 거주할 준비를 하고 있으며, 도시라는 게 누구에게나 그렇듯이 그 도시는 키루스에게 적대적이었다. 따라서 그는 자신을 지킬 경호원이 필요하다고 생각했다.

(59) 키루스는 사람이 식사할 때나 술 마실 때, 목욕할 때, 잠잘 때에 폭력의 희생물이 가장 되기 쉽다는 것을 알고는 그럴 때에 자신의 곁에 있어 줄 충성스러운 사람을 물색했다. 그는 경호해야 할 대상보다 다른 사람을 더 아끼는 사람은 결코 충직할 수 없다는 것을 보아 왔다. (60) 따라서 자녀나 부인, 애인이 있는 자는 자연히 그들을 가장 사랑할 수밖에 없다고 믿었다. 그러나 환관은 그런 감정에 얽매이지 않았다. 환관은 그들을 부자로 만들어 주고, 부당한 대우를 받았을 때 도와주며, 그들에게 명예로운 자리를 주는 사람에게 최고의 충성을 바친다고 생각했다. 키루스는 환관에게 호의를 베푸는 데 아무도 그를 능가할 수 없다고 생각했다. (61) 게다가 환관은 다른 사람에게서 경멸을 받기 때문에 주인의 보호가 필요했다. 왜냐하면 어떤 힘 센 사람이 그들을 보호해 주지 않는다면 누구라도 기회가 되면 환관을 착취할 수 있는 권리가 있다고 생각하기 때문이다. 그러나 주인에 대한 충성심에서 환관이 다른 사람보다 뒤질 만한 이유는 전혀 없었다. (62) 키루스는 다른 사람이 쉽게 추측하는 것과는 달리, 환관은 약하다고 생각하지 않았다. 그는 동물의 사례에 비추어 봐서도 그런 결론을 내렸다. 예를 들어, 난폭한 말은 거세했을 때 물거나 날뛰지 않지만 전쟁에 쓰는 데 전혀 문제가 없다. 소는 거세하면 저돌적인 성격은 약간 잃게 되지만 농사를 짓는 데 필요한 힘은 없어지지 않는다. 마찬

가지로 개는 거세하면 주인에게서 도망가는 것을 멈추지만 경계나 사냥에는 변함없이 유용하다. (63) 마찬가지로 인간은 거세했을 때 욕망이 없어지므로 한층 온순해지지만 여전히 그들에게 맡겨진 일에 최선을 다한다. 그들은 훌륭한 기병, 솜씨 좋은 창병, 야심찬 군사들이다. (64) 오히려 그들은 전쟁과 사냥에서 여전히 그들 속에 있는 경쟁의식을 보였으며, 주인이 몰락했을 때도 최고의 충성을 보였다. 주인이 재난을 당할 때 환관보다 더 충성스러운 행동을 보였던 사람은 없었다. (65) 그리고 환관이 체력에서 다른 사람보다 떨어진다고 생각하는 것이 어느 정도 옳다 하더라도, 전쟁터에서는 철만 있으면 약한 자도 강자가 된다. 키루스는 이런 사실들을 알고 환관을 뽑아 문지기를 비롯해 그를 위해 필요한 모든 곳에 배치했다.

(66) 그러나 키루스는 이 환관들로는 그에 대해 악의를 품고 있는 자들을 감당하기에 충분치 않다고 판단해 궁전 주위를 경호할 믿을 만한 자들을 찾았다. (67) 그는 페르시아가 바위가 많고 경작하기 힘들기 때문에 그곳 출신 사람들은 매우 가난하게 살았고 힘든 일에 익숙하다는 것을 익히 알고 있었다. (68) 그래서 그들에게 자신과 같이 살겠냐고 제안하면 매우 기쁘게 받아들일 것이라고 믿었다. 따라서 키루스는 페르시아 군사 중에서 1만 명의 창병을 뽑아 키루스가 궁전에 있을 때는 밤낮 가리지 않고 그곳을 지키도록 했다. 그러나 키루스가 궁전 밖으로 나갈 때는 키루스의 양쪽에 대열을 이루어 따라다녔다.

(69) 그는 바빌론 또한 그가 그곳에 있든 자리를 비우든 간에 충분히 보호할 필요가 있다고 생각했다. 그래서 충분한 규모의 수비대를 그곳에 배치했다. 그는 바빌로니아인에게 수비대의 봉급을 주도록 했다. 그렇게 함으로써 바빌로니아인의 자원을 고갈시켜 그들을 고분고분하게 만들어 쉽게 통제할

수 있도록 하기 위해서였다.

(70) 키루스가 이때 세웠던 경호원과 바빌론 수비대는 오늘날까지 그곳에 있다. 키루스는 어떻게 제국을 하나로 모으고 또한 넓힐지를 연구했을 때, 용병이 비록 강하다 할지라도 그의 백성보다 숫자가 적기 때문에 나을 것이 없다는 것을 알았다. 그는 신들의 도움으로 전쟁에서 승리를 거둔 용감한 군사들은 한데 모여 있어야 하고 미덕의 실천을 게을리 하지 않아야 한다고 깨달았다. (71) 그러나 그렇게 하도록 키루스가 명령을 내릴 필요는 없어 보였다. 그들 역시 덕스럽게 살고, 그러한 삶을 장려하기 위해서는 미덕을 직접 실천하는 것이 최고의 과정이라고 인식하고 있었다. (72) 그래서 키루스는 귀족 친구들과 수석 보좌관들, 그리고 그와 같이 고생하고 보상을 받았던 최고의 사람들을 불러서 다음과 같이 말했다.

"친구들이여, 동맹군이여. 무엇보다도 우리가 가질 자격이 있다고 생각했던 모든 것을 얻을 수 있게 승리를 주신 신들께 감사를 드립니다. 이제 우리는 비옥하고 광대한 영토와 그곳에서 농사를 지어 우리에게 바칠 백성을 가지게 되었습니다. 우리는 집과 가구를 가졌습니다. (73) 우리 중 누구도 우리 소유가 아닌 것을 가졌다고 생각하지 않습니다. 왜냐하면 전쟁에서 도시를 정복하면 그곳에 있는 사람과 재산은 정복자의 소유가 되는 것은 만고불변의 법칙이기 때문입니다. 따라서 여러분의 소유를 유지하는 것은 지극히 정당하며, 만약 여러분이 그들이 계속 소유하도록 놔둔다면 그것은 빼앗지 않으려는 여러분의 관용 때문에 그러합니다.

(74) 하지만 우리의 미래에 대해 나는 이렇게 판단합니다. 만약 우리가 게을러지고, 조잡한 피조물의 화려한 탐닉을 좇는다면, 다시 말해 고통을 불행으로 고통 없는 삶을 행복으로 여긴다면, 우리는 머지않아 우리가 보기에도

무의미한 존재가 되고 우리가 받은 모든 복을 잃게 될 것입니다. (75) 한때 용감했던 사람일지라도 끝까지 용감하려고 헌신하지 않는다면 계속해서 용감하리라고 장담할 수 없습니다. 마찬가지로 한때 신체적으로 강인했다 할지라도 게을러지는 순간 신체 조건은 나빠집니다. 절제와 인내도 그것을 고양하는 노력을 중단하는 순간 퇴보할 것입니다. (76) 따라서 우리는 나태한 사람이 되거나 현재의 즐거움을 위해 자신을 버려서는 안 됩니다. 제국을 얻는 것은 위대한 일이지만 얻은 후에 그것을 지키는 것은 더욱 위대한 일입니다. 승리는 용기만 있는 자에게도 가끔 주어지지만, 승리를 쟁취하고 그것을 유지하는 일은 절제와 인내, 그리고 엄청난 주의를 실천하지 않는다면 불가능합니다.

(77) 이 모든 것을 생각할 때, 우리는 재물을 얻기 전보다 더 열심히 미덕을 실천해야 합니다. 사람은 소유가 많아질수록 그를 질시하고 그에 대해 음모를 꾸미는 적 또한 늘기 마련입니다. 특별히 우리의 경우처럼 마지못해 내놓는 자들에게서 재물과 노역을 얻어야 할 때는 더욱 그렇습니다.

따라서 우리는 신들이 우리 편이라는 것을 믿어야 합니다. 우리는 다른 사람에게 음모를 꾸며 부당하게 우리의 소유로 만들지 않았습니다. 우리는 우리에 대해 음모를 꾸민 자들에게 복수를 했을 뿐입니다. (78) 그러나 신들에게서 복을 받은 뒤에 해야 할 중요한 일이 있으니, 그것은 바로 우리 자신을 준비하는 것입니다. 다시 말해 우리는 백성보다 우월하기 때문에 그들을 지배하는 것이 정당하다고 주장할 수 있어야 합니다. 우리는 추위와 더위, 먹을 것과 마실 것, 수고와 휴식을 노예와 공유해야 합니다. 그러나 그들과 공유할지라도 우리는 그 문제들에서 그들보다 우월하다는 것을 보여야 합니다. (79) 하지만 과학과 전쟁 기술은 우리에게 노역과 조공을 바치는 위치에 놔두기를 바라는 자들과는 절대로 공유하지 말아야 합니다. 우리는 우리가 이룬 성과에서 우월성을 계속 유지해야 합니다. 그것이야말로 신들께서 인간에게 주신 자유와 행복을 지키는 수단이기 때문입니다. 그리고 우리가 그들에게서 무기를 빼앗았듯이 우리는 결코 무기와 떨어져서는 안 됩니다. 우리는 무기를 가까이 할수록 바라는 것을 더 완벽하게 명령할 수 있다는 것을 알기 때문입니다.

(80) 그러나 여러분 중에 마음속으로 '우리가 여전히 배고픔과 갈증, 수고와 걱정을 견뎌야 한다면 우리가 그토록 바랐던 목적을 달성한 것이 도대체 무슨 소용이 있단 말인가.'라고 질문하는 사람이 있다면, 그는 이 교훈을 마음속에 새겨야 할 것입니다. 좋은 것이 주는 즐거움은 그것을 얻기까지 들이는 수고에 비례한다. 왜냐하면 수고는 좋은 것의 맛을 더하는 양념이기 때문입니다. 아무리 화려하게 차려졌다 하더라도 필요할 때 먹지 못한다면 아무런 기쁨도 얻을 수 없습니다.

(81) 만약 신이 우리에게 인간이 가장 바라는 것을 얻게 해 주고, 누군가 그것을 자신에게 가장 큰 기쁨이 되도록 준비한다면, 그는 삶의 수단을 잘 갖추지 못한 사람에 비해 큰 이익을 누리게 될 것입니다. 그는 배고플 때 가장 맛있는 음식을 먹고, 목마를 때 가장 시원한 음료를 마시며, 휴식이 필요할 때 꿀맛 같은 시간을 보낼 것입니다.

(82) 따라서 우리는 성공을 최대한 즐기고 가장 고통스러운 경험을 하지 않기 위해 모든 노력을 다해 용기와 품위를 유지해야 합니다. 좋은 것을 얻지 못하는 것은 한번 얻은 것을 빼앗기는 것에 비해 그리 힘든 일이 아닙니다. 그러나 한번 얻은 것을 빼앗기는 것은 정말로 고통스럽습니다.

(83) 이것을 생각해 봅시다. 만약 우리가 예전보다 나빠졌다면 그것에 대해 무엇이라고 변명할 것입니까? 지배해야 하기 때문에 그렇다고 할 것입니까? 하지만 여러분도 알다시피 지배자가 백성보다 악한 것은 적절치 않습니

다. 아니면 우리가 예전보다 행복해졌기 때문에 그렇다고 할 것입니까? 그렇다면 여러분 중에 악해지는 것이 행복에 도움이 된다고 주장할 사람이 있습니까? 아니면 우리가 노예를 소유하고 그들이 잘못하면 처벌해야 하기 때문에 그렇다고 주장할 것입니까? (84) 그렇다면 본인은 악한데 다른 사람을 악하거나 게으르다는 이유로 처벌하는 게 적절하다고 생각하십니까?

이것 또한 생각해 봅시다. 우리는 여러 사람을 시켜 우리의 집과 생명을 지키도록 했습니다. 그런데 우리를 보호하기 위해 스스로 창을 들지 않고 다른 사람이 대신 창을 들고서 우리의 안전을 지킨다면 부끄럽지 않습니까? 따라서 우리는 선하고 용감한 자신보다 더 믿을 만한 안전장치는 없다는 것을 유념해야 합니다. 그 안전장치는 항상 우리 편이어야 합니다. 그러나 사람이 미덕이 없다면 그에 어울리는 것은 아무것도 없을 것입니다.

(85) 그렇다면 우리가 무엇을 해야 하고, 어디서 미덕을 실천하며, 그 실천을 어디에 적용해야 할까요? 제군들. 내가 여러분에게 말하는 것은 전혀 새로운 것이 아닙니다. 페르시아에서 귀족들이 정부 건물에서 시간을 보내듯이 여기서도 우리 귀족들은 똑같이 해야 합니다. 여러분은 여러분의 자리에서 내가 꼭 해야 할 일을 계속하는지 감시하고, 나 또한 여러분을 감시할 것입니다. 그래서 누구든 선하고 명예로운 일을 하는 자에게는 명예를 내릴 것입니다. (86) 그리고 태어나게 될 우리 아이들을 이곳에서 가르칩시다. 우리가 아이들에게 모범이 되기를 목표로 한다면 우리는 더욱 훌륭한 사람이 될 것이기 때문입니다. 그리고 우리의 아이들이 악한 그 어떤 것도 듣거나 보지 못한 채 매일 선하고 고귀한 것을 실천한다면 쉽게 비뚤어지지 않을 것입니다. 설령 그들이 그렇게 되기를 바란다 할지라도 말이죠."

제8권

제국의 경영

# 제1장

(1) 그렇게 키루스가 말하자 이번에는 크리산타스가 일어나 말했다. "친구들이여. 나는 좋은 지도자는 좋은 아버지와 같다고 오랫동안 보아 왔습니다. 아버지가 자녀에게 생활에 부족함이 없도록 공급하듯이, 키루스는 우리에게 어떻게 하면 계속 번성할지를 가르쳐 주었습니다. 그러나 그가 분명하게 말하지 않은 것이 하나 있는데, 내가 생각하기로 키루스는 그것을 분명하게 말해야 했습니다. 따라서 나는 그것을 말하려고 합니다. (2) 이것을 생각해 보십시오. 명령에 복종하지 않는 군사가 어떻게 우리에게 적대적인 도시를 정복할 수 있으며, 어떻게 우리에게 우호적인 도시를 잘 보전할 수 있겠습니까? 군사들이 각자 자신의 안전만 생각한다면 어떻게 적을 쉽게 물리칠 수 있겠습니까? 상관에게 복종하지 않는 군대가 어떻게 승리할 수 있겠습니까? 어떻게 나라가 법에 의해 통치될 수 있으며, 어떻게 가정이 유지되고, 어떻게 배가 목적지에 도착할 수 있겠습니까?

(3) 우리가 우리 사령관에게 복종하지 않았다면 오늘 우리가 갖고 있는 것을 어떻게 얻을 수 있었겠습니까? 우리는 명령을 따름으로써 밤낮을 가리지

않고 주어진 목적지에 신속하게 도착했습니다. 또한 무적의 밀집대형을 이루어 사령관을 뒤따랐으며, 우리에게 주어진 임무를 완수했습니다. 따라서 사령관에게 복종하는 것이야말로 성공을 거두기 위한 필수조건이며 거둔 성공을 영속시키는 조건이라고 생각합니다.

(4) 여러분도 알다시피 우리 대부분은 지휘를 받았지 지휘한 적은 없습니다. 그러나 지금 이곳에 있는 여러분은 크고 작은 부대를 지휘할 자격이 있는 사람들입니다. 따라서 여러분의 지휘를 받는 자에게 권위를 행사하기 바란다면, 우리도 복종할 의무가 있는 사람에게 복종하도록 합시다. 그러나 우리는 복종에서 노예와 달라야 합니다. 노예는 자신의 의사에 반하여 주인에게 복종하지만, 우리가 스스로를 자유민이라고 주장하려면 우리는 자유의사에 따라 복종하는 것이 최우선순위가 되어야 합니다. 여러분은 군주국이 아닐지라도 그곳을 통치하는 관리에게 가장 복종하는 나라가 적에게 쉽게 항복하지 않는 것을 눈으로 보았을 것입니다.

(5) 따라서 키루스가 명령한 대로 정부 건물에 가서 특별히 우리가 지켜야 할 것들을 굳건히 지키기 위해 할 수 있는 것들을 실천하도록 합시다. 그리고 키루스가 우리에게 요구하는 것은 어떤 것이든 그를 위해 하도록 합시다. 우리는 키루스가 자신의 사욕을 위해 우리를 이용하고 우리를 편파적으로 대하지 않을 것으로 확신합니다. 왜냐하면 우리는 같은 이해관계에 있으며 같은 적과 대면하고 있기 때문입니다."

(6) 크리산타스가 연설을 마치자 그곳에 있던 페르시아와 연합군 사람들이 모두 일어나 그를 지지했다. 그들은, 귀족들은 항상 궁전에 출석하여 키루스가 별도의 지시를 할 때까지 대기하기로 결의했다. 그들이 그렇게 결의했기에 오늘날까지 아시아에 있는 위대한 왕의 신하들은 그와 같이 행동한다. 그

들은 항상 왕의 궁전에 출석한다. (7) 그리고 앞서 말했던, 키루스가 그의 왕국을 페르시아인에게 영원히 귀속시키기 위한 수단으로 시작했던 제도들을 후대의 왕들도 그대로 보전하여 오늘날까지 이어 오고 있다. (8) 다른 모든 것에서도 마찬가지이다. 책임을 맡은 관리가 선하면 그 제도는 선한 결과를 낳으며, 관리가 나쁘면 제도의 결과도 나쁘다. 따라서 키루스의 궁전에 출석하는 귀족들은 말과 창을 소지하고 들어왔다. 키루스와 함께 정복에 참여했던 최고의 사람들은 그렇게 하도록 정했기 때문이다.

(9) 키루스는 다음으로 다른 분야를 맡을 관리를 임명했다. 예를 들어, 세금 징수관, 토지 관리관, 그리고 키루스가 의뢰한 일을 맡을 심부름꾼 등을 임명했다. 또한 필요한 때에 즉각 쓸 수 있도록 말과 사냥개를 최고의 상태로 관리할 관리인도 임명했다.

(10) 그러나 키루스는 그가 이룬 성공을 계속 이어 가기 위해서는 가장 유능한 사람을 그의 동료로 삼아야 한다는 생각에 누가 그에 합당한 인물인지를 관찰하는 일만큼은 남에게 맡기지 않았다. 왜냐하면 전투를 해야 할 경우가 생겼을 때, 그는 자기 옆과 뒤에 설 사람을 그의 동료 중에서 골라야 했고, 그들 역시 큰 위험을 떠안게 되는 것을 알기 때문이었다. 키루스는 또한 그들 중에서 기병대와 보병대의 중대장을 뽑아야 한다는 것도 알았다.

(11) 또한 동료 중에서 총독이나 도지사를 뽑아 복속시킨 나라와 도시로 파견해야 하며, 사신을 뽑아 외국으로 보내야 한다는 것도 알았다. 전쟁을 하지 않고도 원하는 것을 얻기 위해서는 사신이 가장 중요하다고 생각했기 때문이다.

(12) 따라서 그는 나라의 중요한 일을 자격이 되지 않는 동료가 맡아 처리한다면 그의 제국은 실패할 것이라고 생각했다. 그러나 자격이 되는 동료로

정부가 꾸려진다면 그의 제국은 모든 면에서 성공할 것이라고 믿었다. 키루스는 이런 확신을 갖고 직접 사람을 뽑았다. 그는 자신도 그런 미덕을 똑같이 실천해야 한다고 결심했다. 왜냐하면 자신이 그렇지 않다면 다른 사람에게 선하고 고귀한 행동을 권유할 수 없다고 생각했기 때문이다.

(13) 이런 결론에 이르자, 그는 매우 중요한 일들에 집중하려면 여유가 있어야 한다고 생각했다. 하지만 광대한 제국을 유지하려면 엄청난 비용이 들기 때문에 필요한 세입을 소홀히 할 수 없었다. 한편 수많은 속국에 일일이 신경을 쓴다면 제국 전체의 복지를 생각할 시간이 없다는 것도 알았다.

(14) 키루스는 어떻게 하면 세입을 성공적으로 거둬들이면서도 그가 원하는 여유를 가질 수 있을까를 고심하던 차에 우연히 군대 조직을 떠올리게 되었다. 일반적으로 소대장은 10명의 사병을 관리하고, 중대장은 소대장을, 연대장은 중대장을, 장군은 연대장을 관리한다. 이렇게 하면 비록 연대가 많아질지라도 모두 군사가 관리를 받게 된다. 그리고 원하는 대로 군대를 지휘하려면 소수의 장군들에게 명령을 내리면 된다. 키루스는 같은 모형으로 정부 조직도 중앙집권적으로 조직했다. (15) 그렇게 함으로써 키루스는 단지 소수의 관리들과 대면하면서도 모든 정부 조직을 관리할 수 있게 되었다. 이런 식으로 하게 되자 키루스는 한 가족을 관리하는 가장이나 배를 지휘하는 선장보다 더 많은 여유를 갖게 되었다.

키루스는 이렇게 정부 조직을 만든 뒤, 각 조직의 수장들에게 그들도 같은 원리를 따라 해당 조직을 만들라고 지시했다.

(16) 이렇게 키루스는 자신과 장관들에게 필요한 여유를 확보했다. 그런 다음 키루스는 직책을 맡은 동료가 자격을 갖춘 인물인지 가려내기 시작했다. 그는 우선 다른 사람이 일한 것으로 먹고사는 동료가 궁전에 출석하지 않았다

면 불러서 왜 그랬는지를 물었다. 왜냐하면 궁전에 출석하는 사람은 불명예스럽거나 부도덕한 일을 하지 않을 거라고 생각했기 때문이다. 한편으론 왕의 앞에 있기 때문에 조심하기도 하고, 다른 한편으로는 그가 무엇을 하든 왕의 눈에서 벗어날 수 없다고 생각했기 때문이다. 하지만 궁전에 출석하지 않는 사람은 무절제와 불의, 게으름 때문에 그렇다고 믿었다.

(17) 따라서 우리는 먼저 키루스가 동료들을 궁전에 출석하게 만든 방법을 기술할 것이다. 그는 가장 친한 몇몇 친구에게 궁전에 출석하지 않은 사람의 재산을 몰수한 뒤, 원래 키루스의 소유였던 것을 가져간다고 선언하라고 지시했다. 따라서 이런 일이 일어날 때마다 재산을 잃은 사람은 키루스에게 와서 자신이 잘못했다고 호소했다. (18) 그러나 키루스는 호소를 오래 들어 줄 만큼 한가하지 못했다. 따라서 호소를 듣게 되면 최종 판결을 오랫동안 연기한다고 말했다. 그렇게 하면 궁전에 출석하는 일에 습관이 들 것이고 당장 처벌을 내리는 것에 비해 악한 감정을 덜 품게 될 것이라고 생각했다.

(19) 이것이 동료를 궁전에 출석하도록 훈련시켰던 키루스의 방법 중 하나였다. 다른 방법은 출석하는 사람에게 편하고 이익이 되는 일을 맡기는 것이었다. 또 다른 방법은 출석하지 않는 사람에게는 어떤 호의도 베풀지 않는 것이었다. (20) 그러나 출석을 강제하는 가장 확실한 방법이 있었다. 만약 어떤 동료가 이 세 가지 방법 중 어떤 것도 듣지 않는다면, 그가 가진 모든 소유를 빼앗아 키루스가 가장 주고 싶어 하는 사람에게 선물로 주는 것이었다. 그렇게 함으로써 키루스는 쓸모없는 동료를 버리고 쓸모 있는 동료를 얻게 되었다. 오늘날에도 왕은 누구든 궁전에 출석할 의무가 있는 사람이 하지 않을 때는 이렇게 신문한다.

(21) 키루스는 이렇게 궁전에 출석하지 않는 동료를 다루었다. 하지만 궁

전에 출석할지라도 그들 앞에서 키루스가 군주로서 미덕을 실천하는 노력을 보이지 않는다면 그들에게서 아름답고 선한 일을 하려는 욕망을 효과적으로 불러일으킬 수 없다고 믿었다. (22) 키루스는 사람이 글로 쓰인 법을 통해 나아질 수 있다고 생각했지만, 좋은 지배자는 어디서든 볼 수 있는 살아 있는 법이라고 믿었다. 왜냐하면 지배자는 질서를 부여하고 질서를 어기는 사람을 가려내어 그를 처벌할 권한이 있기 때문이었다.

(23) 이렇게 생각하자 키루스는 무엇보다 신들과 관련된 일에 더욱 열심을 내기 시작했다. 그는 그 일을 가장 행복해했다. 그는 매일 아침 사제들이 신들을 칭송하는 노래를 부르면, 사제들이 이름을 부르는 신들에게 제사를 올렸다. (24) 이때 확립된 제도는 후대의 왕들에 의해 오늘날까지 이어지고 있다. 페르시아인은 키루스를 처음부터 따라했다. 그들은 그들의 왕이자 가장 복을 많이 받은 키루스가 하던 대로 신들을 공경하면 그들 또한 분명 복을 받을 것이라고 확신했다. 또한 그렇게 함으로써 키루스를 기쁘게 할 것이라고 생각했다.

(25) 키루스 또한 동료의 신앙심이 자신에게도 좋다고 생각했다. 그것은 먼 항해를 떠날 때 신들께 불경한 일을 저질렀다고 믿기는 동료보다는 신앙심이 있는 동료와 함께 가는 것이 낫다고 여기는 이치와 같았다. 그 외에도 키루스는 만약 동료가 신을 무서워한다면 키루스나 다른 동료에게 죄를 지으려고 하지 않을 거라고 생각했다. 왜냐하면 그는 자신을 은혜를 베푸는 사람으로 생각했기 때문이다. (26) 키루스는 또한 생각했다. 만약 동료나 연합군을 부당하게 대하지 않는 것이 얼마나 중요한지를 분명하게 보여 주고, 올바른 일에 대해서는 항상 그에 합당한 보상을 해 준다면, 다른 사람들 또한 부당한 이득을 취하는 것을 삼가고 정당한 방법으로 출세하려고 노력할 것이라고 생

각했다. (27) 키루스는 자신이 부당하게 말하거나 행동하지 않아 모든 사람을 존경하는 것으로 비친다면 모든 사람의 마음속에 상대방을 존경하려는 마음을 한층 더 부추길 수 있을 것이라고 생각했다. (28) 이것은 다음과 같은 관찰을 통해 얻은 결과이기도 했다. 사람은 다른 사람을 존경하는 마음을 가진 사람을 그렇지 않은 사람보다 더 존경한다. 그런 사람은 두려워하지 않는 대상에게도 존경을 표한다. 그렇다면 왕을 존경하는 것은 말할 것도 없다. 그리고 다른 사람을 존경하는 여성에게 존경으로 보답한다.

(29) 키루스는 또한 가장 위대하고 가장 세련된 미덕을 보이려는 사람보다 주저 없이 복종하는 사람을 더 높여 줄 때, 신하들의 마음속에 복종이 무엇을 의미하는지 깊이 각인시킬 것이라고 생각했다. 그는 그렇게 판단하고 행동하기를 계속했다.

(30) 그는 자제하는 것을 스스로 보여 누구보다 열심히 미덕을 실천했다. 왜냐하면 사회적 약자들이 높은 자리에 있는 사람들이 자제하지 않고 과도하게 즐기는 것을 목격할 때, 자연히 그들도 탐닉하는 것에 아무런 죄책감도 느끼지 않을 것이라고 보았기 때문이다. (31) 게다가 그는 사려 깊음과 자제를 이렇게 구별했다. 사려 깊은 사람은 다른 사람의 눈에 띌 때 부끄러운 행동을 하지 않지만, 자제력이 있는 사람은 다른 사람이 보지 않을 때도 그런 짓을 삼간다. (32) 키루스는 그가 순간의 즐거움을 위하여 선한 일을 추구하는 것에서 벗어나지 않고, 정제된 즐거움을 먼저 얻으려는 모습을 보여 준다면, 절제가 가장 잘 훈련될 수 있다고 생각했다.

(33) 요약하자면, 키루스는 그렇게 모범을 보여 군주 앞에 모습을 보이는 그의 신하들이 궁전에서 올바르게 행동할 수 있게 만들었다. 또한 신하들이 서로에 대해 예의바르고 존경하는 마음을 품게 만들었다. 따라서 신하들 중

에서 큰 소리로 화를 내거나 시끄러운 웃음소리로 즐거움을 표출하는 사람을 결코 발견할 수 없었고, 그들이 고귀한 삶을 진심으로 추구한다는 사실을 볼 수 있었다.

(34) 이것이 그들이 궁전에서 매일 실천하고 목격하는 일이었다. 키루스는 전쟁 기술을 훈련할 것을 기대하며 그런 훈련을 해야 한다고 생각하는 사람들을 사냥에 데리고 갔다. (35) 그는 사냥이야말로 전쟁 기술을 가장 효과적으로 훈련하고 승마 기술을 제대로 습득할 수 있는 계기라고 생각했다. 사냥은 사냥감이 도망가는 곳이라면 어디든 가리지 않고 쫓아가야 했으므로 온갖 종류의 좌석에 굳건히 앉을 수 있도록 훈련하는 최적의 연습 도구였다. (36) 또한 사냥감을 잡기 위해서는 전력을 다해 경쟁해야 하기 때문에 적극적으로 말을 타게 만드는 최고의 훈련 방법이기도 했다. 키루스는 또한 사냥을 통해 동료들이 절제하는 데 익숙해지고 추위와 더위, 갈증과 허기 같은 역경을 이겨 낼 수 있도록 훈련시킬 수 있었다. 오늘날에도 왕과 수행원은 계속해서 사냥 훈련을 한다.

(37) 그러므로 지금까지 말한 것에서 유추해 볼 때, 키루스는 지배하는 자가 백성보다 우월하지 않으면 다스릴 권리가 없다고 믿었던 것이 분명하다. 또한 이렇게 그와 가까운 사람들을 훈련시킴으로써 그 역시 절제와 전쟁 기술을 가장 잘 훈련할 수 있게 된 것이 분명하다. (38) 그는 궁전에 있을 필요가 없을 때는 언제든 다른 사람을 사냥에 데리고 나갔으며, 궁전에 있을 필요가 있을 때에도 공원에 가두어 놓은 동물을 사냥하곤 했다. 그는 먼저 땀을 흘리지 않고는 식사하지 않았으며, 말도 충분히 훈련하지 않으면 먹이를 주지 않았다. 또한 사냥할 때 권표를 드는 사람을 불러 그를 시중들게 하기도 했다. (39) 이렇게 끊임없이 훈련함으로써 키루스와 동료들은 훈련에 탁월하게 되

었다. 그는 몸소 실천함으로써 본을 보였다.

이 외에도 키루스는 각자 맡은 분야에서 탁월하도록 진지하게 노력하는 사람을 발견했을 때는 선물과 힘 있는 자리, 명예로운 지위, 온갖 종류의 편의로 보상했다. 이렇게 함으로써 그는 사람들의 마음속에 진실한 야망을 부추겨 키루스가 보기에 가치 있는 사람이 되도록 노력하게 만들었다.

(40) 나아가 우리는 키루스가 지배자는 백성보다 우월해야 할 뿐 아니라 매력적으로 보여야 한다고 생각했다는 것을 알 수 있다. 그는 메디아 옷을 골라 입었으며 동료들에게도 그렇게 하라고 권유했다. 그는 신체적 약점이 있는 사람이 메디아 옷을 입으면 그것을 감출 수 있고 허약한 사람도 키가 크고 멋져 보일 수 있다고 생각했다. (41) 왜냐하면 메디아 옷은 길어서 키가 커 보이도록 신발 밑창에 무엇을 대도 눈에 띄지 않기 때문이었다. 그는 또한 눈썹을 그려 원래보다 화려하게 보이고, 화장품을 이용해 원래의 얼굴보다 더 멋지게 보이도록 권유했다.

(42) 그는 동료들이 사람들이 보는 앞에서 침을 뱉거나 코를 닦지 않도록 훈련시켰다. 또한 사소한 것에 신경을 쓰는 사람처럼 고개를 돌려 무언가를 힐끗 쳐다보지 말라고 시켰다. 그는 이렇게 하면 백성들의 눈에 그들이 쉽게 깔볼 수 없는 존재가 될 것이라고 생각했다.

(43) 따라서 힘 있는 자리에 오르기를 바라는 사람은 학교에서 훈련을 열심히 할 뿐 아니라, 그의 지휘를 받는 사람들로부터 존경을 받을 수 있도록 준비해야 한다고 생각했다. 반면에 키루스는 노예에게는 자유민이 하는 훈련은 어떤 것이든 시키지 말 것을 지시했다. 그는 노예가 무기를 소지하는 것도 허락하지 않았다. 그러나 노예가 자유민이 훈련하는 것을 시중드느라 굶주리고 목마르게 되는 상황에 빠지지 않도록 주의를 기울였다. (44) 키루스는 이

런 식으로 관리했다. 그는 노예가 기병을 위해 평지로 동물을 몰아갈 때 자유민이 아닌 낮은 계급의 사람만이 동물을 사냥해 식량으로 삼을 수 있도록 허락했고, 군사 원정을 떠날 때는 짐 싣는 동물에게 하는 것처럼 그들을 물가로 데리고 갔다. 마찬가지로 점심을 먹을 때는 그들이 극심한 허기에 시달리지 않도록 무언가를 먹을 때까지 기다려 주었다. 따라서 낮은 계급에 있는 사람들은 귀족들이 그랬던 것처럼 키루스를 "아버지"라고 불렀다. 왜냐하면 키루스는 그들이 복종하는 노예로 살기 위해 필요한 모든 것을 충분히 주었기 때문이다.

(45) 이렇게 키루스는 페르시아 제국 전체를 통치하는 데 필요한 안전을 확보했다. 그리고 그가 정복한 사람들에게서 어떤 위해도 받을 위험이 없다는 것을 확신하게 되었다. 그가 그렇게 확신하는 근거는 이것이었다. 그는 피정복민이 힘이 없고 조직되어 있지 않다고 믿었다. 게다가 그들 중 누구도 낮이든 밤이든 키루스 앞에 올 수 없었다. (46) 그러나 개중에는 아주 강력하고 잘 조직되어 있으며 기병대와 보병대까지 보유하고 있는 피정복민도 있었다. 키루스는 그들 중에는 자신들도 지배할 능력이 있다고 자신하는 무리가 많다는 것을 알고 있었다. 그리고 그들은 키루스의 경호대와 긴밀한 관계를 유지하고 있었고, 그들 중 다수는 키루스와 자주 연락하였다. 키루스로서는 그들을 이용하려면 어쩔 수 없는 선택이었다. 그러나 바로 그 때문에 키루스는 큰 위험에 노출되었는데, 그 위험은 어떤 식으로든 그들에게서 나오기 때문이었다.

(47) 따라서 키루스는 어떻게 하면 그들에게서 나올 위험을 제거할 수 있을지를 항상 유념했지만, 그렇다고 그들을 무장 해제시켜 전쟁을 하지 못하도록 만들겠다는 생각은 하지 않았다. 왜냐하면 그것은 부당한 처사이고, 그렇게 하면 제국 전체의 파멸로 이어질 것이라고 생각했기 때문이다. 한편으로,

키루스는 자기 앞에 오지 못하게 하거나 그들을 신뢰하지 않는다고 비친다면 그들은 즉시 적대국으로 가 버릴 것이라고 믿었다. (48) 그래서 안전에 가장 큰 도움이 되면서도 그를 명예롭게 만들 한 가지 방법을 생각해 냈는데, 그것은 다른 어떤 방법보다 효과적이었다. 바로 힘 있는 귀족들을 그의 가장 좋은 친구로 만드는 것이었다. 따라서 우리는 그가 어떻게 친구로 만들었는지 그 방법을 앞으로 설명하려고 한다.

# 제2장

(1) 우선 그는 최선을 다해 항상 친절을 베풀었다. 그는 미워하는 사람을 사랑하거나 악의를 품고 있는 사람에 대해 호의를 품는 일이 쉽지 않다는 것을 알기 때문에, 자신이 사랑받고 있다고 믿는다면 자신을 사랑하거나 자신에 대해 호의를 품고 있는 사람을 미워하지 않을 것이라고 믿었다.

(2) 따라서 그가 돈을 선물로 주어 호의를 얻을 형편이 되지 않았을 때는 상대방을 먼저 배려하거나 기쁜 일이 있을 때는 함께 기뻐하고 슬픈 일이 있을 때는 함께 슬퍼하면서 상대방의 호의를 얻으려고 노력했다. 그리고 그가 돈으로 호의를 얻을 수 있는 위치가 된 후에는 상대방과 고기와 음료를 나누는 것만큼 호의를 얻는 좋은 방법은 없다고 생각한 듯하다. (3) 그런 믿음 하에 그는 무엇보다 식탁 위에 많은 사람에게 나누어 주기에 충분한 양의 음식을 놓도록 해서, 그와 동료들이 먹는 것을 제외한 나머지 음식을 그가 기념하거나 호의를 베풀기를 바라는 사람에게 나누어 주었다. 그는 또한 각지에서 수비대 임무를 맡는 군사들이나 그를 시중드는 사람, 또는 무엇이든 그의 마음에 드는 행동을 한 사람에게 선물을 주었다. 이런 식으로 키루스는 그를 기

쁘게 하는 사람은 결코 외면받지 않는다는 것을 보여 주었다.

(4) 키루스는 때로 그의 식탁에서 시중을 드는 하인을 칭찬할 때면 음식을 선물로 주기도 했다. 그는 모든 하인에게 나누어 줄 만큼의 음식을 식탁에 가지고 있었고, 개에게 하듯이 이렇게 함으로써 그들에게 어느 정도 호의를 심어 줄 것이라고 생각했다. 그리고 어떤 친구를 환심의 대상으로 만들려고 할 때는 그의 식탁에서 나온 음식을 선물로 보내곤 했다. 그 방법은 매우 효과가 있었다. 오늘날까지도 사람들은 왕에게서 음식이 선물로 들어오는 사람에게 잘 보이려고 노력한다. 사람들은 그 사람이 왕에게 크게 호의를 받고 있으므로, 원하는 것이 있으면 그들을 대신해 왕에게 부탁할 수 있다고 생각했다. 그렇게 사람들의 환심을 샀던 이유는 왕에게서 선물로 받아 기분이 좋기 때문만은 아니었다. 사실 왕의 식탁에서 나오는 음식은 그 어떤 것보다 맛이 좋았다.

(5) 그것은 놀랄 일이 아니었다. 대도시에서는 다른 기술도 탁월한 수준으로 발전하듯이, 왕의 식탁에 오르는 음식은 최고의 기술로 정성껏 만들어진다. 작은 도시에서는 한 사람의 장인이 의자와 문짝, 쟁기와 탁자 등을 모두 만들고 때론 집까지 지을 때가 있어, 먹고살 수 있는 일거리를 얻기만 해도 고마운 일이다. 그러므로 여러 분야를 다루는 사람이 모든 분야에서 숙달되기란 불가능하다. 하지만 대도시에는 각 분야에 대한 수요가 많아 한 사람이 한 가지 분야에만 집중하고 모든 분야를 다루지 않아도 괜찮기 때문에, 한 분야만 해도 충분히 생계를 유지할 수 있다. 예를 들어 어떤 이는 남자 신발만 만들고, 다른 이는 여자 신발만 만든다. 그리고 신발을 꿰매는 일만 해서 생계를 유지하는 사람도 있으며, 다른 사람은 이런 일을 하지 않고 오직 신발을 만드는 데 필요한 재료만을 수집한다. 따라서 고도로 전문화된 작업에 전념하는 사람은 당연히 최고의 기술을 소유하기 마련이다. (6) 정확히 같은 원리가 주방에 적

용된다. 한 사람이 의자와 테이블을 마련하고 빵을 굽고 여러 종류의 음식을 준비할 때는 음식의 맛이 어떻게 나오든 만족할 수밖에 없다. 하지만 한 사람은 고기를 삶고 다른 사람은 고기를 구우며, 어떤 사람은 생선을 삶고 다른 사람은 생선을 굽고 빵을 만드는 식으로, 한 사람이 모든 음식을 만들지 않는다. 그렇게 각자 맡은 분야에서 최고의 명성을 쌓게 되면 주방에서 나오는 모든 음식이 최고의 맛을 내는 것은 당연하다.

(7) 따라서 음식을 선물로 주어 친구를 삼는 기술에서 키루스를 따라올 자가 없었다. 그리고 다른 사람의 호의를 구하는 법에서도 마찬가지였다. 지금부터 그것을 설명할 것이다. 키루스는 거둬들이는 수입에서 따라올 자가 없었지만, 주는 선물의 양에서도 마찬가지였다. 그러므로 아낌없이 선물을 주기 시작했던 사람은 키루스였으며, 오늘날까지 그 명성은 계속되고 있다. (8) 페르시아 왕보다 부유한 사람은 어디 있으며, 키루스와 같이 친구를 아름다운 옷으로 치장할 줄 아는 사람이 어디 있겠는가? 팔찌와 목걸이, 그리고 황금 고삐를 단 말처럼 왕이 주었다고 금방 드러나는 선물이 또 어디 있겠는가? 모든 사람이 알듯이 왕에게서 선물로 받지 않고서는 그런 것을 착용하는 것이 금지되어 있다. (9) 선물을 아낌없이 주어 형제나 부모, 자녀보다 키루스를 더 먼저 생각하게 만들 줄 아는 사람이 누가 있겠는가? 페르시아 왕 외에 몇 달씩이나 밖으로 나가 적을 징벌할 수 있는 사람이 누가 있겠는가? 키루스처럼 정복으로 대제국을 건설하고, 그가 죽고 난 이후에도 정복한 나라의 사람들에게서 "아버지"라고 불리는 사람이 누가 있겠는가? 약탈자보다는 은인이라고 불리지 않는가? (10) 게다가 우리는 키루스가 선물과 명예를 줌으로써 '왕의 눈'과 '왕의 귀'라고 할 수 있는 사람을 많이 확보했다는 것도 발견하였다. 키루스는 그에게 유익이 되는 정보를 보고하는 사람을 후하게 보상함으로써 많은

사람이 눈과 귀를 동원해 왕에게 이익이 되는 정보를 보고하도록 부추기기도 했다. (11) 그 결과 사람들은 왕의 '눈'과 '귀'가 많다고 믿게 되었다. 그러나 키루스는 하나의 '눈'만을 선택하지 않았다. 하나의 눈은 오직 적은 것만을 볼 수 있을 뿐이며, 오직 한 사람에게 보고 듣도록 시킨다면 다른 사람은 아무 관심도 가지지 말라고 명령하는 것과 다름없게 된다. 게다가 어떤 사람이 '눈'이라는 것을 알게 되면 그를 더욱 의식하게 될 것이다. 그러나 키루스는 그렇게 하지 않았다. 그는 주목할 가치가 있는 것을 듣거나 보았다고 주장하는 사람의 말은 무엇이든 들었다. (12) 그래서 "왕은 눈과 귀가 많다."라는 말이 사람들 사이에 있었고, 사람들은 어디를 가든 마치 키루스가 듣고 있는 것처럼 여겨 왕을 깎아내리는 말을 하기를 두려워했다. 마찬가지로 마치 키루스가 옆에 있는 것처럼 그에게 위해를 가하는 어떤 짓도 하기를 두려워했다. 따라서 아무도 다른 사람에게 키루스를 깎아내리는 말을 하려 하지 않았고, 대신 왕의 '눈'과 '귀'가 주위에 많이 있는 것처럼 여겨 항상 조심했다. 나는 사람들이 일반적으로 이런 태도를 취한 이유로 키루스가 적은 것에 대해 많은 것으로 보답했던 방법 외에 더 나은 이유를 찾지 못하겠다.

(13) 사실 세상에서 가장 부유한 사람이 선물을 누구보다 후하게 주는 것은 놀랄 일이 아니다. 오히려 왕이 친구를 배려하고 돌보는 데 다른 누구보다 뛰어나다는 것이 놀라운 일이다. 키루스에게서 받는 관심이 다른 사람보다 뒤지는 것만큼 친구로서 수치스러운 일은 없다고 한다. (14) 사람들은 좋은 목동과 좋은 왕의 임무는 같다는 키루스의 말을 인용한다. 좋은 목동은 가축에게서 유익을 얻으면서도 가축을 행복하게 해 주어야 하듯이(양도 행복해질 수 있다고 말할 수 있다면), 왕은 백성과 도시를 행복하게 해 주는 대가로 그들에게서 유익을 얻는다. 키루스가 이런 생각을 품고 있다는 것을 알면, 그가 친구

에 대한 관심에서 다른 사람을 능가하기를 강렬히 원한다는 것은 전혀 놀랄 일이 아니다. (15) 키루스는 그 증거로서, 집에 금을 누구보다 더 많이 쌓아 둘 수 있는 위치에 있는데도 불구하고 그렇게 다른 사람에게 후하게 줘 버리면 머지않아 가난해질 것이라고 염려하는 크로이소스에게 그렇지 않다는 것을 멋지게 보여 주었다고 한다.

키루스는 크로이소스에게 다음과 같이 물었다고 한다. "그대는 그대가 제안한 대로 내가 왕위에 오른 후부터 금을 계속 모았다면 지금쯤 얼마만큼의 금을 가지고 있을 거라고 생각하는가?"

(16) 크로이소스는 큰 숫자를 말했다.

"알겠네, 크로이소스." 키루스가 대답했다. "여기서 그대가 가장 신뢰하는 사람을 히스타스파스와 함께 보내도록 하게." 키루스는 하스타스파스를 보고 말했다. "히스타스파스, 그대는 내 친구들에게 가서 내가 어떤 사업을 하려고 하는데 돈이 필요하다고 말하게. 사실 나는 돈이 더 필요하긴 하네. 그리고 친구들에게 그들이 나에게 줄 수 있는 돈의 액수를 각자 종이에 적도록 하고, 그 종이를 봉인한 다음 크로이소스의 전령에게 주어 이곳으로 가져오도록 하게."

(17) 키루스는 그가 말한 내용을 편지로 쓰고 봉인을 한 다음 친구들에게 전달하라고 히스타스파스에게 주었다. 물론 편지 속에는 히스타스파스를 그의 친구로 받아들이라는 부탁이 들어 있었다.

히스타스파스가 키루스의 친구들을 두루 만나고, 크로이소스의 전령이 친구들의 편지를 가지고 왔을 때, 히스타스파스가 말했다. "폐하. 폐하께서는 저를 지금부터 부자로 취급하셔야 합니다. 폐하의 편지 덕분에 저는 엄청난 양의 선물을 받았습니다."

(18) 키루스가 말했다. "크로이소스. 여기 있는 히스타스파스는 그 자체로 이미 가득 채워져 있는 한 개의 금고라네. 그러나 친구들이 내겠다고 했으니, 기부 목록을 확인해서 우리가 쓸 수 있는 돈이 모두 얼마나 되는지 계산하도록 하게."

그러자 크로이소스는 금액을 모두 합하였고, 만약 키루스가 왕위에 올랐을 때부터 모으기 시작했더라면 지금쯤 가지고 있을 재물보다 몇 배나 많은 양의 액수가 되는 것을 발견했다고 한다. (19) 그것이 확실해졌을 때 키루스는 다음과 같이 말했다. "크로이소스. 그대는 나 또한 재물이 많은 것을 보지 않았는가? 하지만 그대는 나에게 재물을 모두 모아 내 궁전에 저장하고, 그런 저장이 다른 사람의 시기와 질투를 야기할 수 있기 때문에 경비병을 세워 지키도록 제안했지. 하지만 친구를 부자로 만들면 친구의 재산은 내 것이 되며, 동시에 친구와 나의 공동 재산을 경비병을 세워 지키는 것보다 더 안전하게 지킬 수 있다네. (20) 그리고 하나 더 그대에게 꼭 말할 것이 있네. 나 또한 재물에 대한 욕망에서 완전히 자유롭지 못하다네. 그건 신들이 우리 영혼에 불어넣은 마음이고, 바로 그 마음 때문에 우리 모두는 가난한 것이라네. 나도 다른 사람처럼 재물에 대해 만족할 줄 모른다네. (21) 그러나 나는 남들과 다른 점이 있다고 생각하네. 다른 사람은 재물을 필요 이상으로 거둬들인 나머지 일부는 땅에 묻거나 썩도록 방치하지. 그리고 그것들을 세고, 재고, 무게를 달고, 통풍을 시키고, 감시하느라 피곤하고 지쳐 한다네. 그들은 집에 충분한 양의 식량을 가지고 있지만 결코 다 먹지 못하지. 그랬다간 배가 터져 버릴 테니까. 그리고 그들은 다 입지도 못할 옷을 가지고 있다네. 다 입었다간 숨 막혀 죽겠지. 그들은 넘치는 재물이 짐만 되는 것을 알지. 하지만 나는 신들의 가르침을 따라 항상 더 많이 거두려고 하지. (22) 그렇지만 필요 이상으로 거뒀을 때는 그것을 친구들의 필요를 만족시키는 데 쓴다네. 나는 나의 넘치는 재물로 그들을 부유하게 만들고 그들에게 호의를 베풀지. 그 대가로 나는 그들의 우정과 충성심을 얻는다네. 또한 안전과 좋은 명성으로 보답을 받지. 그것들은 결코 썩지 않고 너무 많이 받아도 해가 되지 않지. 좋은 명성이란 클수록 매력적이고 짊어지기 가벼워지는 법이라서 명성을 얻는 사람의 마음을 가볍게 만들지."

(23) 키루스는 계속 말했다. "내가 그대에게 말하겠네. 나는 가장 많이 소유하고 그것을 가장 열심히 지키는 사람이 가장 행복하다고 여기지 않는다네. 그렇다면 도시의 성벽을 지키는 경비병이 가장 행복하겠지. 왜냐하면 그는 도시에 있는 모든 것을 지키니까 말이야. 나는 재물을 정직한 방법으로 가장 많이 획득하고 그것을 고귀한 목적을 위해 가장 많이 쓸 수 있는 사람이 가장 행복하다고 생각하네."

키루스는 자신이 말한 바를 분명히 실천했다.

(24) 이 외에도 그는 대부분의 사람이 건강할 때 필요한 여러 준비를 하고, 건강할 때 쓰려고 돈을 쌓아 두기도 하지만, 병이 들었을 때 필요한 준비는 전혀 하지 않는 것을 보았다. 따라서 키루스는 그 문제를 해결하고 싶었다. 키루스는 유능한 의사와 의료 도구, 의약품, 유용하다고 하는 음식과 음료를 모으는 데 돈을 아끼지 않았다. 그는 그것들을 하나도 빠뜨리지 않고 모두 구입해 궁전의 창고에 쌓아 두었다. (25) 그리고 그가 관심을 두고 있는 누군가가 병이 들었을 때면 방문해서 필요한 모든 것을 주었다. 키루스는 또한 그의 창고에서 물품을 가져다 치료하는 의사에게도 감사를 표시했다.

(26) 키루스는 그가 사랑받고 싶은 대상이 그를 가장 사랑하도록 만들기 위해 이런 방법들을 이용했다.

키루스는 또한 사냥 대회를 열어 상을 수여함으로써 참가하는 사람들의 마음속에 선하고 멋지게 보이려는 마음을 부추겼다. 그는 사냥 대회를 통해 최고 수준의 훈련을 달성하려고 목적했기 때문에 사람들로부터 칭송을 받았다. 하지만 귀족들 사이에서는 사냥 대회가 논쟁과 질투를 유발했다.

(27) 이 외에도 키루스는 사실 법이나 다름없는 규정을 만들었다. 상을 다투는 소송이나 경연 대회에서 판결이 필요한 문제가 생기면 다투는 당사자들은 재판관을 선정하는 데에 서로 동의해야 한다는 규정이었다. 따라서 그들은 가장 영향력이 큰 인물을 재판관으로 삼으려고 노력했고, 그런 재판관을 자기편으로 만든 쪽이 유리할 것은 분명했다. 따라서 판결에서 진 사람은 이긴 사람을 질투하고, 자신에게 우호적인 판결을 내리지 않은 재판관을 싫어했다. 반면에 판결에서 이긴 사람은 자신의 주장이 옳기 때문에 이겼으므로 아무에게도 고마워할 필요가 없다고 생각했다.

(28) 따라서 키루스의 호감을 얻으려고 하는 사람은 다른 사람의 질투의 대상이 되었고, 그것은 다른 사람의 경우에도 마찬가지였다(심지어 공화정 국가에서도 그랬다). 따라서 대부분의 경우 공통의 이익이 걸린 일에서는 키루스를 끌어들이기를 바랐지만 일이 끝나면 즉시 서로 흩어지기를 바랐다.

이 모든 것이 키루스가 어떻게 하면 힘 있는 사람들이 서로 사랑하기보다 키루스를 더욱 사랑하도록 고안했는지를 보여 주는 증거라고 하겠다.

## 제3장

　(1) 다음으로 우리는 키루스가 처음으로 궁전 밖으로 나와 행진할 때를 기술하려고 한다. 여기서 우리가 그것을 기술하는 이유는, 키루스가 그렇게 웅장하게 행진을 한 이유가 그의 정부가 존경을 받기 위해 그가 고안한 여러 기술 중의 하나로 느껴지기 때문이다. 키루스는 행진에 앞서 페르시아와 연합군의 관리들에게 메디아 옷을 나누어 주면서(페르시아인이 메디아 옷을 입기는 이때가 처음이었다.), 신전까지 행진한 다음 거기서 친구들과 함께 신들에게 제사를 드릴 것이라고 말했다. (2) "그러므로 이 옷을 입고 해가 뜨기 전까지 궁전으로 오시오." 키루스가 말했다. "그리고 페라울라스가 내 이름으로 지시하는 대로 줄을 서시오. 그리고 내가 길을 인도하면 각자 정해진 순서대로 나를 따르시오. 누구든 우리가 지금 하려는 것보다 더 좋은 행진 방법이 있다고 생각하면 우리가 돌아오는 즉시 알려 주시오. 왜냐하면 모든 것은 여러분이 가장 좋다고 생각하는 대로 짜야 하기 때문이오."

　(3) 키루스는 가장 아름다운 옷을 귀족들에게 나누어 줄 때, 다른 메디아 옷도 가지고 왔다. 그는 다른 옷이 많았다. 그러나 가지고 온 옷 중에서 자주

색, 검은색, 빨간색, 주홍색, 심홍색 망토는 하나도 없었다. 키루스는 관리들에게 옷을 나누어 주면서 그들의 친구들을 꾸미라고 지시했다. 키루스가 말했다. "내가 그대들을 꾸몄듯이 그대들도 친구들을 꾸미시오."

(4) 그러자 그곳에 있던 한 관리가 물었다. "폐하께서는 언제 꾸미실 것입니까?"

"내가 그대들을 꾸미면서 나는 꾸미지 않을 것으로 보이는가?" 키루스가 대답했다. "내가 그대들을 내 친구로서 은혜를 베풀 수 있다면 내가 무슨 옷을 입더라도 멋져 보일 거라는 점을 명심하게."

(5) 그렇게 그들은 돌아가서 받은 옷으로 친구들을 꾸몄다.

키루스는 평민 출신의 페라울라스가 똑똑하고 미와 질서에 대한 안목이 있어 자신을 기쁘게 해 줄 것이라고 믿었다. (예전에 모든 페르시아 군사는 각자 자신의 능력에 따라 대우를 받아야 한다고 주장했던 사람 역시 페라울라스였다.) 키루스는 그를 불러 어떻게 행진 대형을 짜면 충성스러운 친구의 눈에는 훌륭하게 보이고 나쁜 마음을 품고 있는 사람에게는 위압적으로 비칠 수 있을지를 함께 계획했다. (6) 면밀한 검토를 거쳐 두 사람이 의견의 일치를 본 뒤, 키루스는 페라울라스에게 내일 그들이 최선이라고 결론 내린 대형을 취하라고 지시했다. 키루스가 말했다. "나는 대형 순서에 대해 그대의 지시를 따르라고 명령을 내렸도다. 그러나 그들이 그대의 지시를 보다 기꺼이 따르도록 하기 위해 여기 있는 튜닉들을 가져다가 창병의 장교들에게 주고, 여기 있는 망토들은 기병대의 장교들, 그리고 여기 있는 다른 망토들은 전차 부대의 장교들에게 나누어 주도록 하라."

그래서 페라울라스는 그것들을 가지고 나왔다. (7) 그리고 장교들이 그를 잇달아 보았을 때 다음과 같이 말했다. "페라울라스. 우리가 어떻게 해야 할지를 지시하는 것을 보니 그대는 분명 대단한 사람임에 틀림없구먼."

페라울라스는 대답했다. "제우스신에 맹세코 아닙니다. 저는 한 명의 짐꾼에 불과한 사람입니다. 저는 이곳에 두 개의 망토를 가지고 왔습니다. 하나는 장교님 것이고, 다른 하나는 다른 장교님 것입니다. 하나를 고르십시오."

(8) 망토를 받자 그 장교는 즉시 질투심을 잊고 친절하게 어떤 것을 고르면 좋겠느냐고 물었다. 그러자 페라울라스는 이것이 더 어울리겠다고 하면서 다음과 같이 말했다. "만약에 장교님께서 제가 장교님께 선택하라고 했다고 발설하시면 다음번에는 제가 다른 일을 하는 심부름꾼으로 오게 될 것입니다." 페라울라스는 가지고 온 옷을 지시받은 대로 모두 나누어 준 다음 곧바로 훌륭하게 보이는 행진 대형을 꼼꼼하게 짜기 시작했다.

(9) 다음 날 새벽, 아침 해가 뜨기 전에 대형이 완성되었다. 군사들은 대로의 양쪽에 줄 서 있었다. 오늘날에도 페르시아군은 그렇게 한다. 그리고 대형의 가운데로 왕이 지나간다. 이 가운데는 명예로운 자리에 있는 사람 외에는 아무도 들어갈 수 없다. 경찰들은 손에 채찍을 들고 그곳에 지키고 서서 들어가려고 하는 사람은 누구든 후려친다.

대형의 맨 처음에는 4천 명의 창병이 궁전의 대문 앞에서 네 줄을 만들어, 각각 2천 명씩 대문의 양쪽에 섰다. (10) 기병들은 말에서 내려 말 옆에 서 있었다. 기병들은 모두 손을 웃옷의 소매 속으로 집어넣었다. 오늘날에도 왕이 그들을 만날 때는 그렇게 한다.* 페르시아 군사들은 대로의 오른쪽에 위치하고, 연합군의 군사들은 대로의 왼쪽에 위치했다. 전차 부대도 숫자를 반으로

---

* 페르시아인은 왕 앞에서 손을 소매 속으로 집어넣어야만 한다. 그것은 왕에 대한 복종의 표시인 동시에 그렇게 함으로써 왕에 대한 폭력 행위를 막을 수 있다. 소키루스는 이 규칙을 지키지 않았다는 이유로 그의 친척 두 명을 처형했다고 한다. - 原註

나누어 각각 오른쪽과 왼쪽에 위치했다.

(11) 드디어 궁전 대문이 열리자 선두에 제우스와 다른 신들에게 바칠 빼어나게 잘생긴 황소 네 마리가 나란히 줄을 맞추어 나왔다. 그것은 사제들이 지시한 것이었다. 페르시아인은 다른 직업보다 신들과 관련된 직업 사람들의 말을 더 신중하게 받들기 때문에 그렇게 했다. 황소 뒤로는 태양신에게 바칠 말이 왔다. (12) 그리고 말들 뒤에는 제우스신에게 바칠 전차 한 대가 뒤따랐다. 그 전차는 금과 화환으로 장식된 멍에를 멘 흰색 말들이 끌었다. 그 뒤로는 태양신에게 바칠 전차 한 대가 뒤따랐으며, 화환으로 장식된 멍에를 멘 흰색 말들이 끌었다. 그 뒤로는 자주색 천으로 덮인 세 번째 전차가 왔다. 그리고 그 뒤로는 불이 활활 타오르는 제단이 뒤따랐다.

(13) 그 뒤로 드디어 키루스가 전차를 타고 모습을 나타냈다. 키루스는 높은 티아라를 쓰고 흰색이 들어간 자주색 튜닉(왕 외에는 아무도 그렇게 입을 수 없었다.)과 주홍색 바지, 그리고 자주색 망토를 입었다. 그는 또한 티아라에 띠를 묶었으며, 그의 친척들 또한 같은 표식으로 구별했다. 오늘날에도 그들은 그런 복장을 한다. 키루스의 손은 모두 소매 밖으로 나와 있었다. (14) 그의 마차는 키가 큰 전차병이 몰았는데, 전차병은 실제로나 겉모습이나 키루스보다 크지 않았다. 좌우간 키루스가 훨씬 커 보였다.

키루스를 보았을 때 사람들은 모두 그 앞에 엎드렸다. 그들은 그렇게 존경을 표시하라고 지시를 받아서 그랬거나, 아니면 그의 웅장한 존재에 압도되어서 그랬거나, 키루스가 너무나 위대하고 선하게 비쳐져서 그랬거나, 어쨌든 그의 앞에 엎드리지 않은 사람은 아무도 없었다.

(15) 키루스의 전차가 문에서 나오자 대문 앞에 있던 4천 명의 창병이 대형을 인도했고, 각각 2천 명씩 전차의 양 옆에서 줄을 이루어 따랐다. 그 뒤에

는 권표를 든 300명의 사람이 축제용 의상을 입고 의식용 창을 들고 말을 타고 뒤따랐다. (16) 그 뒤로는 키루스가 개인적으로 기르는 종마가 200마리쯤 뒤따랐다. 말은 금을 입힌 고삐와 수를 놓은 장식을 했다. 말의 뒤로는 200명의 창병이 뒤를 따랐고, 그 뒤로는 1만 명의 정규 기병대가 따랐다. 기병대는 양쪽에서 100명의 정사각형 형태로 행진했다. 기병대는 크리산타스가 지휘했다. (17) 그 뒤로는 다른 1만 명의 페르시아 기병이 뒤따랐으며, 이 기병대는 히스타스파스가 지휘했다. 그 뒤에는 다타마스가 같은 형태를 한 기병대 1만 명을 이끌고 뒤따랐으며, 그 뒤를 가다타스가 그보다 많은 숫자의 기병대를 이끌고 뒤따랐다. (18) 계속해서 메디아, 아르메니아, 히르카니아, 카두시아, 사키아 기병대가 뒤따랐고, 아르타바타스가 지휘하는 전차 부대가 네 줄을 이루어 뒤따랐다.

(19) 이렇게 행진할 때 구름떼 같은 군중이 키루스에게 청원을 하기 위해 대형 바깥에서 그를 뒤따랐다. 군중은 각자 부탁할 거리를 들고 찾아왔다. 키루스는 뒤따르는 권표를 든 자들에게 자신의 전차 양쪽에 각각 세 명씩 위치해 군중의 청원을 받도록 했다. 그리고 만약 누구든 자신에게 직접 청원할 내용이 있으면 뒤따르는 기병대 장교에게 말하면 그 장교가 자신에게 전달할 것이라고 군중에게 말하라고 지시했다. 그렇게 말하자 군중은 즉시 뒤로 물러나 기병대 옆을 따르면서 어느 장교에게 가야 할지를 고심하기 시작했다.

(20) 키루스는 때로 군중의 환심을 사게 만들어 주고 싶은 친구들을 한 사람씩 불러 다음과 같이 말하곤 했다. "우리의 행렬을 따르는 군중 중에서 누군가 무언가를 가져와 그대의 관심을 끌려고 하는데, 그대가 듣기에 그것이 가치가 없다고 판단되면 아무런 관심도 두지 마시오. 그러나 누구든 무엇이 공정한지를 묻고자 한다면 내게로 와서 그것을 말하도록 하시오. 함께 논의해

서 청원을 들어주도록 합시다."

(21) 키루스가 친구들을 부르자, 부름을 받은 사람은 그에 대한 답으로 전속력으로 달려왔다. 이를 통해 키루스는 자신의 권위의 위대함을 드러내고 부름을 받은 사람은 키루스에 대한 충성심을 보여 줄 수 있었다. 그러나 그렇지 않은 사람이 한 명 있었다. 다이페르네스라는 자는 태도가 불량한 친구로서 키루스의 명령에 즉시 복종하는 모습을 보이지 않으면 자신이 더 멋져 보일 거라고 생각했다. (22) 키루스는 이것을 알고서 다이페르네스가 오기 전에 권표를 든 사람을 은밀히 보내 올 필요가 없다는 말을 전하도록 했다. 그리고 키루스는 다이페르네스를 다시는 부르지 않았다. (23) 그러나 다이페르네스보다 뒤에 부른 사람이 그보다 먼저 달려오자 키루스는 그에게 행렬에 있던 말 한 마리를 주었고, 권표를 든 사람에게 다이페르네스가 가리키는 곳으로 말을 가져다 놓으라고 지시했다. 그 광경을 목격한 군중은 키루스의 부름을 받는 것이 큰 영광이라고 여기게 되었고, 더욱 많은 사람들이 키루스의 부름을 받은 사람에게 가서 잘 보이려고 노력했다.

(24) 행렬이 드디어 신전에 도착하자 그들은 제우스신에게 황소를 잡아 제사를 드렸고, 태양신을 기념하여 말을 불태워 제사를 드렸다. 다음으로 그들은 사제들이 지시한 대로 땅의 신에게 제사를 드렸고, 마지막으로는 시리아의 수호 영웅들에게 제사를 드렸다. (25) 제사를 마치자 키루스는 그곳이 경주를 하기에 적합한 곳이라는 생각이 들어, 1킬로미터 떨어진 곳에 목적지를 정하고 각 나라의 기병대 지휘관에게 전속력으로 말을 달리라고 지시했다. 뒤이어 키루스도 페르시아 기병들과 함께 달려 병사들을 훨씬 앞질러 목적지에 도착했다. 그만큼 말타기에 신경을 썼기 때문이다. 메디아 기병대에서는 키루스에게서 선물로 받은 말 덕분에 아르타바주스가 일등을 했다. 예전에 키루스

에게 대적했던 아시리아 기병대에서는 가다타스가 일등을 차지했고, 아르메니아 기병대에서는 티그라네스가 차지했다. 히르카니아 기병대에서는 사령관의 아들이 일등을 했다. 그런데 사키아 기병대에서는 어떤 사병이 나머지 기병을 절반 거리를 넘게 따돌리며 일등을 차지했다. (26) 그래서 키루스는 그 젊은 사병에게 그 말을 왕국과 바꾸겠느냐고 물었다고 한다.

그가 대답했다. "저는 왕국을 준다고 해도 이 말과 바꾸지 않겠습니다. 그러나 용감한 사람의 감사를 얻는다면 바꾸겠습니다."

(27) 그러자 키루스가 말했다. "좋다. 그럼 그대가 눈을 감고 던져도 용감한 사람을 틀림없이 맞출 수 있는 곳을 보여 주겠다."

"좋습니다." 그 사키아 사병이 말했다. "저에게 보여 주십시오. 제가 마른 진흙 덩어리를 던지겠습니다." 그는 진흙 덩어리를 하나 집어 들었다.

(28) 키루스는 그에게 친구들이 모여 있는 곳을 가리켰다. 그러자 그가 눈을 감고 진흙을 던져 말을 타고 가던 페라울라스를 맞췄다. 하필이면 페라울라스는 키루스로부터 어떤 명령을 받아 전달하러 가던 참이었다. 그러나 그는 진흙 덩어리를 맞고서도 돌아보지 않고 태연히 그 명령을 수행하려고 계속 달렸다.

(29) 사키아 사병은 눈을 뜨고 누가 맞았는지 물었다.

키루스가 말했다. "제우스신에 맹세코 맞은 사람은 여기에 없다."

"그렇군요. 여기에 있는 사람은 아무도 맞지 않았군요." 그가 말했다.

키루스가 말했다. "제우스신에 맹세코 그대는 저기 늘어서 있는 전차 옆을 빠르게 달리는 사람을 맞췄다."

"그런데 그가 왜 돌아보지도 않았죠?" 그가 물었다.

(30) "아마 미쳐서 그럴 거야." 키루스가 대답했다.

그 말을 듣고서 그는 맞은 사람을 찾으러 갔다. 그리고 마침내 진흙과 피로 턱이 범벅이 되어 있는 페라울라스를 발견했다. 코를 맞아 피를 흘렸기 때문이다. 그가 페라울라스에게 다가가 진흙에 맞은 것이 맞는지 물었다.

(31) "보다시피 그렇소이다." 페라울라스가 말했다.

"그렇다면 제가 이 말을 당신께 선물로 드리겠습니다." 그가 말했다.

"무엇 때문에 그러지?" 페라울라스가 말했다.

그러자 그 사키아 사병은 그간의 상황을 설명하며 마지막으로 이렇게 말했다. "최소한 저는 용감한 사람은 맞춘 것 같습니다."

(32) "그대가 현명했더라면 그대는 나보다 부유한 사람에게 말을 주었을 것이오." 페라울라스가 말했다. "그렇다 하더라도 나는 그대의 선물을 받겠소. 그리고 그대에게 맞도록 만든 신들에게, 그대가 나에게 선물을 준 것을 결코 후회하지 않게 해 달라고 기도하겠소. 그럼 이만 말을 타고 가 봐야겠소. 나중에 기쁘게 다시 만나도록 합시다."

이렇게 두 사람은 말과 감사를 교환했다.

카두시아 기병대에서는 라티네스가 일등을 했다.

(33) 키루스는 전차병들도 각 부대별로 경주를 하도록 했다. 그리고 모든 우승자에게 가축과 컵을 주어 신들에게 제사를 올리고 연회를 즐기도록 했다. 키루스도 황소를 상으로 받았지만 컵은 페라울라스에게 주었다. 왜냐하면 총책임자로서 궁전에서 출발한 행렬을 아주 멋지게 관리했다고 생각했기 때문이다.

(34) 따라서 키루스로부터 시작된 왕의 행렬은 제사로 드릴 제물을 마련하지 못한 경우를 제외하고는 오늘날까지 그렇게 이어 오고 있다.

이 모든 행사가 끝났을 때, 그들은 바빌론에 있는 그들의 거처로 돌아갔다. 집을 보상으로 받은 사람은 집으로 갔고, 그렇지 않은 사람은 자신의 부대 천막으로 갔다.

(35) 페라울라스는 말을 선물로 주었던 그 사키아인을 집으로 초대해 새로운 친구로 삼아 즐거운 시간을 보냈고, 그에게 필요한 물품을 풍부하게 주었다. 저녁을 먹을 때 페라울라스는 키루스에게 받은 컵에 술을 채워 그에게 주며 그의 건강을 빌었다. (36) 그리고 그 사키아인은 페라울라스에게 아름다운 이불과 멋진 가구, 하인이 많은 것을 보고서 다음과 같이 말했다. "페라울라스. 당신은 처음부터 이렇게 부자였나요?"

(37) 그러자 페라울라스가 대답했다. "부자라니! 전혀 아닐세. 남들도 다 알다시피 나는 원래 노동일을 해서 먹고살던 사람이라네. 내 아버지는 힘든 노동으로 우리를 부양하면서 검소하게 사셨지. 그 덕분에 나는 소년일 때 겨우 학업을 마칠 수 있었다네. 그런데 청소년이 되었을 때는 한가하게 학교에 다닐 형편이 되질 못했어. 그래서 아버지께서는 나를 밭으로 데려가서 일을 시키셨지. (38) 거기서 나는 조그만 밭을 파고 곡식을 심으면서 아버지를 도우며 살았지. 그 밭은 크지는 않았지만 나쁘지 않았다네. 사실 꽤나 정직했지. 엄청나게 수확을 내지는 않았지만 뿌린 씨앗은 모두 거둘 정도로 공평하고 정직했다네. 때로는 관대하기까지 했어. 평소 수확의 두 배까지 거둘 때가 있었거든. 나는 그렇게 살았다네. 그러나 지금 여기에 있는 모든 것은 키루스가 나에게 준 것이라네."

(39) "여러 가지 이유로, 특별히 가난하다 부자가 되었으니 당신은 정말로 행복한 사람이군요." 사키아인이 말했다. "부자가 되고 싶어 하는 열망을 이루었으니 당신은 가지고 있는 부를 더욱 누려야 한다고 생각합니다."

(40) "정말로 그렇게 생각하는가, 사키아 친구?" 페라울라스가 대답했다. "

더 많이 가질수록 더 행복하게 살 것이라고?" 그는 계속 말했다. "그대는 그 부가 가난했을 때보다 먹고 마시고 자는 데 단 한 치의 즐거움도 더하지 못하는 것을 알지 못하는군. 내가 그렇게 많이 소유함으로써 얻게 된 것은 예전보다 돌봐야 하는 사람이 늘었다는 것, 다른 사람에게 더 많이 나누어 줘야 한다는 것, 그리고 신경 써야 할 골칫거리가 늘었다는 것이라네. (41) 집에 있는 하인들은 나에게 와서 먹을 것과 마실 것, 입을 것을 달라고 하지. 그들 중 일부는 아프니까 의사를 불러 달라고도 한다네. 어떤 하인은 나에게 와서 늑대가 양을 공격했다거나, 황소가 절벽에서 떨어져 죽었다거나, 가축 전염병이 번졌다는 말을 한다네. 많이 소유하게 된 게 오히려 골칫거리만 는 것 같아."

(42) 사키아인이 말했다. "그렇지만 모든 것이 잘되어 간다면 당신은 제가 누리는 복보다 몇 배나 많은 복을 누리게 될 것입니다."

"나의 좋은 사키아 친구여. 그렇지만 부를 잃었을 때의 고통은 얻었을 때의 기쁨보다 훨씬 크다네." 페라울라스가 말했다. "그리고 그대는 내 말이 사실이라는 것을 알게 될 걸세. 왜냐하면 즐거워서 잠을 자지 못하는 부자는 없지만, 무언가를 잃은 부자는 슬픈데도 잠을 자는 경우는 보지 못할 걸세."

(43) "제우스신에 맹세코 그렇지 않습니다." 사키아인이 말했다. "당신은 무언가를 얻은 사람도 그 즐거움으로 인해 조금이라도 눈을 붙이는 것을 볼 수 없을 것입니다."

(44) "그렇지." 페라울라스가 말했다. "그대도 알다시피 무언가를 얻음으로써 기뻐진다면 부자는 가난한 사람과는 비교할 수도 없이 행복하겠지. 그렇지만 내 좋은 사키아 친구여. 그대도 보다시피 많이 소유한 사람은 신들에게 제사를 드리는 일과 친구를 대접하는 일, 그리고 집에 온 손님을 대접하는 일에 더 많이 쓰게 되는 것이 당연한 이치 아닌가. 따라서 내 그대에게 알려

주지. 돈을 소유해서 얻는 즐거움을 주체하지 못하는 사람은 돈을 잃었을 때 겪는 고통 또한 주체할 수 없다네."

(45) "제우스신에 맹세코 잘 알겠습니다." 사키아인이 대답했다. "그렇지만 저는 그런 부류의 사람이 아닙니다. 행복에 대한 제 생각은 많이 벌고 많이 쓰자입니다."

(46) 페라울라스가 말했다. "그렇다면 신들의 이름으로 말하건대 즉시 그대가 행복해지고 나 또한 행복해지게 만들어 주게나. 이 모든 재산을 가져가서 그대가 원하는 대로 쓰게나. 그리고 나를 손님으로 여겨 주게나. 아니 손님보다 못하게 여겨도 되네. 왜냐하면 나는 그대의 재산을 쓰는 것만으로도 만족할 것이기 때문이네."

(47) "농담하시는 거죠?" 사키아인이 말했다.

그러나 페라울라스는 그의 제안이 진심이라고 맹세를 했다. "나는 그대가 키루스로부터 다른 호의도 얻을 수 있게 해 주겠네. 궁전에 출석하고, 전쟁에 나가는 일에서 면제해 주도록 하겠네. 그대는 그대의 부를 가지고 집에 있기만 하면 되네. 내가 그대와 나에게 주어진 임무를 맡도록 하겠네. 그리고 내가 키루스를 받들거나 군사 원정을 통해 가치 이상의 무언가를 얻게 되면 그대에게 갖다 주겠네. 그렇게 되면 그대는 더 많은 부를 소유하게 될 것일세. 제발 이 걱정에서 나를 건져 주게나. 그대가 나의 부담을 없애 준다면 나는 나 자신과 키루스를 위해 더 큰 일을 할 수 있다고 생각하네."

(48) 그들은 그렇게 이야기를 한 뒤, 제안을 받아들여 그대로 실행하기로 합의했다. 그렇게 해서 한 사람은 많은 부를 마음대로 쓸 수 있게 되어 행복하고, 다른 사람은 기뻐하는 일만 할 수 있게 만들어 주는 심부름꾼을 얻게 되어 복을 받았다고 생각했다.

(49) 이제 페라울라스는 자연스레 "좋은 동료"가 되었고, 다른 사람에게 봉사하는 일을 가장 기쁘고 유익한 일로 여기게 되었다. 왜냐하면 그는 인간이야말로 모든 피조물 중에서 가장 선하고 가장 감사할 줄 아는 존재라고 생각했기 때문이다. 그는 누군가 다른 사람에게서 칭찬을 받으면 그 사람도 역시 칭찬하기를 기뻐하는 것을 보았다. 누군가에서 호의를 받으면 역시 호의를 베풀기를 기뻐하고, 친절하게 대우를 받으면 역시 좋은 마음으로 보답하기를 기뻐한다. 누군가로부터 사랑을 받고 있다는 것을 알면 그 사람을 싫어할 수 없다. 페라울라스는 특별히 인간이 부모의 사랑에 보답하려고, 부모가 살았을 때나 죽었을 때를 가리지 않고 진심으로 노력하는 것을 보았다. 그 노력은 어떤 피조물보다 뛰어났다. 다른 피조물은 인간보다 감사하는 마음과 애정이 뛰어나지 못했다.

(50) 따라서 페라울라스는 재산에 대한 걱정에서 완전히 벗어나 친구들에게 헌신할 수 있게 되어 매우 기뻤고, 사키아인은 많이 소유하고 많이 누릴 수 있게 되어 기뻤다. 그리고 사키아인은 페라울라스가 언제나 더 많이 가져다주었기 때문에 그를 사랑했고, 페라울라스는 사키아인이 모든 것을 기꺼이 관리하려고 했기 때문에 그를 사랑했다. 비록 사키아인이 관리해야 할 재산이 계속 늘긴 했지만, 그렇게 느는 재산으로 인해 페라울라스가 힘들어지는 일은 없었다.

그렇게 두 사람은 살았다.

# 제4장

(1) 키루스가 제사를 올리고 연회를 열어 승리를 축하할 때, 그는 자신의 통치를 가장 높이 칭송하고 그에게 최고의 충성을 바쳤던 친구 몇몇을 초대했다. 키루스는 메디아인 아르타바주스와 아르메니아인 티그라네스, 고브리아스, 히르카니아 기병대 사령관을 초대했다.

(2) 이제 가다타스는 권표를 드는 사람의 수장이 되어 그들을 관리했다. 외부에서 온 손님들이 키루스와 식사를 할 때, 가다타스는 자리에 앉지 않고 그들을 시중들었다. 그러나 그들끼리만 있을 때는 키루스가 그와 함께 하기를 좋아했기 때문에 키루스와 함께 식사를 했다. 키루스에 대한 봉사의 대가로 그는 키루스에게서 귀한 선물을 많이 받았고, 키루스의 영향력 때문에 다른 사람에게서도 받았다.

(3) 따라서 손님이 저녁 식사에 초대되었을 때, 가다타스는 아무렇게나 자리를 배치하지 않았다. 그는 가장 귀한 손님을 키루스의 왼쪽에 앉혔다. 왜냐하면 오른쪽보다 왼쪽이 배신하려는 생각에 쉽게 빠지기 때문이다. 그 다음으로 귀한 손님은 오른쪽에 앉혔다. 세 번째로 귀한 손님은 다시 왼쪽, 네 번

째로 귀한 손님은 오른쪽에 앉혔다. 그는 그 외의 사람도 이런 식으로 자리를 정해 주었다.

(4) 키루스는 사람을 각각 어떻게 존중하는지 이렇게 대중 앞에 드러내는 것이 좋은 계획이라고 생각했다. 왜냐하면 가장 공이 큰 사람이 가장 큰 칭송과 상을 받지 않는다고 여겨지는 곳에서는 아무도 서로 경쟁하려고 하지 않는다고 생각했기 때문이다. 그러나 가장 자격이 되는 사람이 가장 좋은 자리를 차지하는 것으로 비친다면 모두가 첫 번째 자리를 차지하려고 진지하게 다툴 것이다.

(5) 따라서 키루스는 가장 높이고 싶은 사람을 가장 먼저 앉히거나 세움으로써 대중의 주목을 받게 만들었다. 그렇지만 그는 지정한 자리를 영원히 가지게 하지는 않고, 누군가 더 귀한 행동을 한 사람은 더 높은 자리로 올라갈 수 있게 하고, 명예를 떨어뜨리는 행동을 한 사람은 다시 예전의 낮은 자리로 가게 하는 규칙을 세웠다. 또한 아무리 높은 자리에 앉더라도 키루스로부터 귀중한 물건은 아무것도 받지 않는 것으로 비친다면, 그들이 키루스를 불신할 것이라고 생각했다. 키루스 시대에 시작된 이 관습은 우리가 사는 오늘날까지도 계속되고 있다.

(6) 그들이 저녁 식사를 할 때, 고브리아스는 광활한 영토를 지배하는 키루스의 식탁 위에 모든 것이 푸짐하게 놓여 있는 것을 보고 놀랐다. 하지만 그를 정말 놀라게 만든 것은 키루스였다. 키루스는 그 모든 산해진미를 혼자서만 먹지 않고 다른 사람에게 먹어 보지 않겠냐고 묻는 수고를 마다하지 않았다. 그는 또한 그 자리에 참석하지 않은 친구들에게 그가 아주 좋아하는 음식을 선물로 보내기도 했다. (7) 그리고 저녁 식사를 마쳤을 때, 키루스는 남은 음식을 다른 사람에게 모두 나누어 주었다. 그때 고브리아스가 말했다. "폐하,

저는 폐하께서 위대한 장군이셨을 때도 다른 사람보다 뛰어나다고 생각했지만, 지금 신들에게 맹세코 폐하께서는 지도력뿐만 아니라 인자하신 면에서도 다른 사람보다 훨씬 뛰어나십니다."

(8) "고맙소." 키루스가 대답했다. "제우스신에 맹세코 나는 장군으로서 전투를 지휘할 때보다 지금처럼 친절을 베푸는 일이 훨씬 즐겁다오."

"왜 그러십니까?" 고브리아스가 물었다.

"전쟁터에서는 반드시 다른 사람에게 피해를 줄 수밖에 없소. 하지만 그 외의 상황에서는 좋은 일만 해도 된다오." 키루스가 대답했다.

(9) 식사를 마치고 그들이 술을 마실 때, 히스타스파스가 키루스에게 물었다. "폐하. 제가 폐하께 알고 싶은 몇 가지를 묻는다면 폐하께서 불쾌해하실지 걱정됩니다."

"신들에게 맹세코 결코 그렇지 않소." 그가 대답했다. "오히려 그대가 나에게 묻고 싶은 것이 있는데도 삼가는 것을 알게 된다면 불쾌할 것이오."

"알겠습니다. 그럼 몇 가지를 묻겠습니다." 그가 말했다. "폐하께서 저에게 오라고 말씀하셨는데도 제가 가지 않은 적이 있습니까?"

"그런 말 하지 말게!"

"제가 폐하의 명을 마지못해 따랐던 적이 있습니까?"

"그런 적은 전혀 없었지."

"그럼 폐하께서 지시하신 사항을 제가 이행하지 않은 적이 있습니까?"

"그런 적 또한 없었지." 키루스가 대답했다.

"폐하께서 명령하신 일을 제가 열심히 또는 즐겁게 하지 않은 것을 보신 적이 있습니까?"

"그런 일은 전혀 없었지." 키루스가 대답했다.

(10) "그렇다면 하늘에 맹세코 폐하, 폐하께서는 왜 크리산타스를 저보다 더 명예로운 자리에 앉히셨습니까?" 그가 말했다.

"그걸 내가 정말로 말해야 하나?" 키루스가 물었다.

"그렇습니다. 저는 정말로 알고 싶습니다." 히스타스파스가 대답했다.

"진실을 알면 그대가 무척 화가 날수도 있을 텐데 그래도 알고 싶은가?"

(11) "그렇지 않습니다. 저는 제가 무시당하지 않았다는 것을 알게 되어 오히려 기뻐할 것입니다." 그가 말했다.

"그럼 말하도록 하지." 키루스가 말했다. "첫째로, 여기 있는 크리산타스는 부르는 사람이 오기까지 기다리지 않고 부르기도 전에 우리를 위해 왔다네. 둘째로, 그는 지시받은 일을 항상 할 뿐 아니라 우리를 위해 하는 것이 좋다고 생각되는 것은 무엇이든 했다네. 그리고 연합군 사이에 의사소통을 해야 할 필요가 있을 때마다 내가 말하면 좋은 것들에 대해 조언하곤 했지. 또한 연합군이 알았으면 하고 생각하는 무언가가 있는데, 그것을 내가 직접 말하기 곤란할 때 그는 항상 그의 의견인 것처럼 포장해 연합군에게 전달하곤 했지. 이 모든 것을 종합해 볼 때, 그가 나보다 더 나에게 유용한 사람이라고 생각하지 않을 이유가 있겠는가? 마지막으로 그는 항상 자기가 가지고 있는 것이 충분하다고 말하곤 했다네. 그러면서 나에게 유익이 될 만한 어떤 새로운 것을 얻으려고 찾아다녔지. 그는 내가 나 자신에게 하는 것보다 나에게 더 고귀한 일을 하는 데 기쁨을 느꼈다네.

(12) 이에 히스타스파스가 대답했다. "헤라 여신께 맹세코 폐하, 저는 이 질문을 드린 것을 정말로 기쁘게 생각합니다."

"왜 그렇지?" 키루스가 물었다.

"왜냐하면 저도 그가 했던 것처럼 노력할 생각이기 때문입니다." 그가 말했다. "단지 저는 제가 폐하의 유익을 위해 노력하기를 기뻐한다는 사실을 어떻게 표현해야 할지 모르겠습니다. 제가 박수를 칠까요, 웃을까요, 아니면 그 외 제가 해야 할 일이 있습니까?"

"페르시아 춤을 추는 것이 좋겠네."* 아르타바주스가 말했다.

그러자 그곳에 웃음이 터졌다. (13) 연회는 계속 이어졌다. 연회 중에 키루스가 고브리아스에게 물었다. "고브리아스. 그대는 처음에 우리와 합류했을 때 지금 여기 있는 내 친구 중 한 사람에게 그대의 딸을 주려고 했는데, 지금은 그럴 마음이 더 커졌는가?"

"제우스신에 맹세코 분명 그렇습니다." 고브리아스가 대답했다.

"알겠네." 키루스가 대답했다. "나는 지금 더 의향이 있다는 그대의 말을 믿도록 하겠네."

"그런데 왜 그렇게 생각하는지 우리에게 말해 줄 수 있겠나?" 키루스가 물었다.

"물론입니다."

"그럼 말해 보게."

(14) "저는 폐하의 친구들이 사려 깊게 판단하고 고통과 위험을 감내했던 과거를 보았고, 많은 복을 받은 지금에도 역시 자제하는 것을 봅니다. 폐하. 저는 불행보다 행운을 잘 감당할 수 있는 사람을 찾기가 점점 더 힘들다고 생각합니다. 왜냐하면 행운은 사람을 자만에 빠뜨리지만 불행은 사람을 자제하도록 만들기 때문입니다."

---

* 페르시아 춤이 구체적으로 어떤 것인지 알지 못하기 때문에 이 농담의 전체적인 요점은 알 수 없다. 그러나 몸짓이 많이 들어간 춤이라는 것은 분명하다. 아무튼 아르타바주스는 히스타스파스의 징징거리는 소리를 끊기 위해 춤과 관련된 농담을 했다. - 原註

(15) "히스타스파스. 그대는 고브리아스가 하는 말을 들었는가?" 키루스가 물었다.

"제우스신에 맹세코 그렇습니다." 그가 대답했다. "만약 그가 그런 종류의 말할 거리를 많이 갖고 있다면, 저에게 술잔을 얼마나 많이 갖고 있는지를 보여 주기 전에 제가 먼저 그의 딸에게 구혼하는 것을 보게 될 것입니다."

(16) 이에 고브리아스가 말했다. "나는 분명 그런 종류의 말할 거리를 적은 종이를 엄청나게 많이 갖고 있으므로, 만약 내 딸이 그대의 부인이 된다면 그것들을 그대에게 기꺼이 주겠소. 그러나 술잔은 그대가 별로 좋아하지 않는 것 같으니, 여기 있는 크리산타스에게 주려고 생각하고 있소. 그는 그대의 식탁 자리 또한 차지하지 않았습니까."

(17) "히스타스파스. 그리고 여기에 있는 나머지 사람들도 들으시오." 키루스가 말했다. "만약에 여러분 중 누군가 결혼을 하려고 한다면 나에게 알려 주시오. 그러면 내가 여러분에게 도움이 된다는 것을 알게 될 것이오."

(18) "만약 여기 있는 사람 중에 결혼할 나이에 있는 딸이 있다면 누구에게 부탁을 해야 합니까?" 고브리아스가 물었다.

"나에게 부탁하시오. 왜냐하면 나는 그 방면에 아주 기술이 뛰어나다오." 키루스가 말했다.

"무슨 기술을 말씀하시는 겁니까?" 크리산타스가 말했다.

(19) "어떤 부류의 사람이 서로 어울리는지 알아내는 기술 말일세."

"그렇다면 하늘에 맹세코 저에게 말씀해 주십시오." 크리산타스가 말했다. "어떤 아내가 저에게 가장 어울린다고 생각하십니까?"

(20) 키루스가 말했다. "우선 키가 작아야 할 것이네. 왜냐하면 그대의 키가 작기 때문이야. 만약 키 큰 여자와 결혼했다고 생각해 보세. 그대가 똑바

로 서 있는 아내와 키스하고 싶다면 그대는 강아지처럼 깡충 뛰어야만 할 거야."

"그 점은 분명히 맞습니다." 크리산타스가 대답했다. "그리고 저는 결코 깡충대지 않기 때문에 키스를 할 수 없을 것입니다."

(21) "다음으로 그대는 들창코인 여자와 잘 어울릴 거야." 키루스는 계속 말했다.

"왜 그렇게 생각하십니까?"

"그대의 코가 매부리코이기 때문이지. 매부리코는 들창고와 아주 잘 맞는다네." 키루스가 대답했다.

"저녁을 먹지 않은 아내는 지금의 저처럼 저녁을 아주 잘 먹은 사람과 어울린다는 말씀이신가요?" 크리산타스가 물었다.

"제우스신에 맹세코 그렇다네." 키루스가 대답했다. "왜냐하면 푸짐하게 먹은 사람의 배는 불룩하고, 먹지 않은 사람의 배는 홀쭉하기 때문이지."

(22) "그렇다면 하늘의 이름에 맹세코 무뚝뚝한 왕에게는 어떤 왕비가 어울리는지 저에게 말씀해 주십시오." 크리산타스가 물었다.

그러자 키루스는 이 말을 듣고 웃음을 터뜨렸고, 그곳에 있던 다른 사람들도 역시 크게 웃었다.

(23) 그들이 웃을 때 히스타스파스가 말했다. "폐하. 저는 폐하의 바로 그런 점이 폐하의 왕국에 있는 다른 무엇보다 더 부럽습니다."

"무엇이 그렇게 부럽다는 것인가?" 키루스가 물었다.

"폐하께서는 무뚝뚝하시면서도 우리를 웃기실 수 있기 때문입니다."

"그렇다면 이런 농담들을 만들어 내는 사람에게 후한 돈을 지불하여 그대가 유머 감각이 뛰어난 사람이라는 명성을 얻고 싶은 여성에게 쓰면 되지 않겠는가."

이렇게 두 사람은 농담을 주고받았다.

(24) 그 뒤 키루스는 몇 가지 여성용 장신구를 가져와서 티그라네스의 부인에게 선물로 주었다. 왜냐하면 부인은 원정 작전 내내 남편을 용감하게 따라다녔기 때문이다. 아르타바주스에게는 금 술잔과 히르카니아산 말 한 필, 그리고 다른 많은 아름다운 물건을 선물로 주었다. 그리고 고브리아스에게는 이렇게 말했다. "고브리아스. 나는 그대의 딸에게 남편감을 선물로 주겠소이다."

(25) 그러자 히스타스파스가 말했다. "폐하. 저를 그에게 선물로 주신다면 그가 매우 기뻐할 것입니다. 저는 좋은 말이 적힌 종이를 많이 받고 싶습니다."

"그렇다면 그대는 그 여인을 아내로 맞아들이기에 걸맞은 재산을 충분히 가지고 있는가?" 키루스가 물었다.

"제우스신에 맹세코 그렇습니다. 몇 배나 많은 재산을 가지고 있습니다." 그가 대답했다.

"그 재산이 어디에 있는가?" 키루스가 물었다.

"바로 여기 폐하의 의자에 있습니다. 폐하께서는 저의 친구이시기 때문입니다." 그가 대답했다.

"저는 만족합니다." 고브리아스가 말했다. 그리고 즉시 그의 오른손을 뻗은 다음 말했다. "폐하. 그를 저에게 주십시오. 제가 받겠습니다."

(26) 키루스는 히스타스파스의 오른손을 잡아 고브리아스의 손에 쥐어 주었고, 고브리아스는 그를 받았다. 그런 뒤 키루스는 히스타스파스에게 고브리아스의 딸에게 줄 훌륭한 선물을 많이 주었다. 그러나 크리산타스에게는 껴

안고서 키스를 해 주었다.

(27) 그러자 아르타바주스가 울음을 터뜨리며 말했다. "폐하. 제우스신에 맹세코 폐하께서 저에게 주신 컵은 크리산타스에게 주신 컵과 다릅니다."

"좋다. 그대에게도 같은 컵을 선물로 주겠노라." 키루스가 말했다.

"언제 주실 것입니까?" 아르타바주스가 물었다.

"30년 뒤에 주겠노라." 키루스가 대답했다.

"저는 그 선물을 받을 때까지 죽지 않고 기다리겠습니다. 저는 그럴 준비가 되어 있습니다." 그가 말했다.

이것으로 연회가 모두 끝났다. 그들은 자리에서 일어나 각자의 거처로 돌아갔고, 키루스 또한 자리에서 일어나 문까지 그들을 배웅했다.

(28) 다음날 키루스는 연합군에 자원했던 군사 중에서 그의 곁에 남겠다고 하는 자들을 제외하고 모두 고향으로 돌려보냈다. 그리고 남겠다고 한 자들에게는 집과 땅을 주었으며, 오늘날까지 그들의 후손들이 그것들을 소유하고 있다. 그들은 대부분 메디아인과 히르카니아인이었다. 그리고 집으로 가겠다고 하는 자들에게는 사병과 장교를 가리지 않고 후한 선물을 주어 불만이 없도록 했다.

(29) 키루스는 다음으로 사르디스에서 획득한 전리품을 그의 군사들에게도 나누어 주었다. 장군과 보좌관에게는 엄선한 몫을 주었고, 나머지 군사들에게는 각자 세운 전공에 따라 나누어 주었다. (30) 나머지 군사들에게 나누어 줄 때는 각 장교가 부하 장교의 전공을 심사했고, 상사는 사병의 전공을 심사하여 공적에 따라 주었다. 이렇게 모든 군사가 각자 정당한 몫을 받았다.

(31) 그들이 자신에게 주어진 몫을 받았을 때, 몇몇 사람은 키루스에 대해 이렇게 말을 하였다. "우리 각자에게 이렇게 많이 주는 것을 보니 그는 분명

엄청난 재산을 갖고 있을 것이야."

"정말로 엄청나지." 다른 사람이 말했다. "키루스는 자신을 위해 돈을 버는 사람이 아니야. 그는 재산을 쌓는 것보다 나누어 주는 것을 더 기뻐하지."

(32) 키루스가 이들이 자신에 대해 말하는 것을 들었을 때, 그는 친구들과 고급 장교들을 불러 다음과 같이 연설했다. "친구들이여. 나는 가지고 있는 재산 이상의 명성을 소유하기를 갈망하는 사람들을 보았습니다. 그들은 그런 명성을 얻으면 훌륭한 신사로 대우받을 것이라고 생각했기 때문입니다. 그러나 그런 사람들은 그들이 바랐던 것과는 반대의 결과를 얻게 될 것이라고 생각합니다. 왜냐하면 어떤 사람이 엄청난 부를 얻었다는 명성을 누리면서도 그 부에 걸맞게 친구들을 돕지 않는다면, 최소한 나는 그를 비열한 부류의 사람이라고 낙인찍을 것입니다."

(33) 그는 계속 말했다. "반대로 어떤 사람이 자신의 재산이 얼마가 되는지를 비밀로 하고 싶어 한다면, 그 사람도 내가 보기에는 친구들에게 비열한 짓을 하고 있다고 생각합니다. 왜냐하면 친구들은 사실을 모르기 때문에 어려운 일을 당해도 아무런 부탁도 하지 못하고 참으로 고통스럽게 궁핍한 현실을 견뎌야 하기 때문입니다.

(34) 따라서 자신의 재산이 얼마가 되는지를 공개하고, 그에 비례하여 신사로 행세하기로 노력하는 것이 가장 솔직한 길이라고 생각합니다. 따라서 나는 내가 가진 모든 것을 여러분에게 보여 주고, 볼 수 없는 것은 설명하기를 원합니다."

(35) 이렇게 말하고 나서 그는 그가 가진 온갖 훌륭한 재산을 보여 주었고, 눈에 쉽게 보이지 않는 재산에 대해서는 설명해 주었다. (36) "친구들이여. 여러분은 내 재산이 여러분보다 많지 않다는 것을 알아야 합니다. 왜냐하면 나

는 지금껏 재산을 모아 왔지만, 그것을 나 자신만을 위해 쓰거나 혼자서 몽땅 쓰려고 하지 않았기 때문입니다. (그럴 수도 없었습니다.) 나는 지금도 뭔가 가치 있는 일을 한 사람에게는 항상 그에 합당한 보상을 주도록 노력합니다. 또한 누구든 무언가가 필요할 때는 나에게 와서 필요한 것을 가져갈 수 있도록 하기 위해서입니다."

이것이 그의 연설이었다.

# 제5장

(1) 바빌론이 키루스가 도시를 비워도 될 정도로 체계가 잡혔다고 생각하자, 그는 페르시아로 여행을 갈 준비를 하기 시작했고 부하들에게도 그렇게 하라고 지시했다. 그리고 여행에 필요한 것이 충분히 갖추어졌을 때, 그는 즉시 길을 떠났다.

(2) 우리는 여기서 그 여행 대열이 거대함에도 불구하고 얼마나 짜임새가 있고 얼마나 빨리 도착했는지를 언급할 것이다. 왜냐하면 왕이 천막을 치는 곳마다 왕의 모든 수행원은 여름과 겨울 가리지 않고 천막을 가지고 따라다녔기 때문이다.

(3) 여행의 시작부터 키루스는 규칙을 정했다. 그의 천막은 동쪽을 향해 세워져야 하며, 경호대의 창병들은 그의 천막으로부터 얼마만큼 떨어져 있어야 하는지를 지정해 주었다. 그 다음으로는 빵 만드는 사람들의 자리를 지정해 주었고, 왼쪽에는 요리사들, 오른쪽에는 말들, 다시 왼쪽에는 짐 싣는 짐승들이 위치하도록 했다. 그 밖의 다른 것들도 위치를 지정해 주어, 천막의 위치와 크기만 보고도 그곳이 키루스가 머무는 곳이라는 것을 모든 사람이 알

수 있었다.

(4) 그리고 다시 짐을 꾸릴 때는 각자 자신의 업무에 필요한 물건은 직접 챙기고 나머지는 짐 싣는 짐승 편에 부치도록 했다. 그래서 운송을 맡은 짐꾼들이 모두 같은 시간에 와서 여러 짐승에게 동시에 짐을 싣게 했다. 이렇게 함으로써 천막 하나를 철거하는 시간만으로도 모든 천막을 철거할 수 있게 되었다.

(5) 짐을 푸는 일도 같은 방식으로 진행되었다. 그리고 모든 필요한 물품이 제때 준비될 수 있도록 각자 해야 할 일을 지정해 주었다. 이렇게 함으로써 각자 맡은 부분만 준비하는 시간으로도 모든 준비를 마칠 수 있었다.

(6) 짐을 맡은 하인들이 각자 자신의 위치가 있듯이 군사들도 각 부대 별로 천막을 쳐야 할 자리가 정해졌다. 그래서 군사들은 아주 사소한 마찰도 없이 각자 자리를 잡았다.

(7) 키루스는 가정에서도 질서 정연하게 관리하는 것이 좋다고 생각했다. 왜냐하면 무엇이 필요할 때 어디를 가면 그것을 찾을 수 있는지 알 수 있기 때문이다. 그러나 그는 질서 정연함은 군대에서 더욱 필요하다고 믿었다. 왜냐하면 전쟁에서 타격에 성공할 가능성은 빠르게 왔다 사라지지만, 군사 행동에서 뒤처졌을 때 겪게 되는 피해는 심각하기 때문이다. 그는 또한 해야 할 일에 신속하게 주의를 기울이는 것이 전쟁에서 얼마나 큰 이익이 되는지를 목격하였다. 이런 이유 때문에 그는 질서 정연함을 확보하는 일에 각별히 신경을 썼다.

(8) 따라서 그는 진영의 제일 가운데가 가장 안전하다는 믿음 하에 그곳에 자신의 천막을 치도록 했다. 그리고 그의 옆에 가장 신뢰하는 자들이 자리하도록 해 마치 집에 있는 것과 같은 편안함을 느끼도록 했다. 그리고 주위로 동

그렇게 원을 만들어 기병대와 전차 부대를 위치하도록 했다. 키루스는 기병과 전차병도 안전한 곳이 필요하다고 생각했다. (9) 왜냐하면 천막에 있을 때는 그들이 쓰는 무기를 즉시 동원할 수 없을 뿐 아니라, 제대로 힘을 발휘하려면 무장하는 데만 해도 상당한 시간이 걸리기 때문이었다.

(10) 따라서 키루스와 기병대의 왼쪽과 오른쪽은 방패보병이 자리를 잡았고, 앞쪽과 뒤쪽은 궁수가 자리를 잡았다. (11) 그리고 중장보병과 긴 방패로 무장한 병사들을 진영 외곽에 마치 성벽처럼 자리하도록 했다. 그렇게 각 부대가 지정된 위치에서 든든하게 지키고 있으면, 기병들은 상황이 발생했을 때 필요한 준비를 안전하게 할 수 있었다.

(12) 게다가 키루스는 경장보병과 궁수가 밤에도 상황이 발생하면 즉각 대응할 수 있도록 중장보병처럼 무장한 채로 잠을 자도록 했다. 마치 중장보병이 공격해 오는 적을 타격할 거리가 될 때까지 준비하는 것처럼, 경장보병과 궁수는 중장보병의 머리 위로 창과 화살을 날릴 준비를 하는 것이었다.

(13) 그리고 모든 장교는 자신의 천막 위에 깃발을 매달았다. 정보에 밝은 관리는 도시에 사는 사람들의 거주지를 대부분 알고, 특별히 저명인사들의 집을 알고 있듯이, 키루스를 보좌하는 보좌관들은 장교들의 위치와 그들이 있는 천막의 깃발에 익숙했다. 그래서 키루스가 어떤 장교를 찾을 때면 보좌관들은 그를 찾느라 헤매지 않고 곧장 빠른 길로 갈 수 있었다. (14) 모든 부대가 눈에 잘 띄었기 때문에 어디서 명령이 잘 집행되고 있으며 어디서 그렇지 못하는지 눈으로 쉽게 확인할 수 있었다. 이런 식으로 모든 것이 정비되자, 키루스는 만약 적이 밤이나 낮에 그들을 공격한다 하더라도 매복공격에 걸려 공격이 실패할 것이라고 믿게 되었다.

(15) 또한 그는 전술이란 전투 대형의 가로와 세로를 쉽게 늘이거나, 긴 세

로줄에서 넓은 가로줄로 수월하게 바꾸거나, 적이 오른쪽이나 왼쪽, 뒤쪽에서 접근할 때 실수하지 않고 대형을 적 방향에 맞춰 바꾸는 것만을 의미하지는 않는다고 믿었다. 그는 전체 군대를 필요할 때 몇 개로 쪼개 각자 가장 잘할 수 있는 곳에 배치하고, 필요할 때 적보다 빨리 현장에 도착하는 것도 전술이라고 생각했다. 키루스는 이 모든 것과 이 외의 그런 자질이 능숙한 전술가에게 필수라고 믿었고, 자신도 그런 자질을 갖추려고 노력했다.

(16) 키루스는 행진할 때 항상 주어진 상황을 보고 명령을 내렸지만, 천막을 치고 주둔할 때는 대부분의 경우 앞에서 언급한 대로 했다.

(17) 키루스가 행진을 계속하여 메디아 근처에 왔을 때 그는 잠시 방향을 바꾸어 키악사레스를 방문했다. 그들이 인사를 나누었을 때, 키루스가 키악사레스에게 가장 먼저 한 말은 바빌론에 그를 위한 거처와 공식 집무실을 마련해 두었으니 언제든지 와서 쓰라는 것이었다. 그리고 나서 키루스는 키악사레스에게 온갖 훌륭한 선물을 주었다. (18) 키악사레스는 그 선물을 받고 나서 자신의 딸을 키루스에게 소개해 주었다. 그녀는 키루스에게 황금 왕관과 팔찌, 목걸이, 그리고 가장 아름다운 메디아 옷을 가지고 왔다. (19) 공주가 왕관을 키루스의 머리에 얹자 키악사레스가 말했다. "내 딸인 이 소녀를 너에게 부인으로 주노라. 네 아버지는 내 아버지의 딸과 결혼했고, 네 아버지의 아들은 바로 너다. 내 딸은 네가 어려서 우리 집에 놀러왔을 때 너와 놀곤 했던 바로 그 소녀다. 그리고 누구든 내 딸에게 커서 누구랑 결혼할 것이냐고 물을 때면 항상 '키루스'라고 대답하곤 했지. 나는 너에게 메디아를 지참금으로 삼아 내 딸을 보내노라. 내게는 아들이 없기 때문이다."

(20) 이렇게 말하자 키루스가 대답했다. "감사합니다, 키악사레스 외삼촌. 저는 진심으로 외삼촌의 가족과 외삼촌의 딸과 외삼촌의 선물을 고맙게 생각

합니다. 그리고 제 부모님께서 허락하신다면 외삼촌의 제안을 받아들이기를 원합니다."

키루스는 그렇게 대답하고, 그 소녀와 외삼촌을 기쁘게 할 것이라고 생각되는 온갖 선물을 주었다. 키루스는 그렇게 한 뒤 페르시아로 떠났다.

(21) 여정을 계속해 드디어 페르시아 국경에 도착했을 때, 키루스는 그곳에 본대를 머무르게 하고 친구들과 함께 페르시아의 수도로 갔다. 그는 제사와 잔치에 쓸 짐승을 함께 데리고 갔으며, 아버지와 어머니, 다른 친구들, 권력자들, 원로들, 동료 귀족들에게 줄 선물도 가지고 갔다. 그는 또한 페르시아 시민들에게도 선물을 주었다. 오늘날에도 대왕은 페르시아에 갈 때면 선물을 준다.

(22) 캄비세스는 원로들과 최고위 행정관들을 소집했다. 그는 그 자리에 키루스도 불러 다음과 같이 연설하였다. "페르시아 친구들이여. 나는 여러분의 왕이므로 여러분에 대해 당연히 선한 마음을 소중히 간직하고 있소이다. 그리고 키루스야, 너는 내 아들이기 때문에 너에 대해서도 마찬가지다. 그러므로 나는 여러분과 내 아들에게 선하다고 생각되는 것을 솔직하게 털어놓는 것이 옳다고 생각합니다.

(23) 과거에 여러분은 키루스에게 군대의 지휘권을 맡김으로써 그의 행운을 앞당겨 주었습니다. 그리고 키루스는 신들의 도움을 받아 선두에 서서 우리 페르시아인에게 좋은 소식을 전했고, 여러분을 아시아에서 명예롭게 만들었습니다. 그와 함께 원정을 떠났던 친구들은 부자가 되었고, 그를 따라갔던 평민들에게는 가장 후한 대우와 봉급을 주었습니다. 그리고 그는 페르시아 기병대를 창설함으로써 페르시아인을 평원의 주인으로 만들었습니다.

(24) 따라서 여러분이 앞으로도 전과 같은 마음을 품는다면 서로에게 큰

이득이 될 것입니다. 그러나 키루스야, 만약 네가 지금의 성공에 우쭐하여 다른 나라에게 했던 것처럼 페르시아를 지배하려고 하거나, 동료 시민들이여, 만약 여러분이 키루스의 권력을 시샘하여 그를 권좌에서 끌어내리려고 한다면 그 모든 시도는 서로에게 좋지 않은 결과를 낳는다는 것을 명심하기 바랍니다. (25) 이 일이 정말로 일어나지 않도록 하기 위해, 나는 여러분이 신들에게 증인이 되어 달라고 요청한 뒤 공동으로 제사를 드리고 협약을 맺는 것이 가장 좋다고 생각합니다. 키루스는 만약 어떤 적대 세력이 페르시아 영토를 침범하거나 페르시아 국체를 전복하려고 한다면 네 모든 힘을 동원하여 페르시아를 돕기로 서약을 하라. 그리고 여러분 페르시아인은 만약 어떤 세력이 키루스의 권력을 끝내려고 하거나 그에게 반역을 시도한다면, 여러분은 키루스가 어떤 도움을 요청했을 때뿐만 아니라 여러분 스스로 나서서 키루스를 구할 것을 서약하십시오.

(26) 내가 살아있는 동안 페르시아의 권좌는 계속 내가 차지할 것이지만, 내가 죽게 되면 그것은 키루스가 살아있는 한 그에게 물려질 것이오. 그리고 키루스가 페르시아에 올 때에는 지금 내가 하는 것처럼 그가 여러분을 대신하여 제사를 올리는 일을 신성한 관습으로 삼아야 합니다. 그리고 그가 자리를 비울 때는 여러분이 보기에 가장 적합한 사람을 내 가족 중에서 골라 신성한 일을 맡기는 게 좋다고 생각합니다."

(27) 캄비세스가 이렇게 연설을 마치자 키루스와 페르시아 최고위 행정관들은 캄비세스의 제안을 받아들였다. 그리고 그들이 신들을 증인으로 삼아 맺은 협약은 오늘날까지 유효하다. 이 모든 일이 끝나자 키루스는 바빌론으로 돌아갔다.

(28) 바빌론으로 돌아가는 길에 키루스는 메디아에 들러 키악사레스의 딸

과 결혼을 했다. 부모님의 승낙을 받았기 때문이다. 그리고 오늘날까지 사람들은 키루스의 부인이 빼어난 미인이었다고 말을 한다. (그러나 어떤 역사가는 키루스가 어머니의 자매와 결혼을 했다고 말한다. 그렇다면 부인은 분명 나이가 많았을 것이다.) 그는 결혼한 뒤 신부와 함께 즉시 바빌론으로 갔다.

# 제6장

(1) 바빌론에 도착하자 그는 정복한 나라를 다스릴 총독을 파견하기로 결심했다. 그러나 성채에 있는 주둔군 사령관과 전국에 걸쳐 있는 수비대 대장은 오직 키루스의 명령만을 따르도록 했다. 이렇게 정한 이유는, 만약 어떤 총독이 돈이나 사람이 많아져 오만해지거나 반역을 꾀하려고 한다면 제일 먼저 자신이 통치하는 곳에서 저지를 당하도록 하기 위해서였다. (2) 키루스는 이런 결과를 얻기 위해 먼저 총독으로 보낼 주요 장교들을 소집해 이것을 미리 알려 주었다. 그렇게 하면 그들은 사실을 미리 알고 떠나게 되고, 그 결과 현실을 보다 자발적으로 받아들일 수 있으리라고 믿었다. 반면 그들이 총독에 임명된 이후에 그 사실을 알게 되면, 그들을 개인적으로 믿지 못하기 때문에 그런 정책을 실시한다고 나쁘게 받아들일 것이라고 생각했다. (3) 따라서 키루스는 그들을 불러 놓고 다음과 같이 연설하였다.

"친구들이여. 우리는 정복한 나라들에 수비대와 그들을 지휘할 장교들을 두고 왔습니다. 나는 그곳을 떠날 때 그들에게 요새를 지키는 것 외에는 문제가 될 만한 일을 하지 말라고 명령했습니다. 나는 그들이 내 지시를 충실히 따르기 때문에 그들을 해고하지 않을 것입니다. 그러나 나는 지배한 나라의 백성을 다스리고, 조공을 징수하며, 수비대에 봉급을 주고, 그 외 신경 써야 할 여러 일들을 맡아서 할 총독을 보내기로 결정했습니다. (4) 나아가 정복한 나라들로 보내게 될 여러분에게 그곳에 있는 땅과 집을 주어, 이곳에서는 정복지에서 보내온 조공을 받도록 하고 총독으로 어디를 가더라도 자기 소유의 집에서 살 수 있도록 결정했습니다."

(5) 키루스는 이렇게 말하고서 친구들에게 그가 정복한 여러 나라에 있는 집과 노예를 선물로 주었으며, 오늘날까지도 그 재산은 그들의 자손들이 소유하고 있다. 그래도 그들은 계속해서 키루스의 곁에 머물렀다.

(6) 키루스는 계속 말했다. "그리고 총독으로 정복지에 가는 사람은 올곧은 사람이어야 합니다. 그는 그곳에서 나는 좋고 아름다운 것들을 이곳으로 보내야 하는 임무를 유념해야 할 것입니다. 그래야만 이곳에 살고 있는 우리 또한 모든 곳에서 나는 좋은 것들을 나누어 가질 수 있기 때문입니다. 그 일은 어떤 것보다도 공정하게 처리해야만 할 것입니다. 왜냐하면 그래야만 만약 그곳에 어떤 위험이 닥쳤을 때 우리가 가서 막아 낼 것이기 때문입니다."

(7) 이렇게 말하면서 키루스는 연설을 마쳤다. 그리고 나서 키루스는 언급한 조건의 일을 수행하려고 열의를 보이는 친구 중에서 그가 보기에 가장 자질이 있다고 생각되는 사람을 정복지의 총독으로 파견하였다. 아라비아에는 메가비주스, 카파도키아에는 아르타바타스, 대(大)프리지아에는 아르타카마스, 리디아와 이오니아에는 크리산타스, 카리아에는 아두시우스(카리아인이 그를 보내 달라고 요청했다.), 아이올리아와 헬레스폰트에 있는 프리지아에는 파르누쿠스를 보냈다.

(8) 키루스는 킬리키아, 키프로스, 파플라고니아에는 총독을 보내지 않았

는데, 그 이유는 이들 나라들이 바빌론 원정 작전에 자발적으로 참여했기 때문이다. 그러나 키루스는 이들 나라에도 예외 없이 조공을 바칠 것을 요구했다.

(9) 키루스가 세운 제도는 오늘날까지 이어지고 있다. 정복지의 성채에 있는 주둔군은 왕의 직접 통제를 받는다. 왕은 주둔군을 지휘하는 사령관을 임명하며, 그 사령관은 왕의 인사 명부에 올라 있다.

(10) 그리고 키루스는 보내는 모든 총독에게 자신이 했던 그대로 따라하라고 명령했다. 우선 그들과 함께 가는 페르시아 기병과 전차병, 그리고 연합군의 군사들을 모아 기병대를 창설하라고 명령했다. 다음으로 총독으로부터 땅과 관직을 받은 사람들에게 총독의 궁전에 출석하고, 총독이 필요하다고 생각할 때는 적절한 자제력을 실천해 무엇이든 자신의 소유를 쓰도록 내놓을 것을 요구하라고 명령했다. 그리고 그곳에서 태어난 아이들이 왕의 궁전에서 하는 것처럼 총독의 궁전에서 교육을 받도록 하고, 총독의 수행원들을 밖으로 데리고 나가 그들에게 전쟁 기술을 훈련시키고 자신도 역시 훈련할 것을 명령했다.

(11) 키루스는 덧붙여 말했다. "가장 많은 숫자의 전차병을 보유하고 있는 사람은 그의 권력에 비례하여 가장 뛰어난 기병을 가장 많이 보유해야 합니다. 나는 그 사람을 나의 가장 귀한 친구이자 페르시아를 지키는 가장 귀한 동료로 명예롭게 높일 것이며, 나와 더불어 가장 명예로운 자리에 앉게 될 것입니다. 그리고 나의 식탁에서 하는 것처럼 그의 가족이 제일 먼저 먹고, 그의 친구들과 고귀한 행동을 한 사람들에게 매일 차별되게 선물을 줄 수 있도록 식탁에 음식을 풍부하게 차려 줄 것입니다.

(12) 또한 공원을 만들어 그곳에 야생동물을 기르도록 하십시오. 여러분

은 운동을 하지 않으면 음식을 먹지 말며, 말에게도 역시 운동하지 않으면 먹이를 주지 마십시오. 왜냐하면 나는 나 혼자의 힘으로 여러분의 재산을 영원히 지켜 줄 수 없기 때문입니다. 내가 스스로 용감하고 나를 위해 용감하게 싸워 줄 사람이 있는 것처럼, 여러분도 스스로 용감하고 여러분을 위해 용감하게 싸워 줄 사람을 만들도록 하십시오. 그래야 여러분이 나의 연합군이 될 것입니다.

(13) 그리고 내가 지금 여러분에게 하는 모든 지시 중에 노예에게 내리는 것은 없다는 점을 명심하십시오. 나는 여러분에게 해야 한다고 말하는 것을 모두 실천하려고 노력합니다. 그리고 내가 나의 사례를 따르라고 여러분에게 명령했던 것처럼, 여러분도 여러분이 임명하는 사람에게 여러분을 따르라고 명령하십시오."

(14) 키루스가 이때 완성했던 조직의 운영 방식은 오늘날까지 이어지고 있다. 제국의 모든 성채에 있는 주둔군은 왕의 직접 통제를 받으며, 총독의 모든 궁전은 왕의 궁전과 같은 방식으로 운영된다. 제국의 모든 가정도 크고 작은 마찬가지로 움직인다. 그리고 모든 관리는 가장 존경을 받을 자격이 있는 손님을 명예로운 자리에 우선 배정하고, 모든 공식 여행은 같은 여행 지침에 따라 실시되며, 정치적으로 다루어야 할 일은 소수의 부서장에게 집중되었다.

(15) 키루스는 총독들에게 어떻게 그의 지시사항을 이행해야 할지를 말한 뒤, 그들 각자에게 일군의 군사를 주어 보냈다. 그리고 그들에게 내년에 군사 원정을 예상하고 있으니 군사와 무기, 말, 전차를 잘 정비해 점검을 받을 준비를 하라고 지시했다.

(16) 우리는 키루스가 정했다고 하는 이 규칙이 지금도 여전히 효력을 발휘하는 것을 본다. 왕의 명령을 받은 관리는 매년 군대를 거느리고 제국의 각

지역을 순시하여 도움이 필요한 총독은 도와주며 반항하려고 하는 총독은 고분고분하게 만든다. 그리고 세금을 징수하고 주민이 안전하게 살게 하는 일을 소홀히 하거나, 경작하지 않고 땅을 놀리거나, 왕이 유념해서 하도록 명령한 일들을 게을리 하는 총독을 발견하면 문제를 바로잡는다. 그러나 문제를 바로잡을 수 없을 때는 왕에게 그 사실을 보고해야 한다. 그리고 왕이 그것을 듣게 되면 반항하는 총독에게 응분의 조치를 취한다. 이렇게 순시하는 관리를 두고 사람들은 "왕의 아들이 온다."거나 "왕의 형제" 또는 "왕의 눈"이라고 부르곤 했다. 하지만 그는 때로 나타나지 않기도 했다. 왜냐하면 어디에 있든지 왕이 명령하면 즉각 돌아와야 했기 때문이다.

(17) 우리는 키루스가 제국의 위엄에 걸맞은 또 다른 장치를 고안한 것을 보곤 한다. 그는 이 제도를 통해 얼마나 떨어져 있든가에 상관없이 사건의 본질을 신속하게 파악할 수 있었다. 그는 한 마리의 말이 가장 많이 달리지만 지쳐 쓰러지지 않을 거리를 실험을 통해 알아내서, 그 거리마다 우편국을 세워 그곳에 말과 마부를 두었다. 그리고 각 우편국에는 키루스에게 오가는 편지를 담당할 관리를 두어 편지를 배달하느라 지친 말을 새로운 말로 교체하도록 했다. (18) 때때로 이 우편배달 업무는 밤에도 멈추지 않았다. 그러나 밤새 달린 우편배달부는 날이 밝으면 낮에 일하는 배달부로 교체되었다. 그래서 어떤 사람은 이 방법이 두루미보다 더 빨리 소식을 전한다고 말한다. 설령 그 말이 사실이 아닐지라도, 이것은 육지에서 소식을 전하는 방법 중에서 가장 빠른 것은 분명하다. 또한 각지에 있는 최신 정보를 수집하여 신속하게 대응할 수 있게 하는 최선의 방법이기도 하다.

(19) 그해가 끝났을 때 키루스는 모든 군대를 바빌론으로 소집했는데, 그 숫자가 기병이 약 12만 명, 쇠낫이 달린 전차가 약 2만 대, 보병이 약 60만 명이

었다고 한다. (20) 그리고 군대가 준비되었을 때, 키루스는 원정을 떠나 시리아에서 인도양에 이르는 모든 나라를 정복했다고 한다. 그 다음으로 그는 이집트로 원정을 떠나 그곳 또한 정복했다고 한다.

(21) 그 무렵 그의 제국의 영토는 동쪽으로는 인도양, 북쪽으로는 흑해, 서쪽으로는 키프로스와 이집트, 남쪽으로는 에티오피아를 경계로 했다. 제국의 극지방에는 사람이 살지 않았는데, 그 이유로는 너무 덥거나 너무 춥거나, 또는 너무 비가 많이 내리거나 아예 내리지 않기 때문이었다. (22) 키루스는 제국의 한 가운데에 그의 거처를 정하고, 겨울에는 날씨가 따뜻한 바빌론에서 7개월 동안 머물렀으며, 봄에는 수사에서 3개월, 한여름에는 엑바타나에서 2개월을 지냈다. 그는 그렇게 함으로써 항상 봄과 같은 따뜻하고 선선한 날씨를 즐겼다고 한다.

(23) 게다가 백성들은 키루스에게 정말로 헌신적이어서 가장 귀한 산물을 바치지 않으면 그들이 손해를 본다고 생각했다. 그래서 모든 나라가 자기 땅에서 나는 과일이나, 그곳에서 기른 동물, 직접 만든 예술품 등을 키루스에게 보냈다. 도시들도 마찬가지였다. 개인들도 키루스에게 잘하면 부자가 될 것이라고 생각했다. 그리고 그 생각은 옳았다. 키루스는 풍부하게 주는 사람들의 물품은 무엇이든 받았으며, 그에 대한 보답으로 만약 그들이 궁핍한 것을 보았을 때는 풍부하게 주었기 때문이다.

## 제7장

(1) 이렇게 성공한 인생을 충분히 누리는 가운데 키루스도 어느새 매우 늙은 나이가 되었다. 그는 재위 기간 중 일곱 번째로 페르시아를 방문했다. 그의 부모는 당연히 오래 전에 세상을 떠났다. 따라서 키루스는 관습대로 신들에게 제사를 올리고 페르시아 전통춤을 인도했으며 페르시아인에게 선물을 주었다.

(2) 키루스가 궁전에서 잠이 들었을 때, 그는 꿈속에서 환상을 보았다. "준비하라*, 키루스야. 너는 곧 신들에게 갈 것이다." 그 환상이 지나가자 그는 잠에서 깨어났다. 그는 죽을 날이 가까이 왔다는 것을 알았다. (3) 따라서 그는 짐승을 잡아 산꼭대기에서 페르시아인이 하던 대로 조상신 제우스와 태양신 헬리오스, 그리고 나머지 신들에게 제사를 올렸다. 그는 제사를 올리면서 이렇게 기도했다. "오, 조상신 제우스여, 태양신 헬리오스여, 그리고 나머지 신들이여. 저의 영광스러운 사업을 성취하게 도와주신 것에 대한 감사의 표시로 이 제물을 바치오니 받아 주옵소서. 신들께서는 제사의 징조로, 하늘의

---

* 글자 그대로의 뜻은 "짐을 싸라."이다. - 原註

표시로, 새의 날갯짓으로, 상서로운 음성으로 저에게 무엇을 해야 하고 무엇을 하지 말아야 할지를 알려 주셨습니다. 저는 신들께 진심으로 감사를 올립니다. 왜냐하면 신들께서 저를 돌보신다고 느끼지 않은 적이 단 한 번도 없었고, 제가 누리는 성공은 그 어떤 사람보다 우월하다고 자랑스럽게 생각했기 때문입니다. 저는 신들께 제 아들들과 부인들, 친구들, 제 나라에도 행복과 번영을 내려 주실 것을 간청합니다. 그리고 저에게는 신들께서 저에게 주신 인생에 걸맞은 죽음을 내려 주시기를 간청합니다."

(4) 키루스는 제사를 마치고 집으로 돌아왔다. 그는 쉬고 싶어서 자리에 누웠다. 목욕할 시간이 되자 담당하는 시종들이 들어와 목욕할 것을 권유했다. 그러나 그는 편하게 쉬고 싶다며 그들을 돌려보냈다. 그 뒤 식사할 시간이 되어서도 식사를 준비하는 사람을 물렸다. 그는 밥을 먹고 싶은 마음은 없었지만 갈증을 느껴 기쁘게 음료를 마셨다.

(5) 그는 다음 날에도 같았고 그 다음 날에도 마찬가지였다. 그는 아들들을 불렀다. 아들들은 키루스가 페르시아에 머물렀을 때 우연히 그와 함께 있었다. 키루스는 친구들과 페르시아 최고위 행정관들도 함께 불렀다. 그들이 모두 모였을 때 키루스는 다음과 같이 말했다.

(6) "아들들아, 그리고 내 모든 친구들이여. 이제 내가 살날이 얼마 남지 않았습니다. 나는 여러 가지 이유로 그것을 확신하고 있습니다. 내가 죽게 되면 여러분은 내가 가장 복을 많이 받은 사람이라고 사람들에게 말하고 그에 맞게 나를 대우해야 합니다. 어렸을 때 나는 세상에서 가장 좋다고 하는 과일을 궁전에서 즐겼으며, 소년이 되어서 최고의 것을 누렸고, 성인이 되어서도 최고의 것을 가졌습니다. 시간이 흐르면서도, 나는 햇수가 늘수록 나의 힘도 늘고 있다고 느꼈으며, 늙어서도 젊었을 때보다 힘이 없다고는 전혀 느끼지 못

했습니다. 내가 기억하는 한 얻기를 시도하고 그것을 얻지 못한 적은 한 번도 없었습니다.

(7) 게다가 나는 내 노력의 결과로 친구들이 부자가 되고, 행복해지며, 적이 내 앞에서 굴복하는 것을 사는 동안 직접 눈으로 보았습니다. 그리고 내 나라는 한때 아시아의 조그만 나라에 불과했지만, 지금은 그 어느 나라보다 더 영광스러운 위치에 올랐습니다. 내가 정복한 것 중에서 잃어버린 것은 단 한 개도 없습니다. 지난 세월 동안 나는 내가 원하는 대로 일이 진행되는 것을 보았습니다. 그러나 언젠가는 불쾌한 일을 보거나 듣거나 경험하게 될지도 모른다는 두려움 때문에 과도하게 자랑하거나 기쁨에 겨워 흥청망청하지 않았습니다.

(8) 그러나 이제 내가 죽는다 해도 신들께서 나에게 선물로 주신 내 아들들이 내 뒤를 이을 것이고 내 친구들과 나라는 계속 행복할 것입니다. (9) 따라서 내가 그에 합당한 복을 받고 불멸의 명성을 누리는 것이 어찌 정당하지 않겠습니까?

그러나 나는 또한 내 왕위를 어떻게 처리해야 할지를 분명하게 선언해야만 합니다. 그래야 왕위 계승 문제로 여러분이 어려움을 겪지 않을 것입니다. 아들들아. 나는 너희 둘을 똑같이 사랑한다. 그러나 아무래도 경험이 더 많기 때문에 모든 일에 의견을 구하고 지도력을 발휘하는 데에 첫째에게 우선권을 주려고 한다. (10) 나 또한 고국에서 연장자에게 우선권을 주라고 훈련받았다. 단순히 내 형제에게만 아니라 모든 동료 시민에게 거리에서나, 앉는 자리에서나, 말에서 그렇게 하라고 교육받았다. 그리고 아들들아, 나 또한 너희를 어렸을 때부터 너희보다 나이가 많은 사람을 존중하고 너희보다 어린 사람에게서 존중을 받으라고 훈련시켰다. 그러므로 내 말을 세월과 관습과 법이 인정한 것으로 여겨라. (11) 그러므로 캄비세스는 내가 아직 자리에 있을 때 주는 이 왕위를 신들과 내가 주는 선물로 받아들여라.

그리고 타나옥사레스, 네게는 메디아와 아르메니아, 카두시아의 총독 자리를 주겠다. 나는 너에게 그 자리를 줄 때, 네 형에게는 왕이라는 이름과 더 큰 권력을 주지만 너에게는 걱정거리를 덜어 주어 행복하게 해 주려고 배려했다. (12) 네가 인간으로서 누리게 될 행복 중에서 빠진 것이 무엇인지 모르지만, 나는 너에게 인간에게 행복을 줄 수 있는 모든 것을 준다고 생각한다. 힘든 일에 집중하고, 여러 가지 걱정거리에 괴로워하며, 제대로 쉬지도 못하고, 내가 했던 것과 같은 경쟁에 시달리며, 계략을 꾸미고 계략을 찾아내는 것은 왕이 겪어야 하는 일이지 총독이 떠안을 일은 아니다. 그 일은 분명 네 행복에 방해가 될 것이다.

(13) 그리고 캄비세스야, 너는 제국을 유지하는 것은 이 황금홀이 아니라는 것을 알아야 한다. 믿음직한 친구가 군주의 가장 참되고 확실한 홀이다. 너는 사람이 태어날 때부터 믿음직하다고 생각하지 마라. 그렇다면 자연이 모든 인간에 대해 한결같듯이 사람도 다른 사람에 대해 언제나 믿음직해야 할 것이다. 그러나 모든 지도자는 믿음직한 친구를 얻어야 하며, 그런 친구는 강요가 아니라 친절로써 얻을 수 있다. (14) 그리고 너의 곁에서 너의 왕위를 지켜 줄 친구를 얻으려고 한다면, 멀리서 찾을 필요 없이 먼저 너와 피를 나눈 사람부터 시작해야 할 것이다. 너도 알듯이 동료 시민은 외국인보다 가깝고, 식사를 같이 하는 사람은 다른 곳에서 먹는 사람보다 가깝다. 그렇다면 한 뿌리에서 나고, 같은 어미에게서 자랐으며, 같은 집에서 크고, 같은 부모에게서 사랑을 받고, 같은 사람을 아버지와 어머니로 부르는 네 형제보다 가까운 사람이 어디 있겠느냐? (15) 그러므로 너희 둘을 형제의 인연으로 묶어 준 신들

의 축복을 헛되이 버리지 말고 그 토대 위에 우애의 결실을 쌓도록 하여라. 그렇게 한다면 너희 둘 사이의 우애를 다른 사람이 뛰어넘는 일은 결코 없을 것이다. 형제를 먼저 배려하는 것은 분명 자신을 아끼는 일이다. 위대한 형제보다 형제를 더 명예롭게 만드는 사람이 어디 있으며, 형제가 위대해졌을 때 형제보다 더 명예롭게 되는 사람이 어디 있겠느냐? 그리고 형제가 위대한 사람일 때, 그 형제만큼 형제에게 누가 되지 않을까 노심초사하는 사람이 또 어디 있겠느냐?

(16) 그러므로 타나옥사레스야, 너는 형에게 더욱 복종하고 더 성심껏 그를 도와야 한다. 네 형의 운명은 그것이 좋은 것이든 나쁜 것이든 간에 그 누구보다 너와 밀접하게 연관되어 있다. 그리고 이것 또한 명심하여라. 네 형 말고 누구에게서 더 큰 호의를 얻을 수 있겠느냐? 네 형 말고 네가 도움을 주었을 때 확실하게 동맹으로 보답해 줄 수 있는 사람이 누가 있겠느냐? 네 형보다 다른 사람을 더 아끼는 것처럼 너에게 부끄러운 일이 또 있겠느냐? 그리고 이 세상에서 네 형에게 명예를 먼저 돌리는 것보다 더 고귀한 일이 어디 있겠느냐? 캄비세스야, 기억해라. 형제를 마음속 가장 높은 곳에 둘 때 다른 사람의 질투와 시기에서 자유로울 수 있단다.

(17) 내 조상의 신들에게 맹세코 너희에게 부탁하노라. 아들들아. 너희가 조금이라도 나를 기쁘게 하기를 원한다면 부디 서로 존중하여라. 너희가 분명 이것은 알지 못하는 것 같아서 말해 두려고 한다. 내가 이 세상에서의 삶을 마치면 나는 더 이상 존재하지 않을 것이다. 너희는 내가 이렇게 살아 있을 때에도 내 영혼을 보지 못했고 오직 영혼이 이룩한 것을 통해 영혼의 존재를 알았을 뿐이다. (18) 너는 부당한 대우를 받은 자의 영혼이 피를 흘리게 만든 자의 마음속에 어떤 공포를 주는지, 그 영혼이 사악한 자의 길에 어떤 복수의 신

들을 보내는지 생각해 보지 않았더냐? 그리고 너는 죽은 자에게 바치는 존경이 설령 그들의 영혼이 더 이상 몸에 있지 않더라도 계속될 것이라고 생각하느냐? (19) 내 아들들아, 나는 그렇게 믿지 않는다. 또한 나는, 영혼은 인간의 몸에 있어야만 살아 있고 몸으로부터 자유로워지면 죽는다고 믿지 않는다. 왜냐하면 영혼이 인간의 몸에 있으면 몸이 살아 있는 것을 내가 눈으로 보기 때문이다. (20) 또한 영혼이 지성이 없어진 몸에서 분리되는 순간 영혼도 지성이 없어진다고 믿지 않는다. 대신 영혼이 자유롭게 되었을 때, 문제에 얽매이지 않고 순수해질 때, 가장 지성이 있다고 믿는다. 그리고 인간이 근본 원소로 분해될 때, 모든 부분은 같은 물질로 회귀하겠지만, 오직 영혼만은 분명 예외일 것이다. 존재할 때나 떠날 때나 보이지 않는 것은 오직 영혼뿐이다."

(21) "이것을 다시 생각해 보아라." 키루스는 계속 말했다. "세상에서 죽음과 가장 비슷한 것이 바로 잠이다. 인간의 영혼은 잠잘 때 가장 신성한 모습을 드러내며, 바로 그때 다가올 미래를 즐겁게 기다린다. 왜냐하면 그때야말로 인간을 얽매는 여러 가지 구속에서 풀려났다고 생각하기 때문이지.

(22) 내가 생각한 대로 이것이 사실이라면, 그리고 영혼이 몸을 떠난다면, 내가 너희에게 요구한 것을 하여 내 영혼에 존경을 보이도록 하라. 그러나 이것이 사실이 아니라면, 그리고 영혼이 몸에 남아 몸과 함께 죽는다면, 너희는 영원하고, 만물을 내려 보며, 전지전능하며, 우주를 질서 있게 하나로 모으며, 다치지 않고 늙지 않으며, 잘못이 없으며, 형언할 수 없이 아름답고 위엄 있는 신들을 두려워해서라도 절대로 사악하거나 불경스러운 일을 도모하거나 실행하지 마라.

(23) 신들 다음으로는, 계속해서 대를 이어 오는 모든 종족에게 존경을 표하여라. 신들은 너희를 어둠 속에 숨기지 않으실 것이므로 너희의 업적은 모

든 사람의 눈에 생생히 보일 것이다. 그리고 그 업적이 순수하고 정의롭다면 그들은 너희의 힘을 모든 사람에게 밝히 알릴 것이다. 그러나 만약 너희가 서로에 대해 부정한 계획을 꾸민다면 너희는 모든 사람에게 신뢰를 받을 권리를 잃게 될 것이다. 왜냐하면 서로를 가장 아낀다고 말하는 너희가 서로에 대해 잘못을 하는 것을 보게 되면, 설령 너희를 진심으로 신뢰하고 싶어 하는 사람일지라도 더 이상 너희를 신뢰할 수 없기 때문이다.

(24) 내가 지금 너희에게 서로에 대해 어떻게 해야 할지 충분히 가르치고 있다면 그것은 잘된 일이다. 그러나 만약 충분치 않다면 너희는 과거의 역사에서 배워야만 할 것이다. 역사는 가장 좋은 가르침의 근원이기 때문이다. 일반적으로 부모는 언제나 자녀의 친구였고, 형제도 언제나 서로 친구였다. 그러나 그들 중 일부는 서로를 증오하기도 했다. 따라서 너희는 둘 중 어느 것이 이익이 되는지 발견해서 그것을 선택하도록 하여라. 너희는 잘 의논할 수도 있다.

(25) 이것으로 충분한 듯싶구나.

내 아들들아. 내가 죽거든 내 시신은 금이나 은, 기타 어떤 것으로도 장식하지 말고 빨리 땅에 묻도록 하여라. 땅과 하나가 되는 것보다 더 복된 것은 없나니, 땅은 아름답고 좋은 것들을 싹을 틔우고 자라게 하느니라. 나는 언제나 사람에게 도움을 주었나니, 죽어서도 사람에게 큰 도움이 되는 땅의 일부가 되는 것이 매우 기쁘구나."

(26) "내 영혼이 내 몸에서 빠져나가려고 하는 것 같은데 아직 출발하지 않는 것을 보니 해야 할 말을 마저 끝내야겠구나." 키루스가 말했다. "누구든지 내가 살아 있을 때 내 손을 잡거나 내 얼굴을 보고 싶어 하는 사람이 있으면 가까이 오도록 허락하라. 그러나 내가 내 얼굴을 천으로 덮은 뒤에는 내 아

들들아, 부탁하노니 아무도 내 몸을 보지 못하게 하여라. 심지어 너희도 보지 마라.

(27) 그러나 이제부터 나는 신성한 존재가 되든, 더 이상 아무런 존재가 되지 않든 간에, 악이 다시는 가까이 오지 못하는 안전한 존재가 될 터이니, 모든 페르시아인과 연합국 사람을 내 장례식에 초대하여 나와 함께 즐기게 하여라. 그리고 오는 모든 조문객에게, 큰 복을 받았던 사람을 추모할 때 하는 예의를 갖추어 대접한 뒤 돌려보내어라."

(28) "내 마지막 말 또한 기억하여라." 그는 말했다. "만약 너희가 너희 친구들에게 잘해 준다면 너희는 적을 응징할 수 있을 것이다. 내 아들들아. 그럼 잘 있도록 하여라. 그리고 네 어머니에게 내가 전하는 작별인사를 전하여라. 그리고 이곳에 있거나 멀리 있는 나의 모든 친구들이여. 여러분 역시 잘 있으시오."

이 말을 마치고 키루스는 모두에게 손을 흔들고 얼굴을 천으로 덮은 뒤 숨을 거두었다.

# 제8장

(1) 키루스의 제국은 아시아에 있는 모든 왕국 중에서 가장 크고 가장 화려했다. 제국 그 자체가 곧 증거였다. 제국은 그 경계가 동쪽으로 인도양까지 닿았고, 북쪽으로 흑해, 서쪽으로 키프로스와 이집트, 남쪽으로 에티오피아까지 닿았다. 그렇게 광활한 영토를 하고 있었지만, 제국은 오직 키루스 한 사람의 의지에 따라 통치되었다. 그는 백성을 존중하고 그들을 마치 자식처럼 아꼈다. 그리고 백성은 키루스를 아버지처럼 존경했다. (2) 그러나 키루스가 죽고 나자 그의 아들들은 곧바로 갈라져 싸우기 시작했고, 도시와 나라들은 반역하기 시작했으며, 모든 것이 망가지기 시작했다. 내가 지금 말하는 것은 모두 사실이다. 나는 페르시아인의 종교에 대한 자세부터 시작하여 앞으로 그 사실을 증명해 보일 것이다.

예를 들어, 나는 예전에는 왕과 그의 장교들이 가장 사악한 적을 다룰 때에도 그들이 한 맹세를 지키고 그들이 맺은 약속에 충실한 것을 알고 있다. (3) 그들이 그런 명예 신조를 가지고 있지 않았더라면 그렇게 좋은 명성을 쌓을 수 없었을 것이고, 단 한 사람도 그들을 신뢰하지 않았을 것이다. 하지만 오늘날의 페르시아인은 약속을 지키지 않는다는 악명이 자자하기 때문에 단 한 사람도 그들을 신뢰하지 않는다. 소키루스의 원정에 참여했던 그리스인 장군들도 페르시아인을 믿지 않았다. 예전 페르시아 왕들의 명성을 믿고 현재 왕에게 복종하여 그의 앞에 갔건만, 그들은 목이 잘리고 말았다. 원정에 참여했던 수많은 야만족 사람들도 이런저런 약속에 속아 죽음을 당했다.

(4) 하지만 다음 사례가 보여 주는 것처럼 지금의 상황은 더욱 나빠졌다. 옛날에는 어떤 사람이 왕을 위해 목숨을 걸거나, 그에게 복종하여 땅이나 나라를 바치거나, 왕을 위하여 어떤 선하고 영광스러운 일을 할 때는 명예와 승진을 보상으로 받았다. 그러나 지금은 사악한 일을 하여 왕에게 이득을 줄 때 보상을 받는다. 예를 들어, 미트라다테스는 자기 아버지 아리오바르자네스를 배반하고, 레오미트레스는 가장 신성한 맹세를 어기고 부인과 자녀를 버리고 친구들의 자녀들을 이집트 왕에게 인질로 바쳐 최고의 명예를 얻었다.

(5) 그런 도덕 상태를 보고 있노라면 모든 아시아인이 사악하고 악행을 일삼는 자로 변했음을 알 수 있다. 왜냐하면 대부분 지배자의 성격을 따라서 그 밑의 사람들도 변하기 때문이다. 이 점에서 그들은 이전보다 훨씬 부도덕하게 살고 있다.

(6) 페르시아인은 돈 문제에서 특히 정직하지 못하다. 그들은 법을 어긴 사람뿐 아니라 아무 잘못도 하지 않은 사람까지 체포해서 정당한 이유도 없이 돈을 내게 한다. 따라서 부자들은 죄를 많이 지은 사람 못지않게 두려워하며 살고 있다. 그들은 권력 있는 자들과 가까이 지내려고 하지 않는다. 사실 그들은 왕의 군대에 참여하려고 하지 않는다. (7) 따라서 신들에 대한 불경과 인간에 대한 부정 때문에, 페르시아와 전쟁을 하는 적은 맘만 먹으면 한 번도 싸우지 않고도 페르시아 영토를 휘젓고 다닐 수 있다. 이렇듯 페르시아의 도덕은

모든 면에서 이전보다 훨씬 나빠졌다.

(8) 다음으로 나는 페르시아인이 예전과는 달리 체력에 관심을 두지 않는 것을 보여 줄 것이다. 예를 들어, 사람들 앞에서 침을 뱉거나 코를 풀지 않는 것이 그들의 관습이었다. 이것은 몸에 습기를 남기지 않고 힘든 노동으로 땀을 흘려 몸을 강하게 만들려는 의도에서 지켜온 관습이 분명하다. 그런데 코를 풀거나 침을 뱉기를 삼가는 관습은 지금도 이어지고 있지만, 그들은 힘든 일을 통해 습기를 날려 버리는 수고는 절대로 하지 않는다. (9) 예전에는 또한 하루에 한 끼 먹는 것이 관습이었다. 그렇게 함으로써 업무와 힘든 일에 하루 종일 매진하기 위해서였다. 오늘날에도 분명 하루에 한 끼 먹는 관습은 계속되고 있지만, 그들은 아침 일찍부터 식사를 하기 시작하여 밤에 잠들 때까지 하루 종일 먹고 마신다.

(10) 또한 페르시아인은 잔치에 요강을 가지고 가지 않는 것이 관습이었다. 그것은 과음을 해서 몸과 마음을 상하지 않게 하려는 이유가 분명했다. 오늘날에도 관습은 변함없지만, 그들은 너무 많이 마셔 똑바로 걸어서 나오지 못할 때에는 들것에 실려 나가므로 요강이 필요 없다.

(11) 그리고 행진할 동안에는 무엇이든 먹고 마시거나, 먹고 마심으로써 반드시 생기는 생리적 결과를 보이지 않는 것이 관습이었다. 오늘날에도 그 관습은 이어지고 있으나, 행진 거리가 너무 짧기 때문에 생리 현상을 참는 그들의 능력을 보고도 아무도 놀라지 않을 것이다.

(12) 또한 과거에는 자주 사냥을 하러 나갔기 때문에 사냥으로도 사람과 말이 운동하기에 충분했다. 그러나 아르타크세르크세스*와 그의 신하들은

---

* 다리우스 2세의 아들 아르타크세르크세스 2세를 가리킨다. 페르시아 왕이자 소키루스의 반란을 제압했던 인물이다. - 역주

궁전에서 포도주에 빠져 지내느라 옛날처럼 밖에 나가지도 않고 다른 사람을 사냥하러 보내지도 않는다. 반대로 누구든 순전히 운동을 좋아하기 때문에 친구들과 함께 자주 사냥을 하러 나가면 궁전에 있는 사람들은 그가 자신들보다 나은 사람이라고 여겨 질투하고 미워한다.

(13) 소년들이 궁전에서 교육을 받는 것도 여전히 관습이다. 하지만 말타기 수업과 실습은 없어졌다. 이유는 말타기 실력을 보이며 서로 겨루는 일이 없기 때문이다. 그리고 예전에는 소년들이 궁전에서 법에 따라 정의롭게 판결되는 재판들을 보면서 정의를 배운다고 믿었다. 그러나 이것 또한 지금은 정반대가 되었다. 소년들은 뇌물을 더 많이 주는 쪽이 재판에서 이기는 것을 분명하게 본다. (14) 예전에는 소년들이 땅에서 나는 산물의 특징을 배우면서 해로운 성분은 피하고 유용한 성분은 취하려고 노력했다. 하지만 지금은 남에게 더 큰 피해를 주기 위해서 그것을 배우는 것 같다. 독에 의해 목숨을 잃거나 살해되는 사람이 가장 많이 발생하는 곳이 바로 궁전이다.

(15) 나아가 페르시아인은 키루스 시절에 비해 훨씬 나약하다. 그때는 훈련과 금욕으로 페르시아 전통 방식을 굳건히 지키고, 메디아 옷과 사치는 잠시 빌릴 뿐이었다. 그러나 지금 그들은 페르시아의 엄격한 전통은 없애고 메디아의 나약한 풍습은 계속 받아들인다.

(16) 나는 페르시아인의 나약함을 좀 더 자세히 말하고 싶다. 우선, 그들은 부드러운 천으로 침대를 꾸미는 것으로 만족하지 못하고 바닥에 카펫까지 깔아 침대가 삐걱거리지 않도록 한다. 그리고 빵을 만들 때도 예전의 방법을 버리지 않고 항상 새로운 방법을 개발한다. 고기를 요리하는 방법도 마찬가지이다. 그들은 명장을 두고서 새로운 요리법을 개발한다.

(17) 그들은 겨울에 머리와 몸, 다리에 옷을 걸치는 것으로 만족하지 못하

고 두꺼운 소매를 만들어 손끝까지 내려오도록 하며 장갑까지 낀다. 반대로 여름에는 나무와 바위 밑에서 쉬는 것으로 만족하지 못하고 사람을 곁에 세워 인공 그늘을 만들도록 한다.

(18) 그들은 또한 컵을 많이 갖고 있는 것을 대단히 자랑스럽게 생각한다. 하지만 부정한 방법으로 그것을 갖게 된 것이 드러나더라도 전혀 부끄럽게 생각하지 않는다. 불의와 탐욕이 그들 속에 크게 늘었기 때문이다.

(19) 페르시아인은 어디를 가든지 발로 걸어서 가지 않는 게 오랜 관습이었다. 그렇게 했던 이유는 그들을 좀 더 기사답게 만들기 위해서였다. 그러나 지금 그들은 침대보다 말안장을 더 많이 가지고 있다. 왜냐하면 기사도보다는 푹신한 안장에 더 신경을 쓰기 때문이다. (20) 그렇다면 그들이 군사적 용맹성에서 예전보다 훨씬 뒤떨어진다고 예상하는 게 맞지 않을까? 과거에는 지주(地主)가 자신의 소유를 털어 기병대를 부양하고, 전쟁이 났을 때는 참전하며, 전초 기지에서 나라를 지키는 사람은 봉급을 받는 것이 페르시아의 관습이었다. 하지만 오늘날의 페르시아 귀족은 요강 나르는 사람, 빵 굽는 사람, 요리사, 술잔 관리인, 목욕 보조인, 가축 잡는 사람, 음식 나르는 사람, 심부름꾼 등 귀족이 잠들고 아침에 일어나는 것을 돕는 사람과 귀족의 눈썹을 그리고 뺨을 붉게 치장하는 등 아름답게 만드는 사람을 기사로 만들어 봉급을 받게 하고 있다. (21) 따라서 그런 사람들로 군대는 충원되지만 전쟁에서는 아무 쓸모없게 된다. 그리고 이것은 실제 일어나는 일을 통해 확실히 증명되고 있다. 적은 페르시아 영토를 아무 저항도 받지 않고 맘대로 휘젓고 다닌다. (22) 키루스는 원거리 전투법을 폐지하고, 말과 기병에게 모두 갑옷을 입히며, 모든 군사에게 창을 지급하고, 근거리 백병전을 도입했다. 그러나 오늘날 페르시아인은 원거리 전투도 근거리 백병전도 하지 않는다. (23) 보병은 키루스 때

에 쓰던 방패와 미늘창과 군도를 가지고 당시의 전투 대형을 유지하고 있지만, 그때처럼 백병전을 하려고 하지 않는다.

(24) 쇠낫이 달린 전차도 더 이상 키루스가 의도했던 목적대로 쓰이지 않는다. 키루스는 전차병을 명예롭고 다른 사람으로부터 칭송을 받는 존재로 높였기에, 그들은 중무장한 적을 향해서도 돌격할 준비를 하였다. 그러나 오늘날의 장교들은 전차병에 대해 잘 알지 못하며, 훈련받지 못한 운전사가 전차를 몰아도 상관없다고 생각한다. (25) 그런 미숙련된 운전사가 실제로 전차를 몰지만, 그들 중 일부는 적진을 뚫기도 전에 의도하지 않게 전차에서 튕겨 나가고, 일부는 고의로 전차에서 뛰어내린다. 그 결과 운전사가 없는 전차는 적보다 아군에게 더 큰 피해를 주곤 한다. (26) 페르시아인은 자신들이 전쟁에 필요한 온갖 종류의 무기를 갖고 있다는 것을 알지만, 싸우려고 하지 않는다. 그들은 그리스인 용병의 도움이 없이는 더 이상 전쟁에 나가려고 하지 않는다. 그들끼리 서로 싸우거나, 그리스가 페르시아를 공격해도 마찬가지이다. 심지어 페르시아인은 그리스와 전쟁을 해도 그리스인 용병의 도움을 받아야 한다는 사실을 알고 있다.

(27) 나는 내가 이전에 세운 목표를 달성했다고 생각한다. 나는 페르시아와 그 속국은 신들을 공경하지 않고, 친척에게 공손하지 않으며, 백성을 부당하게 대하며, 예전에 비해 전쟁에서 용맹하지 않다는 것을 증명했기 때문이다. 누구든 내 의견에 반대하는 것을 즐기려고 한다면 그들의 행동을 유심히 살펴보기 바란다. 내 말이 사실이라는 것을 발견하게 될 것이다.

| 부록 |

# 키루스 대왕의 유적

## 파사르가다에

　키루스 대왕의 초상이라고 명확하게 나온 것은 현재까지 없다. 그래서 키루스의 모습을 상상해서 그린 초상화가 책이나 인터넷에 나오는데, 그런 초상화의 근거가 되는 것이 바로 파사르가다에에 있는 한 부조상(浮彫像)이다.

　키루스는 파르스에 파사르가다에라는 수도를 세운다. 이 수도는 훗날 아케메네스 왕조를 정복한 알렉산드로스에 의해 철저히 파괴되어 지금은 돌기둥 몇 개만 남은 황량한 유적이 되었는데, 이 건축물은 아케메네스 왕조 초기의 특징을 보여 주는 것으로, 유네스코는 2004년에 파사르가다에를 세계문화유산으로 지정하였다.

　파사르가다에에는 "출입문 R"이라고 불리는 곳에 뒤 페이지의 그림과 같은 부조상이 있는데, 원래 이 부조상의 윗부분에는 고대 페르시아어, 엘람어, 바빌론어의 세 가지 문자로 글귀가 새겨져 있었다. 그러나 지금은 글귀 부분이 사라지고 없다. 1820년경에 이곳을 방문한 영국인 로버트 커 포터 경(Sir Robert Ker Porter)이 글귀의 존재를 확인했으며, 20년 뒤에 플랑댕(Flandin)과

코스테(Coste)라는 프랑스인에 의해서도 존재가 확인되었다.

글귀의 내용은 "나는 키루스 왕 아케메네스 사람이다."이다. 이 부조상에 나온 키루스는 이집트 양식의 왕관을 쓰고 있어, 아시리아와 이집트 문화를 받아들였던 초기 아케메네스의 양식을 보여 주고 있다. 이것은 페르세폴리스나 비시툰 비문에 나온 다리우스 1세의 모습과 비교할 때 확연히 차이가 난다. 현재까지 이것이 가장 신빙성 있는 키루스의 초상으로 여겨지고 있다. 이 부조상은 호주 올림픽공원에 복제품으로 세워져 있기도 하다. 모든 인종에게 관용을 베풀었던 키루스의 정신을 기리려는 의도로 해석된다.

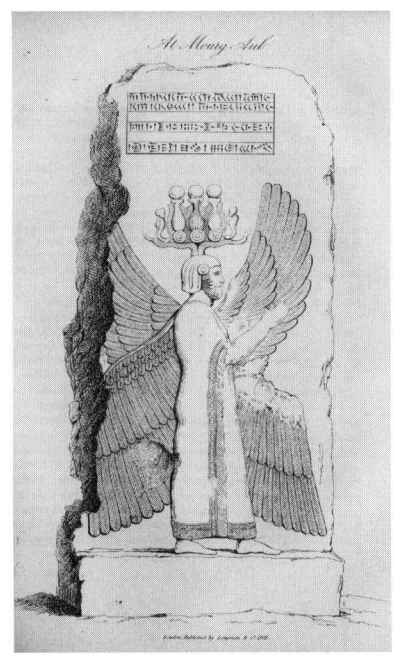

• 왼쪽 : Porter, Robert, K. Travels in Georgia, Persia, Armenia, Ancient Babylonia, &c, &c. Vol. 1 (London: Longman, Hurst, Rees, Orme, and Brown, Paternoster-Row, 1821), 493.
• 오른쪽 : 부조상의 현재 모습 2006 ⓒ UNESCO/Francesco Bandarin

### 키루스의 무덤

파사르가다에에는 석재를 계단식으로 쌓아 만든 키루스 대왕의 무덤도 있다.

• 위 : Porter, Robert. K. *Travels in Georgia, Persia, Armenia, Ancient Babylonia, &c, &c.* Vol. 1 (London: Longman, Hurst, Rees, Orme, and Brown, Paternoster-Row, 1821), 498.
• 아래 : 무덤의 현재 모습 2006 ⓒ UNESCO/Francesco Bandarin .

**키루스의 실린더**

키루스 대왕에 대해 알 수 있는 유물로는 런던 대영박물관에 있는 키루스 실린더가 있다. 진흙으로 원통을 만들고, 그 위에 글씨를 새긴 뒤 구워 말린, 럭비공 크기의 실린더는 페르시아 측에서 만든 기록으로 중요한 가치를 지닌다. 이전까지 키루스 대왕에 대한 기록은 크세노폰이나 헤로도토스 같은 그리스 역사가가 저술한 책과 구약 성서의 기록이 전부였다. 특히 유대인의 귀향 기록은 오직 구약 성서에만 나오기 때문에 그 신빙성을 의심받아 왔다. 그러다 1879년 영국인 고고학자 호르무즈 라삼이 에사길라(바빌론의 마르두쿠 신전) 터에서 이 실린더를 발견하면서 그것이 사실로 밝혀지게 되었다. 실린더에는 바빌론을 평화롭게 정복한 키루스의 업적을 칭송하고, 다른 곳에서 끌려온 이방인들에게 각자 그들의 고향으로 돌아가 자신들의 신들을 섬기며 평화롭게 살라는 내용이 기록되어 있다. 실린더의 이 내용은 최초의 국제 인권 선언으로 평가받고 있으며, 복제품이 유엔 본부 건물 복도에 전시되어 있다.

| 색인 |

## 인명과 지명

### ㄱ

가다타스 252~257, 262~267, 269~271, 273, 287~288, 291~292, 348~349, 360~361, 365, 398, 400, 406

가바에두스 98

고브리아스 224, 226~227, 237, 240~253, 257, 271~273, 287, 289, 291~292, 348~349, 358, 360~361, 365, 406~408, 410~411, 413

그리스 5~6, 11, 13, 15~17, 19, 21~23, 38~42, 45, 64, 90, 98, 111, 117~118, 205, 223, 302, 312, 330, 343, 353, 439, 443, 448

### ㄴ

나보니두스 9, 64
나보폴라사르 8, 64

### ㄷ

다우쿠스 317
다이페르네스 399
다타마스 258, 398
델포이 343~344
드러커 5, 102
디오스쿠로이 176

### ㄹ

라리사 338
라케다이몬 15, 302
라티네스 401
람바카스 258
레오미트레스 439
리디아 9, 39, 72, 98, 193, 197, 292~294, 305, 340, 342, 354, 359, 425
리비아 301
리카오니아 302

### ㅁ

마가디다 39
마고스 214
마다타스 258
마르두쿠 448
만다네 12, 40, 48, 54
메가비주스 425
메디아 6, 8~10, 12, 19, 39~40, 48~49, 54, 56~57, 60, 64~65, 67~72, 75, 78, 80, 97, 99~100, 128, 141, 154~155, 161, 163~164, 168, 178, 185~189, 192~195, 197, 200, 202~203, 208, 211~217, 219~220, 222~223, 227, 231~232, 236~238, 258, 265, 273~276, 278~279, 282~283, 288, 293, 301, 310, 312, 365, 383, 394, 398~399, 406, 414, 420,

422, 433, 441
몽테스키외 23
미트라 365
미트라다테스 439

**ㅂ**
바빌로니아 8~10, 39, 64, 362, 368
바빌론 9~10, 99, 242, 247~249, 251, 259, 265, 268, 270~271, 273, 292, 302, 342, 354~359, 365, 368~369, 401, 417, 420, 422~424, 426, 428~429, 445, 448
박트리아 39, 71, 223, 232
비시툰 11, 111, 446

**ㅅ**
사르디스 9, 16, 340, 342, 351, 365~366, 414
사바리스 139
사산 13
사카스 51~54, 59
사키아 39, 246, 252, 255, 258, 265, 287, 365, 398, 400~405
삼바울라스 117
셀레우코스 11
소아시아 16~17, 38, 43
소크라테스 15~16, 145, 151

수사 8, 227, 232, 314, 318, 429
스키리티아 190
스키타이 38
스파르타 15, 17~18, 21, 43, 190, 302
시리아 39, 223, 243, 273, 293, 302, 304

**ㅇ**
아게실라오스 15, 18, 21
아글라이타다스 111~113
아두시우스 351~353, 425
아라그두스 98
아라비아 39, 71, 98, 197, 223, 293, 302, 354, 425
아라스파스 232~236, 294~297, 314~315, 321
아르메니아 99, 130~135, 139~143, 148~152, 154~164, 211, 219, 258, 265, 275, 398, 400, 406, 433
아르사마스 316, 328~329
아르타게르세스 318, 333~334
아르타바주스 188, 237, 258, 289, 294~295, 364, 399, 406, 410, 413~414
아르타바타스 398, 425
아르타오주스 318
아르타카마스 98, 425
아르타크세르크세스 12, 16, 440

아르투카스 258
아리바에우스 98
아리스토텔레스 17, 40
아리오바르자네스 439
아브라다타스 232, 297~299, 301, 318, 320~322, 329, 331~332, 334~335, 347~348
아스티아게스 9, 12, 19, 40, 48~54, 57~63, 65~69, 71, 142, 146, 161, 232, 237
아시리아 8~10, 28, 39, 64~65, 67~68, 71~72, 99, 128~129, 132, 161, 168~170, 173~174, 177~178, 185, 190~191, 193, 197, 212, 214, 216, 219, 224, 226, 232, 243, 245~247, 251~256, 262~265, 268, 270~272, 274, 280, 288, 290~294, 297, 300, 302, 314, 328, 333, 344, 350, 361~362, 400, 446
아시아 38~39, 98, 190, 202, 214, 227, 233, 293, 302, 342, 376, 421, 432, 438~439
아시아다타스 318
아이올리아 302, 425
아케메네스 11~13, 111, 445~446
아폴로 343, 345~346
안다미아스 258
알렉산드로스 6, 11, 17, 40, 445
알케우나스 259
에니알리우스 333
에사길라 448

에티오피아 429, 438
엑바타나 8~9, 429
엠바스 258
유럽 8, 38, 40
유프라테스 7, 9, 358
이란 6~8
이오니아 302, 425
이집트 9~11, 19, 21, 39, 302, 315, 318, 323, 334~338, 347~348, 429, 438~439, 446
인도 8, 39, 72, 127~129, 161~162, 300, 302
인도양 429, 438
일리리아 38

**ㅈ · ㅋ**

제우스 50, 52~53, 62, 65, 70, 76~79, 83, 85, 88~90, 98, 108, 111~115, 117~118, 121, 125, 132, 145, 147, 152, 159~160, 168, 176, 188, 203~204, 206, 213, 232~233, 235, 238, 243, 246~248, 265, 271, 276, 278, 288, 290, 296, 312~313, 315, 320~321, 327~328, 330, 346, 358, 366, 396~397, 399~400, 403~404, 408, 410~414, 430
카두시아 246, 255, 258, 261, 265~267, 287, 289, 365, 398, 401, 433
카르두쿠스 317
카리아 21, 39, 72, 99, 223, 351~353, 425

카이스트루페디움 98

카파도키아 39, 72, 98, 197, 302, 354, 359, 425,

칼데아 8, 64, 150, 154~163, 340~341

캄비세스(1세, 키루스의 아버지) 12, 40, 68, 72, 421~422

캄비세스(2세, 키루스의 아들) 10~12,19,433 ~434

코린트 18

크로이소스 9, 98, 170, 185, 197, 302, 304, 312, 315, 328, 333, 338, 340~347, 353~354, 365, 390~391

키레네 293

키메 338

키악사레스 6, 19, 26, 60, 66~67, 72, 79~80, 82, 97~100, 103, 108, 127~133, 150, 163~164, 166, 168~171, 173, 176, 184, 186, 188~189, 192, 212~213, 215, 217, 222, 227, 231, 236~237, 274~280, 282~284, 287~291, 301, 310, 364, 420, 422

키프로스 39, 302, 351, 425, 429, 438

킬레네 338

킬리키아 39, 99, 302, 351, 425

## ㅌ

타나옥사레스 433~434

탐브라다스 258

툼브라라 302, 338

트라키아 38, 302

트로이 293, 301

티그라네스 141, 143~149, 151~152, 154~157, 164, 192, 194, 200, 212, 219, 238, 258, 292, 400, 406, 413~414

## ㅍ

파르누쿠스 318, 333, 425

파르스 8, 11, 13, 445

파르티아 11, 13

파사르가다에 11, 445, 447

파플라고니아 39, 72, 99, 302, 425

팍톨루스 302, 348

판테아 296~299, 320~322, 349

페니키아 39, 302

페라울라스 120, 122, 394~396, 400~405

페르세우스 40

페르세폴리스 111, 446

페르시아 5~18, 20~23, 28, 38~43, 46~49, 54~57, 68~73, 97, 99~103, 110~111, 118, 120, 123, 128, 133, 140~141, 155~156, 161, 164, 168, 172, 174, 177~179, 183, 185~186, 192, 195~196, 203, 207, 212, 214~219, 222~223, 227, 232, 237, 239~240, 244, 250, 258, 265~266, 269, 274~275,

278, 281~283, 288, 293~294, 298, 301, 304, 318, 328, 331~332, 335~336, 338, 340~341, 351~354, 359, 362~363, 368, 372, 376~377, 380, 384, 388, 394~399, 410, 417, 421~422, 426, 430~431, 437~443, 448

페리시디아 40

프리지아 39, 72, 98, 197, 302, 353~354, 359, 425

플라톤 16~17

### ㅎ

헤라 409

헤로도토스 11, 19~20, 40, 64, 345, 448

헤스티아 76, 366

헤파이스토스 360

흑해 17, 429, 438

히르카니아 39, 71, 190~197, 200, 202, 208, 211, 213, 216~217, 219~220, 222, 227, 237~238, 245~246, 250, 252, 254~255, 258, 265, 275, 287, 289, 365, 398, 400, 406, 413~414

히스타스파스 108, 112~113, 200, 287~288, 313, 332, 336, 353, 390~391, 398, 408~413

### 지은이 크세노폰

고대 그리스의 사상가이자 저술가이다. 기원전 431년경에 아테네에서 태어나 기원전 354년경에 죽었다. 소크라테스의 제자이며 플라톤과는 동문수학한 사이이다. 기원전 401년에 소(小)키루스가 형인 페르시아 왕 아르타크세르크세스 2세에 대항해 일으킨 반란에 그리스 용병대의 일원으로 참가했다. 그러나 반란이 실패로 끝나자 남은 용병을 이끌고 가까스로 페르시아를 빠져나왔다. 원정에서 돌아온 그는 원정 기간에 친해진 스파르타 왕의 편에 서서 아테네에 대적하는 바람에 아테네에서 추방당한다. 그 후 스파르타 왕의 배려로 올림피아 근처 스킬루스에 정착한다. 그곳에서 그는 여러 권의 책을 저술했다. 대표작으로는 《키로파에디아》와 페르시아 원정에서의 경험을 기록한 《아나바시스》가 있다.

### 옮긴이 이은종

관심 있는 대상에 대한 정보를 수집, 분석, 조합하여 지식으로 만드는 일을 좋아한다. 건국대학교 영어영문학과와 일본 히토쓰바시대학대학원 국제기업전략연구과를 졸업했다. 현재 출판업에 종사하고 있으며, 몇 권의 책을 번역 및 저술하였다.

## 키로파에디아

초판 1쇄 발행 | 2012년 7월 11일
초판12쇄 발행 | 2022년 9월 5일

지은이 | 크세노폰
옮긴이 | 이은종

발행처 | 주영사
발행인 | 이은종
등록번호 | 제379-3530000251002006000005호
등록일 | 2006년 7월 4일(최초 등록일 2006년 3월 7일)
주소 | 경기도 성남시 수정구 산성대로 437번길 7, 112동 103호
전화 | 031-626-3466
팩스 | 0505-300-2087
홈페이지 | http://juyoungsa.net
이메일 | juyoungsa@gmail.com

ISBN 978-89-94508-09-2 03990
ⓒ 2012 이은종

* 잘못된 책은 바꾸어 드립니다.
* 책값은 표지에 있습니다.